Suzhi Education for New Generation
Conference Proceedings of 2022 Forum on University Suzhi Education

发展素质教育
培养时代新人

2022年大学素质教育高层论坛论文集

主　编◎庞海芍　隋　艺
副主编◎辛晓洁　陈啟刚

北京理工大学出版社
BEIJING INSTITUTE OF TECHNOLOGY PRESS

版权专有　侵权必究

图书在版编目(CIP)数据

发展素质教育　培养时代新人：2022年大学素质教育高层论坛论文集 / 庞海芍,隋艺主编． -- 北京：北京理工大学出版社，2023.10
ISBN 978-7-5763-2940-7

Ⅰ．①发… Ⅱ．①庞…②隋… Ⅲ．①大学生-素质教育-中国-文集 Ⅳ．①G640-53

中国国家版本馆 CIP 数据核字(2023)第 186152 号

责任编辑：徐艳君　　**文案编辑**：徐艳君
责任校对：周瑞红　　**责任印制**：李志强

出版发行 /	北京理工大学出版社有限责任公司
社　　址 /	北京市丰台区四合庄路 6 号
邮　　编 /	100070
电　　话 /	(010)68944439（学术售后服务热线）
网　　址 /	http://www.bitpress.com.cn
版 印 次 /	2023 年 10 月第 1 版第 1 次印刷
印　　刷 /	北京捷迅佳彩印刷有限公司
开　　本 /	710 mm × 1000 mm　1/16
印　　张 /	25.5
字　　数 /	407 千字
定　　价 /	92.00 元

图书出现印装质量问题，请拨打售后服务热线，负责调换

PREFACE 序[①]

党的二十大刚刚胜利闭幕。这是全党全国各族人民迈上全面建设社会主义现代化国家新征程、向第二个百年奋斗目标进军的关键时刻召开的一次十分重要的大会。二十大报告中再次强调了"发展素质教育",可见发展素质教育是"坚持以人民为中心发展教育,加快建设高质量教育体系"的关键任务。加快发展素质教育,发展高水平的素质教育,让更多的学生受益于素质教育,将是全体教育工作者在未来很长一段时间的责任和使命。

此次论坛的主题"发展素质教育 培养时代新人"具有重大意义。一方面,它指明了素质教育的根本目标。素质教育的根本目标是培养时代新人。在党的二十大报告中,党中央从突出创新在我国现代化建设全局中的核心地位出发,将科技、教育、人才放在报告第五部分进行统筹部署,集中表达。这充分说明了教育、科技、人才是全面建设社会主义现代化国家的基础性、战略性支撑。我们在发展素质教育的时候,必须主动加强它与科技、人才两大战略之间的有机联系,协同配合、系统集成,共同塑造发展的新动能、新优势。

另一方面,这一主题强调了素质教育的发展方向。中国进入了向第二个百年奋斗目标进军的新征程,比历史上任何时期都更加渴求人才。我们需要的人才是符合时代发展、引领时代潮流的人才,这就对人才的素质提出了更高的要求。发展素质教育,需要认真研究新时代人才的素质构成,需要审慎思考新时代高素质人才的培养策略。牢牢抓住人才培养的时代特征,是新时代素质教育的发展方向。

大学素质教育研究分会自成立以来,一直致力于繁荣学术思想、提供高端服务,取得了令人瞩目的成绩。2021年,分会也获得了"中国高等教育学

[①] 本序系中国高等教育学会副会长、秘书长姜恩来在中国高等教育学会大学素质教育研究分会2022年会暨第十届大学素质教育高层论坛开幕式上的讲话。

会优秀分支机构"的荣誉称号。今天，我们在这里庆祝研究分会成立十周年，既是对分会过去工作的肯定，也是对分会未来工作的展望。回望过去，分会工作成效突出：一是引领了大学素质教育理论研究与实践创新。通过课题研究、学术论坛、出版文集等工作，推动了通专融合培养模式、德智体美劳五育并举的素质教育体系构建、博雅工程教育、创新创业教育、书院制育人模式等一系列重要课题的有益探索。二是培育了一批素质教育优秀理论及实践成果。通过开展素质教育、通识教育系列活动及实践成果展示，孵化孕育了一系列素质教育成果，一些成果获得了国家级、省部级教育教学成果奖。三是汇聚了一批国内外大学素质教育顶尖专家学者。分会吸引了大批热爱、关心、从事素质教育的同仁，形成了覆盖全国的大学素质教育人才网络。四是提供了会员高校交流展示的高规格平台。分会的会员高校队伍不断扩大，参与活动热情高涨，对分会搭建的交流展示平台认可度不断提升。五是发出了中国素质教育的国际之音。分会不仅"请进来"，而且"走出去"，不断加强与美国、英国、日本、韩国等国家的同类学会及专家学者的交流，向世界传播中国的素质教育思想。

展望未来，衷心希望大学素质教育研究分会能够在以下几方面进一步努力：一是要坚持党建引领，增强组织凝聚力。分会要在政治上坚持高站位，在思路上坚持大格局，通过一系列分会活动全面贯彻党的教育方针。二是要坚持学术立会，发挥学术引领力。分会要打造标志性学术品牌，继续引领素质教育理论研究与实践创新。三是要坚持大局意识，提高社会服务力。分会要积极争取承担国家项目、筹建国家基地，为通识教育创新、教师教学发展贡献力量。四是要坚持开放交流，扩大国际影响力。分会要进一步密切与国际同行的联系，并在合作中寻找新突破。素质教育思想是中国特色的教育理念，应该在国际上形成自己的独特话语，以"中国理论"为全球教育创新提供"中国方案"。

扬帆新时代，逐梦新征程。衷心期待大学素质教育研究分会开拓进取，奋发有为，推动富有时代特征、彰显中国特色、体现世界水平的素质教育高质量发展，为早日建成教育强国作出新的更大贡献！

姜恩来

中国高等教育学会副会长、秘书长

2022年11月

CONTENTS 目 录

第一部分 学习贯彻二十大精神发展素质教育

奋进新时代大学素质教育新征程　　　　　　　　　　　　杜玉波　002
全面落实党的教育方针　发展素质教育培养时代新人　　　朱之文　006
中华优秀传统文化与大学文化素质教育　　　　　　　　　张岂之　012
实事求是地理解和发展素质教育　　　　　　　　　　　　王义遒　015
努力实现马克思主义关于人的自由　全面发展理论与全面素质教育
　　实践的统一　　　　　　　　　　　　　　　　　　胡显章　028
经典教学：素质教育中不可或缺的重要一环　　　　　　　陈　怡　035
党史教育融入高校思想政治理论课教学的逻辑进路　　　　卫　琨　041
红色文化资源融入高校素质教育实践探索
　　——以中南大学为例　　　　　　　　　　　童卡娜　杨　晖　051
试论周远清先生的学术谱系
　　——基于素质教育的宏观视野　　　　　　　　　　张祖群　061

第二部分 "德智体美劳"五育并举的素质教育体系构建

德智体美劳五育的新时代特征　　　　　　庞海芍　曾　妮　郑佳然　076
建党百年大学生劳动教育的演进脉络与时代价值　　陈小红　纪文超　090
工科院校美育课程体系的构建研究　　　　　　　　　　　何　梅　103
南开大学"艺术导论"公选课建设与"美育育人"功能践行　杨　岚　115

科学与艺术趋同发展
　　——美育是通识教育的核心支柱　　　　　　　　　　　董宇艳　123
在中华文化的根基上以美育人
　　——课程思政视域下高校素质教育体系建设探索与思考
　　　　　　　　　　　　　　　　　　　　王德岩　刘祥坠　李昕皓　128
以美育人，以体强人
　　——探索高校"美育+体育"复合型素质教育新模式　　　杨偲鳗　136
"五育"并举体系中大学生美育素养的提升　　　　　　　　　王培喜　143
中国高校美育教育现状及改革对策研究　　　　　　　　霍楷　徐宁　151
中华优秀传统文化融入中国古代文学课程思政主题研究　　　王波平　161

第三部分　智能时代的素质教育

人工智能对教学活动将带来哪些影响
　　——基于后现代主义视角的扎根研究　　　　　　刘进　钟小琴　170
智能时代基础研究素养教育浅析　　　　　　　　　　　　　　张杨　188
国际互动传播：智能时代"文化育人"的新路径　　　叶英杰　王熙　194
慕课平台下媒介素养教育"微专业"课程体系构建与创新
　　——以天津工业大学"新媒体创新与运营"为例
　　　　　　　　　　　　　　　　　　　　刘子璇　王熙　叶英杰　200
"健康中国"背景下医学人文素质教育体系的构建与实践
　　　　　　　　　　　　　　　　　　　　　　　　吕一军　金伟琼　207
面向就业的中职教育体系导向机制研究
　　　　　　　　　　　　　　　　樊颐　杨德全　朱梦煜　王克勇　214
自醒自治："问道典籍"与大学生素质能力提升　　　　　　田至美　224
数字经济时代高校毕业生供需匹配状况及培养模式思考
　　　　　　　　　　　　　　　　高雅　余欣鑫　李振伟　王飞　234

第四部分　素质教育与书院制改革

关于北京学院/书院建设的实践与思考　　　　　　李 玥　张振华　李 晋　250

现代大学书院实施素质教育的路径探索
　　——以河南科技大学丽正书院为例　　　　　　　　　　　　杨国欣　261

书院制育人模式下推进学风建设"四学"实践的思考
　　——以河南科技大学丽正书院为例　　　　　　　　　　　　李瑞广　268

书院制育人模式下推进合作学习的路径探索
　　——以河南科技大学丽正书院"IDEA小组行动计划"为例　　裴 丽　275

基于社团培养模式的素质教育方法研究：架构、实现与启示
　　——以湖北经济学院"大学生综合素质培养班"为例
　　　　　　　　　　　　　　　　　　　　　　　　宋 健　宋 爽　281

第五部分　通识课程教学创新与质量提升

新农科建设背景下的通识教育体系构建
　　——以"中农通识"探索实践为例
　　　　　　　　　　　　仇 莹　曹志军　崔情情　何志巍　292

怎样讲授综合性通识课
　　——以"中华国学"课程为例　　　　　　　　　　　　　张荣明　301

大口径通识课程教学创新探索
　　——以"宇宙大历史"为例　　　　路 越　曹慧秋　杨哲慧　310

美国海事类院校通识教育实践研究　　　陆 梅　赵俊豪　梁 吶　322

力学类通识课程群建设的研究与实践
　　　　　　　　　　　　李晓玉　王利霞　刘雯雯　姚姗姗　332

艺术写作教学与通识教育革新　　　　　　　　　　　　　　田 源　339

构建"一轴四驱"育人新理念　强化专业核心课程在素质教育中的作用
　　　　　　　　　李 钿　张仕颖　任琳玲　董玉梅　刘雅婷　352

核心素养视阈下专业综合实验教学设计与实践　　　　　　　王爱萍　364

高职院校生命教育积极范式实施的背景、路径及意义
孔令玉　孔博鉴　马建富　374

一流大学建设背景下艺术类学科竞赛的特色实践研究　霍　楷　吕　莹　383

后　记　发展素质教育　培养时代新人
——大学素质教育研究分会2022年会暨第十届大学素质教育高层论坛综述
庞海芍　曾　妮　隋　艺　395

第一部分

学习贯彻二十大精神
发展素质教育

奋进新时代大学素质教育新征程[①]

杜玉波[②]

2022年10月，党的二十大胜利召开，描绘了全面建设社会主义现代化国家的宏伟蓝图，立足在新的历史条件下夺取中国特色社会主义新胜利，作出了实施科教兴国战略、强化现代化建设人才支撑的重大部署，为新时代新征程教育事业高质量发展指明了前进方向，提供了根本遵循。其中，特别强调"加快建设高质量教育体系，发展素质教育，促进教育公平"。这对于如何发展素质教育、开启大学素质教育新征程、加快建设教育强国、办好人民满意的教育具有重要意义。

素质教育是扎根中国大地的教育思想。中华优秀传统文化、新时代党的教育方针、教育学关于知识—能力—素质的转化和内化理论，构成了素质教育的文化根基、政治根基、理论根基。发展素质教育作为贯彻党的教育方针的时代要求，其核心是解决好培养什么人、怎样培养人、为谁培养人这一教育的根本问题，重点是促进全体学生德智体美劳的全面发展，提升综合素质。自20世纪90年代以来，素质教育引发了教育领域全面而深刻的变化，已经成为中国教育改革发展的重要主题。具体到高等教育领域，大学生的综合素质显著提升，具有社会责任感、创新精神和实践能力的高素质拔尖创新人才大量涌现，素质教育思想引领下通识教育和专业教育相结合的人才培养模式改革十分活跃。素质教育在促进高等学校转变教育理念，深化教育教学改革，全面提高人才自主培养质量等方面，发挥了不可替代的重要作用。

在加快推进教育现代化、建设教育强国、办人民满意的教育的新征程上，党的二十大报告旗帜鲜明地提出"发展素质教育"，一方面体现了党中央对近30年来实施素质教育成效的充分肯定，另一方面说明素质教育与党和国家事业发展的要求、与学生全面而有个性发展的需求相比都还有差距，还

---

① 本文系中国高等教育学会会长杜玉波在"2023素质教育大家谈：发展素质教育"论坛上的报告。
② 作者简介：杜玉波，中国高等教育学会会长，第十三届全国人大常委会委员、教科文卫委员会副主任委员，教育部原党组副书记、副部长。

需要加大力度、持续深入推进，不断取得新进展新成效。新时代，发展素质教育更要着眼于人的全面发展，注重遵循教育发展规律，紧扣中国式现代化对教育提出的新定位、新目标、新要求，开拓创新、勇毅前行。

我们要发展为党育人、为国育才的素质教育。习近平总书记强调，育人的根本在于立德。国无德不兴，人无德不立。当代大学生是未来建设社会主义强国的生力军，是实现"两个一百年"奋斗目标的主力军。发展素质教育必须坚持把立德树人作为根本任务，将其融入思想道德教育、文化知识教育、社会实践教育等各环节，贯穿学校工作各方面，使高等学校真正成为化育为人的天地。要引导大学生把实现个人价值同党和国家前途命运紧紧联系在一起，让服务国家、服务人民的信念成为大学生的自觉追求，培养学生的家国情怀与世界胸怀，提升人格气质与心胸格局。思政课程、通识课程、课程思政及第二课堂等是立德树人的重要渠道。要推动思想政治理论课改革创新，让思政课更有思想性和理论性，更有亲和力和针对性，让学生"爱上思政课、想上思政课"。要强化思政与教学协同，构建浸润式教育模式，打造更有灵魂的大思政育人体系，让学生在细节中领悟，于无声处受教。要在大学生中传承中华优秀传统文化和红色基因，弘扬以伟大建党精神为源头的中国共产党人精神谱系，用好红色教育资源，把大学生培养成为社会主义核心价值观的坚定信仰者、积极传播者、模范践行者。要加强第一课堂与第二课堂协同育人，充分发挥第二课堂在拓展大学生综合素质方面的重要作用，构建第一课堂和第二课堂相互呼应配合的完整育人体系，不断健全全员育人、全过程育人、全方位育人的体制机制。

我们要发展以人为本、五育融合的素质教育。习近平总书记强调，"素质教育是教育的核心，教育要注重以人为本、因材施教，注重学用相长、知行合一"。实施素质教育是学校应尽之责，享受素质教育是学生应有之权利。每个学生禀赋、才能、爱好和特长不尽相同，都是独一无二的个体，素质教育要坚持以学生为本，坚持全纳教育理念，注重因材施教，提供多样化、可选择的成长路径，努力让每个学生都有人生出彩的机会。要加强学校德智体美劳教育的整体性和系统性，解决长期以来存在的"疏德""偏智""弱体""抑美""缺劳"，以及五育分离、割裂等问题，探索构建"五育融合"的学科体系、教学体系、课程体系、课内课外共育体系、管理体系，完善"五育"并举的落实机制。要强化健康第一的教育理念，加强对学生的思想引导和心理疏导，助力学生身心健康成长、全面发展。要把养成良好读书习惯作为大学素质教育的重要抓手，引导学生爱读书、读好书、善读书，养成终身阅读的习惯，塑造现代社会所需的综合素质。大学素质教育要特别注重人文、社会、自然科学三大知识领域融会贯通的通识教育，克服长期以来形成的狭窄的专业教育弊端，要把知识传授、能力培养、素质提升和价值塑造融为一体，使学生博学与精专统一、人文素养和科学素质兼备、知识积累和创造性思维贯通。

我们要发展协同育人、贯通培养的素质教育。构建德智体美劳全面发展的素质教育体系是一个复杂的系统工程，横向需要家庭、学校、社会等场域共育，纵向需要大学、中学、小学等阶段贯通。要充分研究素质教育的特点与发展规律，厘清大学、中学、小学阶段以及家庭、学校、社会各自的作用和责任，使之相互协同、互相促进，形成育人合力，同心同德、同向同行。要将素质教育思想渗透在家庭、学校、社会等各个领域，积极构建政府统筹协调、学校积极主导、家庭主动尽责、社会有效支持的协同育人新格局，反对片面追求成功成才，纠正片面理解素质教育、过度内卷带来的巨大压力。要积极构建大中小学贯通的素质教育体系，在教育目标上做好顶层设计，针对不同学段、不同形态教育、不同类型学校等进行具体性、针对性的筹划，把素质教育一体化的目标真正落细落实。要在教育内容中贯彻大中小学一体化的理念与思路，真正做到学生综合素质循序渐进、循环上升，实现阶梯式的步步高、步步深。对大学来说，贯通培养需要加强主动性，发挥引领性，根据办学定位和特征，不断发挥自身优势，建立有特色的素质教育体系，营造校本化的素质教育文化，切实推进大中小素质教育一体化。

我们要发展评价牵引、改革驱动的素质教育。习近平总书记在党的二十大报告中强调，要完善学校管理和教育评价体系。有什么样的评价指挥棒，就有什么样的办学导向。对素质教育来说，就是要积极构建与其理念相匹配的教育质量观和教育评价制度。要优化学校评价，突出素质教育理念的核心地位，引导高校回归初心，完善素质教育体制机制，将素质教育思想贯穿人才培养全链条。要优化教师评价，树立教书育人是教师的首要职责观念，引导高校教师牢记使命，在立德育人这个"慢活"上花心思。要优化学生评价，更加重视多元评价，全方面考察学生的能力和素质，更加注重增值评价，重点关注学生的成长进步和学校的改进提升情况，引导学生德智体美劳全面发展。当前，我国高等教育已经步入普及化阶段，大学教育成为每个人职业生涯的"基础教育"，因此转变教育理念、调整教育目标、重构教育内容、创新体制机制势在必行。要更加重视系统联结，通过人才培养范式变革破除"知识面狭窄、视野偏狭、实践能力和创新精神不足"等积弊，促进高素质拔尖创新人才脱颖而出。要更加注重因材施教，努力通过书院制、导师制、自主选择专业制度、弹性学习、主辅修制等一系列体制机制创新，为所有学生提供适合的教育。

我们要发展数字赋能、包容共享的素质教育。发展不平衡、资源分布不均，是素质教育推进过程中的现实难题。数字技术的广泛应用，为促进教育均衡，缩小不同地区、不同层级、不同类型高校之间的素质教育资源差距带来了契机。要充分利用我国的制度优势、人才优势、资源优势，加快系统升级、服务升级和功能升级，纵深推进教育数字化战略行动，全力将国家智慧教育平台打造成教育领域重要的公共服务产品，发展富有效率、充满活力的线上素质教育大课堂，让"所有人都能获得优质素质教育资源"的愿景加速成为现实。要建立以学生为中心的新形态"智慧"教学空间，探索虚实互动、线上线下结合的全新教学体验，形成人机共生、时空交互、知识衍新的学习环境，不断增强素质教育的魅力，提升素质教育的实效。质量是教育的生命线，数字技术是提高教育质量的阶梯，要通过数字技术撬动课堂教学发生深层次变革，创新教育教学和人才培养模式，为实现更加优质的素质教育提供强大动力。要推动建设素质教育大数据中心，开展大学生综合素质滚动调查及国际比较，发布《大学生综合素质蓝皮书》，以教育的数字化转型支撑提高素质教育管理和评价效能。

发展素质教育，是教育现代化题中应有之义，是办好人民满意的教育的重要保障，也是为现代化建设提供人才支撑的迫切需要。我们要以党的二十大精神为指引，再接再厉、笃行不怠，奋进新时代大学素质教育新征程，为建设教育强国、办好人民满意的教育、培养德智体美劳全面发展的社会主义建设者和接班人作出新的更大贡献！

（原文发表于《中国高教研究》2023年第5期，
《新华文摘》2023年第16期转载）

全面落实党的教育方针
发展素质教育培养时代新人①

朱之文②

全面实施素质教育,是党中央在20世纪90年代作出的战略决策。1994年,中央召开全国教育工作会议,明确要求"基础教育必须从应试教育转到素质教育的轨道上来"。同年8月,中共中央印发《关于进一步加强和改进学校德育工作的若干意见》,明确提出"要发展适应时代发展、社会进步以及建立社会主义市场经济体制的新要求和迫切需要的素质教育"。1999年,中共中央、国务院印发《关于深化教育改革全面推进素质教育的决定》,对实施素质教育作出系统部署。此后中央出台的重大教育文件,都对实施素质教育提出明确要求。

党的二十大报告着眼世界百年未有之大变局和中华民族伟大复兴战略全局,对新时代教育改革发展作出系统部署,提出了一揽子教育改革发展的重点任务,其中特别强调"发展素质教育"。这是在新的历史条件下,党中央对贯彻落实党的教育方针、深入实施素质教育提出的新要求,对于构建高质量教育体系、加快建设教育强国、全面提高人才自主培养质量具有特殊而重大的意义。

在加快推进教育现代化、建设教育强国、办人民满意教育的新征程上,党的二十大报告旗帜鲜明地提出"发展素质教育",有着深切的考量。一方面,体现了中央对近30年来实施素质教育成效的充分肯定,教育改革发展必须始终坚持素质教育的方向。另一方面,体现了中央对深入实施素质教育寄予的厚望。虽然素质教育已经取得了显著成效,但还存在不少短板,与党和国家事业发展的要求、与学生全面而有个性发展的需求相比都还有较大差距,还需要加大力度、持续深入推进,不断取得新进展新成效。以党的二十

---

① 本文系中国教育学会会长朱之文在"2023素质教育大家谈:发展素质教育"论坛上的报告。
② 作者简介:朱之文,中国教育学会会长,第十三届全国政协教科卫体委员会副主任,教育部原党组成员、副部长。

大精神为指导，加快发展素质教育，全面提高育人质量，源源不断培养能够担当民族复兴大任的时代新人，是新时代赋予教育的重大使命。

在新的历史起点上发展素质教育，既要全面总结20多年来实施素质教育取得的成绩和经验，鼓舞斗志，坚定信心；又要全面查找差距和不足，改进工作，着力补足短板。发展素质教育，是党的教育方针的必然要求。发展新时代素质教育，必须全面贯彻落实党的教育方针，把教育方针的要求落实到办学治校全过程，促进学生全面而有个性地发展，着力培养能够担当民族复兴大任的时代新人。党的教育方针是总的纲领，指引着办学方向，规范着办学行为，是教育活动的行动指南。我们要深入研究如何在教育实践中，通过发展素质教育将教育方针系统化、具体化，使其可操作、可评估、可检验，确保能够落地落实。对基础教育而言，重要的是把握好以下六个方面：

一、必须面向全体学生，着力促进学生全面而有个性地发展

素质教育是面向全体学生的教育，是对所有基础教育阶段学校的共同要求，必须坚持有教无类，每一名学生都不能落下。在教育实践中，有的学校关注成绩优异学生多，关注学业后进生少；有的学校花了大量精力搞针对少数学生的特长教育、竞赛教育，在促进全体学生共同进步方面投入的精力不足。这些做法都是不可取的，不能用少数学生的素质发展代替面向全体学生的素质教育。落实发展素质教育的要求，要把握好两个关键词。

1. 第一个关键词是"全面"

必须坚持"五育"并举，促进学生德智体美劳全面发展。当前的重点任务是，采取有力措施，增强思想政治教育的实效性，大力加强体育、美育和劳动教育。在传授学生知识技能的同时，注重对学生的价值引领，培养其健全人格和强健体魄，提高学生的审美能力。

2. 第二个关键词是"个性"

学生的先天禀赋存在差异，在促进学生全面发展的同时，还要注重因材施教，根据不同学生的特点，采取适当的方式，使其潜能得到充分发挥。要积极创造条件，支持和鼓励每一所学校因地制宜实施素质教育，为每一名学生全面而有个性地发展创造条件，让素质教育成为各地各校的生动实践，真正惠及每一名学生。

二、必须扭转过度强调应试的倾向，着力深化考试评价招生制度改革

中央在上个世纪提出素质教育的概念，旨在推动基础教育从应试教育转到素质教育的轨道上来。素质教育不排斥考试测评，但反对过度应试，尤其反对将应对考试作为教和学的目的，本末倒置。多年来，我们在扭转过度应试上开展了大量工作，但在实践中，许多学校一方面想搞素质教育，但另一方面又不得不组织应试，往往将主要精力花在应试上，导致素质教育不能持续深入下去。之所以出现这种状况，原因是多方面的，其中一个重要原因是受教育观、政绩观的影响，追求短期效应、显性效应，总是有意无意将考试分数和升学率作为评价学生、评价学校的唯一依据。习近平总书记明确要求，"要围绕建设高质量教育体系，以教育评价改革为牵引，统筹推进育人方式、办学模式、管理体制、保障机制改革"。落实党的二十大报告提出的"发展素质教育"的要求，必须深化考试评价改革，建立与素质教育相适应的教育考试评价体系。

1. 完善考试制度

考试的内容和方式要导向素质教育，不仅考查学生掌握知识情况，还要考查学生应用知识解决问题的能力，让考试内容与生产生活实践更加紧密结合起来。要提高考试命题水平，增强考卷的信度、效度和区分度，使其更加科学、更加公平、更加合理，体现素质教育的导向。

2. 完善评价制度

评价制度应当有利于学生全面而有个性地发展，有利于教师的专业成长，有利于学校提高办学质量。要注重多元评价，全方位考查学生、教师的能力素质，尤其要注重过程性评价和增值性评价，关注学生、教师的成长进步和学校的改进提升情况，不再简单地以分数评价学生、以升学率考核教师和学校。

3. 完善招生制度

要进一步深化普通高中和高等学校招生制度改革，贯彻落实好《教育部关于在部分高校开展基础学科招生改革试点工作的意见》以及对拔尖人才选拔的部署，支持学校提高自主选拔、自主培养拔尖创新人才的能力，让有天分、有潜力、有志趣的学生能够脱颖而出，拓宽学生成长成才的通道。

三、必须深化教育教学改革，着力提升学校育人水平

发展素质教育，必须落实到教育教学各个环节，提升学校的整体育人水平。当前和今后一个时期，要重点关注以下几个方面。

1. 积极稳妥推进新课程改革

课程是学生学习的重要依据，在很大程度上影响甚至决定着教师如何教、学生如何学。要围绕新课程实施，针对广大教师开展系统培训，让每一名教师真正理解新课程、会用新教材。要加强新课改调研，不断总结经验，研究问题，改进教学，让新课程改革的理念、内容能够落地，惠及学生。

2. 深化教学方式改革

要充分发挥教师的引领性、主导性，调动学生的参与性、能动性。坚持教学相长，加强师生互动，注重启发式、互动式、探究式、项目化教学，注重激发学生学习兴趣，避免满堂灌、"填鸭式"教学；注重培养学生批判性思维，引导学生主动思考、积极提问、自主探究，培养自主学习能力。在"双减"背景下，尤其要聚焦课堂这个主阵地，让课堂活泼起来，变得更加高效，对学生充满吸引力。

3. 培养学生综合能力

要加强通识教育，有针对性地培养学生阅读、写作、表达、实践动手等方面的能力，提高学生综合素质，使其更好地适应未来科技发展、产业革命、社会变革的需求，为今后成长发展打下坚实基础。要加强科学教育，注重培养学生的科学兴趣、科学精神，激发学生的好奇心、想象力。

4. 高度重视拔尖人才培养

要系统构建基础教育阶段创新人才培养体系，探索体现素质教育导向的拔尖人才培养模式，为建设教育强国、科技强国、人才强国奠定根基。

四、必须全面加强教师队伍建设，着力提升广大教师实施素质教育的能力

在教育实践中，教师与学生的接触最多、影响最大。某种意义上讲，教育质量能不能提升，关键靠教师；素质教育能不能深入下去，关键也在教师。在实践层面，素质教育之所以难，不仅仅是受评价指挥棒的影响，同时

还受教师能力素质的制约。虽然广大教师对素质教育的概念和要求都已耳熟能详，但在教育实践中仍有部分教师未能很好地落实。在新的起点上发展素质教育，必须高度重视教师队伍建设，注重提升教师实施素质教育的能力。以下两个方面，我认为尤其重要。

一方面，要在教师培养和培训环节，强化素质教育相关内容和要求，构建素质教育导向的教师专业成长路径，帮助广大教师准确把握素质教育的内涵，自觉在教书育人实践中不仅传授知识技能，而且更加关注每一名学生素质的发展，尤其注重对学生的价值观、行为习惯、人格塑造等施加影响。

另一方面，要建立健全素质教育导向的教师考核评价制度，在教育教学活动上赋予教师更大的自主空间，为教师实施素质教育营造适宜的环境，使其成为实施素质教育的主体，调动广大教师实施素质教育的主动性、创造性。同时，尤其要注重中小学书记校长队伍建设，注重发挥书记校长的作用，提升广大书记校长领导素质教育实施的能力。

五、必须高度重视校园文化建设，着力提升办学治校水平

学生素质的发展，离不开校园文化的熏陶浸润。校园文化具有物质和精神双重属性，既有具象性又有抽象性，是一种无处不在的教育力量。作为学校长期办学成果和经验的积累，校园文化体现了学校的内涵、品位和特色，是办学治校水平的重要体现。许多历史悠久、办学成绩卓著的中小学各具特色，但没有一所不重视校园文化建设，都将校园文化作为高质量发展的重要载体。在新时代发展素质教育，要发挥校园文化的浸润作用，强化文化的育人功能，将校园文化内化为办学治校的价值引领，转化为学校各具特色的教育实践。对每一所学校而言，素质教育的理念是相通的、目标是共同的，但路径是多样的。广大中小学校要着眼素质教育的要求，将校园文化建设摆在重要位置。一是要将文化建设融入立德树人，贯穿育人实践各环节、全过程。课程、教学、教师、管理、资源、环境等各方面，都应体现文化内涵，用文化引领学校发展。二是要将学校的办学目标、价值导向和办学特色，通过文化载体进行表达，探索富有特色的办学治校模式，形成良好的教风学风校风，以文化支撑学校特色发展。三是要将文化融入学校制度建设，通过制度文化去规范学校办学行为，引领学校全面、协调、健康发展。

六、必须加强家校社协同，着力形成实施素质教育的合力

素质教育关注学生的全面发展、全过程发展，不仅涉及学校教育，还涉及校外教育，需要家庭和社会的协同。应当看到，学生核心素养的培养，特别是价值观的形成、良好习惯的养成、健全人格的塑造等，光靠在校期间的教和学是不够的，还需要在校外的学习和生活中一以贯之，需要家庭和社会共同付诸努力。尤其要看到，如果家庭和社会与学校教育不能相向而行，不仅不利于素质教育的深入实施，很可能对冲学校教育的效果。发展新时代素质教育，需要有更加开阔的视野，在强化学校主体作用的同时，更加注重发挥社会和家庭的作用。一是要建立健全家委会家长学校等机制，加强学校教育与家庭教育的衔接，向广大家长普及科学教育理念，把握好自身的定位，提升家庭的教育能力。二是要采取有力措施，统筹博物馆、科技馆、自然馆、重大科技基础设施以及企业、乡村等各方面的校外资源用于教育，让学生有更多的机会接触社会、了解社会，为学生素质发展创造条件，拓展素质教育的空间。三是要大力宣传素质教育的理念，宣传各地各校发展素质教育的典型做法和成功实践，不断凝聚全社会实施素质教育的共识，为素质教育的深入实施营造良好氛围。

通过发展素质教育，让党的教育方针真正落地，促进每一名学生全面而有个性的发展，是党中央的要求、全社会的期盼，是新时代赋予全体教育工作者的神圣使命。让我们共同努力，以党的教育方针为引领，不断深化改革，着力强弱项、补短板，促进素质教育扎实深入实施，为党和国家源源不断培养德智体美劳全面发展、能够担当民族复兴大任的时代新人。

中华优秀传统文化与大学文化素质教育

张岂之[①]

中华优秀传统文化源远流长,蕴含着丰富的关于文化素质教育的宝藏和资源,需要不断传承、创新和弘扬。

一、中华优秀传统文化能增强大学师生的民族自豪感、文化自信心和历史认同感

2015年9月3日在纪念中国人民抗日战争暨世界反法西斯战争胜利70周年大会上,中共中央总书记、国家主席习近平两次提到中华民族5000多年的文明成果。他说,中国人民抗日战争的胜利,"捍卫了中华民族5000多年的文明成果,捍卫了人类和平事业,铸就了战争史上的奇观、中华民族的壮举"。讲话接近结束时,他说:"中华民族创造了具有5000多年历史的灿烂文明,也一定能够创造出更加灿烂的明天。"

我们将中华思想文化放在5000多年的文明史中去思考,将思考的结果加以总结、宣传,这是一项绿叶长青的研究实践课题。

二、中华优秀传统文化能增进大学师生的历史责任感与经世致用的担当意识

宋代著名思想家、哲学家、关学创始者张载(1020—1077)胸怀"为天地立心,为生民立命,为往圣继绝学,为万世开太平"的抱负,在对中华文化和儒学传承、发展、创新中作出了重要贡献。他吸收了当时自然科学成果,充实和丰富自己的理论,成为新儒学(即理学)的重要奠基者和代表人物。

---

① 作者简介:张岂之,西北大学名誉校长,中国高等教育学会大学素质教育研究分会顾问。

关学学风笃实，注重践行，崇尚气节，敦善厚行，求真求实。张载以后，历代关学学者大多具有宽广的学术胸怀，努力融会自然科学方面的研究成果，并将其提到哲学理论的高度进行总结，论述了关学的基本论点。

三、中华优秀传统文化有助于增强大学师生对祖国悠久历史的理解

中华优秀传统文化不是神的文化，而是以"人"为核心的道德文化，讲如何做人，做有道德、有理想、有作为的人；与人讲诚信、讲相互尊重、讲己所不欲勿施于人。

中华优秀传统文化是讲爱心的文化，爱祖国、爱大众，爱一草一木，即所谓"泛爱众而亲仁"。

中华优秀传统文化不排斥其他文化，主张和而不同，倡导博采众家之长的文化会通精神。

中华优秀传统文化重视人才培养，主张人们经过努力皆可以成才，体现了中华民族整体文化的特质。

中华优秀传统文化强调和而不同，它是"中华民族生生不息、永不衰竭的动力"。

四、中华优秀传统文化有助于培育大学师生关于中华文化的核心理念

2013年8月，习近平总书记在全国宣传思想工作会议上提出了四个"讲清楚"：

"要讲清楚每个国家和民族的历史传统、文化积淀、基本国情不同，其发展道路必然有着自己的特色；讲清楚中华文化积淀着中华民族最深沉的精神追求，是中华民族生生不息、发展壮大的丰厚滋养；讲清楚中华优秀传统文化是中华民族的突出优势，是我们最深厚的文化软实力；讲清楚中国特色社会主义植根于中华文化沃土、反映中国人民意愿、适应中国和时代发展进步要求，有着深厚历史渊源和广泛现实基础。中华民族创造了源远流长的中华文化，中华民族也一定能够创造出中华文化新的辉煌。"（《习近平在全国宣传思想工作会议上强调："胸怀大局，把握大势，着眼大事，努力把宣传思想工作做得更好。"》，《光明日报》2013年8月21日第1版。）

从2007年起，我和一些学者朋友尝试"讲清楚"中华优秀传统文化的核心理念，并探讨它们的现代价值，提炼出十二个核心理念，如：天人之学，道法自然，居安思危，自强不息，诚实守信，厚德载物，以民为本，仁者爱人，尊师重道，和而不同，日新月异，天下大同。每一个理念，都反映了中华民族生生不息的智慧与精神。以"天下大同"理念为例，它来自《礼记·礼运》篇，至今已有两千多年的历史，它是中华优秀传统文化的重要组成部分，随着中华历史的前进，不断充实其精神，中华儿女有责任对此加以传承与发展。

（原文发表于《大学素质教育》2021年第2期）

实事求是地理解和发展素质教育

王义遒[①]

一、如何理解人的素质？

"素质教育"是一种具有中国特色的教育理念和模式，其在我国推行尚不到40年。正如笔者在《大学素质教育学刊》2019年第1期文章中所梳理的，说来有点不可思议，它的出世是人们对"素质"和"教育"两个词语一系列误用和误解的结果。该文指出，在英文中有十来个相关的词语可以被译为中文"素质"两字，却没有一个合适的英语词汇可以适当、贴切、全面地反映我们常说的"素质"两个字的意思。这正如德国著名学者卡西尔所说，"对不同语言所作出的比较表明，完全贴切的同义词是不存在的。"因此，中国高等教育学会大学素质教育研究分会不得不建议将"素质教育"译为英文时可用汉语拼音将其译成"Suzhi Education"。这样，在国际交流场合还是要做很多说明才能使外国人理解它的意思。

其实，问题还在于"素质"与"教育"两个词汇在许多中国人的理解里也是各不相同的，就像普通老百姓与学者对于科学的"定义"并非全同。在一些心理学家和教育学家看来，"素质"两字有严格的定义，是一个人的先天特征，后天只能有较少的补偿效应；但在普通老百姓看来，"素质"就是一个人的基本品质，并且着重是指人的品德与精神方面。笔者曾多次引用过刘胡兰和汪精卫的例子。在群众看来，刘胡兰是素质崇高的典范，而汪精卫则是不齿于人的民族败类，素质极低，尽管后者在一般知识和某些能力上比前者要丰富得多。这种群众性的理解也被党和国家领导人和领导部门所采用。素质教育启动之后，教育工作者们综合两种不同的理解，将"素质"定义为："一般说来，素质即人所具有的维持生存、促进发展的基本要素，它

[①] 作者简介：王义遒，北京大学原常务副校长，中国高等教育学会大学素质教育研究分会顾问。

是以人的先天禀赋为基础，在后天环境和教育的影响下形成并发展起来的内在的、相对稳定的身心组织结构及其质量水平，主要包括身体素质、心理素质和社会文化素质等"。这个定义已被大多数教育工作者约定俗成所认同。但是，这个定义并没有将素质与教育上颇为着意的学生的知识和能力等概念的关系说清楚。三者是什么关系，是素质最基础呢，还是知识更基础；是先有好素质才会有相应的知识与能力呢，还是反之。后来，据笔者了解，武汉理工大学周金声与尤方萍曾发表了一篇《论知识、能力、素质的内涵及其关系》的文章，从人的肢体、器官、大脑与神经系统对外界信息的作用出发，论证了知识、能力和素质三个概念及其相互关系。他们认为："知识是人对事物的经验和认知在大脑积存的信息，是以从具体到抽象的层次网络认知结构的形式存储于大脑中并能不断地增加和更新的。""（人的）这种身心内在的部分系统协调运行的机能和功力统称为能力，主要由心智能力（智能）和生理能力（体能）协调构成。"而"这种基于人的生命要素协调运行的结构质量，我们称之为'素质'或'素养'。它是人生命的一种机制，一种内在联系，一种相对稳定、持续发挥基础作用的品质结构，通常要通过具体的言行情态来表现。'素质'侧重于内在的特质状态，'素养'侧重于外在的养成表征"。他们的这种理解比较抽象，多少是跟霍华德·加德纳所提出的多元智能学说有点联系，是比较科学的。加德纳经过科学分析认为，人有八个半智能（语言、音乐、逻辑、空间、运动、人际、自省和区别自然物的'博物家'智能，而'存在智能'——思考人类本身的大问题，如人为什么要活着等尚未被确定是否是一种独立智能，故只能算半个）。但是，他不承认人类有精神信仰智能的存在。正如加德纳本人在《智能的结构》一书的"20周年纪念版导言"中所说："'多元智能'不应该是也绝不是教育的目标。教育目标必须反映人类自身的价值观，而这个价值观绝不可能简单地来自科学理论"。可是，恰恰就是价值观、人生观、世界观的"三观"问题，包括我们党与政府所倡导和要求遵行的24个字的"社会主义核心价值观"是素质中最重要的内涵。由此可见，至少在近期，纯粹科学还无法解释"素质"的根源，并做出完全合乎科学的"定义"。

这样，在笔者看来，在素质教育的理论和实践中实际上存在着四种并不完全相同的含义，从而在做法上对"素质"的理解也多少有点差别。第一种是一般群众的理解，素质就是一个人的基本品质（类似于意大利学者奥·佩西的名著*Human Quality*，在我国译为《人的素质》或《人类的素质》中的

Quality），其中精神因素往往又大于知识、能力等实体因素。这主要是一种天生的品格，它既决定一个人求知和干事的愿望，也反映在待人接物的行为中，所以它既是知识能力之源，也表现在知识与能力对外界的作用之中。第二种是我国党与政府和某些部门以及他们的领导人所指称的"素质"，多数是反映从群众中来的比较粗犷的概念。邓小平所说的"劳动者素质"，1985年发布的《中共中央关于教育体制改革的决定》提到的"民族素质"，以及后来各种文件中所说的"从业人员素质"等，大体上就是这个意思。素质的具体内容则包括"有理想、有道德、有文化、有纪律的社会主义建设人才"的要求，其中道德的内涵则是"爱祖国、爱人民、爱劳动、爱科学、爱社会主义"。这种说法实际上包含各种身份的中国人所应有基本"胜任力"的意思，带有"工具"的功用性质。我们党的教育方针要求培养德智体美劳全面发展的人才，成为社会主义的建设者与接班人就是这样。它们的内涵往往随着时代的变迁而有所变动或发展。第三种就是心理生理学和教育学家们所采取的与人的肢体、器官、大脑、神经和基因结构相联系的定义。这种带有"学术气"的说法虽有一定科学性，却不易为一般群众所接受，而且在目前也难以说明它们与道德精神相关的因素。第四种就是教育工作者根据党和国家机构文件及群众所能接受而提出来的说法，已如上述。这种说法大体上取得了教育工作者的共识，但它也并不是没有瑕疵的。

　　在笔者看来，素质应该是人为生存和发展所最基本和最必要的因素，可以说它是人的本能与潜势。比如人一生出来就知道要喝奶，对外界事物感兴趣，想做出反应、触摸它们、认识它们。一个人的信仰（其中包括"三观"）、性格、脾气、感情、胆量等精神因素也是素质的一部分，而笔者认为信仰是最重要、起决定作用的。它主要是天赋的，也可以说是由身体、脑与神经系统及基因结构决定的。但是后天的教育也发挥着重要作用，这种"教育"并非完全是学校教育，还包括母教、家庭教育、社会环境教育等。这种教育是终生的。绝大多数人的一世，在学校受教育的时间只是其中的一部分，不过有长短不同而已。而且从打基础的起点上来说，母教（包括胎教）和家庭教育甚至是最重要、最基本的。素质是人取得知识与能力的本源，动力和愿望；同时也反映在人的待人接物、为人处世的行为上。而后者实际上也是人的知识与能力的外在表现。从这个意义上说，素质的内涵里也包括知识与能力，它是统率一个人的行为品质。对此，笔者在前文基础上的《续论》有较多的讨论。因此我想，如果硬要将素质翻译成英文的话，用

"Essential Quality"还算是比较贴切的。

二、如何理解"素质教育"？

上面说过，"素质教育"一词还来源于对"教育"两字的误解。这是说，"素质教育"一词最初是为针对"应试教育"的名称而在基础教育中展开的。改革开放之后，由于我国经济条件的改善，人们生活水平的提高，群众要求接受优质高等教育的愿望变得强烈。然而我国优质高等教育资源的增长却比较缓慢，而且"优"中总有"更优"的。这样人们争上最优秀的大学的竞争异常激烈，造成"千军万马过独木桥"之势。这里当然有中国传统文化的影响，"学而优则仕""读书做官""升官发财"，人们冀图以接受优质高等教育来改变自己的命运与社会地位。于是，高中教育以毕业生能考上名牌大学为鹄的，不但学校领导以此为政绩，甚至地方官员也靠升学率来提高自己的声誉。这样，高中教育最后一年往往以模拟高考训练为主，甚至违反教育规律，将高中课程缩短在两年内学完，第三年完全进行高考模拟试验，猜题、押题、死记硬背，揣摩标准答案，反复组织模拟考试。有的甚至将学生封闭起来，成天喊励志口号，过机械生活，完全将学生当成工具训练。这种做法完全扭曲了基础教育，甚至是"反教育"的，但有人却美其名曰"应试教育"。这种将制造"应试机器"的工具化训练说成是一种"教育"，严重混淆了"训练"与"教育"的区别，矮化贬低了"教育"的初心和神圣地位，亵渎了教育。为应对与纠正这种错误做法，使基础教育回到"教育"本分上来，就提出了"素质教育"的理念，使教育真正回归成为提高人的品质的活动。所以"素质教育"的针对性十分明确。后来，随着高等教育的逐渐大众化与普及化，这种应试训练甚至逐渐上升到了高校本科毕业向研究生进军的阶段。另外，由于能上优质高中是进入名牌高校的前提，应试训练又逐级下移到初中升高中，甚至一直类推，进入小学升初中、幼儿园升小学，乃至千方百计移到争上优质幼儿园的程度了。因为这种"升级"主要依赖于分数，于是整个中国教育系统似乎都有扭曲和"异化"成"应试得高分"机构的趋势。这样，"素质教育"的重要性就更为突出了。当然在高等教育领域，提倡素质教育还有抵制学习苏联以来执行过分狭隘的专业教育的因素。

因此，在笔者看来，素质教育实质上就是要求将教育回到其本分与初心，"以人为本"，就是康德说的"教育使人成为人"的教育，就是使人能正确做人和做事的教育。因而我多次说过，"素质教育"就是教育，不过是强调素质重要性的真正教育；对于我们中国教育工作者来说，这就是执行党和政府所提出来的教育方针的教育。所以党和政府在一系列关于教育的文件中总是将"实施素质教育"或十九大后的"发展素质教育"，跟在"全面贯彻党的教育方针"之后来提的，这次二十大报告也是这么做的。这表明素质教育是贯彻党的教育方针的一种补充与辅助，是实施教育方针的手段与策略。党的教育方针是与时俱进的，随着时代的变化会不断提出一些更切合时代的更高更具体的要求，因而对于培养人的素质要求也会随之有所变化。比如，早期有"使受教育者在德育、智育、体育几方面都得到发展，成为有社会主义觉悟的有文化的劳动者"的说法，改革开放后又修订为"教育必须为社会主义现代化建设服务，必须与生产劳动相结合，培养德、智、体等方面全面发展的社会主义事业的建设者和接班人"；以后又逐步增加了"为人民服务"，以及"为中国共产党治国理政服务、为巩固和发展中国特色社会主义制度服务、为改革开放和社会主义现代化建设服务"等内容。2010年7月发布的《国家中长期教育改革和发展规划纲要（2010—2020年）》更明确指出："坚持以人为本、全面实施素质教育是教育改革发展的战略主题，是贯彻党的教育方针的时代要求，其核心是解决好培养什么人、怎样培养人的重大问题，重点是面向全体学生、促进学生全面发展，着力提高学生服务国家服务人民的社会责任感、勇于探索的创新精神和善于解决问题的实践能力。"2018年9月全国教育大会上，习近平总书记又明确宣布"要努力构建德智体美劳全面培养的教育体系"。在此基础上，2018年10月教育部发布的《关于加快建设高水平本科教育全面提高人才培养能力的意见》中提到要"加快建设高水平本科教育，培养大批有理想、有本领、有担当的高素质专门人才"，要求"发展素质教育，深入推进体育、美育教学改革，加强劳动教育，促进学生身心健康，提高学生审美和人文素养，在学生中弘扬劳动精神，教育引导学生崇尚劳动、尊重劳动"。这样相应地，对素质要求也更加明确更为具体化了。

那么，理解和确认这一点有什么重要意义呢？这就是不会将素质教育看成是教育的一部分或一个分支，或将它视为教育的一种模式或制度。正如当年孙春兰副总理所说，"素质教育是教育的核心"。所以整个教育都要围绕着提高人的素质转。这里的"教育"，不仅指学校教育，还包括家庭教育，社会与环境的终身教育等。这样在学校里，特别是在高等学校里，素质教育就不是一个职能部门或教学机构所应负担的事，而是党委书记和校长要管的全校最大的事。当下，不少学校里已经设置了文化素质教育基地，或通识教育基地，以及类似的相关职能部门，他们往往认为已经有人专管素质教育，就万事大吉了。这是完全错误的。从1995年开始的文化素质教育试点，以及之后被多数高等学校广泛采用的通识教育，仅仅表示我国高等学校的领导人开始认识到"以人为本"、提高人的素质是比传授知识和增长能力更为基本更为重要的教育内容，故一般认为它们是高校全面素质教育的"切入点""突破口"。这也是从20世纪八九十年代起就传播开来的社会舆论对大学毕业生"高分低能""学历高，素质低"批评的反思结果。我们认为，上述两种教育活动对于高校开展素质教育，真正按照党的教育方针来办学是很有帮助和有效的。例如，它们对于开阔学生视野，树立正确的信仰（"三观"），懂得人生意义，增进跨学科交叉融合能力等方面都产生了较好影响。此外，各校都认识到提高能力必须通过学生亲身参与实践活动才能做到，因此，上述教育的相当一部分内容用在开展多种多样的实践活动，包括实验实训、科研实践、社会工作和志愿者活动等。但仅此还远远不足，在所有课程中，包括基础课与专业课，都应该贯彻目前所提倡的"课程思政"观念（将"思政"二字换成"素质"也许更合理、宽泛些），即在一切课程中都要渗透素质教育的理念，将提高素质，包括一般道德与职业道德、文化素质、专业素质、身心素质作为核心教育内容；在实践活动中也要注意将提高尊重、交流、沟通、协作、融合、组织与领导能力等作为素质教育的内涵。总之，整个校园要实行"三全"（全员、全程、全方位）教育，形成"立德树人"素质教育总目标的整体环境。目前对现有高校学生进行文化素质教育或通识教育，以及实施全面素质教育，已有大量文章做过探讨，这里笔者不再赘述。

然而，作为整个教育体系，我们的现有高校在素质教育上还能有哪些作为呢？笔者认为，这里还有不少工作可做。比如，在整个教育体系中幼儿教育具有作为起点和打基础的意义。搜索"百度"，就有不少人统计过，一个人取得成就，家庭教育所起的作用分量最大，尽管数据差别极大，结论却是相当一致的。当下国家已经相当关注这个问题了，教育部的公报中已将学前教育列为重要内容。可是中华人民共和国成立以后，"家政系"被认为是培养资产阶级的学科而从此在高等学校中消失了。其实，从前家政系里相当一部分教学内容是关于婴幼儿教育、母教与家庭教育的，使幼儿成长后会有更好的发展前景。目前这种教育在师范院校里可能还保留一些，但在普通高校的教育学院里是否可以恢复类似的学科呢？我想这对提高我国国民素质还是具有重要作用的。又如，我认为在人的一生成就中社会环境教育实际上是比学校教育更为重要的，这里包括环境的选择和机遇的抓取等，虽然其相应本领的基础可能还得在学校里学到，但毕竟自己已置身于社会工作环境了，后者的直接影响更大。学校能否相应地在专业培养和职业训练的课程与实践中更有力地进行待人接物的熏陶，为接受社会教育做好准备呢？这可以作为通识教育的重要内容之一。再如，当前科技发展日新月异，人们在社会上的职业变动可能十分频繁，普通高等学校可否适当增加继续教育的分量，开设一些最新的实用科技课程，以使人们更能适应这种职业变动的需要？甚至还有部分退休人群有兴趣和精力，他们以获得某些新学科新知识作为享乐而增进幸福感，能否为这些人群开设课程或允许他们旁听，乃至允许部分学生超龄再次入学读本科呢？所有这些，从整个教育体系来说都是可以考虑的。从某种程度上来说，这意味着高等教育的延伸。不过，要从根本上解决"教育"的扭曲状态，光靠"素质教育"还不够，还需要在改革人事体制机制上下功夫，克服"五唯"的评价制度，真正做到"行行出状元"，使社会上各行各业、各种身份的人，只要发挥了他的潜质，体现了他的价值，就能得到相应报酬与地位，实现公正与幸福，教育才能使人满意。

　　这里，还有个教育学的改进问题。当下教育学有一种"科学化"的趋势，希望它能像自然科学那样精确化。在知识传授问题上是完全可以做到这一点的，因为现在认知科学的发展已经可以将知识的获得跟人的感官、肢体、脑与神经系统，以及基因的结构密切联系起来了。教育学可以接受认知科学与生命科学的衣钵与成果，在此基础上作进一步的发展。能力则稍微难一点，因为"情商"的成分占得多了点。对于情感、意志等"情商"，目前从生命科学、认知科学与信息科学上处理起来难度很大。至于素质，正像上述加德纳所说，多元智能结构对于价值观等信仰问题还无能为力。因此，教育学要从痴心于"科学化"逐步转到以人文教化为主的素质教育上来。《易经》上说："文明以止，人文也……观乎人文，以化成天下。"人们的素质是靠"人文化成"的。这就是教化，也就是"文化"。文化是熏染和陶冶，潜移默化地在人群中相互影响的，是群体内互相感染的结果。人们常说大学是"大染缸""泡菜坛子"就是这个意思。这里一个好的环境起着重要作用。古有"孟母三迁"和"曾子杀猪"的故事。前者是说，为了养成幼儿优秀的素质，宁可迁移家庭地址以得到一个更好的教育环境；而"曾子杀猪"则说明父母要以身作则，说话无戏言，说到做到。哈佛大学前教务长罗索夫斯基认为："在哈佛，我常听人说，学生们从相互间学到的东西比从教师那里学到的东西还要多。这句话……我把它看成是对一个巨大的、多样化的、经过精心选择的、才能出众的学生群体的赞美。"可见教师作用固然重要，但越是名校，学生之间互相砥砺、切磋、激励、竞争的作用越为显著。群体创造了环境，所以我从不赞成"没有校园的大学"的设想，越是人气旺的地方越容易出人才。我也从不相信一个人独身修行悟道的说法，孔夫子说，"三人行必有我师焉。"真理是靠百家争鸣才会"冒"出来的。因此，教育除了知识和能力部分可以借助于当代认知科学及生命、信息科学的成果来获得进展与提升，还需要依靠人类几千年积累下来的人文感悟与切身经验的结晶，特别是素质教育。世界上一切问题不能全靠科学来解决。人是世界上最复杂的物种，研究他们的健全成长的学科——教育学应该是生命科学、认知科学、信息科学、心理学等自然科学与哲学（含"人学"）、历史学、社会学、管理科学等人文社会学科交叉研究的结晶。最近，中国教育科学研究院储朝晖研究员提出了"集成人学教育论"，可能是解决教育学上述困境的一个契机。

三、如何理解"发展素质教育"？

中共十九大提出"发展素质教育"之后，如何理解这个概念一直存在着一些分歧。笔者为此写过多篇文章。现在看来我以前的文章多少有点偏颇：是"发展素质"的教育还是从发展"素质教育"上做文章？其实，这个命题是双关的，既要"发展素质"的教育，也要发展"素质教育"。两者同样重要！

这里所谓"发展素质"，是针对新时代的。上面已经看到，随着新时代的到来，教育的服务对象越来越多，如高质量发展经济、治国理政、社会主义制度建设等，都需要国民具有相应的素质。这个新时代对社会主义建设而言，是一个承上启下的阶段。新时代还有一层意思，是具有全球性质的。这就是随着科学技术的突飞猛进，社会生产和经济运行的结构、产业、模式、业态等都在产生天翻地覆的变化，人们处在百年未有的大变局之中，变化具有深刻的不稳定性和不确定性。尤其是发生全球性的新冠肺炎疫情之后，人们对这种状况已产生了一种忧虑和恐惧，从而出现了一个叫作"乌卡"或"雾卡"（英文名VUCA，由Volatility，Uncertainty，Complexity，Ambiguity四个词的词头组成）的新词。它表示事物易变的不稳定性、不确定性、复杂性和模糊性。这反映互联网、物联网、大数据、云计算、信息技术、人工智能、虚拟现实、先进制造、柔性生产、量子科技、空天探测、深海深地探测、生命科技、基因工程、精准医疗等不可胜数的新科学技术的出现使人茫然。人们熟悉的原有生产方式、工作内容和职业岗位即将消失或变更。例如，没有一个企业可以垄断这个产业里的所有产品。一个汽车公司不可能生产从小轿车到大货运车等各种品种，甚至一件产品都难以由一家企业来独立完成全部零部件。"产业内分工"与"产品内分工"成为趋势。那么作为一个个体，新任务与发展前景在哪里？人们感到困惑、无知。在这种情况下，新素质就是使人能适应各种新态势，能在这种新情况中处之泰然，应对自如，实现自己的人生价值。

人的世界是最复杂的物种，是独一无二的，世界上没有完全相同的人。而世界无论变化多快，一切新技术却都是由人创造出来的。因此，新素质的重点就是要发挥每个人的独特创造作用，使之能适应变革和承担新的工作岗位。另外，任何新的社会需求，总是能够找到适应并胜任相关岗位的人。这就既要特别强调"因材施教"，使每个人真正能发挥他特有的智能与潜势，更要大批能够根据需求找到合适人选的"伯乐"。这就对教师提出了极高的要求，要透彻理解学生的个体素质、其特性与潜势，并加以引荐；还要以身作则，成为"学为人师，行为世范"。新时代素质教育特别强调学生的创新精神、接受新事物的意愿和担当精神与能力。对每个人来说，这种新的要求总是因人而异的，因为每个人的特质与潜势不同，但总是可以找到与其匹配的相应需求。但它并不要求每一个人成为各类新技术都行的"多面手"，成为行行都通的"通才"。它要求对自己从事的工作专深懂透，有独一无二的创造性，同时能够理解各相关学科领域的内涵及其工艺技术的诸多要领，珍爱与欣赏跟自己从事不一样工作的人，并与之合作共事，成就整体事业。这就是协作和融合精神。这种精神的基础首先在于要尊重他人，尊重他人的劳动与事业。这是一种人文精神和态度。当然，这种"尊重"是建立在对邻近学科与上下游职业岗位有相当了解的基础上的。因此，每个人都要兼备专精与博通的素质。这就是人的视野要相当开阔，能够领会临近学科的精髓，熟悉自己上下游工作岗位的性质。这样，工作起来就能保持默契和相互配合。这是需要在长期工作中不断磨炼的。

当下信息技术十分发达，人们已经可以从网上得到各种学科的信息，了解其概念与方法。但是这种理解往往是碎片化的，常常可以作为"谈资"而无法对其进行系统化的理解和实际应用。素质教育既应充分利用现代信息技术，也要注意弥补这种缺陷。学生学了一门通识课程，不仅要泛泛知道一些名词的概念和意义，而且要理解其精神实质和处理问题的特殊的思想方法。这样，他们学起来才有意思，才能在实际工作中发挥作用，而不是只挣学分的"水课"。

以上所说已经涉及一些如何"发展"素质教育的问题了，说明当下各校所作的素质教育尚不充分。学校要建立一个使学生具备"一专多能"的条件，让学生根据自己的兴趣与意愿接受多种学科的熏陶。这样做也可使学生发现真正适合于自己个体特长的专业。为此，学校要为低年级学生制订比较宽泛的课程与学制（包括转院系、转专业制度等）。同时，要将素质教育理念不再局限于少数为文化素质教育和通识教育所专门设置的课程与实践环节中去，而要大大扩充其范围。上面已经提到要将素质教育理念渗透到一切课程中去，贯彻在"三全"育人中。也就是说，素质教育是整个学校应该着力关心的首要大事，是领导人办学的首要目标。当下信息传播手段十分广泛，学校要通过各种手段向学生提供知识。不过实体的作用也不能忽视，图书馆、阅览室、博物馆、科技馆、体育馆、运动场等设施，使学生能身临其境地感觉到学校就是知识的海洋、能力的演练场，潜移默化地熏染学生追求知识与追求卓越的强烈意愿，从而提高他们的人生品格与素质。另外，学校要将"素质教育"的思想拓展到学校之外，特别是高等学校之外，并在高校里为家庭教育和社会环境教育做好一些准备。学校还可以通过志愿者的活动等，结合专业，将学生发送到社会各种角落，让他们了解国情，关注全社会的需求，自由自在地在各种环境下磨炼自己，增长知识，扩展能力，提高素质。结合毕业论文和设计，这是完全可以做到的。

至于其他高等学校职权范围之外的素质教育，更多地应该引起全社会的注意。要让所有工商企业、党政机构、事业单位、群众团体知道，不管他们经营管理的是哪一方面的工作，他们同时都是教育单位，负有素质教育的责任。人的教育是一辈子的事，一切单位的领导人同时也是教育者，所有职工既是被教育者，也是教育者，彼此教育，互相帮助。这也是发展素质教育的应有之义。

当然，还有针对素质教育在我国各级各类学校开展不平衡而提出来的问题，这就需要一些学校做进一步努力逐渐赶上来。

四、素质教育与人类命运共同体

上面所说的素质教育，都是建立在"以人为本"的指导思想上来说的，是为了提高与发展每个人的个体素质。《共产党宣言》中说，未来社会"将是这样一个联合体，在那里，每个人的自由发展是一切人的自由发展的条件"。这里的自由发展就是每个人都达到了先天禀赋所提供的最高素质，从而实现了他的人生价值。个人素质达到极致了，社会的总体素质，即民族素质也一定会达到最高程度。社会是由个体组成的，个人本位与社会本位是统一的。

不过，上面我们所说的党的教育方针也好，国家的教育政策也好，都是以建设社会与国家整体考虑为出发点的。例如，其目标是培养社会主义的建设者与接班人，其所培养的人要为人民服务，"为中国共产党治国理政服务、为巩固和发展中国特色社会主义制度服务、为改革开放和社会主义现代化建设服务"等。总之，其发展的目标不是为了受教育者本人，而是为了"他者"，并且还意味着个人只是一种为实现社会目标的"工具"。这里的出发点是否还是以社会为本位呢？这样，人性与工具性，个人本位和社会本位，两者是否会有冲突呢？确实，在某些情况下，两者是有矛盾的。为了国家和社会利益，有时人们不得不牺牲个人利益。我国之所以能得到今天的繁荣昌盛，是由许多先烈抛头颅、洒热血，将个人的生命与幸福置于脑后换来的。历史总体表明，只有国家兴旺了，人民才有发挥其个人聪明才智、充分发展其素质的可能，也就是说，人既充当了社会工具，也实现了自身价值。"国家好，个人才能好！"这是真理。所以从全局上，两者是统一的。那些人为了国家与民族利益，大义凛然，勇于牺牲，就是其崇高素质的表现。所以，从整个教育来看，还应该按照党的教育方针，将每个人培养成为能适应社会进步、国家发达的社会主义建设者与接班人。只有先适应了，而且站得比现有的位置高，能面向未来，面向世界，才能在文化上，甚至在经济发展方向上发挥"引领"作用。这里，确实体现着人是实现这些社会目标的工具，但在这过程中，人也充分发挥了自己的生命价值。因而，这里也体现了人性与工具性的统一。

不过根据达尔文的"进化论"观点，生命体的进化是依靠"优胜劣汰"的。曾翻译了赫胥黎《天演论》的严复，笃信并宣扬"物竞天择，适者生存"的学说，认为这是人类得以生存和不断进步的要诀。但在他第二次访问欧洲，并在民国建立后担任了北京大学的首任校长时，他已经看穿了激烈竞争的结果只会导致"利己杀人，鲜廉寡耻"，并强烈谴责了第一次世界大战的发生。这时，他反而对讨论"专制"与"民主"这一套政体问题感到淡薄，而更热衷于弘扬中国传统文化观中的"仁义之道"和实现"天下大同"的思想，主张中西融会。当前市场经济下，激烈的无序竞争造成了"金钱至上""唯利是图""浮躁虚夸""钱权结合""坑蒙拐骗"等丑恶现象泛滥成灾。学校里学生将分数代替金钱，成为未来晋升或提高地位的手段，呼喊着"分、分是命根"。这是当今社会上丑恶现象在学校的反映，素质教育应该成为发扬正气，阻击与抑制这种现象的有力武器。

然而在科学技术迅猛发展的今天，人工智能、深度学习、虚拟现实、微弱电磁场传输等科技的发展，已使人脑功能等同于计算机算法的运算，而且可以受到外来微弱信号的控制。根据以色列未来学者赫拉利的著作《未来简史》，人类里部分先进分子或优异智能者有可能控制、操纵，以至奴役广大人群，甚至智能机器人具有意识，能制服真人，这真是人类的悲哀，可能导致人类的消亡！因此，素质教育负有特殊的使命：科学技术越进步，人的伦理道德素质越要同步提高，以免出现高智能无良心的人，导致这种悲剧发生！

党的二十大报告重申，中国共产党的最终奋斗目标是构建人类命运共同体。不过，实现这个目标不是简单的事，我们必须首先使我国成为社会主义现代化强国，这里又分成基本实现现代化和建成富强民主文明和谐美丽的社会主义现代化强国两步走。不实现强国梦，我们在世界上就没有话语权、影响力，就不可能真正与世界各国一道弘扬和平、发展、公平、正义、民主、自由等全人类共同价值。而要建成社会主义现代化强国，必须实现科技、人才、创新三个"第一"（生产力、资源、动力），它们的基础都是教育。这里，没有国人高超的科技创新能力和高尚素质，是决计不能使我国成为世界最先进强国的。在服务建设强国过程中，每个人既要发挥"工具"作用，又要实现个人价值和生命意义。素质教育在此任重道远！我相信，在科技日新月异的发展下，在时代形势极度不稳定和不确定的情况下，只要有强有力的素质教育支撑，每个人都能发挥其所具有的高贵的文明素质，人性一定会举起正义的大旗，人类不可能遭受科技的灾难，走向灭绝的道路。所有高素质的人将凝聚在一个文明、和谐、繁荣富庶的人类命运共同体里，享受公平、正义、自由、幸福的生活。我想这样的世界一定会实现，而绝非是乌托邦！

（原文发表于《大学素质教育》2023年第4期）

参考文献

[1] 王义遒. 对"素质教育"的再认识和对"发展素质教育"的再思考[J]. 大学素质教育学刊, 2019(1)：1

[2] 恩斯特·卡西尔. 人论[M]. 李荣, 译. 上海：上海文化出版社, 2020：154.

[3] 素质教育调研组. 共同的关注——素质教育系统调研[M]. 北京：教育科学出版社, 2006：216.

[4] 周金声, 尤方萍. 论知识、能力、素质的内涵及其关系[C]//庞海芍, 隋艺. 素质教育：让未来更美好——2020年大学素质教育高层论坛论文集. 北京：高等教育出版社, 2020：22-37.

[5] 霍·加德纳. 智能的结构——多元智能理论诞生20周年纪念版[M]. 沈致隆, 译. 北京：中国人民大学出版社, 2008.

[6] 霍·加德纳. 多元智能新视野[M]. 沈致隆, 译. 北京：中国人民大学出版社, 2012：20-24.

[7] 奥·佩西. 人类的素质[M]. 薛荣久, 译. 北京：中国展望出版社, 1988.

[8] 王义遒. 续论：对"素质教育"的再认识和对"发展素质教育"的再思考[J]. 大学素质教育学刊, 2019(1)：33-44.

[9] 孙春兰. 深入学习贯彻习近平总书记关于教育的重要论述 奋力开创新时代教育工作新局面[J]. 求是, 2018(19)：3-5.

[10] 亨利·罗索夫斯基. 美国校园文化——学生·教授·管理[M]. 谢宗仙, 等译. 济南：山东人民出版社, 1996：82.

[11] 皮后锋. 严复大传[M]. 福州：福建人民出版社, 2013.

[12] 尤·赫拉利. 未来简史[M]. 林俊宏, 译. 北京：中信出版集团, 2017.

努力实现马克思主义关于人的自由
全面发展理论与全面素质教育实践的统一

胡显章[①]

20世纪90年代中期,在教育部推动下中国高校全面开展文化素质教育,正如周远清同志所说,由于切中时弊,文化素质教育在我国高校"一呼而起,久盛不衰"。教育部原部长周济在2005年纪念文化素质教育开展10周年大会开幕式的讲话中指出:我们的教育"关键是要提高人才的培养素质","推进素质教育,第一要强调调人为本,第二要强调全面发展,第三要强调学生的成人成才,其中更加注重学生的成人,要使学生懂得做人的道理。这就是我们要全面推进的素质教育。"同时,他表示,"我赞成周远清同志说的,把文化素质教育作为我们整个教育改革、全面贯彻党的教育方针、切实推进素质教育的切入点和突破口",他还认为文化素质教育在素质教育中"起到了突击队的作用"。现在,中国高校全面推进文化素质教育已近卅年了,为高等教育中国化作出了重要贡献,特别是10年前在中国高等教育学会下成立素质教育研究分会以来,中国高校的素质教育特别是文化素质教育走上了规范化的道路,分会取得了学界公认的业绩,作为一位曾经参与早期开拓工作的老教育工作者,感到十分欣慰!并借此机会,向研究会的组织者致以深切的敬意和谢意!

习近平同志在庆祝中国共产党成立一百周年大会上的讲话要求"坚持把马克思主义基本原理同中国具体实际相结合、同中华优秀传统文化相结合,用马克思主义观察时代、把握时代、引领时代,继续发展当代中国马克思主义、21世纪马克思主义"。本文仅就结合实际、结合中华优秀传统文化贯彻马克思主义教育观,深化素质教育谈一点认识,与同仁交流讨论。

---

① 作者简介:胡显章,清华大学原党委副书记,中国高等教育学会大学素质教育研究分会顾问。

一、人的自由全面发展是马克思主义教育观也是素质教育的宗旨与核心

马克思在《资本论》中明确提出，代替资本主义社会的未来社会，是一个"以每个人的全面而自由的发展为基本原则的社会形式"。美好社会的建立与人的自由全面发展是马克思主义奋斗目标密切相关的两个方面，可以认为是一个硬币的两面，也是马克思主义教育观不可分割的两个方面。同时，马克思认为是劳动创造了世界，在剖析资本主义异化劳动的基础上，阐述了从"异化劳动"到"自由劳动"的"劳动解放"在人类社会发展史中的意义，指出劳动是人的本质的体现，是自由全面发展的需要，并表明"我的劳动是自由的生命表现，因此是生活的乐趣"。由此，我们可以加深对"教育必须为社会主义现代化建设服务、为人民服务，必须与生产劳动和社会实践相结合，培养德智体美劳全面发展的社会主义建设者和接班人"教育方针的认识。

马克思、恩格斯指出，"全部人类历史的第一个前提无疑是有生命的个人的存在"。马克思主义认为，社会发展的核心是人的发展，人的发展是社会发展的前提和目的，依据高等教育生命论哲学基础，教育是发展人的生命的实践活动，离开了人的生命的发展，教育就失去了本源。因而，在所有社会活动特别是教育活动中带有根本性、决定性的是人的发展，人的自由全面发展是衡量社会发展的根本标准，也是衡量教育质量、办学水平的根本标准。马克思在对人的反思中，创建了关于人类解放的哲学，指出："任何一种解放都是把人的世界和人的关系还给人自己。"马克思从宏观的历史视野，把人类存在的历史形态概括为"人的依赖关系""以物的依赖性为基础的人的独立性"和"以个人全面发展为基础的自由个性"三个发展阶段，马克思强调理想社会是"建立在个人全面发展和他们共同的社会生产能力成为他们社会财富这一基础上的自由个性"，表明马克思关于人类解放的哲学，是指引人超越"人的依赖关系"和"物的依赖性"，而实现人的自由全面发展的重要思想武器。恩格斯在《反杜林论》中指出"自由是对必然的认识和对客观世界的改造"，此处"必然"是指自然规律、社会历史规律以及人们自身的发展规律。而"人的全面发展"指人依据规律实现体力、智力、各种能力和道德水平的全方位的发展，当今可以理解为人的全面素质包括德智体

美劳的全面发展。马克思主义认为,实现人的自由全面发展的重要前提是:社会生产力的充分发展,人们能够共同支配物质财富和精神财富,能够充分克服对人和物的依赖性,成为社会发展的主体,成为自然、社会、历史进步和自身发展的主人,也应该成为发展自身全面素质的主体与主人。由此,充分尊重和发挥人在素质教育中的主体性和主动性,应该是深化素质教育的重要努力方向和保障。

二、努力实现马克思主义教育观与中华优秀传统文化相结合

中华优秀传统文化与马克思主义都以人的存在和发展作为出发点与首要落脚点,这是马克思主义与传统文化的逻辑共同点,也是马克思主义中国化的重要契合点。据上所述,马克思主义以每个人的解放与自由全面发展为奋斗目标。在中华优秀传统文化中,有着鲜明的以人为本思想,最先提到以人为本的是《管子》:"夫霸王之所始也,以人为本。本理则国固,本乱则国危。"《周易》认为天、地、人是形成宇宙的"三才",人是天地化育的结晶,处于中心位置,如同《礼记》所指"人者,天地之心也"。传统文化不仅强调"以人为本",而且十分关注人的发展至善的目标,正如《四书》之首《大学》开篇语所说:"大学之道,在明明德,在亲民,在止于至善。"并且特别关注核心环节:修身。如著名哲学家钱穆先生说,中国文化"主要在求完成一个一个的人"。"中国文化精神最主要的,乃在'教人怎样做一个人'。"如《大学》所云:"自天子以至于庶人,壹是皆以修身为本。""身修而后家齐,家齐而后国治,国治而后天下平。"表明传统文化重视以人为本和修身为要,当今"立德树人"是对其最好的继承与发展。在素质教育中,我们应该努力引导修身自觉,并将个人素质的提高与适应齐家治国平天下的要求结合起来,将提高文化自觉自信自省与民族伟大复兴的使命统一起来。

同时,依据"天人合一"的哲学理念,在传统文化认识人的存在与发展的命题时,将人与社会、自然放在一起来思考。《易经》有"观乎天文,以察时变,观乎人文,以化成天下"之说,体现了中国古代哲学宇宙本体论与道德本体论的密切关联,也可以看成古代朴素的科学与人文的系统观、兼容观,朴素的唯物主义思想。当今,我们应该自觉运用系统论的哲学思想,来考察和要求人的自由全面发展,重视素质教育中人的社会性,引导受教育者

以传统文化中的和合观念，处理好人与人、人与社会、人与自然以及人与自身的关系，实现充分发展个性与自然、群体、社会的共性要求的和谐统一。为此，应该重视生产劳动和社会实践在素质教育中的重要作用。

三、努力推进马克思主义与我国素质教育实践相结合

我国素质教育理论是深入把握马克思教育观，结合中国教育的实际进行的理论创新，是马克思教育观中国化的最新成果，而且是一个持续发展的过程。

依据马克思主义教育观，毛泽东同志于1957年在《关于正确处理人民内部矛盾的问题》中提出："我们的教育方针，应该使受教育者在德育、智育、体育几方面都得到发展，成为有社会主义觉悟的有文化的劳动者。"胡锦涛同志在党的十八大报告指出，要"坚持教育为社会主义现代化建设服务、为人民服务，把立德树人作为教育的根本任务，全面实施素质教育，培养德智体美全面发展的社会主义建设者和接班人，努力办好人民满意的教育"。这种对教育方针的新表述，突出了全面实施素质教育与培养全面发展人才的紧密关联。2018年9月在全国教育大会上，习近平同志提出："在党的坚强领导下，全面贯彻党的教育方针，坚持马克思主义指导地位，坚持中国特色社会主义教育发展道路，坚持社会主义办学方向，立足基本国情，遵循教育规律，坚持改革创新，以凝聚人心、完善人格、开发人力、培育人才、造福人民为工作目标，培养德智体美劳全面发展的社会主义建设者和接班人，加快推进教育现代化、建设教育强国、办好人民满意的教育。"习近平同志的讲话，突出了党的领导、马克思主义的指导和社会主义办学方向，强调了对人才人格的要求和劳动教育，是对党的教育指导思想与教育方针的新的发展。深入认识党的教育思想和教育方针的发展，对于深化素质教育具有重要指导意义。

20世纪50年代确立的党的教育方针已经以马克思主义关于人的全面发展的宗旨为指导原则，是中国教育思想的重大前进，但是，在具体实施中，常常出现德智体的分离乃至对立。一段时间，在高校曾开展"红专大辩论"，通过理论与实践教育，加深对"又红又专，全面发展"宗旨的认识。由于对阶级斗争的片面理解，加上对德智体要求的分离现象，全面发展常常难以全面落实。在改革开放初期，突出了以经济建设为中心，由于市场经济的不良

影响，又出现了重物质、轻精神的现象，在高等教育领域普遍存在忽视人文教育的倾向，全面发展依然难以落实。这就是20世纪90年代兴起文化素质教育的大背景。

记得周远清同志代表教育部在1995年11月加强高校文化素质教育试点工作研讨会上的讲话指出："提高文化素质符合我们党的教育方针，有利于培养德、智、体全面发展的社会主义建设者和接班人。"针对当时的时弊，他强调文化素质教育的内容主要是人文与艺术教育，同时，还强调"提倡文化素质教育不是要冲击专业教育，而是要从整体上提高学生的全面素质"。当时这个提法十分重要，将文化素质教育立足于全面发展的人才培养目标与全面素质的要求上，是很有远见的。20世纪90年代文化素质教育首先在一批理工为主的院校兴起，注重强化人文教育，有时代的必然性。随着文化素质教育的发展，科学教育开始受到关注，如南开大学依托数学学科开展的科学精神教育。1999年6月《中共中央国务院关于深化教育改革全面推进素质的决定》发布，强调"实施素质教育，就是全面贯彻党的教育方针""使受教育者坚持学习科学文化与加强思想修养的统一，坚持学习书本知识与投身社会实践的统一，坚持实现自身价值与服务祖国人民的统一，坚持树立远大理想与进行艰苦奋斗的统一"，明确"全面推进素质教育，要坚持面向全体学生，为学生的全面发展创造相应的条件"，要"尊重学生身心发展特点和教育规律，使学生生动活泼、积极主动地得到发展"，表明文化素质教育向全面素质教育前行，并强调了受教育者的主体性和主动性。当然，无论在认识还是实践上，至今素质教育的发展仍是不均衡的。最近在网上，有学者表示反对中国的素质教育改革，认为是人文教育打压了理工教育，是为少数人服务的。这样的看法不能反映素质教育的全局，但是，可以提醒我们进一步把握好人的全面发展的目标和全面素质教育的两个"全面"和面向全体学生，是深化素质教育的重要基本点。从这个意义来看，10年前，一批主要从事文化素质教育的学者汇聚在一起，推动成立素质教育研究分会适应了文化素质教育向全面素质教育发展的要求。同时，我们应该清醒认识，无论在理论或是实践上，依然需要我们加深认识与探索，马克思曾经发出"难道教育本身不要教育吗"的警示，毛泽东同志在1957年中国共产党全国宣传工作会议上的讲话中明确提出，"要做好先生，首先要做好学生""教育者，是当先生的，他们就有一个先受教育的任务"。我们期望，经过文化素质教育30年探索，与素质教育研究的10年发展，面向新的10年建设文化强国、教育强国、人才强国的奋斗目标，我们教育工作者应当努力学习与运用马克思主义教育观，努力研究与实践优秀传统文化，使得我国的素质教育能够做到理论更加科学，实践更加完善。

自2002年清华大学与北京大学、高等教育出版社联合组建大学文化研究与发展中心后，我一直从事大学文化研究，也一直关注文化素质教育与大学文化研究与建设的关系，体会到大学文化是文化素质教育的重要氛围与条件，文化素质教育是大学文化建设的重要途径。所以应该将文化素质教育放到大学文化建设的全局中来规划与实践。在这里，我感到一个务必引起充分重视的就是学习与践行马克思主义哲学的问题。马克思于1842年在《科隆日报》社论中指出，哲学"是自己时代的精神上的精华""哲学正变成文化的活的灵魂"。恩格斯在《自然辩证法》中对德国民族于19世纪前半叶热衷于实际、沉溺于形而上学提出了批评，指出"一个民族想要站在科学的最高峰，就一刻也不能没有理论思维"。这里提到的理论思维就是哲学思维。由于哲学对人的行为具有价值规范、思维导向和理论升华的功能，欲使文化行为包括教育行为具有高度自觉的意识并沿着理性方向前行，就不能忽视哲学思维的指导。大学是社会的文化高地，是文化精英的聚合所，哲学应该成为大学存在与运行的基础，哲学生活理应成为大学人不可或缺的精神生活。20世纪五六十年代出任清华大学校长的蒋南翔十分重视哲学教育和哲学思维，他亲自担任哲学教研室主任，带头讲哲学课，并在工作中身体力行运用马克思主义哲学，在全校产生了广泛而深刻的影响。问及清华那个年代的校友什么是学校给予的最重要的教育？许多校友认为是历史唯物主义和辩证唯物主义。为此，我们应该引导大学师生提升文化自觉，特别是哲学自觉。哲学自觉是文化自觉的最高境界，也应该是素质教育不可忽视的着力点。一段时间里，强化批判性思维成为文化素质教育的关注点，实际上，哲学就是一种反思的思维方式，而批判性是反思最本质的特性。在传统文化中倡导的"博学之，审问之，慎思之，明辨之，笃行之"的学序，是符合马克思主义哲学批判本质的，我们应该以批判的眼光看待我们与他人的教育实践，进而做好符合时代性与实践性的科学选择。

● 参考文献

[1] 马克思. 资本论(第1卷)[M]. 北京：人民出版社，1975：649.

[2] 马克思恩格斯全集(第42卷)[M]. 北京：人民出版社，1979：38.

[3]马克思恩格斯选集(第1卷)[M].北京:人民出版社,1995:67.
[4]马克思恩格斯全集(第1卷)[M].北京:人民出版社,1956:443.
[5]马克思恩格斯全集(第8卷上)[M].北京:人民出版社,2009:52.
[6]马克思恩格斯全集(第46卷上)[M].北京:人民出版社,1979:104.
[7]钱穆.中华文化十二讲[M].北京:九州出版社,2012:16.
[8]钱穆.中国文化精神[M].北京:九州出版社,2011:20.
[9]马克思恩格斯全集(第1卷)[M].北京:人民出版社,1979:61.

经典教学：素质教育中不可或缺的重要一环

陈 怡[①]

"人生需要经典，经典需要精读。"这是我在每一学期第一次上课时铁定的开讲词，意在向学生强调：经典的重要和精读的重要。因为经典是人类文化的精髓、民族的血脉所在；作为一个现代人，只有站在巨人的肩上，才能看得更远、走得更顺。但是经典只有通过精读，才能让经典真正进入自己的心田，化为自己的生命；而这常常需要好的教师的引导。作为一个从事电力系统自动化专业的教师，我退休后在清华大学开设了"老子论语今读"和"庄子哲学导读"两门课程，至今已15年有余。家人和好心的朋友经常劝我，"你身患重症，何不在家好好颐养天年？"我的回答是："一是感兴趣，二是有使命。"人在步入晚年后就不由自主地会去回味自己的一生、思考人生，从而愈发领悟到经典的真正价值，所以我已将从事经典教学视为自己余生的使命，以至乐此不疲。

一、从中美大学生阅读书目的对比谈起

只要稍加留意，从网上就可查到一些关于"中美大学生阅读书目调查和对比"之类的资料和文章。如2019年4月22日（请注意：4月23日是世界读书日！）《北京晚报》登载了作者萧跃华的一篇文章《中美大学生阅读书目调查：两国之间读书习惯有何差异？》，文中引用了人民文学出版社前社长、中国出版集团公司前总裁、现任韬奋基金会理事长的聂震宁先生在其《阅读力》（三联书店，2017年）一书中的相关资料：2016年年初，北京大学、清华大学、复旦大学、浙江大学、武汉大学、山东大学、华南理工大学，陆续公布了本校2015年度图书借阅前10种至前20种情况。无独有偶，美国数据库项目"开放课程"也收集了各大学这15年来超过100万项课程和图书阅读信

[①] 作者简介：陈怡，东南大学高等教育研究所原所长，中国高等教育学会大学素质教育研究分会顾问。

息，公布了普林斯顿大学、哈佛大学、耶鲁大学、哥伦比亚大学、斯坦福大学、芝加哥大学、麻省理工学院前10种阅读书目数据。由此，总结出中美著名大学排名靠前的阅读书目如下：

中国5种：《平凡的世界》《三体》《盗墓笔记》《天龙八部》《明朝那些事儿》（萧按：不知为何未列10种，可能前5种数据比较集中，后5种难分伯仲，"宁缺毋滥"吧）。

美国10种：《理想国》《利维坦》《君主论》《文明的冲突》《风格的要素》《伦理学》《科学革命的结构》《论美国的民主》《共产党宣言》《政治学》。

上述情况表明，中国大学生的阅读兴趣在流行，而美国大学生的阅读兴趣在经典。

作者萧跃华在文章的最后写道："北京大学教授钱理群先生忧心忡忡：我们现在教育的最大问题，就是大家都不读书，老师不读书，学生也不读书；或者说，老师只读教学参考书，学生只读和影视有关的书。钱先生的忧虑并非空穴来风。如果中国著名大学图书馆借阅排行榜多是流行休闲类'浅浏览''浅阅读'，缺少经典奠基的'世界一流大学和一流学科'如何拔地而起、走向世界？梅贻琦先生说：'所谓大学者，非谓有大楼之谓也，有大师之谓也。'大学必有大师，方才名副其实；大学必'攻'经典，方才基业长青。什么是世界一流大学？其标配当有爱读经典的校长、爱读经典的大师（老师），他们带着莘莘学子一起读经典。……我们的大学什么时候教授经典、阅读经典蔚成风尚（并非排斥新知识、新技术），校园内洋溢着思想自由、兼容并蓄、淡定从容的学术研究氛围，世界一流大学'俱乐部'的大门就会徐徐向我们开启！"

根据上述情况，中国的高等教育和大学是否需要认真思考一下：经典教学在我们的大学教育中究竟应该有一个什么样的位置？为回答这一问题，让我们首先了解一下经典的含义和经典的重要性。

二、经典的含义和经典的重要性

关于经典的含义和经典的重要性，似乎是老生常谈的话题，但又不能不一次又一次被人谈起，原因就在于：它重要却又在现实中被忽视。

关于经典的含义和经典的重要性，在不同的文化中有不同的论述。在中国文化中，"经典"的含义指的是：能作为"经"的典籍。而"经"源自纺织，朱骏声《说文通训定声》说："从丝为经，横丝为纬。凡织，经静而纬动。"刘熙《释名·释典艺》："经，径也。……如径路无所不通。"刘勰《文心雕龙》说："经也者，恒久之至道，不刊之鸿教也。"在西方文化中，对"经典"的定义可以意大利著名学者卡尔维诺在其《为什么读经典》一书中的论述为代表。他说：一、经典是那些你经常听人家说"我正在重读……"而不是"我正在读……"的书；……三、经典作品是一些产生某种特殊影响的书，它们要么本身以难忘的方式给我们的想象力打下印记，要么乔装成个人或集体的无意识隐藏在深层记忆中；四、一部经典是一本每次重读都像初读那样带来发现的书；五、一部经典是一本即使我们初读也好像是在重温的书；六、一部经典是一本永不会耗尽它要向读者说的一切东西的书；七、经典作品是这样一些书，它们带着先前解释的气息走向我们，背后拖着它们经过文化或多种文化时留下的足迹；八、一部经典是这样一部作品，它不断在它周围制造批评话语的尘云，却总是把那些微粒抖掉；九、经典作品是这样一些书，我们越是道听途说，以为我们懂了，当我们实际读它们，我们就越是觉得它们独特、意想不到和新颖；十二、一部经典作品是一部早于其他经典作品的作品；但是那些先读过其他经典作品的人，一下子就认出它在众多经典作品的谱系中的位置；……经典帮助我们理解我们是谁和我们所到达的位置（《为什么读经典》1-10页，译林出版社，2006年）。

我认为，经典的重要性从根本上说，是由文化的重要性决定的，因为文化的精髓在经典。而文化的重要性已被越来越多的人所认识、所重视。众所周知，我国目前非常强调树立"四个自信"：道路自信、理论自信、制度自信、文化自信（由习近平在庆祝中国共产党成立95周年大会上提出）。习近平在党的十九大报告中进一步明确指出："文化自信是一个国家、一个民族发展中更基本、更深沉、更持久的力量。"我认为，关于文化的重要性可以从下述几方面予以强调：对人类，文化是人之为人的本质体现；对国家，文化发挥着立国的作用；对个人，文化发挥着立命的作用。而经典，则是文化的精髓，发挥着独到的作用：不读经典，无以知文化的魂，无以知一个民族的精神血脉。

关于经典教学的重要性，还可以列出两条：一是美国芝加哥大学在20世纪30年代由时任校长、著名教育家赫钦斯所推动的"名著教育计划"，其产生的影响至今犹存；一是著名作家林语堂任南洋大学校长时发表的一个观点，将所有的名著放在一个大房间里，学生进去，一本本看完，大学就可毕业了。虽然是趣谈，但也可见经典的重要。

三、经典教学在大学教育中应有的位置

既然经典如此重要，那理所当然就应该体现在学校的教育中。要将经典教学落实在实际的教育工作中，主要应由两个部分体现：一是课堂内的经典教学，一是课堂外的经典阅读。可是，综观中国的整个学校教育，经典教学所占的比重几乎微不足道，经典阅读的工作也没有落到实处。实际的情况是：除了基础教育的语文课本中出现的一些片段，就几乎难以再见到经典的身影了。至于大学教育的情况，更加不容乐观。只要看一看各个大学、各个专业的教学计划，能够看到经典教学的身影吗？好在经过多年的推动文化素质教育和通识教育活动后，情况有了一定程度的改善。比如，有的学校开设了一些经典教学的课程，有的学校推出了相关的"必读书目"，但仍然远远未达到应有的高度。那么，经典教学在大学教育中的高度和位置应该是什么样的呢？我认为，用一句话来表述，就是：文化素质教育应该成为大学教育的压舱石，而经典教学应该成为文化素质教育的压舱石。众所周知，压舱石对于船只的安全航行起着定海神针般的基础作用，能在遇到风浪时稳定船只，抗拒风险。同理，经典教学对于人才培养质量，也应起到定海神针般的基础作用。我们这一代人，想必都读过列宁在《共青团的任务》一文中的那段名言："只有用人类创造的全部知识财富丰富自己的头脑，才能成为共产主义者。"我认为，似乎也可以将其用来强调经典教学的重要性："只有用人类创造的伟大经典丰富自己的头脑，才能成为一个真正有文化的人。"而这才能真正符合素质教育的目的："提高全民族的素质，多出人才，出好人才"（《中共中央关于教育体制改革的决定》）。

四、关于经典教学的若干建议

要将上述指导思想落到实处，是一项十分艰巨的任务，会遇到很多困难，有许多具体问题需要认真探索和思考。

我认为，首先需要做好顶层设计。如前所述，经典教学应包括两个部分：一是课堂内的经典教学，一是课堂外的经典阅读引导。对于后者，应该

有一个较好的、适合于本校的荐读书目。这需要组织相关专家认真选取，数量不宜太多，评介要精到，但不宜太简略，还应该有一些精彩的原文呈现，以使得它本身就可以成为一本经典阅读。此外，组织一些关于经典阅读的讲座，组织一些经典阅读的读书会，组织一些优秀经典的文艺演出，这样就可以营造一个较为浓厚的文化氛围。如果再有一些具体的要求和考核，就更加能落到实处、取得好的效果了。当然，这需要学校多个部门的密切配合。对于前者，要做好更加不容易，其既需要有教学计划的教学设计和调整配合，还需要具体院系和教师的落实配合。比如，能有多少学分用于经典教学，要开哪些课程，有多少教师可以开出且效果较好，等等。这需要根据各个学校的具体情况予以认真研究才能确定。

在具体课程的设置上，我认为，重点应放在文化经典，即哲学、思想上，因为现在有一种将文化泛化的趋势，从而影响了对文化的精髓——哲学和思想的关注。对中国文化，毫无疑问，当以儒家的《四书》和道家的《老子》《庄子》为主，即以孔子、老子和庄子三人为重点。因为他们三人对中国文化各自作出了巨大贡献：孔子的最大贡献是发现了人（人的本质是仁），建立了中国的人学（仁学）；老子的最大贡献是发现了"道"，建立了中国的哲学（道学，是不同于"道学先生"含义的道学）；庄子的最大贡献是发现了人的价值是"游"（自由），是超越。由于学时有限，根据自己的实践探索，可以将其组织成两门课程：一门是"老子论语今读"，具体内容有：《大学》（3学时）、《论语》（选读前10篇，9学时）、《道德经》（12学时）、《中庸》（6学时）。可将其称为"新四书"，重在将儒家和道家打通，以体会中国古人的大学问和大智慧。另一门是"庄子哲学导读"，具体内容是讲读《庄子内篇》，旨在从庄子的人生境界（3学时）、庄子的人生观（《逍遥游》，3学时）、庄子的世界观和认识论（《齐物论》，6学时）、庄子的生命观和价值观（《养生主》，3学时）、庄子的社会观（《人间世》，3学时）、庄子的道德观（《德充符》，3学时）、庄子的生死观（《大宗师》，6学时）、庄子的政治观（《应帝王》，3学时）等方面全面了解庄子的哲学思想。希望在西方文化方面，也有类似的经典导读探索，以期将经典教学提高到较高水平，对提高人才培养质量作出贡献。

除了具体的经典导读，开设好的"中国文化概论"和"西方文化概论"也是需要的。二者可以相互配合，以期既见树木，也见森林。但不宜只开"概论"，而不开"经典导读"，这样会使学生流于肤浅。一部好的经典可以影响一个人的一生，而"概论"却不可能。当然，好的"概论"课可以开阔人的眼界，便于了解全貌，形成总体的观念，起到好的引导作用；但要写出好的"概论"，却不是一件容易的事，需要作者既高屋建瓴，又精致入微。在当前的中国大学中，好的"文化概论"课也是一种稀缺资源。就我所知，武汉大学赵林教授的"西方文化概论"课有不错的口碑。真心期望，在中国的大学校园里，既有一批好的"文化概论"课程，也有一大批好的"经典导读"课程，百花满园，争奇斗艳。这样，文化的自信、文化的繁荣才能落到实处，人才培养质量的提高才能落到实处。我相信，应该有这样的一天，也一定会有这样的一天。

（原文发表于《大学素质教育》2021年第2期）

党史教育融入高校思想政治理论课教学的逻辑进路

卫 琨①

习近平总书记在党史学习教育动员大会上明确指出,在中国共产党百年华诞的重大时刻、在"两个一百年"奋斗目标历史交汇的关键节点上,在全党开展党史学习教育,运用党的光荣传统和优良作风坚定全党信念、凝聚全党力量,用党的实践创造的历史经验启迪全党智慧、砥砺全党品格是非常必要的。开展党史教育是我们应对当前历史虚无主义社会思潮的重要方式,也是坚定青年学生理想信念和政治认同与国家认同的重要方式,而高校思想政治理论课作为大学生思想政治教育的主渠道和主阵地,将党史教育融入高校思想政治理论课有利于增强高校思想政治教育理论课落实立德树人的根本任务。

一、价值逻辑:党史教育融入思政理论课的意义

青少年是祖国的未来,是民族的希望,习近平总书记在党史学习教育动员大会上深刻阐述开展党史学习教育的重大意义的同时,明确指出"抓好青少年学习教育,让红色基因、革命薪火代代传承"。学校是意识形态工作的前沿之地,思想政治理论课是高校开展党史教育的主要渠道和重要方式。思政课是落实立德树人根本任务的关键课程,是培养一代代社会主义建设者和接班人的重要保障,将党史教育融入高校思政课具有重大的现实意义。

(一)党史是"指南针"——坚定学生理想信念

自中国共产党成立之日起,就把为中国人民谋幸福,为中华民族谋复兴当作初心和使命。回顾党的历史,中国共产党能够在那么弱小的情况下逐渐发展壮大起来,带领人民推翻了帝国主义、封建主义和官僚资本主义的压

---

① 作者简介:卫琨,北京邮电大学硕士研究生。

迫，实现了最广泛的民主，建立了中华人民共和国；在国际环境严峻的情况下，在国内一穷二白的基础上，不断推进经济快速发展，用几十年的时间跃升为世界第二大经济体；中国提前10年完成了联合国2030年减贫目标，解决了困扰中国几千年的绝对贫困问题，实现了全面建成小康社会。历经百年探索，中国共产党能够在攻坚克难中不断从胜利走向胜利，靠的就是不管是处在顺境还是逆境，共产党都坚守为中国人民谋幸福，为中华民族谋复兴的初心和使命。习近平总书记指出，理想信念是中国共产党人的政治灵魂，没有理想信念，理想信念不坚定，就会得"软骨病"。在高校思政课开展党史主题教育，有利于坚定学生理想信念，在帮助学生牢牢把握党的历史发展的主题和主线、主流和本质的基础上，使学生牢固树立共产主义远大理想和中国特色社会主义共同理想，不断增强中国特色社会主义的道路自信、理论自信、制度自信和文化自信，引导学生把实现个人价值的"小我"与实现中华民族伟大复兴中国梦的"大我"有机融合，从而使青春之花在党和人民最需要的地方绚丽绽放。

（二）党史是"强心剂"——深化学生爱国情怀

习近平总书记指出，"我们党领导的革命、建设、改革伟大实践，是一个接续奋斗的历史过程，是一项救国、兴国、强国，进而实现中华民族伟大复兴的完整事业"。随着全球化的深度融合、网络的广泛使用，社会上出现了一些错误倾向要引起警惕："有的夸大党史上的失误和曲折，肆意抹黑歪曲党的历史、攻击党的领导；有的将党史事件同现实问题刻意勾连、恶意炒作；有的不信正史信野史，将党史庸俗化、娱乐化，热衷传播八卦轶闻，对非法境外出版物津津乐道。"如果历史观不正确，不仅达不到学习教育的目的，反倒会南辕北辙、走入误区。高校思政课不仅要旗帜鲜明地反对历史虚无主义，还要结合中国共产党的百年奋斗历程，澄清对党史上一些重大历史问题的模糊认识和片面理解，更好正本清源、固本培元。面对各种社会思潮和价值观的不断涌现，在高校深入开展党史教育是"制胜法宝"，在深入挖掘百年党史中的红色元素的基础上，将党史融入高校思想政治理论课教学中，在学生中大力弘扬以爱国主义为核心的民族精神和以改革创新为核心的时代精神，继承中华传统美德、中华人文精神，培养学生的爱国之情，引导学生的强国之志，激发学生的报国之行，让爱国主义精神代代相传、发扬光大。

(三)党史是"动力源"——激发学生创新发展

一个民族要想走在时代前列,就一刻不能没有理论思维,一刻不能没有思想指引。但是理论的生命力在于创新。回顾党的成长史,在中国面临亡国灭种的危机时,中国共产党人找到了马克思列宁主义,建立了中国共产党;在党成立初期,由于对革命情形认识的不深刻,盲目听从国际共产党的指挥,照搬照抄苏联的"城市包围战"的策略,从而使中国共产党连续出现了以瞿秋白的盲动主义、李立三的冒险主义和王明的"左倾"教条主义三次"左"的错误,严重损害了中国共产党实力,使中国共产党陷入危机。在危急关头,中国共产党探索出了符合中国革命的马克思主义道路,在此后的100年来,中国共产党坚持解放思想和实事求是相结合,创立了毛泽东思想、邓小平理论、"三个代表"重要思想、科学发展观和习近平新时代中国特色社会主义思想,为中国创新发展指明了方向。在愈加复杂的国际环境和日趋激烈的国际竞争中,中国虽然综合国力、科技实力不断提升,但仍然面临着许多卡脖子的问题。现在,我国经济社会发展和民生改善比过去任何时候都更加需要科学技术解决方案,都更加需要增强创新这个第一动力。青年学生是国家事业发展的后备军,担负着实现中华民族伟大复兴的时代重任。在高校思政课中开展党史学习教育,可以进一步使广大青年学生牢牢抓住人生学习的这个黄金时期,在学习中国共产党百年理论发展史中深刻领会其所蕴含的强大的创新力量,培养学生的创新思维,促进学生夯实专业知识,练就过硬本领,在"十四五"新征程中砥砺奋进,在激荡的时代中赢得未来。

(四)党史是"活教材"——激励学生艰苦奋斗

近代中国外无民族独立而受帝国主义的压迫,内无民主受封建主义的压迫,中国共产党就是在这亡国灭种的危机下艰难诞生的。在中国共产党100年的非凡奋斗历程中,遭遇了无数的艰难险阻,经历了各种生死考验,付出了惨烈牺牲。中国共产党人以"为有牺牲多壮志,敢教日月换新天"的豪情壮志,历经28年艰苦奋斗,实现了民族解放和国家独立。而我们的国家、我们的民族,从积贫积弱一步步走到繁荣发展的今天,靠的就是一代又一代人的顽强拼搏,靠的就是中华民族自强不息的奋斗精神。邓小平同志曾说:"艰苦奋斗是我们的传统,艰苦朴素的教育今后要抓紧,一直要抓六十年至七十年。我们国家越发展,越要抓艰苦创业。"一代人有一代人的责任,站在新的历史发展机遇中,面向第二个百年目标的实现,高校思政课要通过中国共产党丰富的历史事实,培养广大青年学生艰苦奋斗、勤俭节约的精神,使青年学生认识到，虽然当前生活的环境中，物质生活条件大大改善，社会观念发生变化，但是仍要赋予艰苦奋斗以新的时代内涵和实践要求，艰苦奋斗的精神永远不会过时。同时使学生明白中华民族的伟大复兴不是轻轻松松喊口号、敲锣打鼓实现的，要帮助学生树立积极向上的人生态度，树立以一往无前的奋斗姿态和只争朝夕的精神状态向实现中华民族伟大复兴的宏伟目标奋勇前进。

二、原则遵循：党史教育融入高校思想政治理论课教学的基本原则

当前，我国经济社会发展任务繁重，正面临百年未有之大变局，国内外局势变化迅速。虽然整体上国家在意识形态方向和青年大学生的政治认同与信仰层面是好的，但是社会上仍然有一些错误论调和倾向，阻碍着社会的发展。"当代大学生正处于生理上的成熟期和心理上的过渡期，无论是在心理特点上还是在思维方法和接受方式上，都具有极大的不稳定性。"这些错误倾向和论调极易影响大学生的意识形态。高校思政课作为培养社会主义接班人的主渠道，不仅要旗帜鲜明地反对历史虚无主义，更重要的是对大学生加强价值引导。自2020年开展"四史"教育活动以来，将党史教育融入思政课已成为各高校各门课程的一项重要工作，为了提高党史教育融入高校思政课教学的实效性，避免思想政治理论课流于形式，要坚持以下几个方面的原则。

（一）坚持系统教学与专题教学相结合的原则

在党史教育融入思政课的过程中，往往会出现为了追求党史内容与思想政治理论课的契合度，而将中国共产党的历史拆分来适应思想政治理论课的现象，这种"碎片式"的党史教育，容易使大学生缺乏对中国共产党历史的整体认知，难以达到激发学生爱国情的目的。因此，在进行思想政治理论课教学时应把握系统教学和专题教学相结合的原则。以系统教学为主线，通过专题教学讲授党史，从而使学生在对党史有整体把握的基础上，树立正确的党史观，使学生正确认识和科学评价党史上的重要会议、重大事件、重要人物。同时，进行党史教育要结合思想政治理论课不同的课程教学，既要有惊涛拍岸的声势，也要有润物无声的效果，将党史教育贯穿到思想政治理论课的全过程和各方面，使学生系统地接受党史教育，从而在潜移默化中自我反省、自我教育。

（二）坚持教学形式与教学内容相结合的原则

习近平总书记曾指出，要"把'有意义'的内容讲得'有意思'，必须创新思政课教学的手段和方式，采取学生喜闻乐见的形式，运用新媒体等接地气、形象化、通俗化方式，坚持线上与线下、课内与课外、校内与校外的有效衔接，使思政课教学'活起来'，做到既'营养丰富'，又'美味可口'"。在经济全球化和市场经济的背景下，大学生接触的庞杂的信息而造成价值观的多元化为提高思想政治教育的实效性提出了迫切的要求。选择正确的教学形式和教学内容是加强思想政治教育针对性和实效性的重要方法和途径。在思政课开展党史教育时，内容选择要注重大学生的成长背景、发展需求、认知特点等思想实际，同时要严格遵守史实，保持思想政治教育的准确性和严肃性，增强党史教育的针对性，从而达到使学生学史明理、学史增信的作用。在保持教学内容准确性、严肃性以及针对性的前提下应结合生动活泼的多样化的教学形式来提高党史教育的实效性。

（三）坚持理论教育与实践教育相结合的原则

理论教育又称作灌输教育，是以马克思主义的灌输理论为基础，是思想政治教育理论课最常用、最主要的方法。列宁说："工人本来也不可能有社会民主主义的意识。这种意识只能从外面灌输进去。"帮助学生从党史教育中坚定理想信念，离不开必要的灌输教育。这里的灌输教育指的并不是"填鸭式"的硬性教育，而是要利用启发式教育，在引导学生发现问题、分析问题、思考问题的过程中不断启发学生得出结论。马克思主义是在实践中形成并不断发展的学说，实践教育是对学生通过理论教育所掌握知识进行深化和巩固的重要方法，因此要不断突出思想政治教育的实践性，更好地发挥思政育人的作用。当前思想政治理论课开展实践教育存在着诸多问题，"绝大部分高校都采用由学生自由选择时间、自由选择场所进行自主实践教学学习，实践教学往往容易变成'课堂实践''放羊实践'，或者是少数优秀学生的'精英实践'。实践教学效果参差不齐，少部分学生甚至难于自我完成实践教学任务，思政课实践教学流于形式，一定程度上无法真正落实到位，实践教学的真正教学目标难以完全实现"，因此在进行党史教育时所选择的实践活动，要充分发挥教师的主导作用，实践活动必须要与理论教育内容相结合，紧扣教学目标、教学效果和学生可接受度。引导学生将在党史理论教育中获得的感受落实到脚踏实地的实际行动中来，将爱国情转化为爱国行。

三、实践逻辑：党史教育融入思想政治理论课的路径

思想政治理论课是以立德树人为根本任务的关键课程，为实现党史教育"进教材、进课堂、进学生头脑"，将党史、新中国史、改革开放史、社会主义发展史教育融入新时代高校思政课建设中是时代要求和必然选择。把党史教育融入高校思想政治教育，应当从教学内容、教学方法以及教学载体三个方面进行推进，形成完整的党史教育融入思想政治理论课的逻辑进路。

（一）教学内容层面，注重党史教育与具体课程内容的深度融合

将党史教育融入思政课并非要变更或削弱原本的教学目标和教学内容，而是形成强有力的现实依据为支撑，因此党史教育要根据不同课程的差异找准切入点有机融合，基于思想政治理论课的教学目标、教学大纲，充实教育内容。

在"马克思主义基本原理概论"课的教学中，要使学生在了解什么是马克思主义、马克思主义的主要部分、马克思主义的鲜明特征和当代价值等的基础上，引导学生树立和坚信共产主义远大理想和中国特色社会主义共同理想，坚信马克思主义真理的力量。在"毛泽东思想和中国特色社会主义理论体系概论"课教学中，要使学生系统地了解马克思主义中国化的理论成果和科学体系的同时，激发学生理论创新的思维。习近平同志提到"我们党的历史，就是一部不断推进马克思主义中国化的历史，就是一部不断推进理论创新、进行理论创造的历史"。通过对毛泽东思想、邓小平理论、"三个代表"重要思想、科学发展观、习近平新时代中国特色社会主义思想的教授，促使学生在深化对马克思主义中国化既一脉相承又与时俱进的理论品质的认识的基础上，激发学生创新思维，培养学生创新能力。"中国近现代史纲要"课在教学内容上与党史有较大的衔接，在教授学生中国近代以来的历史发展的基础上，使学生深刻认识"红色政权来之不易、新中国来之不易、中国特色社会主义来之不易，深刻认识中国共产党为什么能、马克思主义为什么行、中国特色社会主义为什么好"，从而不断提高学生"四个自信"，增强作为中国人，作为社会主义接班人的自豪感。在"思想道德修养与法律基础"课中对大学生进行理想信念教育时，深挖党史中革命先辈的人格魅力，使其成为树立学生正确的人生观、价值观、道德观和法治观的标杆，鼓励学生以史为志，以一往无前的奋斗姿态和只争朝夕的精神状态向实现中华民族

伟大复兴的宏伟目标奋勇前进。

（二）教学方法层面，以多种方式推进党史教育融入课程

将党史教育融入思想政治理论课不仅要传授学生党史知识，更重要的是升华学生爱党爱国的情感，坚定学生的理想信念。传统的理论灌输式教学虽然对学生了解党史很有效率，但是容易降低理想信念教育的效果。因此应根据不同课程的教学内容和教学目标以及不同教学方法的优势，灵活地进行教学，帮助学生增强理想信念。

在教学方法上着重运用启发式教学来发挥学生的主体作用，引发学生的思考，引导学生从发现问题、思考问题、解决问题的过程中水到渠成地得出结论；要讲好中国故事，促使学生在情境中感同身受。在中国共产党的历史中，有很多追寻真理、追寻理想的生动的故事。例如，习近平曾在多个场合中提到过的陈望道在翻译《共产党宣言》时将粽子蘸着墨汁吃的"真理的味道非常甜"的故事，李大钊为了追寻真理，追寻共产主义理想舍生取义的故事，都是生动的"活教材"。通过专题式教学提高学生的思想性。"专题式教学是以某个或某些知识点为依托，以某个或某些思想教育为圭臬，通过选取某个或某组相关的典型事件，同时配套相关思考问题，从而在教师的讲故事之中、影像教学之中、游戏之中，达到既启迪学生心智、提高学生的思辨力，又能在一定程度上提升他们的人生境界，既有知识性又有思想性，既突出了重难点又加强了授课的形象性、增强了教师的亲和力等多重目的。"以党史教育为主题的专题式教学能够更好地彰显思想政治理论课的深度，更好地培养学生的理想信念，使学生在专题学习下坚定地信仰马克思主义，自觉信奉中国共产党。

（三）教学载体层面，结合数字时代特色和学生兴趣深化党史教育融入思想政治理论课的方法

从教学载体上深化党史教育融入思想政治理论课，必须以时代背景和当代大学生的思想实际为依托，在遵循教学规律和大学生成长规律的基础上，坚持"贴近实际，贴近生活，贴近学生"的原则，采用合理的教学载体进行教学。

1.要将虚拟实践与现实实践相结合，坚定学生理想信念

实践的观点是马克思主义的基本观点，以马克思主义理论为学科建设基础的思想政治教育更加要重视实践的作用。当今世界科学技术迅猛发展，产生了虚拟实践教学新型教学形式。将党史教育融入思想政治理论课的重要

环节就是将虚拟实践与现实实践相结合，促使学生将党史教育内化于心，外化于行。开展丰富多样的校内实践活动，引导学生在实践活动中坚定理想信念，听党话，跟党走。对于课堂实践，教师可以组织学生排练党史中具有重大教育意义的革命事件，在学生亲自参与排练的过程中深化对革命事件的认识，增强民族自豪感；教师还可以引导学生开展诵读红色故事、人物传记、红色诗集的活动，对作品背后的故事进行讲解，引导学生从文学作品中汲取强大的精神力量，继承优秀的革命精神。关于校园实践方面，深挖红色的校史资源，开展以"红色校史"为主题的展览，传播校友中革命先辈的英雄事迹，邀请杰出校友回学校开展党史专题讲座，塑造红色校园文化。此外将党史教育贯穿到学校社团活动中，举办红色歌咏比赛、不同形式的红色艺术展示等活动，使学生在红色校园文化的熏陶中，在革命先辈的感染下，继承红色基因，坚定理想信念。

依托虚拟实践来深化党史教育。虚拟实践与现实实践的实践目的是相同的，都是以立德树人为教育目标，并且虚拟实践以信息技术为依托，有利于弥补现实实践的不足，完善实践形式的多样性。"情感、态度、价值观的输出是思政课的最高层次。情感的体验通过新技术手段的辅助，可以更快地传递给学生，并带给学生一种更为逼真的体验，使学生把枯燥的理论化为深切的情感体验，使其敞开心扉接受思想政治教育；同时，新技术的辅助可以改变思政课'配方'比较陈旧、'工艺'比较粗糙、'包装'不那么时尚的情况，通过润物无声隐形式教育更有利于立德树人目标的达成。"现在的学生都是生长在和平年代的"00后"，战乱频仍、国破家亡的年代离学生的实际生活遥远，尽管他们参观了革命展馆，可能仍然不能深刻理解中国为什么选择中国共产党、为什么选择社会主义道路，不能理解为什么会有那么多人为了理想信念英勇就义。这就需要运用虚拟技术再现近代中国民不聊生的社会背景，再现中国共产党历史的发展进程，让学生"亲身经历"红军长征时所经历的种种难关，经历抗日战争的残酷和建设新中国的艰难，让学生在虚拟实践中"亲身"对中国的出路进行抉择，在"参与"中国共产党的诞生和发展的过程中深入领会党的初心和使命、性质宗旨和理想信念，加深情感上的体验与认同。

在学生从虚拟实践的过程中对中国为什么选择中国共产党、为什么走社会主义道路有了深刻认识，在深入领会党的性质宗旨和理想信念的基础上，教师组织学生进行社会实践，进一步深化学生的爱国情感，将学生的爱国情感转化为实际的爱国行动，又从实践行动中提高爱党爱国的情感。教师可以在学生参加虚拟实践后带领学生去参观革命圣地、红色教育基地、党史展览馆，去近距离接触真实的红色文物，感受革命文化，还可以组织学生参与以革命老兵为对象的志愿者服务，组织学生与革命老兵近距离接触。在奉献服务他人的过程中，听革命老兵讲述自身抗战经历，不仅增加了学生帮助革命老兵的幸福感和自豪感，而且有助于青年学生将革命老兵树立为自己的偶像，有利于培养学生艰苦奋斗的精神。

2. 发挥网络环境的优势，促进线上线下相结合

现在的高校学生都是"00后"，网络充斥着学生的日常生活。学生的知识来源除了传统的课堂授课，更多的来自网络信息，"微信息"——微信、微博、抖音、快手等App的崛起，对学生的政治信仰、道德取向以及行为方式产生着巨大的影响。习近平同志提出，"改革创新是时代精神，青少年是最活跃的群体，思政课建设要向改革创新要活力。如果做一天和尚撞一天钟，照本宣科、应付差事，那'到课率''抬头率'势必大打折扣。"因此，要让党史文化、思想政治教育占领网络环境新高地，充分利用网络环境的优势对学生进行线上的舆论引导，并利用丰富的线上资源进行线下的育人工作。

充分利用线上平台影响学生。一是学校可以打造校内网络平台，发布党史小知识，让学生可以随时随地受到党史教育，也可以发布"校园内的红色印记"等话题吸引学生广泛参与讨论。在建好校内网络平台的基础上，充分利用微博、抖音等App的热搜榜，鼓励学生拍摄富有创意的党史校史微视频，吸引更多的青年点击阅读参与讨论；二是可以打造"党史教育云课堂"，利用翻转课堂、MOOC等形式系统地讲解社会主义建设的艰巨性和复杂性，还可以依靠哔哩哔哩平台的弹幕听取学生的"吐槽"，实时了解学生的思想动向，引导学生形成正确的理想信念，使他们转变成为正面"意见领袖"；三是可以利用H5小游戏等形式，创造具有红色因素的小游戏，在趣味游戏中讲述红色故事，提高学生学习党史的积极性。

线上资源是丰富的教学素材。教师可以收集学生关注的热点问题、国际国内时事，开展周期性的时事专题演讲，在内容的选择上既包括国际形势的变化，也包括中央的方针政策；既包括大道理和宏观背景，也包括小道理和具体问题；既包括政治文化，也包括娱乐八卦；既包括专业知识、背景、规律和事物之间的联系、下一步发展的趋势等，也包括思维方式和思想方法；既有针对性地化解矛盾，引导思想认识问题，也要坚定理想信念，提升"四

个自信"。将党史教育融入内容当中,将党史知识与国际国内事件通过异质比、同质比等多种比较,从不同的视角将党史历程、历史意义、未来趋势、与当前国家政策的联系宣讲给青年学生,拉近青年学生与党史的距离,提高学生对党史的理性认识,使学生在当代国际大问题、现实平凡小问题中,受到党史教育,总结历史经验,把握历史规律,增强开拓前进的力量和勇气,主动把自己的前途命运与国家的前途命运相连,把个人梦想与时代发展的需求相结合,在未来道路注重社会事业发展、服务地方经济建设,提高改造客观世界和主观世界的能力,培养个人品格。

(原文发表于《吉林省教育学院学报》2022年第4期)

● 参考文献

[1] 习近平. 在党史学习教育动员大会上的讲话[J]. 求是, 2021(7): 1.

[2] 申富强, 李良明. "三大里程碑"重要论述的历史启示——学习习近平总书记在庆祝改革开放40周年大会上的重要讲话精神[J]. 光明日报, 2019-04-09.

[3] 邓小平文选(第3卷)[M]. 北京: 人民出版社, 2001: 306.

[4] 张淑东, 姜琳琳. 社会主义核心价值观融入高校思想政治理论课教学过程的思考[J]. 思想政治教育理论与实践创新聚焦——第七届全国思想政治教育高端论坛论文集萃, 2017: 247.

[5] 习近平. 理直气壮办好思政课[N]. 光明日报, 2019-04-10.

[6] 列宁. 怎么办[M]. 北京: 人民出版社, 2004: 334.

[7] 杨丽艳, 虚拟实践融入高校思想政治理论课实践教学的研究与探索[J]. 思想政治教育研究, 2021(2): 97-100.

[8] 覃世艳, 邵春波. 社会主义核心价值观观照下的思想政治理论课专题式教学——提升思想政治理论课实效性的路径[J]. 思想政治教育研究, 2009(5): 78-81.

红色文化资源融入高校素质教育实践探索
——以中南大学为例[①]

童卡娜　杨　晖[②]

引言

习近平总书记在党史学习教育动员大会上的讲话中提到,要大力发扬红色传统、传承红色基因,赓续共产党人精神血脉。而革命精神的薪火相传、红色基因的历久弥新离不开红色资源这一载体。红色资源是一种不可再生的文化资源,蕴含着丰富的革命精神和厚重的历史文化内涵,具有极端重要、不可替代的特殊价值。同时,红色资源也是高校素质教育的重要内容,是大学生文化自信的源头活水,对于促进素质教育内容向大学生的理想信念、思想情感方面内化具有积极作用。基于此,高校应积极依托红色文化资源,推动红色文化在高校素质教育中的应用。

一、文献综述

从红色文化这一概念在21世纪初期被提出以来,学界在红色文化概念的由来、红色文化的内涵、红色文化的外延、红色文化的本质、红色文化产生发展的时空架构、红色文化与其他文化的关系等方面取得了一定的研究成果。近年来,高校思想政治教育成为学界的研究热点,也有不少学者将研究视线投向红色文化资源与高校思想政治教育,如胡建、冯开甫(2016)认为,红色资源具有天然的育人功能,它是高校思想政治教育的重要资源。红

[①] 基金项目:本文系教育部产学合作协同育人项目"产教融合背景下'思政+专业'课程教学的改革与实践"(220501212311849)成果之一。

[②] 作者简介:童卡娜,中南大学校团委副书记,讲师。杨晖,中南大学校团委文化素质教育中心副主任,助理研究员。

色资源与大学生社会主义核心价值观教育具有契合性，二者存在密切的内在关联。王春霞（2018）认为，必须结合红色文化特质，将红色文化资源有机融入大学生思想政治理论课"主渠道"、实践活动"主阵地"和网络媒体"新课堂"，不断增强大学生思想政治教育的针对性和实效性；王玲、陈昱霖（2018）的文章以及众多硕博学位论文中都探讨了红色文化资源在高校思想政治教育中的价值和实现方式。从具体的案例出发，探讨高校思想政治教育的方法和路径，可以为高校提供具有指向性的建设思路。

二、红色文化资源在高校素质教育中的重要价值

红色文化资源是指中国共产党领导我国人民在新民主主义革命和社会主义建设时期创造的，并可以为我们今天所开发利用的，能够满足人们需要的各种精神及其物质载体的总和。无论是精神层面还是物质载体层面，红色资源以其蕴含的厚重的先进文化，折射出先辈们的理想信念、高尚道德、健全人格、人文情怀。红色文化资源天然具有育人功能，特别是应用在高校的素质教育中，发挥着不可替代的重要作用。

（一）理想信念的导向功能

种树者必培其根，种德者必养其心。理想信念是人们的世界观、人生观和价值观在奋斗目标上的集中体现。它是人们前进的动力与精神支柱，人只有以理想信念为前提和出发点，才能在有限现实中不断超越自己，实现人生的最高价值。缺乏理想信念，就会在现实生活中找不到奋斗的方向，导致自我的迷失。大学生正处于青年时期，缺乏社会实践经验，易受新事物影响，对各种不良意识形态和社会思潮没有政治甄别能力和经验，很难进行理性的分析。

习近平总书记强调"历史是最好的教科书"。红色文化资源的核心是红色文化精神，其蕴含的理想信念和精神内涵同中国共产党人、中国人民的理想信念有着内在的统一性。从党成立之初的南湖风雨，到南昌起义、广州起义和秋收起义的弥漫硝烟，到引兵井冈的曲折历程、万里长征的艰辛征途、抗日救国的中流砥柱，再到解放战争的血雨腥风……对共产主义的坚定信念始终是我党不断战胜困难、勇往直前的精神支柱。这种丰富的信念内涵是红色资源的本色，更是红色资源的灵魂。中国共产党人在革命斗争中所呈现出的理想信念、政治立场、价值追求、精神品质与思想作风，与素质教育的基

本内容同宗同根,既体现其优质性,又突显出教育的本源性。因此,红色文化资源的特质能为大学生素质教育提供优质资源和本源性的思想理论支撑。

(二)高尚道德的教化功能

党的十八大提出,把立德树人作为教育根本任务,培养德智体美全面发展的社会主义建设者和接班人。高校要深入落实"立德树人"根本任务,把德育放在更加重要的位置,促进学生良好道德品格的形成。

而红色资源中蕴含的丰富的道德内涵,凝结了中华民族传统美德和时代的先进伦理观念。这种道德内容主要体现在为人民服务的道德价值观,艰苦奋斗的优良作风,团结互助、诚实守信的道德规范等几个方面。充分发挥红色文化凝心聚魂的功能,运用其蕴含的道德规范、行为方式和理想目标教化人们,能够引导青年学生去思考人生的真正价值,引导他们追求高尚的德行操守,引导青年做"一个高尚的人,一个纯粹的人,一个有道德的人,一个脱离低级趣味的人,一个有益于人民的人"。

(三)健全人格的养成功能

爱国、奋斗、奉献是红色文化最主要的精神实质,而这些精神实质恰与培育大学生拥有坚定的理想信念、涵养高尚的道德品质、矢志奋斗的人格意志、勇于担当的人格品质、开拓创新的人格取向的要求相一致。

红色文化蕴含着健全人格的重要力量,因其鲜明特质和丰富内涵理所当然地成为当代大学生人格培育的优质资源。高校应教育引导青年学生从红色文化资源中不断汲取人格力量,将红色文化的精神实质内化于心、外化于行,在工作、学习中践行红色精神,养成心智成熟、品行高雅、健康健全的人格特质。

(四)人文情怀的培养功能

人文情怀是培养青年学生道德底色、精神情操、文化素养的重要途径。红色文化记载了仁人志士为实现国家独立和人民解放奋斗的过程。红色精神凝聚和彰显的是共产党人为国为民的使命担当,是整体而全面反映爱国、进步、奋斗、拼搏等的作风品质。不同形态的红色文化所凸显的红色精神虽然有着不同程度的侧重,但其内在灵魂依然是一种信念、使命。红色文化之所以成为中华民族优秀文化的底色,正是由于其承载和弘扬着永不磨灭的红色精神。对于青年学生而言,认识、了解、理解、体验红色精神,就是一个认识、了解、理解、体验人本精神的过程。这种人本精神不仅表现在为中华之崛起而奋斗、拼搏的共产党人的主体担当方面,也表现在共产党人在艰苦奋斗过程中对人民的关心、爱护、保卫。人文情怀的培养重点在于引导学生以人为本，尊重、维护人的尊严和价值，关切人的生存、发展和幸福等。

三、红色文化资源在高校素质教育中的运用状况

红色文化教育作为当代大学生素质教育和思想政治教育中至关重要的部分，在当代大学生文化教育中面临着重大机遇与挑战。在新的历史时期，当代大学生红色文化教育也需要积极探索创新，使之与当代大学生思想更为契合，从而加大红色文化教育力度，使当代大学生思想政治素质与思想政治觉悟提升，从而使红色文化教育的作用最大化。

（一）学生主动意识不强烈

红色文化教育通常被融入思想品德、思想政治教育等课程中，从中小学阶段起便开始逐步渗透。因此，青年学生对红色文化的基本内容、内涵以及其历史知识已经十分熟悉，普遍产生了必然的价值认同。他们认可红色文化中英雄们的思想、战士们的行为，但很难在过程中进行主观的、系统的、深入的逻辑性思考。因此，认可文化价值，但认知并不深入，对于红色文化教育实践活动主动参与意识不强烈，便成了青年学生红色文化认同的普遍问题。

（二）教育形式缺乏创新性

高校是红色文化教育的重要载体，同样也是教育创新改革的前沿阵地，但是目前很多高校在红色文化资源的教育与宣传方面，还未能与时俱进，对红色文化资源的教育宣传工作重视不够，没有具体的红色文化实践教学计划和大纲，相关的教育活动呈现摆样子、拍拍照等流于形式的状态。同时，部分高校引导大学生开展红色文化教育实践活动的形式过于单一，缺乏创新性，未能适应新时代的新变化，也没能及时抓住青年学生的注意力，错失了开发红色文化资源的先机。

（三）红色宣传阵地建设不完善

随着网络和移动终端的迅猛发展，知乎、微博、微信、抖音等自媒体已经成为大学生获取知识、交流感情和传播信息的重要渠道。这一新型载体的庞大力量，也给推进红色文化教育带来了机遇与挑战。红色资源要达到广泛的育人作用，占领人们的思想阵地，必须在传播的环节加以实现。但从当前的现实我们可以看到，红色宣传阵地的建设受到专业水平的限制和平台内容

的单一性、滞后性等因素的影响，使得阵地的吸引力和凝聚力大打折扣，导致红色资源育人功能的传播似乎并没有占到主流文化的优势，反而在一些与各种非主流思想的交锋的场景中处于劣势。

四、中南大学将红色文化资源融入高校素质教育的实践探索

高校是文化传承的重要阵地。红色文化资源具备独特的文化属性，其所代表的优良革命传统、坚定思想信仰都是正能量的文化导向，对于大学生的素质教育和高校的持续发展有着非常重要的意义。在新的形势下中南大学开发运用红色资源，聚焦资源挖掘、实践体验和媒体传播，充分挖掘和发挥红色资源的教育价值和育人功能，将其逐渐渗透到素质教育中，让更多青年学生受到红色文化资源的熏陶，从中获取"精神之钙"。

（一）聚焦资源挖掘，研发红色素质教育"产品库"

红色文化资源是开展素质教育的生动教材，而如何挖掘利用好"家门口"的红色文化资源，如何让红色文化资源的内在价值得以充分实现，让红色文化入心入脑，需要创作出一批既富有时代气息和思想内涵，又具有特色的红色题材精品力作和融媒体产品。中南大学在红色产品的开发上作出了有益探索，在挖掘整理红色故事的基础之上，通过文集、音乐、绘画、雕塑、书法、摄影、舞蹈等多种形式展现重大历史事件、光辉历程和伟大成就。

构建以故事为驱动的红色IP。红色故事是宝贵财富、精神"富矿"，为高校素质教育的发展提供了丰厚的滋养。为讲好红色故事、传承好红色基因，中南大学选拔了一批政治素质高、表达能力强的大学生深入伟人故里、革命遗址等地，开展文献资料收集整理、实地调研、深度访谈等活动收集红色故事，并对故事进行梳理，用青年人自己的语言撰写红色故事。这个再创作过程中解决了"如何用年轻人的语言讲好故事、如何用真挚朴素的情感升华故事、如何用具有感染力的文字优化故事"三个问题。学校出版了《我家的七十年》《我家乡的红色故事》红色故事作品集，相关做法获得教育部"一线采风"推介。

打造艺术性与教育性兼具的红色作品。现阶段不少红色文化产品存在着"有心无力"的问题，教育性较强，但艺术观赏性不足，限制了其传播的可能性。为提升红色文化产品的艺术性，把红色文化产品"搬上舞台"，中南大学组织交响乐团、管乐团、合唱团排演了《长征交响曲》《黄河大合唱》

《红色娘子军组曲》《第一交响序曲》等包括器乐、合唱、舞蹈等形式多样的红色主题舞台作品。其中,管弦乐作品《长征交响曲》第五乐章获得全国第六届大学生艺术展演活动一等奖;在充分挖掘红色故事的基础上,创作完成了群舞《半条被子》、《逆行者》、歌曲《红色的赞歌》等原创作品,其中,群舞《逆行者》在全国艺术硕士舞蹈展演中获得"创作奖",《红色的赞歌》获湖南省"青媒奖·最佳文化产品"称号;此外,还创作了《沁园春·雪》《青藏铁路》《长城风云》等美术作品,其中,《沁园春·雪》入选中宣部建党百年党史题材征集作品,《青藏铁路》入选"'红船颂'庆祝中国共产党成立100周年全国美术精品工程"。

开发易于传播的线上红色文化产品。在红色文化产品开发中既要强势弘扬主旋律,也要正视网络时代受众的解码模式。当前的红色文化产品,在一定程度上存在着网络语言表达无力、互动性不强的问题。因此,在网络时代,这就要求在红色文化产品开发中要从"受众者"的角度思考,以贴近实际和不断创新的风格服务学生。中南大学依托新媒体平台,设计红色文化主题的微视频、音频、漫画、H5等微产品200余个。学校重点建设"红星耀三湘""学习路上""不一样的马哲大课堂""红色潇湘青年行"等红色文化传播精品栏目,培育一批在全国具有知名度的名师名站名栏或名篇名作,其中,"不一样的马哲大课堂"图文漫画线上推出后,微博总访问量达140余万次;师生原创作品《战疫彩绘长卷》获教育部"读懂中国"短视频一等奖,在学习强国、人民网、光明网、中新社、中国青年报等权威媒体发布。此外,《青年刘少奇》微视频、《贺龙元帅的故事》系列漫画等获网民广泛点赞,"传伟人精神 立时代新功"网站专题浏览量突破10万。

(二)聚焦实践体验,拓展红色素质教育"主阵地"

体验式教育是实践素质教育、提升教育质量的重要方式。为增强学生的实践体验,使红色文化在大学校园中处处可见、可感、可学,高校应拓宽红色文化的"主阵地",开发更多的体验式、情景式、渗透式的红色文化资源。

加大投入力度,搭建充足的体验平台。中南大学不断加强场域建设和氛围营造,增进红色文化教育活动的"情境式"体验。充分利用互联网、大数据、人工智能、虚拟现实等现代信息技术,近年来共投入1000余万元,先后建设了近10个符合时代需求、富有中南特色的校园红色文化体验项目。其中,围绕中国共产党成立100周年,以党史学习教育为契机,打造了党史学习教育体验课堂,布展覆盖面积近200平方米,充分运用灯光、雕刻、红色旗帜、声色影像等元素营造浓厚红色文化氛围，设置辉煌历程、党史人物与故事等10个党史专题，吸引学生沉浸学习；打造了"扣好人生第一粒扣子"价值引领课堂，建成300多平方米的教育展示厅，设置了爱国情怀、使命担当、青春奋斗等6个主题教育功能区，通过"参观+研讨"模式，融合成一堂有血有肉有趣的红色文化教育体验课。

丰富校园文化，提供多元的体验活动。红色文化的内涵、表现形式，以及特征功能均与校园文化具有高度的相似性，可以融会贯通，所以高校应该充分发挥主观能动性，举办红色文化活动，让学生们近距离地感受红色精神的魅力，引导大学生自发地、主动地去接触和学习红色文化。中南大学举办了"通道转兵组歌""长征组歌"交响合唱音乐会、"永远跟党走"中南大学庆祝中国共产党成立100周年专场音乐会等多场红色文艺演出。"永远跟党走"中南大学庆祝中国共产党成立100周年专场音乐会被列为教育部"音乐党史"系列重点活动之一；组建国歌领唱团，在重要场合带领师生高声齐唱国歌，并开展国旗下的演讲、国歌历史巡讲、国歌法宣讲活动，践行爱国主义教育；开展"青春纪念日"传统节日及纪念日主题庆祝活动，以传统文化教育和红色文化、党史教育等结合，推动青春正能量发展和文化认同形成，相关活动被学习强国等平台报道；举办了红色歌曲合唱比赛、红色经典诵读大赛、红色主题征文比赛、红色漫画创作大赛等，其中，"青春告白祖国"万人合唱活动被学习强国平台、中央电视台新闻频道、人民网、新华社、中国新闻网等多家媒体报道。成立红色文化故事宣教团，下到新生军训连队，走进思政课堂，去往湖南省内其他高校、居民社区等开展红色故事宣讲，中央党史学习教育简报对宣讲团进行了专题报道。

设立专题实践，打造真实的体验课堂。中南大学以首批"全国高校实践育人创新创业基地"为依托，与韶山毛泽东图书馆、刘少奇同志纪念馆、湖南省党史陈列馆等单位共建30余个"大学生红色文化教育实践基地"，实现校地红色教育资源共建共享。在实践基地的大力支持下，学校组织共青团干部、学生干部、党员骨干、新生班长、少数民族学生党员、新进青年教师、海外归国教师、思政理论课教师等分批到红色文化实践基地开展学习教育。开展了"传伟人精神 立时代新功"万名师生寻访革命伟人足迹社会实践活动，组织200余支社会实践队，深入近现代湘籍革命伟人故居、专题纪念馆和革命战斗遗址，广泛开展人物寻访、重走红军长征路、重温入党誓词等实践活动，使广大师生进一步坚定理想信念，特别是少数民族、港澳台学生进一步增强了对中华民族、对伟大祖国的衷心认同。相关红色实践活动被国家信访局回函点赞，《教育部简报》连续三期四次推介有关做法，新华网、人民网、《中国青年报》等10余家中央级媒体给予了集中报道。

（三）聚焦多维传播，建设宣传思想文化"新矩阵"

通过研发红色文化产品解决内容供给，拓展红色文化阵地解决场域呈现，而后解决的应该是传播渠道的问题。高校宣传思想文化"新矩阵"助力破除红色文化资源与学生、平台之间的壁垒，成为进一步提高红色文化资源的亲和力和针对性的利器。

软硬件设施建设保障到位。中南大学紧紧围绕落实立德树人根本任务，大力加强红色素质教育的投入力度。统筹全校网络教育资源，组建网络思想政治工作中心，建设800多平方米的演播室、直播室、网络文化工作室、数据服务中心、展示中心与调控中心等功能性工作场所，打造占地面积近1000平方米的用于红色微产品制作的录音棚、场景室。微产品创作所需的摄影摄像器材、收音录音设备、灯光设备等硬件设备一应俱全。学校被教育部授予全国高校网络文化建设专项试点单位。

融媒体平台搭建覆盖全面。中南大学秉持"学生在哪，我们就跟到哪，将优秀的网络文化产品送到哪"的原则，在充分挖掘红色文化资源的基础之上，根据不同学生特点，搭建六个"分类型新媒体平台"联动构成红色文化产品的集中输出。覆盖QQ空间、B站、知乎、微博、微信公众号、视频号等深受大学生喜爱的社交平台，全网累计粉丝量近300万人。借助新媒体平台视觉冲击力强、感染力强、互动性强等优势，让红色资源"活"起来，更要"火"起来，烹制了青年学生的"精神盛宴"，有效地将红色文化资源融入素质教育。抗疫MV《坚强的理由》等多个原创网络文化产品在校内公众号平台发布之后，全平台播放量超百万次；《不一样的马哲大课堂》图文漫画上线，微博单平台总访问量达140余万次；原创湖南党史百米长卷《战疫彩绘长卷》全网累计点击量突破1000万人次。

教育者是导演，导出来的戏叫不叫座，群众认不认可，效果大不一样。在实现红色文化资源的育人功能这部戏里，只有通过合理科学的路径将红色资源加以转化，使其具有丰富的时代特色，方式方法合上高校素质教育发展的脚步，满足当代大学生的需求，才能够走出素质教育新模式，取得高"票房"。

（原文发表于《大学素质教育》2021年第2期）

参考文献

[1] 邓显超,邓海霞.十年来国内红色文化概念研究述评[J].井冈山大学学报(社会科学版),2016,37(1):29-39.

[2] 胡建,冯开甫.红色资源:大学生社会主义核心价值观教育的重要载体[J].思想理论教育导刊,2016(1):100-103.

[3] 王春霞.论红色文化资源在大学生思想政治教育中的功能定位及实现路径[J].思想理论教育导刊,2018(5):132-135.

[4] 王玲,陈昱霖.红色文化资源在高校思想政治教育中的价值和实现[J].学校党建与思想教育,2018(11):86-88.

[5] 吴心羽,黄垚.地域红色文化资源融入新时代大学生思政教育路径探析——以徐州地区为例[J].科教文汇(中旬刊),2021(9):59-61.

[6] 徐蓉.湖南红色资源价值实现的路径研究[J].公关世界:理论版,2021(18):77-78.

[7] 袁力伟.新形势下当代大学生党史文化教育创新研究[J].品位·经典,2021(18):73-75.

[8] 张海燕.中共党史教育工作是素质教育的重要战线[J].井冈山学院学报(哲学社会科学),2009,1(30):25-27.

[9] 邵塿.党史音乐课对高职农村学生音乐素质培养探究——以聊城职业技术学院音乐欣赏课教改为例[J].北方音乐,2016(18):172-196.

[10] 叶向东.关于党史教育融入高校思政教育的探讨[J].湖北经济学院学报(人文社会科学版),2021,9(18):111-113.

[11] 张华林.新形势下加强大学生中共党史教育的思考和建议[J].德育研,2018(5):25-27.

[12] 宋鑫.党史教育与高校学生思想政治素质的培养[J].党史博采,2020(10):61-62.

[13] 朱裕生.浅谈党史教育在高校思政教育中的有效开展[J].江西电力职业技术学院学报,2020,8(33):74-75.

[14] 汪立夏.红色文化资源在大学生思想政治教育中的价值及实现——以江西省高校红色文化教育进校园为例[J].思想教育研究,2010,7(7):54-57.

[15] 付卓.红色文化在高校思想政治教育中的应用研究[J].教育时空,2015,2(21):135.

[16] 王家荣, 杨宇光, 朱小理. 转化: "红色资源"从育人困境中突围的关键[J]. 南昌大学学报(人文社会科学版), 2010, 1(41): 16-19.

[17] 陈令军, 李典赛. 红色资源在高校思想政治教育中的运用现状研究[J]. 中共济南市委党校学报, 2016(3): 83-85.

[18] 王凤, 王承英. 推进红色文化多渠道传播[J]. 经济, 2021(10): 126-127.

[19] 李康平. 论红色资源在思想政治理论课运用的价值与路径[J]. 思想理论教育导刊, 2010(04): 67-70.

试论周远清先生的学术谱系
——基于素质教育的宏观视野[1]

张祖群[2]

一、周远清先生学术谱系

（一）涉及领域

以中国知网为数据来源，截至2023年2月，以"周远清"为作者（剔除重名、非教育类文章）检索到314篇相关文献（包括270篇期刊论文、29篇会议论文、15篇报纸论文）。这些文献客观反映了中国教育改革的历程，折射出周远清先生在中国高等教育等方面的真知灼见。周远清先生涉足领域十分广泛，发表论文中包括高等教育（222篇）、教育理论与教育管理（25篇）、中等教育（11篇）、职业教育（8篇），涉及教育文化经济体制改革等多方面。他从事自然科学相关领域（计算机软件及计算机应用教育、自动化技术与教育等），也发表过若干篇文献。同时，他在人文社科领域各个分支也多有所涉及，足见其学术广博精深。

以检索到的314篇文献作为基础数据，导入Citespace3.8.R5软件进行分析。检索时间设置为2023年2月；采用陈超美教授开发的科技文本挖掘及可视化软件Citespace，将时间分区设置为一年，绘制知识图谱，得到与其相关的共现网络、知识基础和发展脉络可视图。由于关键词是论文的核心，是文

---

[1] 本文系中国高等教育学会"2022年度高等教育科学研究规划课题"重点项目"基于文化遗产的通识教育'双向'实施途径"（22SZJY0214）、教育部首批新文科研究与改革实践项目"新文科背景下产品设计专业建设的探索与实践——以复合型国防装备设计人才培养为例"（2021160005）、北京理工大学教育教学改革重点项目"将延安自然科学院校史融入我校'四史'学习教育研究"（2021ZXJG003）、2021年北京高等教育本科教学改革创新项目"新文科背景下高校美育机制的探索与实践"四新建设项目、北京市高等教育学会2022年立项课题"课程思政创新研究：党史与校史兼容学习教育"、北京理工大学研究生教研改面上项目"艺术设计硕士新文科建设：误区、改进与保障"（2023YBJG024）课题成果之一。

[2] 作者简介：张祖群，北京理工大学设计艺术学院文化遗产系副教授。

献主题和内容最主观、最直接、最集中的表述,通过关键词可以清晰地描绘出文献作者所在研究领域的主题,并通过关键词共现便于挖掘出各研究主题之间的关系,故对关键词进行聚类后呈现出共现图(如图1所示)。圆圈面积和字号越大,表示其背后包含的聚类关键词越多,其中共聚类13项,呈现出"高等教育强国""高等教育改革""我国高等教育""文化素质教育""人文教育""教学改革"等13个关键词聚类集群。

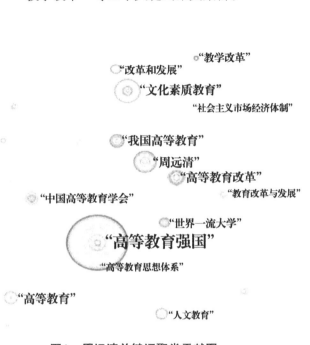

图1　周远清关键词聚类贡献图

(二)学术分期

在关键词时序图谱中(如图2所示),图中交叉疏密代表的是关键词频次,频次越大,交叉数越多。连线表示这个关键词与其他包含这个关键词的文章的共现关系,图下方对应不同关键词在该作者文章中第一次出现的年份。根据年份改变、作者的研究领域的变化,可定位作者在研究过程中,每一个新的关键词第一次出现的时间,以及在其领域研究的内容(如表1所示)。

周远清、阎志坚编的《论文化素质教育》(高等教育出版社,2004年),周远清主编的《高等学校文化素质教育新探讨》(山东大学出版社,2011年)是当时高等教育学界文化素质教育扛鼎之作。继高等教育出版社出

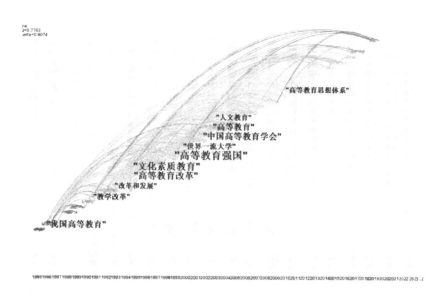

图2　周远清文献1985—2023年关键词时序图谱

表1　周远清先生主要著作（论文）发表时间

年份	2023	2022	2021	2020	2019	2018	2017	2016		
篇数	0	0	2	1	2	0	3	3		
比例	0	0	0.64%	0.32%	0.64%	0	0.96%	0.96%		
年份	2015	2014	2013	2012	2011	2010	2009	2008	2007	2006
篇数	10	5	5	11	13	16	13	24	13	10
比例	3.18%	1.59%	1.59%	3.50%	4.14%	5.10%	4.14%	7.64%	4.14%	3.18%
年份	2005	2004	2003	2002	2001	2000	1999	1998	1997	1996
篇数	7	15	22	20	18	18	12	11	15	12
比例	2.23%	4.78%	7.01%	6.37%	5.73%	5.73%	3.82%	3.50%	4.78%	3.82%
年份	1995	1994	1993	1992	1991	1990	1989	1988	1986	1985
篇数	5	9	3	5	2	3	2	1	2	1
比例	1.59%	2.87%	0.96%	1.59%	0.64%	0.96%	0.64%	0.32%	0.64%	0.32%

（检索日期：2023年3月27日，星期一）

版《周远清教育文集》第一卷至第四卷之后，《周远清教育文集（五）》（高等教育出版社，2016年11月）则收录了周远清2010年至2016年发表的相关文献。这些著作在国内外都产生了广泛的影响（如图3所示）。

图3 周远清的部分著作

依据周远清先生主要著作发表年份及其关键词时序图谱，可以将周远清先生的学术历程分为四个阶段：

第一阶段，1992年以前：这一段时期为周远清先生学术思想的初创萌芽期。在清华大学任教的周先生积累了丰富的教育管理经验，其间合著发表的论文主要覆盖科技与教学（工科）方面，为新兴技术学科的发展和提高直接或间接地创造条件，并初步为我国高等教育发展指明了方向、确定了任务。

第二阶段，1992—1997年：这一时期为周远清先生学术思想的酝酿期。周先生先后任高教司司长、国家教委专职委员、国家教委副主任，发表的论文也集中在文化素质教育和高等教育改革方面。在经济体制转轨的这一时期，高等教育的发展也进入了一个新的历史时期。

第三阶段，1998—2007年：这一时期为周远清先生学术发表的高产期，发表的论文以独著为主。1998年周先生改任教育部副部长之后，分管高等教育工作。为适应21世纪的发展，这一时期国家对高等教育改革实行共建、合并、调整的方针，中国高等教育管理体制发生了重大变化。周先生就提出"三注"（注重素质教育、注视创新能力的培养、注意个性发展）与"三提高"（提高大学生的文化素质、提高广大教师的文化素质、提高大学自身的文化品位）。从"三注"到"三提高"，这是他对高教改革的一个重要贡献，显示了他探索高等教育改革的智慧，体现了中国高教改革在思想观念上的转变。

第四阶段，2008年至今：这一时期为周远清先生学术发表的稳产期。这一时期周先生发表的论文涉及教育科研、文化建设、农业农村教育等，范围十分广泛，体现了他晚年思想的多元化与深厚的文化底蕴。

（三）被引用情况

以CNKI被引数据库为基础（如图4和图5所示），周远清先生所著文献总"被引"5245篇，总"他引"5234篇，其中以"高等教育"为关键词引证文献数量最多，马陆亭引证周远清先生著作文献数量最多。王静修（中国地质大学）在继承与发扬周远清教育思想基础上，出版学术专著《中国高等教育现代化的构建与反思》（知识产权出版社，2017年4月第1版）《中国当代

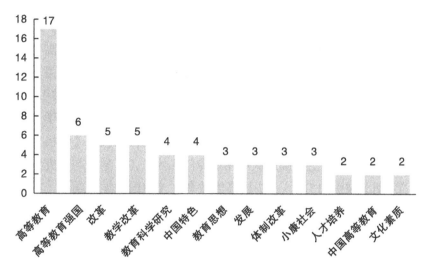

图4 周远清文献关键词被引频次

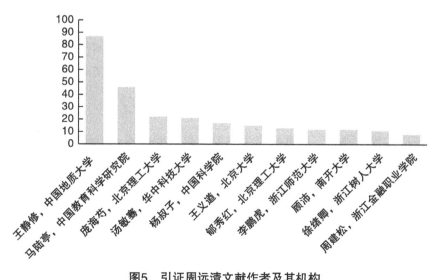

图5 引证周远清文献作者及其机构

高等教育现代化的实践与探索:以周远清教育实践为例》(高等教育出版社,2019年9月第1版)。对周远清先生学术引注与学术继承成就了中国学术界一批素质教育、高等教育学者,体现出周远清先生对我国高等教育及其国家教育发展起到显著的引领作用。

从周远清先生主要文献中,识别出被引排名前30位的论文著作,以供学术界参考借鉴。周先生基本上以独著为主,体现其思想的成熟和学术的独立人格。他有5篇独著文献被引次数较高,《素质·素质教育·文化素质教育——关于高等教育思想观念改革的再思考》(《中国高等教育》2000年第8期)被引212次,《高等教育体制的重大改革与创新》(《中国高等教育》2001年第1期)被引163次,《素质 素质教育 文化素质教育——关于高等教育思想观念改革的再思考》(《中国大学教学》2000年第3期)被引155次,《质量意识要升温 教学改革要突破——在全国普通高校第一次教学工作会议上的讲话》(《高等教育研究》1998年第3期)被引148次,《积极发展专业学位研究生教育 培养更多高层次应用型专门人才》(《学位与研究生教育》2001年第5期)被引115次。《中国高等教育》《中国大学教学》《中国高教研究》《学位与研究生教育》等教育类杂志对周先生文章极为赏识,构成他发表教育思想论文的主要阵地。

二、周远清先生对于素质教育的宏观学术视野

周远清先生从步入我国高等学府清华大学历经9年的学术积累,到扎根基层体验生活,再回到清华大学从事教学与管理工作,而后调任至教育部分管教育工作,他的学术专业为科技领域的研究提供了理论与实际指导,他的工作经验积累为中国高等教育的改革提供了明确方向。

(一)对科技领域的深入贡献

在科学技术领域,周远清先生主要从事智能机器人的研究,以及三视图智能输入和理解系统的研究。他曾任清华大学智能技术与系统国家实验室主任、清华大学机器人研究所所长等职务,并兼任中国科学院、北京大学有关国家实验室学术委员。他讲授过"微机原理""计算机控制""智能机器人系统"等本科生和研究生课程,著有《智能机器人系统》《计算机控制》等著作,主编《计算机应用》丛书(10本)和《人工智能》系列丛书。无论何时科技创新人才都是推动社会文明进步和快速发展的重要资源。自1979年

我国实行改革开放至今，随着科技创新保障机制不断改进与完善，科技创新人才与成果不断涌现。以周远清先生为代表的思想家、改革家、实践家，在党和各级政府的大力支持下大胆改革，奋力进取，为我国科技创新作出不可磨灭的贡献。从科技介入教育改革，反映当年理工救国、实业救国的主流呼声，他在科技领域的深入贡献受到高教战线广大理论工作者和实践工作者的高度认同和赞誉。

（二）对素质教育的深入理解与中国化

教育领域也是周远清先生有突出贡献的方面，具有浓厚的素质教育情怀、改革情结、教育研究情愫。他深入研究高等教育理论和实践，勤于笔耕，发表了大量有关高等教育的论文，并先后主持了"建设有中国特色社会主义高等教育理论要点研究"和国家哲学社会科学"九五"规划重点项目"21世纪的中国高等教育"等大型课题的研究工作。

1. 从"三注"到"三提高"再到"三结合"的教育理念

1994年年底，周远清先生提出了"三注"（即"注重素质教育，注视创新能力培养，注意个性发展"），将素质教育的理念引入高等教育。周先生在《突出特色 重视个性 为人才强国战略做出新的贡献——在2004年高等教育国际论坛上的讲话》等场合多次提出与强调：创新能力的培养在于学生高素质的养成和个性的充分发展。经过多年调研与教育实践，周先生形成"特色—个性—人才强国战略"的教育思想。

不能离开素质教育和个性发展孤立地讲创新能力的培养。1995年，主要针对当时高等教育中所存在的重理轻文、培养模式单一、专业面窄、人文教育薄弱等弊端，他提出"加强大学生文化素质教育"，想通过这项改革探索高等教育的教育思想观念和新型人才培养模式，致力培养文理兼修的高素质人才。1998年以后，文化素质教育进入推广和提高阶段，他提出了深入开展文化素质教育必须注重"三提高"（即"提高大学生的文化素质，提高大学教师的文化素养，提高大学的文化品位与格调"）。这进一步拓展、丰富了文化素质教育的内涵，使教育工作深入发展的新阶段。随后几年，我国的高等教育由此也进入了一个进一步深化改革和更加注重质量的历史时期。"三结合"即文化素质教育与教师文化素养的提高相结合，文化素质教育与思想政治教育相结合，人文教育与科学教育相结合。周先生认为：科学和人文，从人类文明的黎明时期开始，本来就是结合在一起的，在人类历史的漫长道路上，两者始终是持久伴侣，自然界和人类社会本身就是和谐统一的体系。

由于我国长时期的文理分科，使得学生发展不全面，人文教育与科学教育的融合十分缓慢。周先生认为不应该重理轻文，意在表明文理结合、自然科学与人文社会艺术科学结合是实施素质教育、培养创新人才和取得原创性科研成果的关键性措施。

周远清先生提出"三注"是对原有重知识传授和能力培养高等教育思想观念的突破，而进一步明确的"三提高"，即高等教育的人才培养思想，是在素质教育理念层面上的又一次升华和飞跃，最后落实到"三结合"，使得中国的高等教育得到质的发展。

2. 从教育到素质教育再到文化素质教育的教育思想

素质在不同的领域有着不同的解释。在心理学上指人的某些先天特点，也可指事物本来的性质、素养、白色的质地等。在教育中谈及的素质，应该更准确地理解为通过后天培养、塑造、锻炼而获得的身体上和人格上的性质特点。

基于规避应试教育的独特中国语境诞生了素质教育。周先生认为以提高人才素质作为重要内容和目的的教育就是素质教育，而人才的素质应该包括思想道德素质、文化素质、业务素质、身体心理素质。素质教育培养的应该是全方位发展的、注重内在人格修养的新型人才。周先生在此基础上，结合五六十年代"给学生干粮不如给学生猎枪"到20世纪90年代的注重素质、强调"做人"，阐述了贯穿素质教育的三个要素：知识、能力、素质。在转型时期，高质量的人才应是知识、能力、素质的高度和谐和完美统一，高等学校人才培养目标就是要培养基础扎实、知识面较宽、能力强、素质高的人才。

文化素质教育，可以说是素质教育的基础。周远清先生于1995年针对当时我国高等教育改革的实际提出在高等学校开展加强大学生文化素质教育工作。长期以来我国高等学校人才培养方面存在着一些偏颇与不足，其中人文教育薄弱尤其突出，周远清先生提出"文化素质教育"具有重要性、必要性。周先生认为文化素质教育要实现"三提高"，一个文化素质较高的大学生，无论是在专业学习上还是在实际生活中，都要学会如何用科学的思维方式、积极的理念指导去实现人生价值和社会价值。这体现了周先生教育理念的融合与成熟。

3. 教育中的国际意识、素质意识与改革意识的相结合

21世纪是一个更加开放、更加融合的时代，所以教育改革下要实现的素

质教育也要有国际色彩。所谓国际意识，即教育要面向世界，加强与世界各国的交流，取其精华、去其糟粕，从而增强我国高校的世界影响力，实现我国高等教育的完善与发展。只有经济的增长是不足以支撑一个国家屹立于世界之林的，只有文化教育也提高并带动起综合国力的增强才能让中国变得强大。

全国高中的政治课本提到：改革是社会发展的直接动力，自然也应是教育发展的直接动力。在周先生的眼中，对于高等教育来说，改革是永恒的，不改革就会停滞甚至倒退。而对于教育改革，就是要改掉那些我国和世界发展不相适应的落后部分，继承与发展我国高等教育进程中的优秀部分，并学习和借鉴世界上成熟的、先进的模式以至创新形成中国特色。素质意识在上文中也反复提到过，周先生认为素质教育是一种教育思想，不是一种模式。思想道德素质是根本，文化素质是基础，业务素质是本领，身体心理素质是本钱。所以在我国致力于培养这种综合素质的人才的大环境下，当代大学生也要培养自觉意识，在这种文化氛围中促进自身的全面发展。

2014年6月6日，周远清先生在西北大学（太白校区）图书馆报告厅为全校师生作了题为《大学素质教育：源头 基础 根本》的专题报告。大学素质教育的源头是提高民族素质、提高劳动者素质；大学素质教育的基础是文化，尤其是中华优秀传统文化；大学素质教育的根本任务是培养人才。周远清教授认为：良好的学风与素质教育相得益彰，学风建设是大学没有列入培养计划的必修课，学风是一所大学办学水平的标志，是立德树人的保障。周远清教授根据自身的体会，强调大学只有念好了"四本经"才能承担起素质教育的使命：一是培养人是学校的根本任务；二是提高质量是学校的永恒主题；三是本科生教育至关重要，是教育的基础；四是"知识、能力、素质"是培养人的三要素（如图6所示）。

时隔8年之后的2022年，教育部颁布《中共中央国务院关于全面加强新时代大中小学劳动教育的意见》《教育部关于印发〈大中小学劳动教育指导纲要（试行）〉的通知》等文件。回顾40多年来中国高等教育的发展变化，中国高等教育发生了翻天覆地的变化，一些思想观念发生转变和解放。这种转变所产生的巨大能量，培养了大批科教兴国人才，深化了高等教育改革，提升了我国高等教育的综合实力。今天来回顾中国高等教育学会大学素质教育研究分会成立10周年的学术历程，追溯素质教育在中国兴起、反复、曲折与达成共识，显得尤为重要。每个人都是在巨人和前辈肩膀上往前推进一小步。在素质教育推进过程中，一个人学术思想要与时代同频共振。学术需要

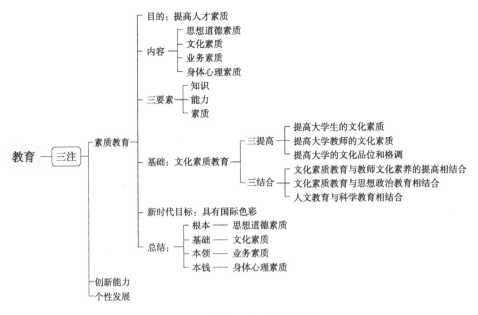

图6 周远清先生素质教育框架

尊重，挖掘与继承典型学者、典型时代的典型观点，将自己的学术书写在时代的浪潮中，与时代同频共振。

三、研究展望

（一）弘扬中华优秀传统文化，建设中国人民的精神家园

随着全球化的加速与深化，外来文化对本地元素的冲击越来越明显，与此同时，由于过度追求经济发展，利己主义观念或多或少深入内心。面对这一严峻的形势，弘扬中华优秀文化显得尤为必要。周远清先生先后发表如《弘扬中华文化是我国大学的历史使命》《努力提高两个文化自觉》等文章，强调了源远流长、博大精深的中华优秀传统文化的重要地位。从历史的长河来看，大学的重要功能就是传承、实践、创造文化。从这一意义出发，大学就是实践文化、传承文化、创造文化的场所。优秀的传统文化滋养了大学，大学同样承担着实践、传承、创造文化的重任。可以将周先生的文化自觉观点归纳为：培养强烈的文化使命感、将文化建设融入教育的全过程、积极推动文化的发展与创新。由此可见，大学教育应继承源远流长的中华优秀传统文化，并在新时代不断吸收、创新、发展，让大学形成浓厚的文化氛围

以潜移默化地塑造高素质大学生。

（二）创新发展理念，全方位推动国民素质教育提升

1999年6月，《中共中央国务院关于深化教育改革全面推进素质教育的决定》明确指出：实施素质教育，其根本宗旨就是提高国民素质。作为一种现代教育思想和理念，素质教育是中国教育界基于本土实践、遵循现代人类的发展和教育规律，并吸收了古今中外优秀的教育文化传统而探索形成并创立的，其内容包含了鲜明的中国特色和表达方式。在《中国特色高等教育思想体系举要》一文中，周先生提到，素质的提升和发展是人优异发展的核心因素与能量聚积，由此可见，素质教育的工作重点是以人为本，培养学生综合能力和创新精神，它不仅包括知识、技能、态度和价值观等方面，还要考虑学生的个性、兴趣和特长等因素。因此，周先生在《推进素质教育创新教育方法》一文中也提到，知识、能力、素质是素质教育中的三个要素，并且相辅相成；高质量的人才应是知识、能力、素质的高度和谐和完美统一。周先生不断在教育领域实践和总结，在《我的素质教育情怀》一文中提到：1994年他归纳出素质教育的"三注"，即注重素质教育，注视创新能力的培养，注意学生个性的发展，素质教育要坚持以德育为核心，以学生为主体，以教师为主导，以课程为载体，以改革为动力，以社会为依托，实现教育的内涵发展和质量提升。大学教育应该突破传统的思维框架和束缚，实现科学、协调、可持续的发展，全方位推动国民素质教育提升。

（三）高瞻远瞩推动建设教育强国、人才大国

在党的十一届三中全会前夕，邓小平提出了"教育是一个民族最根本的事业"的重要论断。1992年10月12日，江泽民同志在党的十四大报告中提出：我们必须把教育摆在优先发展的战略地位，努力提高全民族的思想道德和科学文化水平，这是实现我国现代化的根本大计。2002年11月党的十六大召开，胡锦涛总书记始终把教育放在优先发展的战略地位，提出实施"人才强国"战略、建设"创新型国家"等重大决策。"科教兴国"被战略升华到一个新高度，体现了党和国家坚持教育优先发展战略的决心和意志。2006年1月党中央召开第三次全国科学技术大会，全面确立了"科教兴国"在我国经济社会发展全局中的战略地位。2017年10月，习近平总书记在党的十九大报告中提出："优先发展教育事业。建设教育强国是中华民族伟大复兴的基础工程，必须把教育事业放在优先位置，深化教育改革，加快教育现代化，办好人民满意的教育。要全面贯彻党的教育方针，落实立德树人根本任务，发展素质教育，推进教育公平，培养德智体美全面发展的社会主义建设者和接班人。"他还强调要"加快建设学习型社会，大力提高国民素质"。2018年，习近平总书记在全国教育大会讲话中指出，"教育是民族振兴、社会进步的重要基石，是功在当代、利在千秋的德政工程，对提高人民综合素质、促进人的全面发展、增强中华民族创新创造活力、实现中华民族伟大复兴具有决定性意义。教育是国之大计、党之大计"和"培养什么人，是教育的首要问题。2035年中国发展的总体目标建成六个强国，首要的是教育强国，国家文化软实力显著增强"。习近平总书记在党的二十大报告中，在"办好人民满意的教育"章节中，坚持教育优先发展，坚持以人民为中心发展教育，专门提到"发展素质教育"。我国是中国共产党领导的社会主义国家，我们的教育必须把培养社会主义建设者和接班人作为根本任务，培养一代又一代拥护中国共产党领导和我国社会主义制度、立志为中国特色社会主义奋斗终身的有用人才。这是教育工作的根本任务，也是教育现代化的重要目标。

在跨世纪的中国高等教育大改革序幕中，无论是管理体制改革，还是高校本硕博招生改革，无论是大学教学改革，还是高教资源配置与整合，综合素质教育始终是不可忽视的重要组成部分。周远清先生作为20世纪末至21世纪初这一特殊阶段我国高等教育教学改革的主要推动者，他高屋建瓴，提出培养人的知识、能力、素质三要素等教育理念，推进了一系列文化素质教育改革举措，在中国高等教育史上具有划时代的里程碑意义。周远清先生从步入我国高等学府清华大学学习，到在清华大学任教，再到教育部主管高等教育工作，积累了丰富的教育经验，发表多篇关于高等教育发展问题的学术文章，形成了见解独到、具有理论与实践意义的教育理念。同时周远清先生其他许多领域的思想也或多或少涉及教育，体现出当代教育的重要性，表明在21世纪这个转型的时代，综合国力竞争中教育的支撑力量，在"科教兴国"的政策下，建设教育强国、人才大国的必要性，这也是时代发展的必然趋势。周远清先生代表了我国高等教育工作者高举中国特色社会主义理论大旗，全面贯彻党的立德树人教育方针，建设高等教育强国实践的思想升华与高度总结。

● 参考文献

[1] 周远清. 我的"三情"[J]. 中国大学教学，2019（10）：4-6.

[2] 周远清. 突出特色 重视个性 为人才强国战略做出新的贡献——在2004年高

等教育国际论坛上的讲话[J].中国高教研究,2004(11):2-3.

[3] 周远清,刘凤泰,阎志坚.从"三注""三提高"到"三结合"——由大学生文化素质教育看高等学校素质教育的深化[J].中国高等教育,2005(22):3-5.

[4] 周远清.挑战重理轻文 推进人文教育与科学教育的融合[J].中国高教研究,2002(1):12-13.

[5] 周远清.素质·素质教育·文化素质教育——关于高等教育思想观念改革的再思考[J].清华大学教育研究,2000(3):1-4.

[6] 周远清.强化"三个意识"建设高等教育强国[J].教学与教材研究,1999(4):5-6.

[7] 周远清.21世纪:建设一个什么样的高等教育[J].中国大学教学,2001(2):4-5.

[8] 周远清.弘扬中华文化是我国大学的历史使命[J].中国大学教学,2008(5):9-10.

[9] 周远清.努力提高两个文化自觉[J].中国高教研究,2012(1):4-6.

[10] 周远清,瞿振元,陈浩,等.中国特色高等教育思想体系举要[J].中国高教研究,2017(4):1-25.

[11] 周远清.推进素质教育 创新教育方法[N].中国教育报,2013-10-21(5).

[12] 周远清.我的素质教育情怀[J].中国高教研究,2015,(4):8-11+16.

[13] 习近平.高举中国特色社会主义伟大旗帜为全面建设社会主义现代化国家而团结奋斗——在中国共产党第二十次全国代表大会上的报告[N].光明日报,2022-10-26(1).

[14] 周远清,万作芳.跨世纪的中国高等教育大改革[J].教育史研究,2017(2):1-13+220.

[15] 肖笑飞,眭依凡.高等教育教学改革的任务、基础与质量——周远清高等教育教学改革理念及实践探析[J].中国高教研究,2020(9):32-36.

[16] 周远清.我的高等教育强国情缘[J].中国高教研究,2020(6):1-2.

[17] 李金文.试论周远清高等教育思想的世界观和方法论[J].中国大学教学,2020(12):74-79.

第二部分

"德智体美劳"五育并举的素质教育体系构建

德智体美劳五育的新时代特征①

庞海芍　曾　妮　郑佳然②

2018年9月10日，习近平总书记在全国教育大会上提出"要努力构建德智体美劳全面培养的教育体系，形成更高水平的人才培养体系"。自此，坚持"德智体美劳"五育并举、全面发展素质教育成为教育研究与实践探索的热点。深刻认识德智体美劳各要素的内涵与教育特征对于更好地实施德智体美劳全面发展教育无疑具有重要价值。那么，在新的历史时期，德智体美劳五个素质要素的内涵是什么？德育、智育、体育、美育、劳育有哪些具体要求和时代特征？本研究结合新时代所处的政治、经济、科技、文化环境，根据习近平总书记关于教育的重要论述以及国家有关文件精神进行了分析。

一、新时代的德育内涵及特征

德，指一个人的道德品行与志向，包括私德、公德、大德。所谓私德，可以理解为私人生活领域中的道德，如处理个人事务、家庭关系方面表现的品德修养、个性品质。公德，可以理解为人们在公共领域中的道德和文化修养。正如清末梁启超先生认为："人人独善其身者谓之私德，人人相善其群者谓之公德，二者皆人生之不可缺之具也。"私德和公德对于立人、兴国均不可或缺。如梁启超先生所言："公德者何？人群之所以为群，国家之所以为国，赖此德焉以成立者也。"私德和公德也可以进一步升华为大德，就是体现在国家责任与人类使命之中的大德，体现为热爱祖国、热爱人民，具有

---

① 本文系中国高等教育学会大学素质教育研究专项课题重点课题"'德智体美劳'五育结合教育体系构建研究"（2019SZEZD01）的结题成果。

② 庞海芍，北京理工大学人文与社会科学学院研究员、博士生导师，中国高等教育学会大学素质教育研究分会副理事长、秘书长；曾妮，北京理工大学人文与社会科学学院预聘助理教授；郑佳然，北京理工大学人文与社会科学学院副教授。

远大的理想与抱负等。习近平总书记指出："核心价值观，其实就是一种德，既是个人的德，也是一种大德，就是国家的德、社会的德。国无德不兴，人无德不立。"

"德"可以定方向、知善恶。司马光对在《资治通鉴》中对德才关系有非常精辟的论述："才者，德之资也；德者，才之帅也。"习近平总书记多次强调要"明大德、守公德、严私德"，做到"品德润身、公德善心、大德铸魂"。

十九大以来，德育事业蓬勃发展，各类重要文件相继颁布[①]。通过梳理政策和文献，发现新时代德育主要有如下特点：

一是贯彻落实"立德树人"根本任务成为新时代德育的价值取向。立德树人无疑是教育的根本。中华人民共和国成立以来，党和国家一直高度重视德育，但是德育的功能常常以社会需求为重，特别重视政治功能和经济功能。直至新时代，伴随着国家的经济发展、社会文明程度提升，特别是在习近平总书记的教育思想指导下，德育才正式开启了以人为本的新征程。2018年9月，习近平总书记在全国教育大会上指出："要坚持把立德树人作为根本任务，以立德树人铸就教育之魂，教育学生成为有大爱大德大情怀的人。"将立德树人作为教育的根本任务，是教育回归育人初心、彰显生存论取向的必然要求。

二是加强和改进思想政治工作成为新时代德育的重要内容。德既然包括私德、公德及大德，那么加强德育就既要加强个人品德、社会公德教育，也要加强国家责任与人类使命的大德教育。特别是新时代，中国正面临两个百年未有之大变局，国际国内环境日益复杂，加强和改进思想政治工作作为德育的重要内容被赋予了更为重要的地位——事关党的前途命运，事关国家长治久安，事关民族凝聚力和向心力。新时代思想政治教育由"有没有"转向"好不好"的新命题，具体要求体现在始终"坚持爱党爱国爱社会主义相统一"、努力"办好学校思想政治理论课"、全面推进"课程思政"建设等。

三是协同育人成为新时代德育的有益思路。新时期的学生道德素质养成面临诸多挑战，学校、家庭、社会共同协作，将有利于打造和谐、统一的教

---

① 新时代以来，国家颁布了诸多重要的德育文件，如《新时代公民道德实施纲要》《新时代爱国主义教育实施纲要》《新时代加强和改进思想政治工作的意见》《大中小学国家安全教育指导纲要》《关于加强和改进新时代师德师风建设的意见》等。

育环境，为青少年成长保驾护航。对学校而言，德育不仅是课程与活动等直接的德育实施，也要高度重视隐性德育的作用。因此，强调师德师风建设也成为新时代德育的重要举措。对家庭和社会来说，如果不能给学生正确的价值引领，往往就会给学校德育带来一定阻力。在这样的背景下，"德育一体化"成为新时代德育的一个重要议题。德育一体化理念的提出在很大程度上源于德育的碎片化与系统性之间的冲突与张力。德育一体化的推进，需要遵循普遍性与特殊性辩证统一的哲学理念，坚持公共价值与个体价值共融的基本价值导向。

二、新时代智育内涵及特征

智，是一个人的智力发展，主要由知识、智力及相关思维能力等组成。从"口之所陈，心迹可识"的知道，到"见微知著、预测事物发展方向"的智慧，可以通过系统学习科学文化知识、训练技能，进行智力开发、思维训练和智慧启迪。"智"可以长才干、识真伪。通过学习增长见识，求真理、悟道理、明事理，掌握从事社会各种活动的本领，既可以实现自身价值，也可以服务社会、服务国家、服务人民。

智育也是学校教育的主体部分。随着时代的发展变化，智育也必然与时俱进、不断发展变化。近年来，中共中央、国务院、教育部等相继召开了全国教育大会等一系列富有影响力的大会[①]，颁发了很多教育重要文件[②]。纵观一系列教育文件和高等教育人才培养趋势，新时代的智育呈现出如下新特征：

一是非常重视发展素质教育，更加注重全体学生的全面发展。改革开放以来，全面实施素质教育作为贯彻党的教育方针的时代要求，成为中国教育改革发展的战略主题。随着教育的内部和外部环境变化，党的十九大报告、《深化新时代教育评价改革总体方案》中均提出"发展素质教育"，培养德

---

① 新时代以来，国家召开了诸多在智育方面具有影响力的会议，如2018年9月召开的全国教育大会、2018年6月召开的新时代全国高等学校本科教育工作会议、2020年7月召开的全国研究生教育大会、2021年9月召开的中央人才工作会议等。

② 新时代以来，党和政府颁布了一系列有利于智育发展的文件，如2018年印发的《关于高等学校加快"双一流"建设的指导意见》、2019年印发的《关于深化本科教育教学改革 全面提高人才培养质量的意见》和《关于一流本科课程建设的实施意见》、2020年印发的《深化新时代教育评价改革总体方案》和《关于加快新时代研究生教育改革发展的意见》等。

智体美劳全面发展的社会主义建设者和接班人。发展素质教育体现了"以人民为本"的治国理念，说明中国的政治、经济、文化建设取得巨大成就，教育有能力也有实力从社会本位论转向个体本位论，把满足人民群众日益增长的教育需求放在首位。体现在智育方面，就是从只关注"成才"到更重视"成人"，更加关注全体学生的全面发展，让每个人成为最好的自己。

具体到高等教育阶段，大学素质教育重在纠正以往过于狭窄和片面的专业学习，强调把知识学习、能力训练、素质养成融为一体，通过创新通识教育和专业教育相结合的人才培养模式，培养人格健全、视野开阔、善于创新的完整之人，培养担当民族复兴大任的时代新人。

二是非常重视高等教育高质量发展，更加注重培养拔尖创新人才。伴随着中国高等教育的普及化进程，如何从高等教育大国转变为高等教育强国成为新时代的最强音，如何实现高等教育的高质量发展、培养大量拔尖创新人才也成为新时代对教育发展的内在要求。为此，国家采取一系列举措提高人才培养整体质量。如加快实施一流大学和一流学科建设，全面提高人才培养能力，实现高等教育内涵式发展；大力推进"六卓越一拔尖"人才培养计划，旨在打造拔尖人才培养的中国标准、中国模式和中国方案；很多高校创办拔尖创新人才培养实验班，培养富有社会责任感、创新精神和实践能力的高素质人才，着力培养国家急需一流人才。

此外，为了适应新一轮产业革命对人才能力素质提出的新要求，教育部全面加强"四新"（新工科、新农科、新医科、新文科）建设，瞄准科技前沿和关键领域，打破传统学科专业壁垒，通过升级改造传统专业、淘汰不适应社会需求的专业、促进学科专业交叉融合等举措，打造特色优势专业，优化学科专业结构，加快培养紧缺人才、高水平复合型人才。同时，提高应用型、复合型、技术技能型人才培养数量。随着"四新"建设的深入推进，大学智育从学科专业到课程体系、学习模式必将发生巨大变化。

三是非常重视创新人才培养模式，更加注重学科交叉、通专融合。提升人才培养质量，亟须创新人才培养模式，特别是在信息化、智能化的时代背景下，在新冠肺炎疫情的冲击下，高校的人才培养不断突破常规、创新发展。一方面，高度重视一流课程建设与教学创新。课程作为大学教育最微观、最基本的要素，直接影响"立德树人"根本任务的落实，影响学生学习效果、人才培养质量。为此，2019年教育部推出了一流本科课程"双万"计划，2021年中国高教学会推出了全国高校教师教学创新大赛等，均在倡导以学生为中心创新教学，推进现代信息技术与教育教学深度融合，提升课程学习目标的高阶性、突出课程内容和教学方法的创新性、增加学业挑战度，打造两万门左右国家级和省级一流本科课程。一系列举措使得大学高度重视课程建设，教师必须潜心教书育人，学生必须主动学习。作为指挥棒的评价制度亦在改变，如何破除"五唯"（唯分数、唯升学、唯文凭、唯论文、唯帽子）顽疾、制定多样化的高等教育人才培养质量标准得到重视。

另一方面，高度重视学科交叉、通专融合的人才培养制度构建。中国高等教育已经从精英化阶段，经过大众化阶段，迅速走向普及化阶段，本科教育已经成为大多数青年需要接受的基础教育；再加上面向未来的人工智能时代，学科专业边界模糊性日益增强，知识形态、学习模式、课堂形态都在急剧变化；因此高校无论从理念、内容还是人才培养制度都亟须变革。素质教育思想引领下构建通识教育和专业教育相融合的培养制度成为发展趋势。近年来，众多高校实施了大类招生，大大加强通识教育，之后再进行专业分流；越来越多的高校更加尊重学生学习兴趣，允许学生自主选择专业和课程，鼓励学生跨学科、跨专业学习；很多高校实施书院制、导师制，更加注重知行合一、因材施教。北京大学等很多高校大力推动学科创新、学科交叉与融合，建设一批前沿交叉研究特区，形成较为完善的交叉学科人才培养体系。

三、新时代体育内涵及特征

体，指人的身体素质，由人体基本活动技能和能力组成，是人生一切奋斗的本钱。"体"可以健身心、强意志。正如毛泽东在《体育之研究》所言："体育者，养生之道也。勤体育则强筋骨，强筋骨则体质可变，弱可转强，身心可以并完。""体育之效，至于强筋骨，因而增知识，因而调感情，因而强意志。"

纵观中国共产党在不同历史时期的教育方针，体育始终是重要组成部分。我国的体育方针、政策、制度并非一成不变，而是高度契合时代发展。民族危亡关头，体育担负着"强种救国"的重任，教育家张伯苓主张"强国必先强种，强种必先强身"；毛泽东主张体育强国，"体育救国"与"教育救国"成为抗日战争时期振奋人心的口号。中华人民共和国成立后，毛泽东题词"发展体育运动 增强人民体质"，确立了全民体育思想。

十九大以来,国家相继颁发了政策文件,进一步强化了学校体育的重要地位,推动了新时代学校体育的内涵式发展[①]。新时代体育呈现出以下主要特征:

一是"健康第一"理念成为新时代体育的价值导向。进入新时代,随着社会经济发展和人民生活改善,大众更加关注身心健康,人民对体育的需求日益多元化,全民健身上升为国家战略,"健康第一"成为新时代体育的价值导向。这也是习近平总书记以人民为中心的发展理念在体育领域的具体实践和落实,即体育也要满足人民对美好生活的需求。习近平总书记在2018年全国教育大会上提出:"要树立健康第一的教育理念,开足开齐体育课,帮助学生在体育锻炼中享受乐趣、增强体质、健全人格、锤炼意志。""健康第一"理念被写进《体育强国建设纲要》等相关文件中,并提出"到2050年,全面建成社会主义现代化体育强国"的目标。健康第一的理念深入人心,青少年普遍掌握1~2项运动技能,这些都标示着青少年体育发展进入了新阶段。

二是"以体育促全育"成为新时代学校体育的重点方式。体育教育虽以"育体"为最核心、最独特的功能,却内在地蕴含着德育、智育、美育、劳动教育的功能和意蕴。毛泽东主张"体育一道,配德育与智育,而德智皆寄于体。实现文明其精神、野蛮其体魄"。2020年中共中央、国务院发文要求"把学校体育工作摆在更加突出位置,构建德智体美劳全面培养的教育体系",提出"以体辅德、以体益智、以体促美、以体促劳、以体益心"。这些都成为新时代学校体育工作的重要指导,彰显出"以体育促全育"的全面培养思路。

三是"体育活动常态化"成为新时代学校体育的发展方向。新时代的学校体育不再局限于体育技能、体育竞技方面的指标式发展,更加注重学生养成良好的运动习惯、强健身体素质,并在体育锻炼中切实感受乐趣。2020年9月,习近平总书记在教育文化卫生体育领域专家代表座谈会上强调:"体育是提高人民健康水平的重要途径,是满足人民群众对美好生活向往、促进人的全面发展的重要手段。"《体育强国建设纲要》明确要求,"将促进青少年提高身体素养和养成健康生活方式作为学校体育教育的重要内容,把学生

---

① 新时代以来,国家颁布了众多发展体育的文件,如2020年颁发的《体育强国建设纲要》、2020年印发的《关于全面加强和改进新时代学校体育工作的意见》、2021年印发的《"十四五"体育发展规划》等。

体质健康水平纳入政府、教育行政部门、学校的考核体系,全面实施青少年体育活动促进计划"。以课程教学、训练竞赛、体育师资、考核评价等为抓手的常态化体育活动,正不断推进新时代中国学校体育的发展。

四、新时代美育内涵及特征

美,生于美感经验,是人们对客观事物产生的一种美好的主观感受。美包括生活美、艺术美两个最主要的形态;生活美又分为自然美、社会美、科技美等。朱光潜等的物心融合观点即美是物与心的融合,为美育提供了坚实的理论基础。美感起于形相的直觉,形相是心灵从混乱的自然中经过知觉综合所创造形成的。美之中要有人情,也要有物理,二者缺一都不能见出美。美是纯洁道德、丰富精神的重要源泉。"美"可以塑心灵、辨美丑。席勒认为,审美观是感性与理性、精神与物质的有机结合,更是状态与人格的有机统一和结合。蔡元培先生认为美育是"以陶养情操为目的,寓美学之法于教",主张"以美育代宗教"。

进入新的历史时期,党和政府颁布了多个关于美育的重要文件[①],习近平总书记也多次对美育进行论述。可以看出,新时代美育地位日益提高、美育范畴不断拓宽、美育形式日益丰富。具体而言,新时代的美育呈现出如下特征:

一是美育地位从边缘角色走向培养全面发展人才的重要地位。早在1951年第一次全国中等教育会议上政府就提出"要让青年一代在德育、智育、体育、美育各方面获得全面发展"。但在之后的几十年中,"德育、智育、体育"成为新中国全面发展教育的主要内容,学校美育工作比较薄弱,原因在于认为美育已经包含在德育的范畴之中,或者对美育的重视不够。直到20世纪八九十年代,伴随着素质教育的大力倡导,美育被高度重视。时任国务院副总理李岚清多次强调:"美育能够陶冶情操、开发智力,塑造健康的人格,提升学生的精神境界,对促进学生全面发展具有不可替代的作用",要求将美育融入学校教育的全过程。1999年第三次全国教育工作会议正式提出培养"德智体美等全面发展的社会主义事业建设者和接班人",美同德智体一起成为素质教育的重要组成部分。十八大以来,学校美育得到全面加强和

---

① 继2014年1月教育部颁发《关于推进学校艺术教育发展的若干意见》、2015年9月国务院办公厅颁发《关于全面加强和改进学校美育工作的意见》后,2020年10月中共中央办公厅、国务院办公厅又印发了《关于全面加强和改进新时代学校美育工作的意见》,对新时代美育工作进行了新的部署和要求。

改进。强调美育不仅能提升审美素养、陶冶情操、温润心灵,也能激发创新创造活力;美育是审美教育、情操教育、心灵教育,也是丰富想象力和培养创新意识的教育。要求把美育纳入各级各类学校人才培养全过程,贯穿学校教育各学段。

二是凸显面向全体、大中小幼衔接的美育理念。伴随着社会发展和国力提升,相关美育文件特别强调整体推进各级各类学校美育发展,学校美育要面向人人,让所有学生都享有接受美育的机会。同时鼓励特色发展,加强分类指导,缩小城乡差距和校际差距,希望学校美育形成"一校一品""一校多品"的发展新局面。面向未来,如何尊重人的审美发展规律,科学定位不同学段的美育目标,构建大中小幼相衔接的美育课程体系非常重要;如何更好发挥学校、家庭、社会的美育功能,形成充满活力、多方协作、开放高效的学校美育新格局尚需要探索。

三是注重五育融合、改革创新,不断丰富美育路径与形式。美育既有其独特的规律,也同德、智、体、劳密不可分,加强美育与德育、智育、体育、劳动教育相融合也成为新时代的美育趋势。如充分挖掘各学科蕴含的审美元素,以美育为主题开展跨学科教育教学和课外校外实践活动;有机整合社会及生活中的美育资源,推进课程教学、社会实践和校园文化建设深度融合。弘扬中华美育精神,强化中华优秀传统文化及革命文化、社会主义先进文化教育,以文化人、以美育人、以美培元。特别是在信息化、智能化的时代背景下,审美教育也需要与时俱进、不断创新,包括丰富课程内容,创新教学方式,丰富艺术实践活动,推进艺术评价改革等。

五、新时代劳育内涵及特征

劳动,是人类创造物质或精神财富的身心活动过程,包括体力劳动、脑力劳动。马克思指出"劳动首先是人和自然之间的过程,是人以自身的活动来中介、调整、控制人和自然之间的物质变换的过程"。当然,随着社会的发展,劳动的内涵及形态也在不断变化,特别是在人工智能时代,科技劳动越来越重要。一个人既要有积极向上的劳动观念,如正确看待劳动目的、劳动分工、劳动荣辱等,也要具备一定的劳动技能。"劳"助梦想、创财富。劳动是人类的本质特征,社会的一切物质、文化财富都源于劳动。劳动既是人的生存生活之本,也是社会不断进步的根本动力。

从党的教育方针演变历史的角度看，劳动教育在党的教育方针中并没有直接的表述。党的教育方针强调过要培养人具备"又红又专""德智体""德智体美"等要素。直到2018年的全国教育大会，党中央经过慎重研究，决定把劳动教育纳入"德智体美劳"全面发展的总体要求之中。2020年颁布《关于全面加强新时代大中小学劳动教育的意见》，正式确立了劳动教育作为党的教育方针的重要内容。

要准确把握新时代的劳动教育特征，需要深刻领会以下三点：

一要从"中国特色社会主义教育制度重要内容"的高度来认识新时代劳动教育的定位。这实际突出的是劳动教育的社会主义属性。在新时代重提劳动教育，不仅仅是在现有的学校教育当中增加一门课程的技术问题，而是关乎我们怎么认识社会主义教育制度，怎样坚持社会主义教育制度的根本性问题。因此，劳动教育之于学校不仅是具体教育内容的拓展，更是办学方向的政治要求。可以说，这样一种定位，是对我国几十年来的劳动教育实践的高度肯定，也是对劳动教育本质的深化认识。

二要从"劳动观培育"的角度来认识新时代劳动教育的重点。2020年国家文件对劳动教育目标表达为："通过劳动教育，使学生能够理解和形成马克思主义劳动观，牢固树立劳动最光荣、劳动最崇高、劳动最伟大、劳动最美丽的观念；体会劳动创造美好生活，体认劳动不分贵贱，热爱劳动，尊重普通劳动者，培养勤俭、奋斗、创新、奉献的劳动精神；具备满足生存发展需要的基本劳动能力，形成良好劳动习惯。"对比之前的文件表述发现，"情感、态度、价值观"层面的教育目标顺序提前了，比重也增加了，也就是说，"精神成长"而非"能力提高""习惯养成"，成为新时代劳动教育的重点。事实上，劳动价值观是劳动素养的核心，正成为越来越多学者的共识。因为从学术逻辑上看，"如何认识劳动"乃是"如何进行劳动"的前提。而且，从现实逻辑来看，学生的劳动观念的培育也面临物质丰裕时代的动机降低、消费时代的劳动异化等诸多挑战。

三要从"深化体验"的角度来推进新时代劳动教育的开展。劳动体验不能简单等同于"劳动"，已有学者指出，部分学校将劳动和劳动教育概念简单等同，在很大程度上导致了劳动教育在实践中的教育缺位——学生看似是在劳动，却没有在其中获得劳动教育意义上的体验。事实上，劳动教育意义上的体验存在于真实劳动和教育性劳动中，也发生在"非劳动"的教育和隐性的劳动教育之中。若想进一步发挥这些体验的劳动教育价值，就必须唤起学生的劳动需要,并提升其反思的深刻性、全面性和延展性,最终在反思的基础上,培育学生的劳动行为习惯与劳动思维习惯。《大中小学劳动教育指导纲要(试行)》也强调了要围绕劳动价值意义的建构,引导学生总结、交流、分享劳动的体验和收获,肯定具有积极意义的认识,纠正观念上的偏差,使学生在劳动中获得成长。

综上所述,本研究将德智体美劳的内涵与组成、发展过程与教育要求、价值与作用梳理成表1。我们认为,"德"是一个人的道德品行与志向,包括私德、公德、大德,"德"定方向、知善恶。"智"是一个人的智力发展,主要由知识、智力及相关思维能力等组成,"智"长才干、识真伪。"体"指人的身体素质,由人体基本活动技能和能力组成,"体"健身心、强意志。"美"是人们对客观事物产生的一种美好的主观感受,最主要形态有生活美、艺术美等,"美"塑心灵、辨美丑。"劳动"是人类创造物质或精神财富的身心活动过程,包括体力劳动、脑力劳动,"劳"助梦想、创财富。

表1 德智体美劳的内涵与组成、发展过程与教育要求、价值与作用

五育	内涵与组成	发展过程与教育要求	价值与作用
德	人的道德品行与志向,包括私德、公德、大德,如道德品质、文化素养、思想水平、政治觉悟与理想抱负。	由知到行的过程:培养学生正确的道德认知、积极的道德情感;通过自觉的道德实践,养成道德行为习惯。教育学生严私德、守公德、明大德。品德润身、公德善心、大德铸魂。	"德"定方向、知善恶。对个人而言促进人格完善、立身做人,形成正确的人生观、世界观、价值观;对社会和国家而言,维护社会秩序,巩固和发展社会制度,促进国家兴旺、社会繁荣。
智	人的智力、智慧,主要由知识、智力及相关能力、智识等组成。学习知识、开发智力、启迪智慧。	本质上是一种特殊的认识发展过程,包括学习知识,实践应用转化为能力,不断反思内化为素质。非学无以广才,教育学生敏于求知、勤于学习、勇于实践、敢于创新。	"智"长才干、识真伪。通过学习增长见识,丰富学识,求真理、悟道理、明事理。拥有才智,可以从事各种社会活动,服务社会、服务国家、服务人民,实现自身价值。
体	人的身体素质,由人体基本活动技能和能力组成。如健康的知识、技能、习惯、体能等。	人生理上的成长、成熟以及掌握相应的技能技巧过程。树立健康第一观念,养成良好锻炼习惯,增强体质,培养意志力。	"体"健身心、强意志。身体是人生一切奋斗成功的本钱。以体育促全育,强健体魄、享受乐趣、锤炼意志、健全人格。

续表

五育	内涵与组成	发展过程与教育要求	价值与作用
美	人们对客观事物产生的一种美好的主观感受。主要由审美感、审美观、审美能力及艺术创造才能等组成。	发展美的感受能力、提升美的创造才能的过程。培养学生的审美观，陶冶高尚情操，发展鉴赏美、创造美的能力，激发创新创造活力。	"美"塑心灵、辨美丑。美可以提升精神境界、塑造美好心灵、美化人类生活。
劳	劳动是人类创造物质或精神财富的活动，包括体力劳动、脑力劳动。	运用知识进行实践的过程，也是能力形成与素质内化的过程。教育要引导学生树立正确的劳动观，崇尚劳动、尊重劳动，掌握一定的劳动技能。	"劳"助梦想、创财富。劳动创造物质财富、文化财富。劳动可以树德、增智、强体、育美。

总之，"德智体美劳全面发展"是对教育培养人才的素质结构的一般表述和普遍性要求。德智体美劳作为人的素质构成要素，既有独特属性，又相互关联、有机统一地存在于完整的人中。五育教育既有各自的特性与规律，也存在于一个统一的结构之中。构建德智体美劳全面发展的教育体系是一个复杂的系统工程。从宏观看，需要深刻认识五大要素"德智体美劳"发展规律、五大主体"师生校家社"积极参与、五大条件"人财物时空"共同保障。要充分研究五种素质的特点与发展规律，厘清大学、中学、小学阶段以及家庭、学校、社会各自的作用和责任，使之相互协调、互相促进。

【致谢】本课题研究过程中，众多师生如隋艺、李欣、牛南等参与了讨论，特此致谢。

（原文发表于《大学素质教育学刊》2023年第4期）

参考文献

[1] 梁启超.新民说[J].原文载新民丛报，1902-3-10.转引自陈乔见.清末民初的"公德私德"之辩及其当代启示——从"美德统一性"的视域看[J].文史哲，2020（5）：26-39.

[2] 习近平.青年要自觉践行社会主义核心价值观（2014年5月4日）[A]//十八大以来重要文献选编（中）.北京：中央文献出版社，2016：3.

[3] 李泽林，伊娟.新中国成立70年学校德育价值取向的三次转型[J].中国教育科学

（中英文），2020,3（2）：85-95.

[4] 冯建军. 改革开放四十年中国德育的转型发展[J]. 南京社会科学, 2018（4）：143-150.

[5] 韩丽颖. 立德树人：生成逻辑·精神实质·实践进路[J]. 东北师大学报（哲学社会科学版），2016（6）：201-208.

[6] 中共中央、国务院印发《关于新时代加强和改进思想政治工作的意见》[EB/OL].（2021-07-12）[2022-06-12]. http://www.gov.cn/xinwen/2021/07/12/content_5624392.htm.

[7] 叶飞，檀传宝. 德育一体化建设的理念基础与实践路径[J]. 教育研究, 2020, 41（7）：50-61.

[8] 隗建勋. 试论素质发展与五育整合. 西南师范大学学报（人文社会科学版），2001（5）：51-55.

[9] 教育部、财政部、国家发展改革委印发《关于高等学校加快"双一流"建设的指导意见》的通知[EB/OL].（2018-08-27）[2022-06-22]. http://www.gov.cn/xinwen/2018-08/27/content_5316809.htm.

[10] 教育部等六部门发布《关于实施基础学科拔尖学生培养计划2.0的意见》[EB/OL].（2018-10-08）[2022-06-22]. http://www.moe.gov.cn/srcsite/A08/s7056/201810/t20181017_351895.html.

[11] 周光礼，黄容霞. 教学改革如何制度化——"以学生为中心"的教育改革与创新人才培养特区在中国的兴起[J]. 高等工程教育研究, 2013（5）：47-56.

[12] 王树国. 着力培养国家急需一流人才[N]. 光明日报, 2022-02-15（13）.

[13] 教育部：推进"四新"建设，全面提高高等教育人才培养质量[EB/OL].（2022-05-17）[2022-06-22]. https://baijiahao.baidu.com/s?id=1733061917062231666&wfr=spider&for=pc.

[14] 吴岩. 建设中国"金课"[J]. 中国大学教学, 2018, 340（12）：4-9.

[15] 教育部《关于一流本科课程建设的实施意见》（教高〔2019〕8号）. [EB/OL].（2019-10-31）[2022-06-22]. http://www.moe.gov.cn/srcsite/A08/s7056/201910/t20191031_406269.html.

[16] 教育部《关于加快建设高水平本科教育 全面提高人才培养能力的意见》（教高〔2018〕2号）[EB/OL].（2018-10-17）[2022-06-22]. http://www.moe.gov.cn/srcsite/A08/s7056/201810/t20181017_351887.html.

[17] 中共中央、国务院印发《深化新时代教育评价改革总体方案》[EB/OL].

(2020-10-13)[2022-03-28].http://www.gov.cn/zhengce/2020-10/13/content_5551032.htm.

[18] 庞海芍.素质教育/通识教育在中国的实践历程与未来发展[J].教学研究,2022,13(2):1-9.

[19] 郝平.优化建设学科布局　促进学科交叉融合[N]光明日报,2022-02-15(13).

[20] 崔乐泉.中国近代体育史话[M].北京:中华书局,1998:72-74.

[21] 曹卫东,李鉴,徐雁冰,等."建党百年与中国特色社会主义体育发展道路"笔谈[J].上海体育学院学报,2021,45(6):34.

[22] 周坤,王华倬,高鹏.中国共产党建党百年来学校体育的发展历程及经验研究[J].首都体育学院学报,2021,33(3):233-240+247.

[23] 习近平出席全国教育大会并发表重要讲话[EB/OL].(2018-09-10)[2021-03-03].http://www.gov.cn/xinwen/2018-09/10/content_5320835.htm.

[24] 国务院办公厅《关于印发体育强国建设纲要的通知》[EB/OL].(2019-09-02)[2021-03-03].http://www.gov.cn/zhengce/content/2019-09/02/content_5426485.htm.

[25] 体育总局关于印发《"十四五"体育发展规划》的通知.[EB/OL](2021-10-25)[2022-03-24].https://www.sport.gov.cn/zfs/n4977/c23655706/content.html.

[26] 曹卫东.新时代中国体育教育改革创新研究[J].体育文化导刊,2019(2):48.

[27] 崔乐泉.中国近代体育史话[M].北京:中华书局,1998:72-74.

[28] 中共中央办公厅　国务院办公厅关于全面加强和改进新时代学校体育工作的意见[EB/OL].(2020-10-15)[2022-03-24].http://www.gov.cn/xinwen/2020-10/15/content_5551609.htm.

[29] 习近平:在教育文化卫生体育领域专家代表座谈会上的讲话[EB/OL].(2020-090-22)[2022-03-24].http://www.gov.cn/xinwen/2020-09/22/content_5546157.htm.

[30] 国务院办公厅《关于印发体育强国建设纲要的通知》.[EB/OL].(2020-09-02)[2022-03-24].http://www.gov.cn/zhengce/content/201909/02/content_5426485.htm.

[31] 朱光潜.美与自然[J].语数外学习(高中版下旬),2020(11):11-12.

[32] 郭建荣. 蔡元培美育思想探析[J]. 北京大学学报(哲学社会科学版), 2008 (4): 26-35.

[33] 刘英杰. 中国教育大事典(1949—1990): 上卷[M]. 杭州: 浙江教育出版社, 1993.

[34] 李岚清教育访谈录[M]. 北京: 人民教育出版社, 2003: 362-363.

[35] 李瑞奇. 新中国成立70年来美育在教育政策中的嬗变研究[J]. 湖北社会科学, 2019(5): 155-161.

[36] 中共中央办公厅、国务院办公厅《关于全面加强和改进新时代学校美育工作的意见》[EB/OL]. (2020-10-15)[2022-03-24]. http://www.gov.cn/xinwen/2020-10/15/content_5551609.htm.

[37] 中共中央国务院关于全面加强新时代大中小学劳动教育的意见[EB/OL]. (2020-03-20)[2022-06-13]. http://www.moe.gov.cn/jyb_xxgk/moe_1777/moe_1778/202003/t20200326_435127.html.

[38] 教育部共青团中央全国少工委关于加强中小学劳动教育的意见[EB/OL]. (2015-07-20)[2022-06-13]. http://www.moe.gov.cn/srcsite/A06/s3325/201507/t20150731_197068.html.

[39] 檀传宝. 劳动教育的概念理解——如何认识劳动教育概念的基本内涵与基本特征[J]. 中国教育学刊, 2019(2): 82-84.

[40] 班建武. 劳动教育应在"教育"上下功夫[N]. 中国教育报, 2020-09-09.

[41] 曾妮. 论劳动教育中的"体验"及其关键环节[J]. 中国电化教育, 2021(11): 9-15.

[42] 教育部关于印发《大中小学劳动教育指导纲要(试行)》的通知[EB/OL]. (2020-07-09)[2022-06-13]. http://www.moe.gov.cn/srcsite/A26/jcj_kcjcgh/202007/t20200715_472808.html.

[43] 陈宝生. 落实立德树人根本任务, 构建德智体美劳全面培养体系[J]. 时事报告, 2019(3): 22-34.

建党百年大学生劳动教育的
演进脉络与时代价值

陈小红　纪文超①

劳动是人类社会赖以生存和发展的基础，社会的一切发展离不开劳动，劳动也是推动社会进步的根本力量。大学生作为一个特殊的群体，在劳动教育思想和行动上具有先导性作用。不同时代对大学生的劳动素质提出了不同的要求，也赋予了劳动教育新的使命任务。

中国共产党自建立以来，就十分重视劳动教育，特别是在2018年全国教育大会上，明确提出了要构建德智体美劳全面培养的教育体系。2020年，中共中央国务院下发了《关于全面加强新时代大小学劳动教育的意见》，对培养新时代社会主义建设者和接班人提出新的要求。全面构建体现时代特征的劳动教育体系，培养能够担当起民族复兴大任的新时代大学生是新时代的要求。这也要求我们积极探索加强劳动教育的新路径，优化新时代劳动教育新格局。回顾中国共产党百年来大学生劳动教育历史经验，梳理当代大学生劳动教育的演进脉络，对深入学习和贯彻习近平总书记关于大学生劳动教育的重要精神具有重要的基础意义，有助于进一步深入领会劳动教育的时代价值及导向。

一、建党百年我国大学生劳动教育的演进脉络

（一）大学生劳动教育的萌芽时期（1921—1948年）：唤醒革命意识为阶级斗争服务

中国共产党成立初期，在党的教育纲领和方针文献中没有关于大学生劳动教育的直接表述，但是党在具体实践中却有与大学生劳动教育相关的内

---

① 作者简介：陈小红，汕头大学高等教育研究所研究员；纪文超，汕头大学高等教育研究所硕士研究生。

容。李大钊在《庶民的胜利》中指出世界必将"变成劳工的世界",并敏锐地认识到劳动者教育的重要性,号召提高农民文化和生产知识,启发阶级觉悟。1921年毛泽东与何叔衡创办湖南自修大学时就在《入学须知》中提到"本大学学友为破除文弱之习惯,图脑力与体力之平衡发展,并求知识与劳力两阶级之接近,应注意劳动"。此外,共产党人于1922年在上海创办的上海大学也要求大学生注意体力劳动与脑力劳动相结合的方针。1922年5月,中国社会主义青年团第一次全国代表大会通过了《关于教育运动的议决案》,提出在教育运动上要"普遍的启发一般青年工人的阶级觉悟和争斗能力"。

工农革命时期,中华苏维埃政府一直将教育与生产劳动相结合作为教育的基本方针。毛泽东在1934年中华苏维埃第二次代表大会的报告中,将"教育与生产劳动联系起来"的要求提升到文化层面。1945年,毛泽东在《论联合政府》中将新民主主义文化教育方针概括为:"中国国民文化和国民教育的宗旨,应当是新民主主义的,就是说,中国应当建立自己的民族的、科学的、人民大众的新文化和新教育。"虽然表述中没有直接提及大学生的劳动教育,但是该方针明确指出新民主主义文化是为人民大众服务的,这就必然要求大学的劳动教育必须与劳动人民、与劳动相结合,这一点在抗日战争时期表现得尤为明显。在抗大,大学生与人民大众共同参加生产劳动以提供革命斗争所需要的物质产品,这种劳动教育方式不仅在理论上得到广泛认同,而且在实践上得到广泛应用,培养了一批德才兼备的革命骨干,为根据地建设、革命思想的传播以及抗日民族统一战线的形成作出了卓越贡献。中国共产党在革命时期,通过劳动教育和劳动在凝聚革命力量、培育社会新人等方面取得显著成效。解放战争时期,党的教育工作重心由地区性向全国性过渡,由农村向城市转移,仍停留在战争环境中农村根据地的文化教育经验已经不够,华北、东北解放区已经开始了教育的"新型正规化"尝试,大学生的劳动教育也逐渐开始走向"正规化"的道路,劳动教育的形式也逐渐从与农业生产紧密结合向与工业生产相联系。

中国共产党成立初期,大学生的劳动教育主要是唤醒革命意识,组建一支有力的革命队伍,在新民主主义革命时期,大学生的劳动教育是为阶级斗争和政治斗争以及革命战争服务的。

(二)大学生劳动教育的探索时期(1949—1977年):为无产阶级国家政治服务

中华人民共和国成立以后,随着国民经济和社会秩序由战时状态转向和平建设,劳动教育也被看作社会主义建设和改造的工具。1949年中国人民政治协商会议第一届全体会议通过的《中国人民政治协商会议共同纲领》中明确提出,要"注重技术教育,加强劳动者的业余教育和在职干部教育,给青年知识分子和旧知识分子以革命的政治教育,以应革命工作和国家建设工作的广泛需要"。1950年教育部印发《关于实施高等学校教育课程改革的决定》,从文件中可以看出劳动教育的在各类高等教育机构中的主要表现形式是专业实习、社会服务。这时候"教育与生产劳动相结合"还未成为我国教育的基本方针。

中华人民共和国成立初期,国家经济水平十分落后,物质资料也极度稀缺,生产技术和生产能力也十分落后。在"三大改造"之前,我国还是传统的经济结构,大学生劳动教育的内容并不能彻底地超越当时的劳动形态,因此大学生的劳动教育也只是给学生传授一些工农业生产劳动知识。

1956年"三大改造"结束,我国进入全面建设社会主义时期,教育事业发展迅速。据统计,1956年全国有大学生40.3万人,是1949年的3.5倍。尽管涨幅较大,但是面对当时经济的快速发展,教育供给和需求之间的差距还是非常大。为此,1957年毛泽东在《关于正确处理人民内部矛盾的问题》中提到"我们的教育方针,应该使受教育者在德智体几方面都得到发展,成为社会主义有觉悟的、有文化的劳动者"。1958年中共中央国务院发布《关于教育工作的指示》,提出"党的教育工作方针,是教育为无产阶级政治服务,教育与生产劳动相结合"。文件进一步指出,"教育的目的,是培养有社会主义觉悟的有文化的劳动者,这是全国统一的,违反这个统一性,就破坏社会主义教育的根本原则",这是中华人民共和国成立后对教育目的的第一次明确表述。"培养劳动者"这一规定,既体现了我国教育的社会主义属性,又指出了我国教育的人才培养目标,即"国家的主人,社会主义的劳动者、建设人才"。自此开始,"教育与生产劳动相结合"成为我国教育发展的方针,有关劳动的教育在国家法律文件中正式出现。文件强调,把生产劳动列为正式课程,每个学生必须依照规定参加一定时间的劳动,大力发展高等教育,争取在15年左右的时间内,做到凡是有条件和自愿的青年和成年都可接受高等教育。可见,这一时期关于大学生劳动教育的政策,重点是关注学生的体力劳动，强调大学生进行生产劳动教育。也是从这一时期开始，生产劳动教育在大学生劳动教育的教育结构中很长一段时间内都占据重要地位。

1958年，共青团中央《关于在学校中提倡勤工俭学的决定》认为大学生勤工俭学是具体实现知识分子与工农结合、脑力劳动和体力劳动相结合的一条重要途径。组织高校的大学生开展农业生产劳动、农村副业和手工业生产劳动等形式的劳动教育，勤工俭学成为当时缓解教育经费紧张的一条重要途径。1963年，中央组织知识青年上山下乡运动，大学生投入生产实践中。知识青年通过上山下乡参加劳动教育，以下农村、进工厂等方式提升了思想觉悟、磨炼了毅力品质，这一时期"教育与生产劳动相结合"写入党的教育方针，同时劳动教育也充满着政治意味。1965年，毛泽东在杭州会议上言辞激烈地批评了学校教育理论脱离实际的问题。他说："现在这种教育制度，我很怀疑。从小学到大学，一共十六七年，二十多年看不见稻、粱、菽、麦、黍、稷，看不见工人怎样做工，看不见农民怎样种田，看不见商品是怎样交换的，身体也搞坏了，真是害死人。"在毛泽东的这一思想指导下，大学生的劳动教育必须手脑结合、学习与生产劳动相结合。大学生除获得比较完全的知识之外，必须注重发展劳动教育，将理论与实际相结合。在这一时期培养又红又专的人，培养工人化的知识分子、知识分子工人化的工人，培养全面发展的人。

"文革"时期，劳动教育的作用被盲目夸大，不仅大学生的劳动教育，甚至全国上下所有学生的劳动教育都被误读，甚至出现了"唯劳动是教学、读书无用唯劳动"的错误倾向，与教育与生产劳动相结合的本意产生偏差。究其原因是当时生产力发展不足，加之对促进社会发展的一系列措施操之过急，导致大学生劳动教育不能按照正常的内在规律进行，偏离了教育发展的正常轨道。在这一时期"劳教结合"思想没有结合中国具体的实际，而是将马克思的劳动教育思想曲解了，马克思并没有将体力劳动与脑力劳动在阶级上进行划分，但是在中国的具体实践中，体力劳动者明显比脑力劳动者具有更高的社会地位、更高的话语权。虽然这一时期我们力图坚持马克思主义劳动价值理论思想，借鉴苏联劳动教育理论和实践经验，但是中国在具体实践的时候将劳动教育的范围窄化了，认为只有体力劳动才是劳动，脑力劳动不属于劳动，劳动教育成为阶级斗争的工具。

在大学生劳动教育的探索阶段，劳动教育主要为了激发全体民众建设新中国的劳动热情，以服务于社会主义革命和生产建设，并明确提出了"培养劳动者"的教育目的。党和国家一段时间内把大学生的劳动教育视为阶级斗争的工具,大学生劳动教育有泛政治化和实用技术化的特点,劳动教育在当时主要是作为消除体脑分工、进行阶级改造的政治手段而备受重视。除此之外,还把劳动教育看作解决理论脱离实际问题的根本方式,尤其是大学生的劳动教育必须受到重视,当时国家特别强调教育与生产劳动相结合,注重培养大学生的劳动态度和劳动观点,将劳动教育贯穿大学生的整个教育过程。

(三)大学生劳动教育的发展时期(1978—2011年):为社会主义现代化建设服务

十一届三中全会以后,我国迈入改革开放的新时代,在教育上也对新时期大学生的劳动教育进行了探讨。1978年颁布的《关于讨论和试行全国重点高等学校暂行工作条例(试行草案)的通知》指出,大学生参加生产劳动的主要目的,是养成劳动习惯,向工农群众学习,克服轻视体力劳动和体力劳动者的观点。该条例明确了大学生参加生产劳动时要考虑专业特点,以对口劳动为主,体现了这一时期劳动教育要求劳动与知识相结合,手脑并用,培养有文化的新时代劳动者,该文件充分体现了这一时期劳动教育的理性态度。1981年《关于建国以来党的若干历史问题的决议》中指出,坚持德智体全面发展、又红又专、知识分子与工人农民相结合、脑力劳动与体力劳动相结合的教育方针。1985年《中共中央关于教育体制改革的决定》中明确提出"教育必须要为社会主义现代化建设服务"的战略定位,把大学生的劳动教育推到社会主义现代化建设的高度上来。许多高校采取教学、科研与生产相结合的教育教学模式,大学生的劳动教育必须与经济建设和科技密切结合,推动社会主义向现代化建设。1988年颁布《国家教委关于加强对高校学生勤工俭学活动管理的几点意见》,其中提出学生勤工俭学的主要内容是开展与专业学习相结合的科学技术文化服务,也要提倡有利于培养劳动观点和自立精神的劳务服务。劳动教育成为大学生个体全面发展的重要途径,而且国家更加注重培养大学生的劳动价值观,此时大学生的劳动教育更加注重精神层面的教育。

进入90年代以后,我国进行社会主义市场经济改革,大学生的劳动教育进一步强调为社会主义现代化建设服务。1993年《中国教育改革和发展纲要》中提出"教育必须为社会主义现代化建设服务,必须与生产劳动相结合,培养德智体全面发展的建设者和接班人"的新要求,并要求"各级各类学校都要把劳动教育列入教学计划,逐步做到制度化、系列化",劳动教育开始走上制度化的轨道。该文件提出，加强劳动观点和劳动技能的教育，是学校实现培养目标的重要途径和内容。这一时期的劳动教育不再仅强调大学生的体力劳动，而是要培养大学生热爱劳动的思想并掌握基本的劳动技术。也是在这一阶段，劳动教育成为德育的一部分，成为德育的重要内容和实现途径，德育包含了大量劳动教育的内容。

1999年，《中共中央国务院关于深化教育改革全面推进素质教育的决定》发布，为如何全面推进素质教育指明了方向，并对如何使教育与生产劳动相结合以培养全面发展人才作出了具体说明，为通过劳动教育提高学生素质提供了可行方式。

21世纪，随着知识经济和信息时代的来临，我国进入了全面建设小康社会、加快推进社会主义现代化发展的新阶段。党中央以全新的角度诠释了新时期劳动教育的内涵，劳动的创造价值高度彰显，劳动光荣、创造伟大成为时代最强音。十六大报告中，江泽民同志提出"尊重劳动、尊重知识、尊重人才、尊重创造"的"四个尊重"，并将其写入党章。将劳动与创新结合起来，是新时期大学生劳动教育的新的实践导向。2004年中共中央、国务院发布《关于进一步加强和改进大学生思想政治教育的意见》，指出各高校要坚持政治理论教育和社会实践相结合，通过深入开展社会实践的途径加强大学生思想政治教育。由此可见，这时期大学生的劳动教育与思想政治教育开始渗透在社会实践之中，也就是说，社会实践不仅成为大学生劳动教育的重要途径，而且是培养大学生综合素质和劳动技术素养的重要方式。2010年，《国家中长期教育改革和发展规划纲要（2010—2020年）》出台，更加强调了教育与生产劳动和社会实践相结合，加强劳动教育，培养学生热爱劳动、热爱劳动人民的情感。这一政策的出台对大学生劳动教育的发展方针进行了更加深刻的阐述，符合新时代的发展潮流，与当时的教育改革思想相融合，大学生的劳动教育由理念转变为具体行动，比如，志愿服务、社会实践、科技制作、见习实习、实验等理论与实际相结合的一系列活动，劳动教育进一步从理念转变为具体实践活动。

改革开放以来，我国大学生的劳动教育向着社会主义现代化的方向迈进，更加重视脑力劳动，注重发挥劳动的创造性价值，改变大学生的劳动态度、劳动观念，培养大学生良好的、正确的劳动价值观对推动我国社会主义现代化建设具有重要意义。

（四）大学生劳动教育的加强时期（2012年至今）：彰显新时代的全面育人理念

党的十八大以后，我国进入中国特色社会主义新时代，党的教育方针不断完善，劳动教育也进入了新的发展阶段。我国教育围绕培养什么样的人、怎样培养人和为谁培养人这一根本问题，不断深化对教育事业发展和人才培养的规律性认识，尤其是在促进人的全面发展和推进大学生劳动教育发展与实施方面提出了新理念、新观点和新路径。

在十八大报告中，突出强调全社会要营造劳动光荣、创造伟大的社会氛围，大学生要时刻接受劳动教育的熏陶，为我国从人才大国向人才强国转变贡献一份力量。十九大报告指出，我国新时代要建设知识型、技能型、创新型劳动大军，弘扬劳模精神和工匠精神，营造劳动光荣的社会风尚。习近平总书记在2018年全国教育大会上指出："培养德智体美劳全面发展的社会主义建设者和接班人"，是对"重视德育智育，轻视劳动教育"这一突出问题的深刻反思和积极应对，习近平总书记强调"要教育引导大学生崇尚劳动、尊重劳动，懂得劳动最光荣、劳动最崇高、劳动最伟大、劳动最美丽的道理，长大后能够辛勤劳动、诚实劳动、创造性劳动"，阐明了劳动教育的基本内涵和价值旨归，凸显了党和国家对于劳动教育的重视，由此大学生的劳动教育上升到"五育并举"的高度，新时代的大学生劳动教育思想逐渐形成。2020年，《关于全面加强新时代大中小学劳动教育的意见》发布，系统规划了新时代劳动教育的发展，要全面构建体现时代特征的劳动教育，把握劳动教育的基本内涵，明确劳动教育的总体目标和根本要求，并且着重提出大学生劳动教育的目的，为大学生的劳动教育的发展指明了方向。尤其值得注意的是，该文件指出，劳动教育要"培养科学精神，提高创造性劳动能力"，反映了新时代对劳动教育提出的新要求。

二、大学生劳动教育百年探索的经验

（一）大学生劳动教育与党的事业紧密联系

中国共产党自成立之日起就把教育事业摆在发展的重要位置，大学生劳动教育的成果更是对社会的发展起直接作用。党根据不同时期的历史任务，对大学生的劳动教育提出不同的要求。

从党成立到中华人民共和国成立前夕，我国一直处在内忧外患的局势之下，经历了两次国共合作、抗日战争、解放战争等一系列解放全国人民的活动，对大学生的劳动教育也提出了不同的历史要求。但总的来说，这一时期大学生的劳动教育主要是为阶级斗争服务，也是党建立新中国的重要武器。中华人民共和国成立后，我国的国民经济也由战时转向和平建设，"三大改造"完成后，我国的经济发展和社会发展得到全面提升，此时的劳动教育也响应党的号召，在促进农业、手工业和资本主义工商业的改造和发展中起了推波助澜的作用。"文化大革命"期间，大学生劳动教育的作用体现得尤为明显，知识分子下乡运动、全民劳动的运动风靡全国，这一时期党为了促进社会的快速发展，将劳动教育置于优先发展的地位，脱离了当时中国的实际，盲目夸大劳动教育的作用和地位，导致一段时间内中国的发展停滞不前。即便如此，从中华人民共和国成立到改革开放之前党的事业都是在探索如何使中国得到更好更快速的发展，虽然可能走了一些弯路，但是此时大学生的劳动教育还是紧跟党的事业的发展，为无产阶级国家政治服务。

改革开放开启了我国社会主义发展的新篇章，我国从此迈入了社会主义现代化建设的新时代。面对新的发展态势，党对教育事业也提出了新的要求，改变以往劳动教育主要为体力劳动的偏见，将脑力劳动的发展置于重要地位，注重培养大学生正确的劳动价值和劳动态度，这也是为了更好地迎合改革开放新时代我国社会主义发展的需要。十八大以来，在习近平总书记的领导下，我国大学生的劳动教育在人才培养方面发挥了重要作用。到了新时代，我国已经进入教育大众化的阶段，大学生已经成为促进社会发展的中流砥柱，国家的发展需要大学生的投入，更需要培养一批又一批全面发展的劳动者投身到中华民族伟大复兴的事业中来。劳动教育不再单纯作为教育的一个方面存在，而是与德智体美等其他各方面融合并存，重视大学生劳动教育的发展不仅能够提升大学生的整体素质，也为我国的强国建设注入一股新鲜力量。

（二）大学生劳动教育为国家建设服务

虽然不同时期大学生劳动教育的方针政策和内容各不相同，但都是为国家建设服务。早期，马克思主义传入中国，党对当时的大学生劳动教育进行了实践，一批领导人创办大学，力求将大学生的脑力劳动和体力劳动相结合。中华人民共和国成立后，马克思主义劳动教育思想成为我国教育方针的指导思想，为恢复国家生产建设，我国在借鉴苏联经验的基础上，对高等教育进行了一系列的改革，大学生在学习过程中必须高度重视理论与实践相结合的思想，大学生要进行实习，参加社会实践，并将此作为高校开展劳动教育的主要途径，强调在实习和社会实践过程中培养大学生的劳动观点。改革开放以来，我国依然延续了之前的高校开展劳动教育的内容和形式，并开始强调社会服务、课外科技活动、暑假社会实践等实践形式。新时代以来，国家更加重视大学生的创新能力和实践能力，培养具有创新意识和创新能力的高素质人才投身到实现中华民族伟大复兴的事业中来。总体而言，大学生劳动教育的一系列方针政策和法律法规都是为国家发展和国家建设服务的，都是为了培养更优秀人才投身到祖国的建设中。

（三）大学生劳动教育的育人功能

从党建立至今，劳动教育一直作为党提高大学生综合素质的重要手段。1921年中国共产党成立，大学生劳动教育以党内领导人建立大学为依托，注重提高大学生的劳动素质。中华人民共和国成立后，为了加强党的领导，形成了"在德智体几方面都得到发展基础上的有社会主义觉悟的、有文化的劳动者""教育必须同生产劳动相结合"和"为无产阶级政治和革命战争服务"的劳动教育思想。这一时期劳动教育的主要目标是为无产阶级服务，把体力劳动视作劳动教育的主要手段，目的是促使大学生养成良好的劳动态度，形成正确的劳动观点。改革开放以来，我国劳动教育不断向社会主义现代化的方向前进，培养德智体美劳全面发展的社会主义事业的建设者和接班人，劳动教育具有树德、增智、健体和育美的价值，以劳动教育为途径，促进大学生的全面发展。

三、大学生劳动教育的时代价值

（一）加强大学生劳动教育有助于新时代实现中华民族伟大复兴中国梦

步入新时代以来，我国的教育事业蒸蒸日上，培养的人才也更为全面。我国目前正处在制造业大国向制造业强国的过渡阶段，需要培育符合时代发展的全面发展的人为社会主义事业贡献力量，劳动教育在人才培养的过程中起了基础性作用。习近平总书记指出，"我们所处的时代是催人奋进的伟大时代，我们进行的事业是前无古人的伟大事业，全面建成小康社会，进而建成富强、民主、文明、和谐的社会主义现代化国家，根本上靠劳动、靠劳动者创造"。劳动为国家实现共同富裕和国家的现代化打开大门，而大学生的劳动教育正是密匙。中国制造业的发展不再仅仅需要手工业者，还需要具有高素质高水平的人才。追求精益求精、一丝不苟的工匠精神是劳模精神的具体化，而我国的发展需要广大青年将劳模精神运用到实践中来，以此实现中华民族的伟大复兴。青年大学生是担当时代使命的主力军，培育新时代大学生的劳动精神、劳动意识和劳动价值观，将大学生的劳动教育切实落实到高校中来，使"尊重劳动、热爱劳动"等口号在实现"中国梦"的道路上切实得到实践。

（二）大学生劳动教育促进人的全面发展

大学生正处在形成正确劳动价值观的关键时期，劳动教育在新时代大学生的成长过程中承担着重要的社会使命。劳动教育有利于大学生形成正确的劳动观念，养成良好的劳动习惯，内化道德知识，促进当代大学生成长成才，是落实德智体美全面发展的有效手段。

教育要求我们培养德才兼备、品德高尚、人格健全的人。劳动是将知识与实践相联系。劳动教育促进大学生知情意行的发展，培育大学生形成正确的劳动价值观，养成良好的劳动习惯。大学生只有在实践中接受良好的道德教育，才能在具体事件中快速作出道德判断，提高道德认知水平；在将道德认知内化为道德行为的过程中，领悟道德情感，激发道德意志，培养敢于吃苦、勤劳向上的劳动精神，养成良好的道德行为。新时代大学生在接受劳动教育的过程中，必须贯彻良好道德教育，坚定理想信念。加强理想信念教育是对青年学生的要求与期待。习近平总书记指出："青年时代树立正确的理想、坚定的信念十分紧要，不仅要树立，而且要在心中扎根，一辈子都能坚持为之奋斗。""要引导学生从社会主义思想源头和历史演进中，从我们党探索中国特色社会主义历史发展和伟大实践中，认识和把握人类社会发展的历史必然性，认识和把握中国特色社会主义的历史必然性，不断树立为共产主义远大理想和中国特色社会主义共同理想而奋斗的信念和信心。"这些重要论述，为青年理想信念教育指明了方向，指出了理想信念树立离不开思想的源头，在历史的演进中不断发展，并应该体现在当代青年的实践中。

我国的智育的主要任务是向学生传授科学文化知识，提高学生全面发展的知识水平，促进其智力发展，培养学生多方面的兴趣爱好和发展学生的创造性思维能力。大学生通过劳动和一系列训练，可以提高其智力的发展。大学生通过实地劳动，在接受劳动训练的过程中去感知、观察事物，将自己所学的知识运用于劳动实践之中，同时在劳动的过程中，体会科学知识的作用和价值，从而反过来对以后接受劳动教育和进行劳动实践有更好的促进作用。新时代大学生的智育要想得到充分的发展，必须以劳动教育为依托，将劳动教育、劳动实践与智育相结合，在此过程中，培养大学生艰苦奋斗、勇往直前的奋斗精神。当前我国大学生应该努力学好科学文化知识，增强科技创新能力，将自己的所学、所创应用于国家的生产建设中，为实现中华民族的伟大复兴添砖加瓦。

  大学生作为祖国的接班人，拥有强健的体魄是一切先决条件。对于大学生来说，良好的身体素质是增强大学生的抗压能力的重要条件。劳动教育特别是劳动实践教育，对增强大学生身体素质具有重要意义，无论是体力劳动还是脑力劳动、生产劳动还是服务性劳动，都需要良好的身体素质作为支撑；不仅如此，还有利于增强大学上的体质，特别是增强身体的韧性和耐受力，拥有健康的体魄。新时代大学生要增强服务意识和服务能力。体育是综合国力和民族精神的重要展示，大学生是民族的希望和国家的未来，我们必须把新时代的大学生培养成为有理想、有文化、有本领、有担当的一代人。将劳动教育贯彻到大学生体育发展中来，让大学生具有强健的体魄，为中华体育精神凝聚奋进力量，为实现"体育强国梦"贡献力量。

  "世界上并不缺少美，缺少的是发现美的眼睛"，劳动赋予审美教育发现美的机会。2015年，国务院办公厅下发《关于全面加强和改进学校美育工作的意见》，文件指出："美育是审美教育，也是情操教育和心灵教育，不仅能提升人的审美素养，还能潜移默化地影响人的情感、趣味、气质、胸襟，激励人的精神，温润人的心灵。"在大学生中开展美育工作，是实现人的全面发展的重要途径，也是实现立德树人目标的题中应有之义，通过让大学生在接受劳动教育的过程中去发现美、体验美、感受美，探寻自然美、社会美和艺术美的魅力，同时在这过程中将自己对美的感受运用到具体的实践中。新时代大学生要将我国优秀的传统文化带到国际上，发扬优秀传统美德，在继承与发展中华优秀传统文化的过程中，要与时俱进，与世界文化接轨，让中国优秀的传统文化得到充分发展。大学生是参与实践的主体，实践出真知。美育也是如此，大学生在接受美育熏陶的过程中，自觉地将其转化为实践劳动，与劳动教育相结合，在美育实践中激发大学生的主体性和参与感，获得良好的美育体验感，在实践中更好地培育道德情操，提高审美能力，增强对民族的认同感和归属感，把个人对美的追求和国家对传统文化的继承相结合，最终实现人的全面发展。

劳动教育内在地包含一定的德育、智育、体育和美育的功能，是大学生成长的必要途径，具有树德、增智、强体和育美的育人价值。当然劳动教育并不具备其他四育的全部功能。大学生劳动教育的育人价值是有所侧重的，集中表现为有利于大学生融德智体美于一身，集思想观念、精神品质、审美取向等于一体的劳动素养的提高。

（原文发表于《大学素质教育》2022年第1期）

参考文献

[1] 中共中央党史研究室科研局编. 李大钊研究文集[M]. 北京：中共党史出版社，1991.

[2] 中央教育科学研究所. 中国近代教育大事记[M]. 北京：教育科学出版社，1990：39.

[3] 中国社会主义共青团. 关于教育运动的决议案[Z]. 1922-05-05.

[4] 王铁. 中国教育方针的研究——新民主主义教育方针的理论与实践：上册[M]. 北京：教育科学出版社，1982：123.

[5] 中国人民政治协商会议. 中国人民政治协商会议共同纲领[Z]. 1949-09-29.

[6] 顾明远. 中国教育大系·马克思主义与中国教育（下）[M]. 武汉：湖北教育出版社，1994：1638-1639.

[7] 何东昌. 中华人民共和国重要教育文献（1949—1975）[M]. 海口：海南出版社，1998.

[8] 中共中央、国务院. 关于教育工作的指示[Z]. 1958-09-19.

[9] 何东昌. 中华人民共和国重要教育文献（1949—1975）[M]. 海口：海南出版社，1998.

[10] 李珂，曲霞. 1949年以来劳动教育在党的教育方针中的历史演变与省思[J]. 教育学报，2018，14（5）：63-72.

[11] 范跃进. 新中国成立以来高等教育元政策：1949—2016[M]. 北京：中国社会科学出版社，2017.

[12] 中共中央、国务院关于印发《中国教育改革和发展纲要》的通知[Z]. 1993-02-13.

[13] 陈静，黄忠敏. 从"体力教育"到"能力教育"——我国劳动教育政策的发展与变迁[J]. 中国德育，2015（16）：18-26.

[14] 坚持中国特色社会主义教育发展道路　培养德智体全面发展的社会主

义建设者和接班人[EB/OL].(2018-09-11). http://www.rmlt.com.cn/2018/1030/531606.shtml?from=groupmessage&isappinstalled=0.

[15]习近平在庆祝"五一"国际劳动节大会上的讲话[EB/OL].(2015-04-28). http://www.xinhuanet.com/politics/2015-04/28/c_1115120734.htm.

[16]中共中央文献研究室.习近平关于青少年和共青团工作论述摘编[M].北京:中央文献出版社,2017.

[17]国务院办公厅关于全面加强和改进学校美育工作的意见[Z].2015-09-28.

工科院校美育课程体系的构建研究

何 梅[①]

引言

建立高校美育课程体系,事实上是一项极具难度的大工程,不仅需要专业艺术教育的院校来创新美育培育机制,还需要面向普通高校的全体学生普及艺术教育。然而在国内许多工科院校中,美育课程体系仍不健全,美育课程仍处于边缘地位,致使工科学生对美育认识不充分,学生人格健全的培养与人文素养的提升受到制约,感性能力与创新力的发展也受到束缚,工科院校的审美教育问题也日益凸显。为实现学校美育取得突破性进展、学生的人文素养与审美素养获得显著提升这一美育目标,就必须梳理与反思工科院校审美教育的问题,改变工科院校美育课程的设置现状,构建出科学的工科院校美育课程体系。

一、工科院校构建美育课程体系的必要性

美育的目的是培养审美鉴赏力,开发创造潜能,是理论与实践的融合,是感性思维与理性思维的碰撞,是更高层次上的素质教育。这与工科院校培养具有综合素质的技术应用型人才的目标是统一的。因此,打破学科专业壁垒,在工科院校构建科学的美育课程体系,对培养复合型的工科领军人才尤为重要。

(一)是弘扬中华美育精神的必然选择

习近平总书记高度关注着美育在学校教育中发挥的重要作用,他在给中央美院老教授的回信中说:"做好美育工作,要坚持立德树人,扎根时代

[①] 作者简介:何梅,电子科技大学马克思主义学院博士研究生。

生活，遵循美育特点，弘扬中华美育精神，让祖国青年一代身心都健康成长。"习近平总书记在信中首次提出的弘扬中华美育精神，是以美为本位的多元价值教育。如果说中华美德是真正的大德，那么中华美育讲求的就是真正大美，大美涵养道德，能使人提升到更高的境界。在新时代用中华美育精神来启蒙青年一代，就要坚持立德树人，建设具有中国特色、中国风格的美育体系，用美育滋养青年一代成长成才，这是对新时代人才素质培养呼声的响应。同时，中华美育精神在培养目标上与高校教育具有一致性，目的都在于引导学生树立世界观、人生观与价值观，健全人格，全面发展，追求真善美，造就自由和谐的人生。美育课程相对滞后的工科院校更应当重视美育，亟须通过构建美育课程体系与多科融合发展，来打开高校育人格局，从而促进工科院校学生的发展，响应时代的号召。

（二）是培养学生健全人格的根本需要

20世纪以来，随着全球经济与国内外形势的复杂变化，国内工科院校长期以培养学生的专业知识与应用能力为重，审美教育被搁置，显得无足轻重。至今，美育在大多数工科院校中仍然处于边缘地位，不受重视，工科院校的学生也面临着人文素养与审美素养方面的知识相对匮乏的问题。习近平总书记曾在全国教育大会上强调："我们的教育要培养德智体美劳全面发展的社会主义建设者和接班人。要全面加强和改进学校美育，坚持以美育人、以文化人，提高学生审美和人文素养。"紧跟习近平总书记的号召，2020年10月，中共中央办公厅、国务院办公厅出台的文件中明确提到"高等教育阶段要强化学生文化主体意识，培养具有崇高审美追求、高尚人格修养的高素质人才"。党和政府的举措旨在对学校的审美教育展开全局部署。目前，我国绝大多数工科院校的美育课程设置仍待进一步合理科学化，从而推进新时代工科院校美育体系的创新构建。

（三）是建成现代化高校美育体系的内在要求

对比近年来国家印发的两个重要美育文件，2019年4月教育部印发的《关于切实加强新时代高等学校美育工作的意见》和2020年10月中共中央办公厅、国务院办公厅出台的《关于全面加强和改进新时代学校美育工作的意见》，仅相隔一年半的时间，便可以看出国家对高校美育的目标更明确，指导更细致了：一是在"成效明显的美育教育教学改革"基础上增加了"美育课程全面开齐开足"，体现了美育课程设置在高校美育工作的突出地位；二是"到2035年，形成全面覆盖、多样化、高质量，具有中国特色的现代化高等学校美育体系",新增添的"全覆盖"是涵盖了从中小学及中职院校到全国各类普通高校以及高职院校,使美育做到面向人人;三是在美育工作举措中明确强调了"不断完善课程和教材体系,完善课程设置"。两个文件展现出国家对高校美育政策的考虑更加完善科学了。然而,要想到2035年,实现学校美育总体目标,必须让更多工科院校实施审美教育,补齐工科院校美育工作相对落后,美育课程开设相对形式化、边缘化的短板,提升美育教学质量,与各学科融合多元发展,打造具有工科专业特色、与新时代相融、与实际相接轨的美育课程体系。

二、工科院校美育课程体系的问题分析

我国的工科院校有着悠久的教育传统,在培养学生的知识和道德方面极具经验。但工科院校现在的课程体系仍然是以专业教育为基础核心,欠缺综合性,不利于复合型学生的培养,甚至制约着人才创造创新的培育。随着近年来美育教育获得重视,许多工科院校逐渐开展人文素质类与通识教育类的美育课程,但在构建美育课程体系的过程中仍存在许多问题。

(一)美育课程目标定位不科学

"学校美育是培根铸魂的工作,提高学生的审美和人文素养,全面加强和改进美育是高等教育当前和今后一个时期的重要任务。"作为能培根铸魂的审美教育一直以"培养全面自由发展的人"为终极目标。在工科院校,美育课程目标的科学定位应当是强化学生的人文主体意识,培育学生成为具有崇高审美追求、健全的人格修养、注重艺术实践的高素质技术技能人才。而许多工科院校在具体的美育实践中对基础的美育教育观念都未充分认知,以至于在设置美育课程的目标定位时出现不科学,甚至错误的现象。一些工科院校把美育与德育混为一谈,认为美育的课程目标仅仅是培养学生的良好美德与综合素质。一些工科院校在对美育课程的目标定位中阐释美育的培养目标是使学生获得某种"有用的能力"或"艺术技能",这是把美育特性知识化、功利化、机械化了,而美育的特性恰恰是非知识性、去功利性、重体验性,美育作为情感教育,不是培养应用型的能力,而是提升学生的人文素养与审美情趣的精神素质,这与许多工科院校最初切实加强美育课程建设的育人目标可谓南辕北辙。

（二）美育课程体系的建设有待提升

浙江大学陆国栋教授曾在2019年的高博会上提到，工科类院校的数量在新中国成立以来是增速最快的，基本称为"三分天下有其一"，理工科院校在本科高校分布上约占30%，说明了我国工科院校在发展上存在一定优势。然而，从课程体系的建设上来看，美育教育在工科院校仍然处于边缘地位。首先从美育课程设置比例来看，有统计资料表明，在美国MIT本科教育所规定的360个学分中，人文社科类占到总学分的20%以上；日本的一些理工院校的人文社科课程，则占到了总课程的31%～37.5%。然而，我国工科院校的人文社科类课程在总的课程设置学分中占比极少。以某信息工程大学的美育课程体系为例，该学校没有形成美育课程体系，仅有书法类、音乐理论等通识选修课，致使美育课堂无法常态化开展。该校对人文社科、艺术与体育、综合类课程选修仅要求达到7学分，而我国四年制本科生的总学分要求为140～200，可见对于一名工科学生，美育相关课程仅占总学分不到5%，与国外相距甚远。其次，工科院校美育课程的内容得不到保障。受到专业课程设置的影响，许多工科院校无法像综合性或师范类大学一样开设专业性的艺术课程，且不具备专业师资与专业设备，致使美育课程的内容缺乏吸引力，难以调动学生的积极性，因此美育课程体系的建设需要提升。

（三）美育缺乏与多学科的渗透融合

工科院校美育的尴尬在于美育课程处于边缘地位的同时，美育存在"独立"发展的倾向，欠缺与其他学科的融合发展，也体现了大部分工科院校并没有真正理解透美育在推动工科人才全面发展过程中的重要性，从而忽略了将人文素养与审美素养作为精神素质与观念融入其他教育学科的这一过程。仅仅凭借少量的艺术公共选修课程来向学生传达美育思想是难以实现的，甚至一些工科院校的艺术选修课程尚未落实到位。从学科综合的层面上来讲，工科院校需要重视美育与其他专业的关系。蔡元培在《美育实施的方法》中谈道，"凡是学校所有的课程，都没有与美育无关的"。审美教育是感性的、重体验性的、互动的、游戏的，不是纯理论性质的知识，与各学科有着深层次的密切联系，工科院校需要看到各学科教育背后蕴含的丰富审美品质，而不能将审美与人文素养功利化与工具化，当美育教育的实质精神内涵渗入其他专业时，工科院校的审美美育才能获得全方位的发展与提升。

三、工科院校美育课程体系的创新构建

工科院校的审美教育还处于探索阶段，难免会有弊端与不足，美育育人效果自然受到影响。可见，工科学生需要更系统化、科学化的美育课程体系作为知识传导。科学地定位美育课程目标及探索美育实践途径，健全现行的美育课程体系，甚至创新构建更科学的美育课程体系（如图1所示），成为当下工科院校全面加强美育工作、进行美育研究的重要课题。

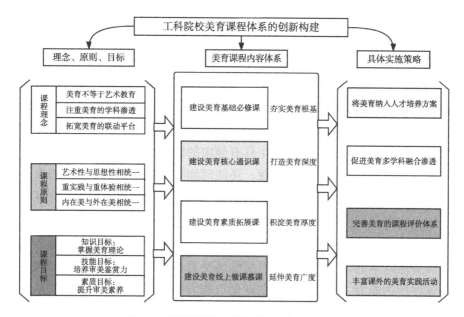

图1 工科院校美育课程体系的创新构建

（一）理念、原则与目标

第一，树立"大美育"理念。美，历史地普遍地存在于人们的生活中，校园生活中从不缺少任何关于美的素材，学生可以从课程教学、课外实践、校园环境等多个途径挖掘美、体验美。同时，要弘扬中华美育精神这一号召，就要构建工科院校美育以美育人、以美化人的大美育环境，就必须树立"大美育"的理念，在教育过程中将美育渗透到学生学习和生活的全过程。首先，工科院校需要明确美育不等于艺术教育，不能把美育课程局限在公共艺术教育课程上；其次，要注重美育与多学科的渗透融合与校园生活美育的探索；再次，要拓宽美育平台，结合工科优势，推进学校美育与社会美育的

联动，最终打造全面综合的工科院校大美育环境。

第二，遵循美育实施的原则。在工科院校的美育课堂上，美育教师要根据学校美育的理念与目标，以及学生的需求特点，有规律性地指导学生学习美育知识，发展学生的审美鉴赏能力。为符合美育课程实施的教育原理，需要遵循以下的准则：一是坚持艺术性与思想性统一的原则，美育课程是为工科学生更好理解美育知识理论与涵养审美素质服务的，因此课程内容应当积极健康，具有一定的审美价值；二是坚持重实践、重体验性的原则，审美教育是情感教育，要引导工科学生理解美育知识的基础上，借助课堂的实践活动与师生互动来发挥学生的感性思维能力，使学生充分感受美的对象；三是坚持内在美与外在美相统一的原则，需要通过美育课程呼吁工科学生既要注重外在的行为仪态之美，也要注重内心道德情操的美，实现身心和谐。

第三，科学定位课程目标。培养具有追求美的崇高意识、健全完美人格的高素质人才。这不仅是《关于切实加强新时代高等学校美育工作的意见》（以下简称《意见》）中的明确规定，也是新时代高校培育学生的人文与审美素养的目标指向。培养工科学生具有健康的审美观念，可以促进大学生树立正确的世界观、人生观、价值观，还能润物细无声地浸润学生的心灵，平和内心，逐步自我完善，实现自我升华。工科院校应当通过构建美育课程体系，逐步实现三层次的目标。一是知识目标：使工科学生理解并掌握美育、美学的基本理论知识，形成健康积极的审美观念；二是技能目标：培养工科学生具备最基本的审美鉴赏力，对美的感受力与认知力，感性思维与理性思维协调发展的能力，激发学生的创新创造能力与批判性思维能力；三是素质目标：实现工科学生人文与审美素养的提升，具备健康的心理素质、健全的人格，不断自我提升，最终成为身心和谐、全面自由发展的工科领军人才。

（二）美育课程内容体系

第一，建设美育基础必修课，夯实美育根基。同样承担着开设高等教育阶段美育课程任务的工科院校，应当意识到艺术教育是实施美育的主要手段，但不意味着美育等同于艺术教育。因此，工科院校应当充分考虑到许多工科学生在进入大学之前仅接受过基础的美术教育，所受到的审美教育比较匮乏的现况。在建设美育基础必修课时，可以系统地讲授美学的发展历程、美育的思想演变轨迹等基础的美育理论知识，以教师引领学生鉴赏美育经典著作、研读学校自主研发的美育教材等形式，为工科学生普及审美艺术的基础知识，夯实美育基础，使学生形成健康向上的审美观念，具备最基本的审美鉴赏力。

第二，建设美育核心通识课，打造美育深度。工科院校不仅需要夯实美育理论基础，还要以艺术教育为主体，开设综合性、发展性、普及性强的核心美育课程。严格依照教育部办公厅发布的《全国普通高等学校公共艺术课程指导方案》（以下简称《方案》），教育部部属学校、"211工程"学校，以及省属重点学校需开足开齐艺术课程包括艺术导论、音乐鉴赏、美术鉴赏、影视鉴赏、戏剧鉴赏、舞蹈鉴赏、书法鉴赏、戏曲鉴赏，其他学校应该努力创造条件，通过2～3年的努力尽快予以开设。这八大美育核心通识课，应当邀请专业的美育老师来授课，透过中国传统的音乐、美术、舞蹈等文化背景、表现方式和艺术价值来向工科学生传达艺术和美育的价值观，拓宽学生的艺术视野，打造美育深度，培养工科学生提升人文与审美素养，完善人格发育。

第三，建设美育素质拓展课，积淀美育厚度。素质拓展课即艺术选修课。工科院校的素质教育离不开艺术教育，工科学生可以通过艺术选修课程提升个人素质教育。正如苏联著名的教育家苏霍姆林斯基所说："美是道德纯洁、精神丰富和体魄健全的有力源泉。"依据教学运行规律与工科生身心发展规律，合理规划艺术选修课程，帮助学生有效处理好知识、技能、能力与素养的关系。《方案》将高校艺术选修课程划分为作品赏析、艺术史论、艺术批评、艺术实践四类。国内的重点工科院校基本在此基础上开设了多门艺术公共选修课，更多的工科院校应当严格按照教育部提出的美育选修课程建设基准，结合院校的工科特长与地方文化优势来开设创新的艺术选修课程，打造"各美其美，雅俗共赏"的境界，积淀美育厚度，增添工科学生对多元审美的价值理解，实现自我建构与个人素质修养的提升。

第四，建设美育线上微课慕课，延伸美育广度。近年来，我国坚持以教育信息化全面推动教育现代化。为积极响应习近平总书记关于"以信息化手段扩大优质教育资源覆盖面"的号召，工科院校应当充分发挥专业优势，运用网络信息技术的创新，依托在线教育平台、大学MOOC、学校特色课程网站等大力开展以美育为主题的微课、慕课等在线开放课程。首先，学校要加强美育线上课程的建设力度，注重美育线上课程的数量与质量，打造优质的精品微课、慕课；其次，打磨培养出专业的线上课程录制美育讲师，并引导教师倾情投入录制，实现美育知识的无障碍传递；再次，要将线上与线下的美育课程处理到位，不断适应在校教育的变化与发展，做到内容上的不断探索与创新。工科院校可以打通校际联系,引进一批国家级的精品慕课,打造符合工科学生需求的美育微课,延伸美育广度。

(三)具体实施策略

第一,将美育纳入人才培养方案。依据国家的要求,将美育落实到高等教育阶段的每一个学生之中,确保实现学生人文与审美素养的提升这一目标,就需要将美育课程开齐开足,保障学生上有品质的美育课。《意见》中明确规定,包括工科院校在内的高等院校要落实开设美育课程的硬性要求,增加美育课时,创新美育教学模式,革新美育课程内容,加强美育教材体系的编写。因此,工科院校需要提升美育在学校教育中的地位,将公共艺术课程与实践纳入工科院校的人才培养方案中。实施学分制管理,要求本科学生在读期间修满至少2个公共艺术课程与实践的学分,鼓励将美育、人文通识课程纳入研究生的公共教育课程体系。鼓励有高要求高标准的工科院校划分公共艺术课程学分与公共实践课学分,合理设置必修课与选修课,将培养工科学生的美育培养方案落到实处,而不是形式化处理。

第二,促进美育与多学科融合渗透。要促进学生的全面自由发展,不能仅靠审美教育,需要打造"大美育"环境与体系。《意见》中着重强调,要坚持树立学科交叉融合的理念,将美育渗透进学校人才培养全过程。因此,工科院校需要在实现教育过程审美化中做到三个融合。一是加强美育与其他"四育"的融合,促进"五育"相互交织、有机联系,实现以美育德、以美启智、以美强体魄,培养工科学生挖掘学习与生活中的道德之美、智能之美、运动之美与勤劳之美;二是加强美育的艺术学科内部的融合,无论是美育基础理论课,还是音乐、美术、舞蹈等核心鉴赏课,都不应割裂开来,而应当相互碰撞,来培养工科学生的艺术通感与多元审美的价值观念;三是加强美育与工科专业的有机融合,让工科专业的教师也传播美育思想,引领学生探索理性之美,增强专业课程综合性与创新性,培养工科学生的艺术与科学素养、理性思维与感性思维的融合发展。

第三,完善美育课程评价体系。工科院校要整合高质量的美育课程,就需要公正公平地考核美育效果,不断完善美育课程的评价体系。不同于工科专业的课程评价体系,美育课程不是纯理论性质的课程,非常注重实践性,因此工科学生的美育课程的考核评价不能仅限于结课成绩,还应当综合考评学生的美育实践。首先,需要学校完善结合美育教学课程、校园美育实践、文艺演出、社会美育实践,制定出对应的评价政策来承认美育课程与实践的最终学分；其次，要求学校客观公正地考评工科学生的审美教育学习能力，打破传统的应试性考核依据，创设以作品汇报、成果展示、临场表演等形式代替笔试，让学生充分感受到美育的实践性特征；再次，完善美育课程的教师评价板块，结合学生对授课教师的课后评价打分与美育课程小组的教学模拟展示的考评打分，激励美育教师不断革新课程内容、改进教学方式，为学生呈现出更优质的美育课堂。

第四，丰富课外美育实践活动。结合审美教育的实践性特征与工科学生对技能学习的热忱，美育的实践活动应当成为工科院校美育课程的重要组成部分。工科院校应当充分利用校园文化建设与地方美育资源的优势，拓宽学生的美育实践平台。一是积极开展校内的美育实践活动，在校内建设美育实践基地，并鼓励学生自发组建美育与艺术的相关社团，加强校园文化活动的建设，打造各类文艺汇演、晚会、艺术比赛、文化节等精品活动，激发学生参与到美育实践活动中的热情与兴趣；二是增设户外的美育实践活动，由教师带领学生到校外的博物馆、科技馆、艺术馆、名胜古迹等地，通过直观的视觉来体验自然之美、艺术之美与社会之美；三是与艺术院校、艺术团队搭桥，邀请美术大师、中华优秀传统文化的传承名家等到校进行讲演，使工科学生感受视听盛宴，与艺术院校合作共办活动，为科学插上艺术的翅膀，让学生在实践过程中体味艺术之美，激发学生提升自我修养，协调理性与感性的思维能力。

四、工科院校美育课程体系的实施保障

工科院校美育课程体系的构建是一个系统复杂的过程，为保证美育课程的有序开展，切实加强组织保障不可忽视。要在明确美育课程的目标与加快美育策略实施的基础上，积极推进高校美育政策的落实，做好制度保障；打造一支高水平的美育师资队伍，做好师资保障；改善美育的场地建设，做好设施保障。

（一）贯彻落实高校美育政策

关于高校美育的政策内容，在教育部印发的《关于切实加强新时代高等学校美育工作的意见》中提出了新时期高校美育工作的发展目标、总体要求，并明确了主要任务和重点举措。在中共中央办公厅、国务院办公厅出台的《关于全面加强和改进新时代学校美育工作的意见》中，为学校美育体系

提供了全方位的改革方案。如何深入贯彻落实好美育的文件精神，是推进工科院校美育课程的开展与实施所必须加强探索与思考的重要工作。

工科院校一是要以习近平新时代中国特色社会主义思想为指导、以社会主义核心价值观为引领、以弘扬中华美育精神为核心，来推进美育工作，打造健康积极的美育课程内容，充分发挥美育润物细无声的特点，培养工科学生坚定正确理念，树立正确的价值观，陶冶爱国情操，增添民族认同感与归属感；二是要坚持正确方向、坚持面向全体、坚持改革创新的美育工作原则，强化先进的美育课程教育，美育育人要在面向人人基础上尊重学生个性，不断完善学校的美育课程体系建设，进而构建健全的美育教育体系；三是要紧跟美育新政策的变化与教育部的美育工作部署，并将习近平总书记对高校美育工作的寄语落到实处，扎实推进新时代美育工作，将美育课程开齐开足开好。

（二）加强美育师资队伍建设

为提高美育教学质量，改善由于师资力量缺乏导致工科学生美育的课程建设需求得不到满足的状况。工科院校有必要提高教师队伍的整体美育素质，通过工科专业教师将真善美的思想融入专业知识中，传播给广大工科学生；整合校内外教师团队资源，创新聘任机制，建设一支高水平的从事美育课程教学的专业师资队伍。当工科院校具备了足够专业的美育教师来从事美育工作时，美育的实际作用才能得到有效的发挥，从而促进美育课程教学和实践的有序进行。工科院校的艺术团也需要美育教师来安排指导，从而有效推进学校开展美育课外活动与美育生活课程的服务。

首先，美育教师需要不断提升自我的审美与人文修养，美育教师本身应当具备丰富的美学美育的专业知识与技能，这是审美教育有序实施的首要保障，美育教师应当在夯实工科学生的美育理论基础上了解学生的个体差异，因材施教地传授技法技能，帮助学生提升全面的综合素养；其次，美育教师的队伍也要推进教师评价考核机制，由旁听教师与接受美育教育的学生共同打分考评，激励美育教师不断完善美育教学质量，打造出更有育人效果的美育课堂；再次，要合理规划美育教师的岗位结构，并畅通美育教师的职业发展通道，整合优秀的美育教师资源，美育课程的开展才能得到保障。

（三）改善美育场地设施建设

2020年10月16日，教育部在新闻发布会上明确了美育师资队伍建设和场地设施建设的要求。工科院校应当改善美育场地的设施建设，满足学生上课教室与实践活动场所的基本需求，做好最基础的设施保障来便利美育教师授课与学生接受审美教育。

首先，工科院校自身需要建好满足美育课程教学和学生实践活动需求的功能教室、设施设备及专用场地。例如，学生的合唱鉴赏课上，需要搭建专用的合唱阶梯、多媒体投屏、钢琴等乐器辅助及音响设备等，当合唱课上所需的所有设施设备齐全时，才能更好地由声乐教师引领学生领略合唱的魅力与声乐中的美感。其次，要加强美育场馆的建设。有条件的工科院校可以利用地方优势与该地共享共建博物馆、美术馆、音乐厅、剧场等艺术场馆，为工科学生打开艺术视野，通过改善美育的设施设备条件来帮助学生在美育课堂与美育实践活动中发现美、感悟美，提升审美鉴赏能力。

结语

工科院校的美育建设仍处于探索发展阶段，美育课程体系的构建是工科院校开展美育工作的关键环节，能推动学校美育的整体发展，应当引起足够的重视。美育是审美的教育、情感的教育、人格的教育，具有不可替代的育人功能。因此，工科院校需要正视自身美育存在的问题，改变当前的美育现状，弥补美育课程的短板与不足，让美育走上良性发展的道路。积极响应习近平总书记对高校美育工作的寄语与《意见》中提出的美育课程建设要求，打破传统的美育课程体系，通过美育改革创新与促进结构升级，打造符合工科特色的科学完善的美育课程体系。当工科院校的美育发展真正走上了良性的发展道路时，工科院校才能全方位、多元化地培养学生，精心培育出具有崇高审美追求、高尚人格修养、全面发展的高素质工科人才，推动工科美育的整体发展，促进未来美育的良好发展，重塑完整、健康与和谐的高等工程教育。

● 参考文献

[1]习近平.给中央美术学院老教授回信[N].光明日报,2018-08-31(1).

[2]习近平.在全国教育大会上的讲话[N].光明日报,2018-09-11(1).

[3]关于全面加强和改进新时代学校美育工作的意见[N].人民日报,2020-10-16(4).

[4]教育部关于切实加强新时代高等学校美育工作的意见[J].中华人民共和国教

育部公报,2019(5):19-23.

[5] 薛允洲,赵成文,陈稷玲. 思想道德修养导论[M]. 青岛:中国海洋大学出版社,2002:90.

[6] 胡敏. 新时代背景下工科院校美育教育改革探究——以成都信息工程大学为例[C]//. 劳动保障研究会议论文集(八):四川劳动保障杂志出版有限公司,2021:3.

[7] 高平叔. 蔡元培教育论著选[M]. 北京:人民教育出版社,1991.

[8] 教育部办公厅关于印发《全国普通高等学校公共艺术课程指导方案》的通知[J].中华人民共和国教育部公报,2006(9):26-28.

[9] 苏霍姆林斯基. 帕夫雷什中学[M]. 北京:教育科学出版社,1983:424.

南开大学"艺术导论"公选课建设与"美育育人"功能践行

杨 岚[①]

"艺术导论"是《全国普通高等学校公共艺术课程指导方案》(教体艺厅〔2006〕3号)中提出的高校应开足开齐的八门艺术限定性选修课之一。南开大学"艺术导论"课程已开设多年,为集体课程,以"艺术家讲艺术"为特色,由各艺术领域专业教师谈各艺术类型审美特征,大受欢迎,被评为南开大学文化素质教育核心课程之一。经过数年建设,已形成近20人的相对稳定的公选课教学团队,开设理论班、实践班,每学期开课。艺术理论班,重艺术鉴赏和评论;艺术实践班,从易上手的艺术类型起步,如声乐、舞蹈、钢笔画、书法、诗歌创作、摄影、动漫、纪录片拍摄、曲艺等,引领零基础学生进入艺术殿堂。课程建设更加突出核心价值观引领,注重青年学生喜闻乐见的新艺术形态研究。

一、"艺术导论"课程总体目标

第一,课程教学目标首先是落实教育部公共艺术课程设置方案,促进全面育人。

"艺术导论"是教育部规定的艺术公共课程八门必开课之一,2006年教育部办公厅印发《全国普通高等学校公共艺术课程指导方案》(教体艺厅〔2006〕3号),提出公共艺术课程作为美育主要途径的中心地位,指出课程目标是:"在普通高等学校公共艺术课程的学习实践中,通过鉴赏艺术作品、学习艺术理论、参加艺术活动等,树立正确的审美观念,培养高雅的审美品位,提高人文素养;了解、吸纳中外优秀艺术成果,理解并尊重多元文化;发展形象思维,培养创新精神和实践能力,提高感受美、表现美、鉴赏

---

① 作者简介:杨岚,南开大学文学院教授,博士生导师。

美、创造美的能力，促进德智体美全面和谐发展。"

艺术限定性选修课程包括"艺术导论""音乐鉴赏""美术鉴赏""影视鉴赏""戏剧鉴赏""舞蹈鉴赏""书法鉴赏""戏曲鉴赏"。各高等学校可根据本校学科建设、所在地域等教育资源的优势以及教师的特长和研究成果，开设各种具有特色的艺术任意性选修课程或系列专题讲座，以满足学生的不同兴趣和需求。并规定每个学生至少在艺术限定性选修课选修一门通过考核或获取两个学分方可毕业。

"艺术导论"将八门必开课集于一体，在学生模块式选课中只有两学分分配给艺术，而又想尽可能全面了解艺术概况、提升审美鉴赏力的刚需下，提供了一种选择。

第二，课程教学目标把教育部新时代强化美育的要求具体化，进入操作层面，突出美育育人。

2019年4月11日教育部下发《关于切实加强新时代高等学校美育工作意见》，强调普通高校要强化面向全体学生的普及艺术教育，要求各高校把公共艺术课程和艺术实践纳入教学计划，鼓励高校探索实施公共艺术课特聘教授制度，建设高校美育名师工作室，加强高校艺术教育场馆建设，与中小学艺术师资和社会艺术资源形成互动交流机制；并提出要修订《全国普通高等院校公共艺术课程指导方案》，加强课程建设的规范化、制度化和科学化。

南开大学的艺术类全校公选课集体课程"艺术导论"积极落实教育部的美育课程目标，将艺术理论与艺术实践紧密结合，经长期建设已形成自己的鲜明特色，为综合性大学的学生提升审美鉴赏力和艺术素养而设，力争用一学期的时间将不同专业学生引进艺术殿堂，领略艺术风采，使其了解艺术前沿，尝试艺术实践，提升审美素养和文化鉴赏力。

第三，课程教学目标把第一课堂与第二课堂贯通，把校园文化建设与社会艺术文化资源贯通，使艺术教育与思想政治工作水乳交融，在课程具体内容中渗透道德教育、政治理念，突出人类命运共同体意识，促进人文情怀和文化鉴赏力提升，彰显立德树人、思政育人。

教师认真学习全国教育大会、课程思政相关文件，积极挖掘课程中的思政元素，对艺术内容主题分析中突出价值观、人生观、世界观的引领，在艺术形式分析中看到文化规范，看到社会阶层审美趣味差异，看到时代风尚和时代精神对艺术潮流的深刻影响。思政要素渗透于课程之中，不知不觉濡染陶冶，效果更为深入持久。

二、艺术理论与艺术实践双翼建设

南开大学"艺术导论"课程分为理论班和实践班两个班次,由十几名各艺术领域的资深艺术教师任教,构成优质艺术系列讲座,鼓励教师以自己作品和创作体会为案例教学,不隔靴搔痒,直奔艺术真体验。学生可以依据自己的兴趣、基础和需求自由选择,有的重在艺术解读与艺术评论,有的重在艺术创作和艺术展演。师生教学相长,教师在微信群公开点评学生作品,指点一人,群体受益,学生分享各种艺术资料链接,拓宽视野,直切年轻人喜爱的当代艺术新形式,同步艺术现场。师生均可受益。

(一)艺术导论理论班

艺术导论理论班重点探讨各艺术类型的审美特征。外行看热闹,内行看门道,很多人一生爱好艺术却不明就里,欣赏艺术而不知看点,谈论艺术不懂形式规律。艺术面向大众,但大众却只识皮毛,无从领略艺术魅力。现当代艺术偏离优美崇高,消解悲剧喜剧,直指抽象荒诞滑稽,艺术家与大众渐行渐远,不懂艺术,成为很多人的口头禅,连大学生这个艺术最热情的受众群也开始疏离传统艺术,经典作品淡出视野,新艺术形式也缺乏有效解读。只有艺术理论和艺术实践的接轨,才能让审美渗透生活,才能以理性导引感性。而艺术专业教师和艺术业内人士讲艺术,基于创作体验指点迷津,往往有"听君一席话胜读十年书"的功效。专业教师也因要在限定一两次讲座的时间内谈出一种艺术类型的审美特征,必须细加甄选,找到合适的切入点和典型的艺术作品及独到的个体体验,才能讲出亮点和真知,让学生如醍醐灌顶。这种备课理念与写作学术论文的思路类似,对教师科研能力提升亦有好处。

绪论(总体介绍艺术导论的理论体系、课程结构和教师团队)
一、艺术家与艺术创作
二、语言艺术审美特征
三、书法艺术审美特征
四、建筑园林艺术审美特征
五、摄影艺术审美特征
六、绘画艺术审美特征
七、影视艺术审美特征

八、古典音乐审美特征

九、现代音乐审美特征

十、古典舞蹈审美特征

十一、现代舞蹈审美特征

十二、数字国画审美特征

十三、设计艺术审美特征

十四、高科技时代的新艺术形式的审美特征

（二）艺术导论实践班

艺术导论实践班是目前建设重点，宗旨是让零基础的学生进入艺术大门，体会艺术魅力，激发想象力，理解应用形式规律，进入艺术现场，体会艺术与生活、艺术与生产、艺术与市场、艺术与社会、艺术与文化、艺术与科技的关系。要想知道梨子的滋味，就得亲口尝尝，要想学会游泳就得下水，要想体会表演艺术就得上台。没有艺术实践亲身体验，艺术理论、艺术史、艺术评论都是无源之水、无本之木，搔不到痒处找不到痛点，背一堆概念秀多种方法，却无感觉无判断无洞察，人云亦云，自欺欺人。因此必须低门槛接引，让各专业学生亲自体验艺术创作，哪怕写一首情诗，唱一次卡拉OK，经常手机摄影，随手钢笔画，兴起跳舞，休闲时听音乐，开心时说相声，随时进入艺术天地，而后才能以美启真、因技悟道。

绪论　艺术功能与艺术学研究现状

一、音乐艺术启蒙与民族唱法

二、视唱基础与美声唱法

三、现代音乐与通俗唱法

四、手机摄影

五、钢笔画

六、微视频与纪录片拍摄

七、小说创作　微小说

八、诗歌创作

九、书法实践、书画鉴定与收藏

十、服饰艺术与服装表演

十一、舞蹈与形体训练

十二、拉班舞谱与现代舞

十三、日常生活美学与艺术泛化

十四、时尚文化与美学精神

此外，延请教师和艺术工作者开设诗词创作、影视创作、人像摄影、居室设计艺术、漫画创作、旅游美学、广告美学等专题，让零起点学生零距离接触艺术世界，开启艺术审美之旅。

教学团队成员随工作需要采用流动制，师资数量总体稳定。

三、"艺术导论"公选课的美育功能

传播大美学大美育理念。一方面系统讲授传统艺术理论，另一方面通过线上资源和讲座把城市规划、旅游美学、环境设计、公共艺术、广告美学、消费美学、日常生活美学、生态美学等引入艺术公选课系统，让学生发现生活中的美，点燃生活激情，对建设和谐中国美丽中国有切实体会。

突出学生为学习主体，课程设置要研究学生审美特点，满足其需求。重视在青少年生存方式中滋生和流行的艺术，如动漫、街舞、通俗歌曲、校园民谣、卡拉OK、手机摄影、短视频、微小说、微电影、手工制作、服饰艺术、化妆美容、装饰艺术、涂鸦艺术、行为艺术、生态艺术、环境艺术等，并引入课程研究视野，在学生喜闻乐见的形式中导引其研究艺术规律，进入艺术创作，提升审美能力和文化判断力。在现代时尚文化中促进中华文化复兴，对弘扬中华美学精神有自觉意识，发现和创造中国元素的现代形式。

精心编排内容，突出有效教学。这门课为综合性大学的学生提升审美鉴赏力和艺术素养而设，面对各专业学生，力争用一学期的时间将不同专业学生引进艺术殿堂，领略艺术风采，使其了解艺术前沿，尝试艺术实践，提升审美素养和文化鉴赏力。这对教师要求极高，同时也要借助学生艺术团体示范作用，教学相长，同学之间传帮带，社团活动与课堂教学相结合，课上课下一体化，教学只是接触艺术契机，以后持续艺术爱好，参与艺术活动才是目标。在艺术教育中培养学生对祖国文化的深厚情感，确立文化自信。

"艺术导论"公选课本着"艺术家讲艺术"的宗旨，以一课为平台，延请各艺术专业资深教师或知名艺术家，具体分析各艺术类型的审美特征，包括语言艺术、造型艺术、表演艺术、音乐艺术、综合艺术（戏剧影视）、数字艺术、新媒体艺术等。教师们既有理论系统梳理，又有艺术创作实践体验，同时鼓励学生培养艺术爱好，在班级微信群中展示绘画、摄影、书法、诗歌等作品，相互激励启发，专业教师可点评指导。期末素质教育汇报演出中亮相舞台，也是艺术教育的审美聚焦点，台上台下互动互促，提升了校园艺术文化氛围，利于大美育环境的营建。

集体课程集体备课，相互配合，相互促进。同时注意教学相长，形成师生学习共同体。"艺术导论"建设的目标是尽可能有代表性、有专业性、有全面性，覆盖艺术全领域，教师是各类型艺术专家，在一两讲中展示精粹，需要研究深入、精心构思、巧妙集合材料、关键性解读，极为考验功力。教师间相互配合相互切磋，对教学质量提升有益。同学之间在艺术实践展演中相互启发，也是重要学习方式。集体课程大家相互借鉴，也会形成浓厚的学术氛围，这门课的建设对整个部门的学风和业务水平提升均有促进。"艺术导论"课程中涉及的学生音乐、绘画、书法、摄影、手工、服饰、表演等展演活动也逐步常规化。

线上教学与线下教学相结合。充分利用网络上的艺术资源和新媒体融媒体手段，促进艺术教学质量提升。系列讲座同时在线上铺开，影响面大，专家之间切磋交流机会增多，也会迫使教师精益求精、以科研精神反哺教学，快速提升教师的教学水准。鼓励教师在授课过程中辅以慕课建设，慕课制作要求文字稿成熟、课件制作精良、讲述熟练、知识点密集、艺术评点一语中的，教师在慕课制作中教学科研能力会随之大进。学生微信群互动、线上作品展、腾讯会议演出等形式多样，打破时空局限，不需多少经费支持，而作品能充分展示，顺畅交流，互相品评，效果极好。

四、"艺术导论"公选课的教学创新与育人成效

"艺术导论"公选课对于众多非艺术专业的学生来说，是他们的艺术导游图，是其人文素养的培植苗圃，应该寓教于乐，润物无声。

研究传统文化精华在艺术中的体现、传统艺术的现代传承、非物质文化遗产中的艺术文化的重点解析、现代时尚文化中的中国元素，以确立文化自信，促进中华文化复兴。研究中西艺术文化交流，重视中国艺术对外传播的研究、中国艺术在国际范围的影响、中国审美标准的确立，以弘扬中华美学精神。研究现代文化创新的重点，包括各艺术类型中红色文化的表现形式的变迁，讲授中有典型文本分析，有文化相互借鉴和渗透融合及文化冲突的具体解析，以助力文化鉴赏力提升和核心价值观传递。

艺术课程的教学方式更重体验、实践和交流，需要第一课堂与第二课堂

贯通、学习和娱乐生活融汇，全面育人。南开大学学生艺术社团众多，校园艺术文化活跃，在素质教育课程汇报演出、艺术沙龙、周末艺术论坛、艺术节等方面有广泛而雄厚的基础，学生选择艺术类公选课，研习有所得，还可有众多展示交流机会。"艺术导论"课程的配套考核和艺术实践有多种形式，如：

（1）传统节庆文化主题的艺术展演。

（2）非遗艺术的校园传承与展演，线上研讨。

（3）"南开大学素质教育"微信公众号正常运行，开展艺术教育专题宣传，树立南开美育品牌。

（4）"艺术现场"讲座系列打出影响，课程内容深化，研究性教学促进教师成长。

（5）教师指导艺术社团组建并定期举行活动，与课程进度配合，强化学习效果，活跃校园艺术生活。

（6）在班群和网络上展出作业，形成青年学院派艺术评论方阵，影响社会文艺潮流，"南开美育"形成一定影响。

（7）与天津大剧院、曹禺剧院、天津文化局等单位合作，共同促进素质教育发展，搞好大美育。

（8）可发表艺术教育论文、艺术评论和公众号文章，传播南开大学大美学大美育的教育理念。

（9）考核方式多样化，每一艺术类型有课堂展示，有微信群发表，教师点评。期末要写一篇当代艺术作品评论，还要互相评分，了解21世纪艺术发展趋势。

如果学生无任何艺术特长，至少要熟悉语言艺术，开班时就通知学生期末交作业时要现场作诗，还要现场和诗一首，体会诗国传统，体会语言艺术魅力，而为准备这一刻要花费一学期时间，这样艺术学习形成沉浸性的氛围美育，效果很好。

"艺术导论"十几位教师构成强大教学团队，人人全心投入，师生平等交流，美育育人成效显著。

（1）学生普遍反映，在一门课上见识不同艺术领域专家，大开眼界，也体会出艺术是相通的，对世界艺术和中国艺术都有了深刻理解。

（2）生动多样的教学方法，使学生很快学会内行看门道的艺术鉴赏方式，学会以专业眼光欣赏艺术。有理科同学反映，看电影、评论电影也和别人只看故事不一样了，学会了分析镜头语言、蒙太奇手法、叙事方式，注意到配乐和灯光，能解读视觉思维，看出语言艺术与视觉艺术的各自优势，宿舍的同学都对其刮目相看。这种能力会伴随一生，"感觉生活有深度了"。

（3）不少选课学生加入艺术社团，继续培植艺术爱好。有经济学院的学生在戏剧社从跑龙套到成为主演，从本科到研究生一直浸润其中，甚至尝试改编戏剧，创作剧本，探索艺术新路。

（4）不同专业学生从自己专业角度研究艺术，脑洞大开。如数学专业的探索对称均衡，化学专业的探索情感规律，物理专业的研究舞蹈姿势的力学规律，计算机专业的尝试动画动漫，工科的写作科幻小说在网络发表，交流中大家都感觉思路大开，创造性思维突飞猛进。

（5）"艺术导论"活泼的课堂氛围影响了学生性情。舞蹈课上解放身体，音乐课学会歌唱发声，时装表演强迫上阵，不少学霸精神面貌焕然一新，有同学在卡拉OK中很快由羞涩"小白"变成"麦霸"，有的体态形象气质发生大的改观，有的在社交礼仪方面进步明显，连家长朋友都有惊喜感觉。进入职场前的艺术课程和舞台经验，有助于社交和面试，同学们谈起来津津乐道。

（6）艺术社团学生与教师关系密切。"艺术导论"课程学生与南开关系密切，一些毕业后回馈母校的学生对艺术课程老师印象格外深刻，南开记忆的青春辉煌瞬间往往在汇报演出舞台，在教学楼的展览空间。艺术是情感的表现形式，"艺术导论"的教师群传达了知识之外的人文情怀和文化使命感。

（7）"艺术导论"团队教师也伴随课程进步成长。十几年来，先后有22位教师在这个课程中任课，有的从讲师晋升了副教授，学术精进；有的从副教授晋升为教授，课程中讲授的专题成为研究方向；有的老师退休了依然参与"艺术导论"公选课教学。大家认真对待每一堂课，引领这些艺术零基础的各专业学生进入艺术殿堂，促进他们的全面发展，提升学生的生存质量，为培养新时代优质人才尽心尽力。

"艺术导论"这门通识选修课折射出了南开教师的文化使命感，折射出了南开学生的精神优质硬核。立德树人，美育育人，艺术教育一线涵育着一代新人的人文素质和人性教养，在机械理性肆虐的高科技时代，殊显重要。

科学与艺术趋同发展

——美育是通识教育的核心支柱[1]

董宇艳[2]

引言

教育的主要目的不在于解释意义,而在于去敲那心的门。

——[印度]泰戈尔

学生是有血有肉的人,教育的目的是为了激发和引导他们的自我发展之路。

——[英国]怀特海

大学教育之目的,在于养成一国之领导人才,一方提倡人格教育,一方研讨专门智识,而尤重于锻炼人之思想,使之正大精确,独立不阿,遇事不为习俗所囿,不崇拜偶像,不盲从潮流,惟其能运用一己之思想,此所以曾受真正大学教育者之富于常识也。

——竺可桢

党的十九届五中全会提出,到2035年我国将基本建成文化强国、教育强国、人才强国、体育强国、健康中国,国民素质和社会文明程度达到新高度,国家文化软实力显著增强;人民生活更加美好,人的全面发展、全体人民共同富裕取得更为明显的实质性进展。这些都为高校通识教育的深入开展指明方向,科学与艺术的发展有利于构筑人类的全面素质。

在全国教育大会上,习近平总书记提出新时代教育新方向,以及对教师的定位和要求:教师是人类灵魂的工程师,是人类文明的传承者,承载着传播知识、传播思想、传播真理、塑造灵魂、塑造生命、塑造新人的时代重

---

[1] 基金项目:本文系中国高等教育学会"大学素质教育研究"专项课题"打造师范类通识教育体系推进教师教育发展"(2019SZEYB01)成果之一。

[2] 作者简介:董宇艳,教授、法学博士,海南师范大学通识教育中心主任、东坡书院副院长。

任。近些年来，关于科学与艺术相互碰撞、相互渗透、相互融合、趋同发展，已经成为一个热门话题，引起社会的广泛关注。教育部将美育工作与效果作为高校办学评价的重要指标，纳入高校本科教学工作评估和"双一流"建设评价指标体系。高校探索科学与艺术有效碰撞，深入推进美育工作，引导教师成为学生健康成长的"引路人"、成为塑造学生品格的"大先生"，这是当下中国教育界要深思、要回答的一个重大问题。

一、科学与艺术的内涵与关系

科学是反映自然、社会、思维等客观规律的知识体系和智慧结晶，通过对这些事物发展规律以新的认识和抽象，寻求客观真理的普遍性，是科学追求的目标；艺术是反映人类现实生活和表现人类思想感情的一种社会意识形态。通过自然与社会中人类活动的艺术和表现，寻求"真善美"的普遍性，是艺术追求的目标。

科学和艺术的差异是非常明显的。科学重理性，具抽象性；科学依靠归纳与推理，严谨；以逻辑思维方法为主，求真。而艺术重感性，具形象性；艺术依靠灵感与想象，浪漫；艺术以形象思维方法为主，求美。

科学是理性和逻辑的，是客观规律，体现共性。科学是把事情做对，科学是经济基础。科学可以模仿，科学可以重复创造，科学遵循规则。而艺术是感性和唯美的。艺术是审美体验，体现个性艺术是把事情做好，艺术是上层建筑，艺术不能模仿，不能重复创造，艺术需要创造。

科学是人类认识客观世界的知识总和。艺术是人类进行审美创造的最高形式。科学追求真，艺术追求美。真和美是辩证的统一、密不可分。真和美是科学与艺术的灵魂，是科学与艺术的共同追求。

有人曾把科学和艺术作了这样的比喻：科学是寻规觅矩的，一丝不苟的，充以理智的严"父"；艺术是灵活巧妙的，善构善动的，富有情感的慈"母"；少一"亲"而不能生子女——寓意为"创新"。只不过，科学家的头脑，作为一个"家庭"是以"父亲"当家的；艺术家的头脑，作为一个"家庭"是以"母亲"当家的。这形象地说明了科学和艺术相互交叉的情景。科学与艺术的相互爱慕、联姻结合，创造了五彩缤纷的世界。

科学和艺术源于人类活动最高尚的部分。李政道将科学和艺术比喻为硬币的两面，密不可分。它们共同的基础是人类的创造力，追求的是真理的普遍性。科学与艺术都追求深刻性、普遍性、永恒和富有意义。

二、科学与艺术的共性与交融

科技工作者要有文艺素养,因为创新往往源自猜想。钱学森曾指出:科学家要有点艺术修养,能学会文学家艺术家那种形象思维,能大跨度地联想。1999年,在蒋英执教40周年研讨会上,88岁的钱老写了书面发言,让女儿代为宣读,其中有这样的话:"在我对一件工作遇到困难而百思不得其解的时候,往往是蒋英的歌声使我豁然开朗,得到启示……"蒋英是女高音歌唱家,而且是专门唱最深刻的德国古典艺术歌曲的。正是蒋英给钱学森介绍了这些音乐艺术,这些艺术里所包含的诗情画意和对于人生的深刻理解,使钱老丰富了对世界的认识,学会了艺术的广阔思维方法。钱学森夫妇相濡以沫六十载,钱学森感叹:"她的歌声让我豁然开朗。"建筑是科学与艺术的结合,一幢好的建筑不仅符合力学原理,还是一个艺术杰作,是永恒的!书画和其他艺术一样,是美的创造,因为审美是一切的出发点。

科学工作源于形象思维,而终于逻辑思维。也可以简单地说,科学工作是先艺术而后科学的。钱学森举例说,大科学家都是有文学艺术修养的,爱因斯坦喜欢艺术,小提琴拉得很好,做到了"文理相通"。

爱因斯坦有句名言:想象力比知识更重要,因为知识是有限的,而想象力概括着世界上的一切,推动着进步,并且是知识进化的源泉。爱因斯坦从小受母亲的影响,6岁开始拉小提琴,常常与另一位物理巨匠普朗克一起演奏贝多芬等人的乐曲,相对论的创始人拉小提琴,量子论的奠基者弹钢琴。爱因斯坦十分喜爱莎士比亚、萧伯纳、歌德、海涅和列夫·托尔斯泰等作家及他们的作品。由此可见,科学与艺术在反映的客观对象上虽然并不相同,但是,它们的追求目标在很多方面是相同的,它们都属于人类文明的精华组成部分。科学与艺术存在内在联系,它们均需要献身事业的精神,均需要创新意识,科学需要想象和联想,艺术需要逻辑和思维。

英国博物学家赫胥黎曾在《科学与艺术》中形象地比喻说:"它们是自然这块奖章的正面和反面,它的一面以感情来表达事物的永恒的秩序;另一面,则以思想的形式来表达事物的永恒的秩序。"

哈佛大学通识教育特色,倡导切勿忽视对美的感受。高校不要过度注重学生技能的提升,而忽视了对美的感受力,要帮学生寻找内在驱动力。哈佛通识教育委员会相信：一个负责任的教育，必须帮助学生发展推理能力和决断能力；必须培养学生对艺术和文学具有明达的反应能力和自主的创造能力；必须提供给学生在一个日益全球化并且关联化、同时又不失多元化以及破碎化的世界中生活所必需的广泛知识。

科学与艺术的发展助推人的创新与创业能力。提高精神文化素质，已成为人们迫切的愿望。科学与艺术的发展，将有利于提高人类的物质生活和精神生活，助推人的创新与创业能力，进而可以促进人类素质的全面构筑与发展。科学与艺术的发展有利于培养人类的创造思维，科学的理性思考，艺术的浪漫想象，成为人类全面发展的一对翅膀。科学的思维方式在本质上是理性的，这种理性是一种非常可贵的精神力量。这种力量在人类文明进程中起着不可替代的作用，它激励人类通过实践，不断推进社会的发展和历史的进步。

三、美育是通识教育核心支柱

美育天然是现代通识教育的核心支柱。教育尤其是全人教育（whole person education）或曰"通识教育"（general education）、"博雅教育"（liberal arts education）、"自由教育"（liberal education）的目标，常常被规定为培养全面发展的自由人。自由因此成为现代通识教育理念的首要价值。自由恰恰也是审美所追求的内在精神力量。

审美教育以一定教育手段，培养和强化人的感知力、想象力，丰富人的情感，拓展人的精神世界，塑造人的创新求异能力，它具有形象性、娱乐性、情感性、个人创造性和潜移默化性等特点。作为一种完善人生、强化人格、提高受教育者综合素质的重要方式，审美教育也是使人、特别是青少年在娱乐中得到成熟和进步的具体途径，对德育、智育和体育等起着有益的补充作用。全人教育的目标是培养自由而全面发展的人，自由是其首要价值，故亦称自由教育。审美教育是自由教育的核心环节。美具有自由的一切精神品质。审美是一种体验自由的活动，审美的愉悦就是体验自由的愉悦。审美活动可以涵养自由而充实的灵魂，提升人生境界。审美教育主要有两个任务，培养美的欣赏能力和培养美的创造能力。

艺术教育是审美教育最为基础的内容。艺术的意义在于参与者——创作者和观赏者——营造了某种体验自由精神的"审美场"，艺术品则提供介入的媒介。借助培养艺术修养或鉴赏的能力，艺术教育引导生命个体营造精神自由必需的审美场，不仅丰富了个体生命的愉悦体验，更将生命体验向上提升，拓展了精神的纵向空间，甚至最终将个体生命与宇宙生命融贯为一体。

在王国维看来，一个全面发展的人，必须是精神与身体协调发展的，身体的发展固然需要体育，而精神的发展则主要侧重知、情、意诸主体能力的培育，即智育、德育和美育。于是嗣后才有蔡元培等现代教育家大力提倡"美感教育"。可见，在中国现代教育肇兴之初，美育即已被纳入全人教育的理念框架中。

"诗哲"方东美也认同尼采将艺术视为生命自由的根本，"生命正是艺术，艺术富有生命。美的创造为人生根本意义之所在，离却艺术，人生即无以耀露它的自由。美感是生命的节奏，诗人是生命的明灯，艺术有起死回生之伟力。"方东美所勾勒的生命美学终极图景："宇宙，心之鉴也；生命，情之府也，鉴能照映，府贵藏收，托心身于宇宙，寓美感于人生，猗欤盛哉。"

从生命美学或全人教育的视角来看，将生活过成一首诗，将生命化为艺术，是生存的最高境界，也是教育的最高目标。创新离不开漂亮的思维，漂亮的思维离不开深厚的文化底蕴。让我们用生命的姿态去追求有美感有创意的人生。

● 参考文献

[1] 加德纳. 多元智能[M]. 沈致隆, 译. 北京：新华出版社, 1999.

[2] 哈佛委员会. 哈佛通识教育红皮书[M]. 李曼丽, 译. 北京：北京大学出版社, 2010：115.

[3] 方东美. 科学哲学与人生[M]. 上海：商务印书馆, 1937.

在中华文化的根基上以美育人
——课程思政视域下高校素质教育体系建设探索与思考[1]

王德岩　刘祥坠　李昕皓[2]

习近平总书记在全国高校思想政治工作会议上强调用好课堂教学渠道以形成协同效应,因此课程思政成为当前社会对高校素质教育体系建设的基本理念,体现社会对高校教育的根本要求。课程思政本质通过隐性教育和显性教育相结合,以此实现"在知识中传播价值,在价值中凝聚知识",落实"五育并举",培养大学生坚定的"四个自信",其中文化自信是四个自信中层次最深的一个,亦是课程思政大有可为的建设蓝海。

习近平总书记提出的文化自信,把文化视为国家、民族的灵魂;在文艺工作座谈会重要讲话中提出"中华美学精神"这一重大命题,把文化自信和美学精神放在一起来讲。因此在日益明晰的文化和教育思想中,有一条清晰的主线,就是强调弘扬中华优秀传统文化,以文化人,以美育人,为高校在当前课程思政的根本要求下指明了高校素质教育体系建设的发展方向:要把美育建立在文化的根基上,在以文化人的基础上以美育人。美育成为课程思政的重要抓手,本文遵循这一重要思想,结合具体的课程思政和高校美育实践,对这一问题进行了一些初步的思考和探索。

一、三年成化,十年树木:沉淀美育文化,夯实课程思政的校园文化基因

在高校美育的发展中,需要建立合理的课程体系、师资队伍,需要有效的教学方法、实践方式。但是美育要真正地化人成功,一个最根本的条件就是沉淀和积累,使所有的模式、方法都内化为一种美育文化,成为学校内在

---

[1] 基金项目:本文系国家开放大学重大科研项目"中华文明研究成果的教育应用与传播研究"子课题"中华文明发展脉络研究"(Z21A405-2)成果之一。

[2] 作者简介:王德岩,北方工业大学文法学院副教授,硕士生导师。

的文化基因。由以美育人进而以文化人，历史积淀是不可缺少的维度。

何谓"以文化人"？古人有言："三年成化""三人居室而道形焉"（章学诚《文史通义·原道》）。所谓"道形"，就是我们平时所说的"文化"，如家庭文化、班级文化，固定的人群在一起三年，就会形成独特的风貌和特点，形成自己的"小文化"。小文化各有特点，我们这儿所说的是合"小文化"为一体，"观乎人文，以化成天下"的大文化。大文化的形成需要更长期的积累，不仅是"三年成化"，更要"十年树木，百年树人"，形成传统，形成文化基因，使每一个后来者都能熏沐呼吸其中，绵绵不绝，不会因为社会风向和政策改变而中断。因此我们可以说，长期坚持，建立学校的美育传统，使学校美育成为一种美育文化，是高校美育能够把以美育人与以文化人相结合最重要的前提。

以北方工业大学为例，这是一所以工科为主的大学，但从建校伊始，就重视学生的美育，又经过长期延续积累，经过几代教师的努力，美育已经融入学校的文化基因，成为学校教育的重要特色。

80年代中期学校就建立了全国高校第一个艺术馆，成立了直属美育教研室，大学美育成为部分专业的必修课，至80年代末又成为全校必修课。同时联合一些兄弟高校编写和出版了专门的美育教材《美育原理》。又把美育与文学结合，编写了四本教材：《简明文学原理》（这是新时期同类教材中的第一部）、《中国古代文学》、《大学实用写作》和《科技写作》。不把美育限于艺术教育，美育与文学结合，与文化结合，是学校美育一开始就确定的方向。

同时，学校十分重视通过参与学会建设的方式推动美育和文化教育的发展。80年代初，联系冶金系统的一二十所高校成立冶金系统语文教育研究会，进而又通过教材编写、论文发表，团结了全国一大批在审美教育、艺术教育方面志同道合的朋友。1988年，学校美育教研室发起编写《艺术引论》，参加的有上海交通大学、华中理工大学、南京理工大学、首都师范大学、中南工业大学等校的老师。编委会向全国发出倡议书，倡议成立高教美育和艺术教育研究会，得到了北京大学、清华大学、复旦大学、人民大学等数十所高校的响应。1991年4月，中国高教学会美育研究会在学校正式成立，促使高校美育力量实现了整合，进一步推动了全国高校美育工作的发展。

在此历史基础上，学校审美教育和文化素质教育不断积累成果，并把这些成果积淀成一种普遍共识和自身特色，这保证了在学校的不断探索和变化中，审美教育获得持续关注和发展。1995年学校被国家教委批准为全国文化素质教育试点单位之一。学校教师主编出版的教材《大学美育》被列入普通高等教育"九五"国家级重点教材和大学生文化素质教育书系第一批书目，获国家级教学成果奖二等奖和北京市高等教育教学成果奖一等奖。2006年4月，经教育部批准，北方工业大学与北京工业大学、中国青年政治学院联合共建国家大学生文化素质教育基地。2007年，学校思想—文化素质教育教学团队被评为北京市优秀教学团队。2008年，学校"大学美育"课程被评为国家级精品课。2010年，学校被评为北京市大学生文化素质教育基地。

学校"大学美育"课程建设在校外也产生了积极的影响，由学校教师主编的几部美育教材相继获得北京市级、国家级教育教学成果奖，有的被列入北京市高等教育精品教材。学校教师还多次应邀在全国"大学美育"讲习班和全国高校美育与艺术教育系列教材讲习班上主讲"大学美育"教学问题，介绍学校"大学美育"课程建设的情况和体会，受到了来自150余所高校的200余位美育教师的好评。学校制定的"大学美育"教学大纲、习题集等文件，以及制作的教学课件，也被许多高校复印、参考。高等教育出版社发行的《大学美育》多媒体教学系统，亦由学校美育教师制作完成。学校"大学美育"的课程建设，为推动全国美育课程建设和美育教学改革作出了一定的贡献。2010年，由青年教师编写的《大学美育讲义》由清华大学出版社出版，吸收了美学和美育方面的最新理论和现实实例，是学校在美育方面取得成果的一个新的总结。

正是由于长期的坚持和积累，美育和文化素质教育成为学校的教育特色，一直健康持续地发展。这一特色又被北京市教委进一步确定为学校发展规划的"学校特色"和重点发展方向。美育，是学校文化最重要的文化基因。

二、以美育人与以文化人：在中华文化的根基上发展高校美育

关于习近平总书记所提"中华美育精神"，叶朗先生曾在《人民日报》发文作出这样的解释："中华美育传统认为，美育和审美活动可以从多方面提高人的文化素质和文化品格，其意义最终归结为一点，就是引导人们有一种高远的精神追求，提升人生境界。我国古代思想家强调，一个人不仅要注重增加自己的知识和技能，更重要的是要注重拓宽自己的胸襟，涵养自己的

气象，提升自己的人生境界，也就是要去追求一种更有意义、更有价值、更有情趣的人生。"美育所面向和成就的，不是具体的专业技能，而是整体的人生境界。而人的胸襟、气象和境界的提升，一个"更有意义、更有价值、更有情趣的人生"，绝不能从单一方向培育出来，美育最终要回到"全面发展的人"。这样的人格理想，是由文化规定和形成的。以美育人只有与以文化人结合，才能有充分的发展空间。在文化的框架中，美育才有自己的天空和大地。植根于中华优秀传统文化、经典文化和北京的在地文化，美育才能开出最持久、最美的花朵。

为此，学校建设了文化素质教育课程体系，形成了以下几个层次："大学美育""大学语文""中国文化经典阅读"为第一层次，主要是引领学生进入审美、中国语文和中华优秀传统文化。第二层次，开设了思想类、文学类、艺术类、社会类、文化类等"十五讲系列"课程，如"中国文化十五讲""西方文化十五讲""生活美学十五讲""创意文化十五讲""中国戏曲十五讲""古典诗词十五讲""古代小说十五讲""比较文学十五讲""中西建筑十五讲"等，并陆续出版了"十五讲"系列图书。"十五讲"系列课程更具体地引导学生学习中华优秀传统文化和世界经典文化，与"大学美育"在素质教育中相互补充且互有区别。第三层次，开设了50多门选修课，涉及具体的文化、艺术、文学、思想门类与经典作品，也把最新的理论和知识传递给学生。第四层次是实践课程层次，课堂教学与文化实践、审美实践的紧密结合也是学校文化和美育的课程特色。我们不断加强实践教学环节，加强课堂实践教学内容，将课堂教学与文化调查、社会审美结合起来，将理论与实践紧密联系起来，充分利用审美教育和文化素质教育实践基础——艺术馆、陶艺制作室、木工实验室、丝网印刷实验室和模型室建设等，提高学生的实际审美能力和创美能力。

在课程设计中，我们特别注重通过课程向学生传递中华优秀传统文化，引导学生阅读《周易》《老子》《论语》《孟子》《庄子》《史记》《坛经》《世说新语》等中华文化经典，带学生领略中国传统诗词、中国古典小说、传统建筑、中国戏曲、生活美学等各类优秀传统文化，并在中西文化对比的框架下，了解各自的优点，增强学生的文化自觉和文化自信。习近平总书记在全国宣传思想工作会议上的讲话，给高校和学术界明确提出了一个重大任务："要把优秀传统文化的精神标识提炼出来，展示出来，把优秀传统文化中具有当代价值、世界意义的文化精髓提炼出来，展示出来。"面对这一任务，高校美育也作出自己的努力和回答，向学生传递优秀传统文化的精髓，特别是其中的中华美育精神的当代价值和世界意义。

在课程研发中，深入研究素质教育规律，以科研推动课程教材建设。1994年3月，学校仇春霖教授就美育问题写信给分管教育工作的李岚清副总理，希望进一步重视美育，在教育方针中明确提出美育。李岚清副总理为此于4月1日专门召开国家教委艺术教育委员会委员座谈会。团队提出的"美育发展要重视教材建设，首批建设四本教材"的建议被国家教委接受，委托学校仇春霖教授任编委会主任组织实施，这就是后来获国家级教学成果二等奖的美育系列教材。后来学校承担了全国教育科学"十五"规划重点课题"普通高校美育课程体系研究"（DLB010799）、北京市重点教改课题"以工科为主的多学科大学文化素质教育模式研究"、北京市教委项目"理工科高校文化素质教育课程体系研究""文化素质教育主干课程系统特色建设研究""当代社会文化环境与普通高校审美教育""基于审美与道德结合的公民道德养成机制研究"等教学研究课题。此外我们还完成"新时期以来中国艺术家艺术观念谱系性研究""法国当代哲学的艺术之思""河汾王氏和陕郡上官氏与初唐诗学研究"等国家社科基金项目。作为研究结晶，还出版教改文集"建构与创新——高校素质教育课程建设研究""积淀、融合、创新——新文科教改论文集"等。

三、在天成象，在地成形：高校美育扎北京故土，课程思政展家国情怀

以文化人，还要把教育与我们脚下的土地结合起来，使审美教育充分"在地化"。北京城是我们以文化人、以美育人的最好的大课堂，北京文化是学生观视呼吸于其中的活生生的文化。把美育与北京文化相结合，使我们的美育能够自然融入脚下的土地。为此，我们专门开设了北京文化相关的选修课，带学生了解北京的文学地标、建筑文化、三山五园等。结合我校地处京西的特点，成立了西山永定河文化研究中心，重点引导学生了解和学习脚下的土地和文化，了解北京三大文化带之一的"西山永定河文化带"，并带领学生进行文化考察和研究。

同时，学校艺术馆也收藏了大量北京艺术家的艺术作品，为学生了解北京文化提供了很好的窗口。学校艺术馆于1986年10月建成开馆，这是全国高

等院校第一座艺术馆。近年来迁入新馆，使其作为审美实践基础的功能更加完善。学校艺术馆的建设，得到了广大书画家、工艺美术家及社会各界的大力支持。吴作人先生亲自为艺术馆题写了馆名。艺术馆馆藏由书法、国画、陶瓷和民间工艺四部分组成，其中包括吴作人、启功、沈鹏、刘大为、刘炳森、董寿平、陆俨少、张仃、欧阳中石、韩美林、徐北汀等著名艺术大师的书画珍品。这些艺术家大都长年在北京，属于京津艺术家群体，也是北京文化在艺术方面的代表。

故园家国情怀是中华民族优秀传统文化的宝贵精神财富，是中华民族历经多次磨难而不灭的重要精神力量，是实现中华民族伟大复兴中国梦的强大精神动力。在美育教学中渗透家国情怀教育，引导学生牢固树立正确的历史观和文化观，准确把握中国历史文化的核心内容，认真思考如何推进中华优秀传统文化创造性转化和创新性发展，坚定了广大学生的文化自信。

四、内外结合，动静相宜：美育渗透校园整体，巩固思政价值引领

在文化的框架和视野下，美育就不仅是一个课堂、一个活动，更是一个立体、全天候、多层次的育人体系。它具有良好的辐射作用，向学校的整体教育渗透。这主要表现在两个方面：一是审美与文化素质教育融入本科教学的全过程；二是通过教师对于学生社会和学生活动的指导作用，推动校园文化建设，促进学生全面发展。因此我们就形成了"课程美育""课程文化"。当美育文化在学校扎根，形成学校的文化基因，在每个课堂上都可以传递美的理念、美的追求，不同学科都可以从自身出发展示出不同的美。

在校园文化建设中，长期坚持举办文化、艺术、科学、体育"四大节"，通过这四大节，鼓励、支持学生积极参与实践，在实践中育人，从而实现两个课堂互动。具体来说，通过文化节丰富讲座内容，营造教育环境，加强学生人文素质；通过艺术节提高审美情趣，辅助美育教育，培养"完美"发展的学生；通过科学节加强专业实践，重视能力锻炼，培养学生创新思维；通过体育节，提高学生的健美、创美能力。这些活动，是审美教育与文化素质教育的延伸，也与课堂教育形成了良好的互动。

多年来的实践证明，以节日的形式集中一段时间举行全校性的大规模美育活动，可以大大活跃学校的文化艺术氛围，有助于广大学生审美修养和艺术修养的提高。在文化节和艺术节中不但有主题性的讲座和报告，还有各

种展览、表演和比赛，例如有学生的艺术创作（包括书法、国画、文学创作等）和手工艺制作的展览，也有著名艺术家的作品展；有学生的自演，也有一流艺术家的演出；有专题辩论比赛、歌比赛、大学生风采比赛、演讲比赛、书画比赛等。文化节和艺术节尽量做到内容丰富多彩，形式活泼多样，大多由学生自己筹备和组织，教师和有关部门给予引导和支持。这样既充分调动了学生的积极性，使活动能符合学生的兴趣和需要，又能有较高的文化层次和艺术层次，有利于学生文化艺术水平的提高。

我们进行各种美育和艺术教育活动全赖一支学生骨干队伍，这就是各种文艺社团。全校性的社团有大学生艺术团，包括歌队、舞队、乐队，有大学生合唱团、大学生话剧团、大学生演讲协会、大学生文学社等，各学院有自己的文学社团。这些文艺社团的演出和作品多次在各种比赛中获奖。开展活动做到经常化、制度化，有的还正在走向专业化，具有较高的演出水平，承担某些社会演出任务。举办文艺社团活动时还聘请优秀艺术家辅导（中央乐团、北京人艺、战友歌舞团都有艺术家来校辅导），学校予以大力支持，在经费、设备等方面给予保证。对于有特殊才能的学生，学校还出资使其在业余时间参加培训。例如我校大学生话剧团于1986年建立，著名导演苏明，著名演员李婉芬、濮存昕等多次来校辅导，北京人艺还派专人长期指导，演出过《家》《雷雨》等名剧的片段以及反映大学生生活的话剧《一路平安》，获得首都大学生话剧调演最高奖绿丹蓝杯。我校英语专业学生表演的英语话剧《百万英镑》获全国大学生文艺会演一等奖。我校话剧团还获得大学生戏剧节最高奖"金刺猬奖"。文艺社团活动不仅不影响学生的学业，反而更促进学生的全面成长。

五、结语

总之，把以美育人建立在文化的根基上，以美育人与以文化人相结合。高校教育要不断积累形成美育文化，才可成其久；要能弘扬中华美育精神，传播中华优秀传统文化，才能成其大；要与在地文化相结合，把美育的课堂放到家园故土，才能成其实；要能成为课程美育，体现在所有的课堂中，要能渗透到整个的校园文化中，才能成其全。只有如此，美育的文化自信才能落到实处，以此真正实现课程思政"在知识中传播价值，在价值中凝聚知识"的终极目标。

参考文献

[1] 叶朗. 以美育人：以美育培养时代新人[N]. 人民日报, 2018-09-18(23).

[2] 戚静. 高校课程思政协同创新研究[D]. 上海：上海师范大学, 2020.

[3] 王学俭, 石岩. 新时代课程思政的内涵、特点、难点及应对策略[J]. 新疆师范大学学报（哲学社会科学版）, 2020, 41(2)：50-58.

[4] 栗嘉忻, 娄淑华. 新时代高校德育与美育协同发展的价值内涵与实践路径[J]. 思想理论教育导刊. 2019(5)：138-141.

以美育人，以体强人

——探索高校"美育+体育"复合型素质教育新模式[①]

杨倔鳗[②]

2018年9月10日，习近平总书记在全国教育大会上发表重要讲话，"要树立健康第一的教育理念，开齐开足体育课，帮助学生在体育锻炼中享受乐趣、增强体质、健全人格、锤炼意志"。2020年10月15日，中共中央办公厅、国务院办公厅印发了《关于全面加强和改进新时代学校体育工作的意见》和《关于全面加强和改进新时代学校美育工作的意见》，明确要求加强"美育与德育、智育、体育、劳动教育相融合"的学科融合理念。2020年12月30日，中共北京市委办公厅、北京市人民政府办公厅印发了《关于全面加强和改进新时代学校体育工作的行动方案》，进一步确立了坚持"五育并举"，厚植"以体育美"等育人观念的基本原则，深化"以培养学生运动兴趣和体育养成为导向"的体育教学方式改革。2022年4月8日，习近平总书记在北京冬奥会、冬残奥会总结表彰大会上发表重要讲话，要求"高度重视并充分发挥体育在促进人的全面发展中的重要作用""增强广大人民群众特别是青少年体育健身意识"。戏剧作为美育课程之一，具有"零门槛""普适性高""活动化强"等特点，在塑造学生健全人格方面有得天独厚的优势。戏剧的独特性非常适宜在教学方式上与其他学科进行跨学科融合，它通过构建具体情境、采用扮演的方式，能让学生的知、情、意、行得到全面激发。在高等教育阶段，尽管大学生已经具备相当的理解力和交流力，但采用单一的"师教生学"的模式仍容易导致课程效率低下，学生敷衍式学习等问题。本文将在国家"五育并举"育人理念指导下，探索"美育+体育"复合型素质教育新模式的利弊和可行性。

[①] 基金项目：本文系中国高等教育学会"大学素质教育研究"专项课题"打造师范类通识教育体系推进教师教育发展"（2019SZEYB01）成果之一。

[②] 作者简介：杨倔鳗，上海戏剧学院戏剧与影视学博士，对外经济贸易大学艺术教研室讲师。

第二部分 "德智体美劳"五育并举的素质教育体系构建

一、以美育、体育作为重要途径的高校素质教育践行中存在的问题

在教育工作中，学生占据着主体地位，是主要服务对象，其自身观念与想法是影响能力与品质发展的重要因素。在我国高校体育教学中，部分教师运用较单一的方法进行体育知识的教学，将课程标准中要求的内容，用演示教学或者说教的方式平面化呈现给学生。同时训练模式大多单调枯燥、乏味呆板。高校体育教育的目标与职业体育训练的竞技目标不同，一方面，青少年活泼好动、充满朝气，更期望在活跃有趣的氛围中掌握知识技能，大量的重复式的机械训练不适合大学生，单一的教学方法不仅无法激起其对体育的兴趣，反而更容易使其出现消极学习情绪，难以培养体育爱好。另一方面，在"唯成绩论""唯分数论"愈演愈烈的社会风气下，大学生往往将专业课程学习作为提升自身综合能力的载体，认为体育、艺术等课程不重要，是"水课"，因此全身心参加体育课程的兴趣不高。除此以外，竞技性是体育课程的突出特点，这就意味着需要教师与学生共同努力，克服困难，迎难而上。但是，由于部分学生受挫能力弱，畏惧失败，进一步造成了其无法通过主动投入体育锻炼获得克服困难的喜悦感，表现为不愿意配合教师教学，影响整体学习效果。因此，我国高校体育教育亟需一种生动有趣、增强学生运动自主性的教学方法与模式。

在素质教育的认知中，"文体不分家"的普遍观念体现了美育和体育都具有塑造健全人格的特质。艺术课程是高校实现美育的核心手段。美育教育有利于造就高尚的人格，在人才培养的整个过程中，美育既是必不可少的，也是不可代替的。美育在启发和培养学生感性思维能力、感受力、鉴赏力、创造力和观察力等方面具有不可比拟的优势。在众多艺术门类中，戏剧作为最贴近生活的一种艺术形式，具有零门槛、以生活中的故事为基础、普遍性、容易引起共鸣等特点，不仅有利于大学生语言能力的发展，还通过扮演的活动在潜移默化之中提高学生的审美力与创造力。我国从20世纪90年代起从义务教育阶段开始重点开设以音乐、美术为主的艺术课程，而戏剧课走进校园的时间相较于音乐、美术尚短。通过对以北京为主的高校美育课程调研我们发现，戏剧课在高校中存在着数量少、覆盖面小、师资力量薄弱、学生在此方面认知浅等问题。

二、以美育人，以体强人——复合型素质教育的可行性及优势分析

近年来，国家持续推进体育事业全面协调可持续发展，努力完成建设体育强国的愿景和目标。2020年9月22日，习近平总书记在教育文化卫生体育领域专家代表座谈会上强调："体育是提高人民健康水平的重要途径，是满足人民群众对美好生活向往、促进人全面发展的重要手段，是促进经济社会发展的重要动力，是展示国家文化软实力的重要平台。"综合来看，体育事业的发展是时代趋势，是国家长远计划中不可或缺的部分。此外，自2013年以来，国家一直着力于对学生艺术素质提升的推动工作，频繁出台相关政策，提出"五育并举"等相关教育意见，推动了美育教育"刚需化"的进程。在2020年全国教育工作会议上，教育部提出："美育中考要在试点基础上尽快推广，到2022年力争全覆盖，全面实行美育中考。"这无疑明确了美育的重要意义，以往校园教育中不被重视的艺术教育学科在国家政策层面得到了肯定，美育教育的重要意义再一次得到凸显和强调。大力倡导并推进素质教育的过程中，美育与体育不分先后，应同时进行。二者不仅对培养学生人格的完善和健全起着相辅相成的重要作用，还肩负着培养担当中华民族伟大复兴大任的重要使命。美育与体育在塑造人格上各有优势，彼此又可以相互依靠，相互交融，相互渗透。体育和美育自始至终都是一体的，具有共同的根源。运动是体育的主要内容，而美则是体育运动的表现形式。体育以美育为手段，体育因美育而丰富多彩。美育可以使学生更加喜欢体育课程，提高学生学习体育的兴趣，消除学生在体育课程中可能出现的不良情绪，从而提高其身体素质，陶冶其情操，促进身心健康发展。要推动美育与体育的协调共同发展，就需要在新时代转变思路，创造"美育+体育"的复合型素质教育新模式（如表1所示）。为此，对外经济贸易大学根据"美育+体育"复合型素质教育模式的理念，结合自身师资优势开发了"戏剧交互式乒乓球课程"。

表1 传统体育/美育模式 与 "美育+体育"复合型素质教育模式的比较

项目	传统体育/美育教学模式	"美育+体育"复合型素质教育模式
内容传输方向	老师向学生单方面传输	老师学生深度互动，双向传输内容
内容传输效率	低	高
个体差异包容度	低	高

续表

项目	传统体育/美育教学模式	"美育+体育"复合型素质教育模式
授课内容	单一体育/美育内容	体育+美育，促进人格与体格全方面发展
上手难度	高	低

乒乓球被称为"国球"，不仅为国家赢得了巨大的荣誉，而且代表着强大的精神力量，是一项集智慧、力量、敏捷和速度于一体的竞技体育项目，具有高智商、高技术含量和高锻炼价值的特点。其不仅有利于青少年强身健体，增强肢体协调性、灵敏度、提高视力，还对培养青少年自信、勇敢、果断的品质和促进学习有极大的帮助。1981年5月，万里副总理代表党中央、国务院在总结中国乒乓球队成功经验讲话中将其归因为"胸怀祖国、放眼世界、为国争光的精神；发奋图强、自力更生、艰苦奋斗的实干精神；不屈不挠、勤学苦练、不断钻研、不断创新的精神；同心同德、团结战斗的集体主义精神；胜不骄、败不馁的革命乐观主义和革命英雄主义精神"，并概括为"乒乓精神"。"乒乓精神"是中华民族优秀文化的瑰宝，是中华体育精神的重要标识。戏剧交互式乒乓球课程，不仅要完成传统体育课程的运动技能习得的目标，更要带领学生走进乒乓球，在潜移默化中感受并学习"乒乓精神"，融入不懈奋斗、爱国爱党等新时代社会主义核心价值观的内容，增强课堂互动性，提升学生体格与人格全面发展。

"蓬生麻中，不扶自直；白沙在涅，与之俱黑"，可见环境氛围对于人的塑造作用格外突出，而戏剧教学的特长便是构造情境。根据"美育+体育"的教学理念，将戏剧交互式活动融入传统的乒乓球教学，将技能学习转化为情境体验，让学生转化身份理解问题，这不仅大大提升了课程的趣味性，并且能够更好地锻炼学生主动思考、举一反三、化真知为实践的能力。戏剧交互式乒乓球课程在前期利用戏剧情境普及乒乓球文化及知识，后期融入教学，将复杂枯燥的乒乓球训练变成有趣生动的模仿比赛、戏剧游戏，让学生完成乒乓球学习从"知道"到"做到"的全过程。"人类的所有成就都源于创造性想象。"戏剧教学将激发学生的想象力，带动学生的思考力，加强学生的专注度，在戏剧交互式乒乓球课程中，学生甚至需要展开想象把自己看作一个乒乓球，以这样的戏剧活动的形式加深对乒乓球这门运动的兴趣和理解，实现更有效的乒乓球学习。

戏剧交互式乒乓球课程的核心理念是通过将戏剧的"七力"和乒乓球

"四性四力五要素"相结合，利用戏剧在想象力和创造力上的天然优势弥补传统乒乓球教学的枯燥和乏味，让学生在学习乒乓球的过程中提升兴趣和专注度，由被动学习变为主动探索的状态，形成独特的"美育+体育"跨学科融合式课程。该课程分为两部分——认知预备部分和体验主体部分。

认知部分计划为前1~2节课，针对乒乓球运动的特点和文化设计相应的戏剧游戏，引领学生在正式学习乒乓球技能前先认识到乒乓球之于其他运动形式的独特性，接触乒乓球以及乒乓球拍，了解乒乓球作为我国"国球"的文化意义，以激发兴趣并解决"为什么学"的问题。

体验部分计划为第3~16节课，将戏剧活动融入乒乓球教学中，进一步提升学生理解乒乓球的独特魅力，培养对此项运动乃至其他运动的喜爱。教师通过课堂中学生的不同表现对学生所展现的10种核心能力——协调能力、肌肉控制力、敏捷能力、平衡能力、柔韧能力、专注力、感受力、反应力、理解力、想象力作出四种级别（差、合格、良好、优秀）评估，并相应地作出未来的运动建议。

在教学评价方面，转化单一技能考核的模式，鼓励学生将乒乓球技能做创造性转化后的展示，考核学生身体素质和创造性思维能力，丰富评价方式。

三、"美育+体育"复合型素质教育模式的意义与难点

"美育+体育"的复合型素质教育模式，重视理论与实践相结合，在运动实践中有机融入艺术活动，改变学习模式，渗透相关体育理论知识从而提高学生的体育素养，扩大体育的知识面。充分利用美育学科的活动特点，让学生成为课堂的主人，调动学生在课堂的积极性，在完成体育技能获得和身体素质提升的基础目标上培养学生的感性思维，从而激发学生的创造性，最终获得人格与体格的全面发展（如表2所示）。"美育+体育"的创新教学模式将让学生由被动学习转变为主动探索，倡导主动参与、积极探究、学以致用的学习方式；促进每个学生身心健康发展，培养良好品质和学习习惯，为终身运动奠定基础；关注学生的体能和审美经验，最大限度地调动学生的参与性、积极性、主动性，培养学生创造性表达能力，提高学生综合素质。在"美育+体育"的教学模式中，过去过分关注运动技能高低的教学将被转换，每个学生都有平等的参与机会，得到多样化的评价方式，从"教会"的结果

性评价转为"学会"的过程性评价，从技能高低的单一判断转为兼顾创造性思维能力提升的双重判断。秉持以人为本的理念，从实际情况出发制定灵活的评价策略，做到"美育"与"体育"两育并举。降低考核中学生身体基础条件的限制，使学生在互动的运动教学过程中能够充分展现自我，领会自我价值，并建立自信心，从而产生对运动及其文化的认同感。

表2 "美育+体育"复合型素质教育模式目标和内容

目标	内容
运动参与	积极参与各种体育活动并基本形成自觉锻炼的习惯，基本形成体育+美育的意识，具有一定的体育文化欣赏能力，能判断适用于自身的健身运动方式。
运动技能	熟练掌握乒乓球运动的基本方法和技能，能科学地进行体育锻炼，提高自己的运动能力，能参加小型群体性的运动竞赛。
身体健康	通过运动素质测试，掌握有效提高身体素质、发展不同方面体能的知识和方法，养成良好的行为习惯，形成健康的生活方式。
心理健康	学会根据自身情况设置体育与美育的学习目标，能通过乒乓球运动或戏剧活动改善心理状态，养成积极乐观的生活态度，在运动中体验乐趣和成功的感觉。
社会适应	在戏剧活动中提高沟通交流的能力，表现出良好的体育道德精神，正确处理竞争与合作的关系。

需要看到的是，"美育+体育"的复合型素质教育模式对教师也有着相应的复合型专业要求。需要教师提升体育及美育两个方向的专业素质和教学能力，在夯实自身专业技能的同时拓展思维，开阔视野，不断探索更高效、更适应学生特点的跨学科融合教学，发展为教育教学的研究者。该教学模式下教师需要不断更新观念，进一步深化教学评价改革，注重教学的过程评价，重视学生体育技能获得的同时关注技能获得的过程。教师还需要转变角色，发展为学生学习的促进者、学生学习能力的培养者和学生人生的引路者。而这一切，首先需要高校加强素质教育的顶层设计，搭建跨学科"美育+体育"的教学平台并切实落实能促进相关专业教师学习规划、发挥专业优势的条件保障，更需要根据各高校自身特点和优势进行"一校一品"的素质教育建设。

四、总结

少年强则国强，大学生是实现中华民族伟大复兴的希望与未来，大学生的思想政治素质、体质与健康、科学文化素养、创新精神与实践能力的强弱关系到祖国的未来、民族的希望。自1985年第一次开展全国学生体质监测以来，我国已在全国范围内施展学生体质测试工作总计6次。总的来看，青少年体质不佳，且无法精准找到自身对于体育的兴趣点。而尽管近年来国家大力加强美育，但因其不可量化的特性也使得美育处在迷茫之中。"美育+体育"的复合型素质教育模式将最大限度地发挥美育和体育各自的优势，形成优势互补，将艺术活动引入传统体育教学中，解决传统体育教学方法单一、低效的问题，促使学生转变学习身份，加强课堂交互性，提高课堂效率，实现"1+1＞2"的人格与体格全面发展的教育目标。

（原文发表于《体育科技文献通报》2023年第1期）

"五育"并举体系中大学生美育素养的提升[①]

王培喜[②]

2019年,国务院颁发《关于深化教育教学改革全面提高义务教育质量的意见》,强调德智体美劳"五育"并举的教育理念,提出"德育为先、全面发展、面向全体、知行合一"的科学教育观,特别指出强化德育、体育、美育和劳动教育的育人功能。2020年中共中央办公厅、国务院办公厅印发《关于全面加强和改进新时代学校美育工作的意见》,指出美育是审美教育、情操教育、心灵教育,也是丰富想象力和培养创新意识的教育。美育可以提升审美素养、陶冶情操、温润心灵、激发创新创造活力,还可以培育大学生对于民族文化的情感,激发他们对传统的尊重,潜移默化地影响其对于传统文化的认同和自信。美育以艺术教育为重要手段,又不限于艺术教育的技能训练,涵盖与艺术相关的文化熏染,是学校素质教育的重要组成部分。大学是学校教育的最后阶段,也是一个人价值观形成的重要阶段,抓好大学美育,不仅为大学生群体考虑,更是为社会发展所需。当代大学生的美育素养决定未来社会的艺术水准、文化格调,今天大学生具有怎样的价值观和艺术水准,明日社会就具有怎样的价值观和艺术水准。

一、提升当代大学生美育素养的重要意义

关于素养,指人在学习和发展过程中,逐渐形成的一些对人的活动状态及其质量产生根本性影响的特征(特质)。国内有学者把大学生素养分为科学素养、美育素养、人文素养、心理素养四种。其中,艺术被视为社会生活的反映和主体生命的审美创造,而艺术素质主要是指人的三种能力:艺术观察力、艺术想象力和艺术创造思维能力。根据王一川对国民艺术素质的分

[①] 基金项目:本文系国家社会科学基金"十四五"规划2022年度教育学一般课题"新时代师范院校面向人人的进阶式美育课程体系创新建构"(BLA220230)阶段性成果之一。

[②] 作者简介:王培喜,湖北第二师范学院校园戏剧教育研究中心主任,副教授,博士(后)。

析，还可以将大学生美育素养定义为大学生在面对各种艺术门类形态时，以及在学校艺术生活过程中所表现出来的素质、能力、修养、禀赋等。它包含三个层次：其一，艺术感受，即对艺术在视、听、触、闻、味等感知觉上的认知能力；其二，艺术评价和鉴赏，建立在艺术文化的认知基础上，根据一定的艺术观念对艺术作品进行主客观的评价和取舍；其三，艺术创造，根据已有的艺术积累，进行创造性的艺术表演、创作艺术作品。如上所述，大学生美育素养包括艺术鉴赏、艺术表现、艺术创造的素质、能力、修养等。

当前，国内大学生的美育素养状况总体堪忧。一项针对江苏省12所高校公共艺术教育现状调研的结果显示，大学生艺术素质总均分明显低于问卷设定的平均水平，说明大学生艺术素质的总体水平处于中等偏下。该调查的对象为处于国内高等教育前列的江苏省，调查内容从学生的艺术兴趣、艺术知识、艺术欣赏和艺术表现能力四个方面考查，具有一定的代表性。另外，担负大学生美育素养培育的公共艺术教育状况不佳。中国高等教育学会音乐教育专业委员会曾是全国普通高校公共艺术教师最大的交流平台（后与中国高等教育美育学会合并），从学会了解的信息得知，高校的公共艺术教育主要依托于学校艺术教育中心，"985""211"等部分重点大学成立了艺术教育中心，负责艺术教育的通识选修课程。由于学校管理机制的差异，艺术教育中心的归属各不相同，一般设立在学校团委、公共课部，少量的隶属教务处。中心开设的艺术课程有限，在不同艺术门类中音乐类课程开设较多，课程形式以艺术理论类、鉴赏类课程为主，艺术实践类课程因小班人数限制，能够参与的人相对较少。由于中心艺术师资有限，教师上课和指导艺术社团之余，无暇开展公共艺术教育的课程体系、教学内容、素质测评等方面的研究，导致国内高校公共艺术教育教学欠科学，整体水平不高。

全面提升当代大学生的美育素养，不仅是满足大学生个人修养的需求，而且对于增强文化自信、培养新时代合格的建设者、实现中华复兴伟大目标意义重大。首先，良好的美育素养有利于从情感上培养对民族文化的认同和尊重，帮助大学生建立深厚的文化自信。艺术是感性之物，借由艺术作品，悄无声息地滋养人的心灵，潜移默化地影响人的情感，循序渐进地塑造人的气质。良好的美育素养可以帮助学生感受民族艺术的美，体悟中华文化的魂，形成中国精神的味，铸就文化自信的品格。其次，美育素养可以启发人的创新思维，帮助大学生应对不断超越的科技进步，成为新时代合格的建设者。新时代的建设者需要具备全球性的、知识型经济社会所必需的技能，21

世纪的教育尤其需要培育能够激发学生创新的技能，如创造能力、想象能力、交流能力和团队协作能力等。在这方面，艺术教育可以发挥很大的作用。美育素养培养人的艺术思维，启发人的创造。钱学森的老师Von·卡门说，人的创造不是靠逻辑分析，而是在逻辑分析之上的，那就是艺术思维。哲学家熊十力将人的思维和智慧分成"量智"和"性智"，这里，"量智"就是科学，"性智"就是艺术上的修养，"性智"不是把问题解剖开来进行分析，而是指总体上的提炼和理解，一下子抓住问题的本质和精髓。再次，美育素养有助于提高当代大学生艺术鉴别力，自觉抵制渗透在艺术产品中的不良思潮，坚定中华复兴伟大目标。美育素养包含审美意识及审美活动，审美活动帮助人建立精神家园，理解文化世界，寻求人生的诗意境界，达到人格的和谐完满。从事任何专业都有审美的追求，或审美的考虑，都需要对审美活动有一定的理性的认识。面对当今良莠不齐的艺术产品，大学生更需要把握社会主义核心价值观，警惕西方不良思潮的侵蚀，辩证地对待东西方文化，在中西文化中汲取养分，丰富艺术感知，保持健康向上的奋斗姿态，朝着中华复兴伟大目标坚实地迈步。

二、当代大学生美育素养的基本内容

艺术是人类文化积淀的结果，从艺术史的角度，"艺术就是人们在生活经验的基础上，凭借丰富的想象力，利用物质媒介或观念符号所创造的、能够诉诸欣赏者感觉器官并引发情感体验的人工制品。"素养，"是应对复杂的要求的能力、是能够满足要求、成功工作的能力"，"是比知识和技能更宽泛的概念"，它是相关知识、认知技能、态度、价值观和情绪的集合体。素养还是"基于行动、情境和导向的"。美育素养的获得贯穿一个持续的、终身的学习过程。大学是青年人的价值观形成、美育素养提升最关键的时期，从"五育"并举全面发展观来考察，培养当代大学生美育素养应包括以下内容：

第一，建立以真善美为目标、以艺术感知为手段、围绕艺术鉴别力的审美知识体系。就国民美育素养而言，"识别素养先于感动素养"。王一川认为，应当首先注重提升公众对媒体和文化产业的识别素养，其次才是感动即接受、体验和传承素养。尤其需要看清媒体、文化产业等借助各级权力组织而处在支配公众的强势地位。简言之，就是以艺术所追求的真善美为目标，以最能接近艺术的艺术感知为手段，吸纳中外优秀文化，构建高校艺术课程体系，从思想上建立大学生对于中华5000多年文明的自信。具体来说，要重视课程体系的功能性、系统性、逻辑性、历史性；加强教学内容甄选，充实以中国美学、中国艺术史等介绍中华文化精髓的艺术史课程；重视教学改革和创新，努力提高教学效能、提升学生艺术鉴别力，帮助大学生建立对民族文化的认同感。

第二，培养具有艺术思维意识、立足未来发展的文化创新能力。中国传统历来重视艺术教育，奠定中国文化基础的儒家学派提出"兴于诗，立于礼，成于乐"，将礼乐作为重要的教化手段，以促进个体人格的完满，实现国家社会的安泰。而今，在大教育环境过分强调智育的潮流中，艺术教育的"辅德、益智"功能普遍受到关注，然而，艺术教育在辅助思想政治教育、提高智育发展的同时，其自身的价值被蒙蔽，艺术教育没有充分发挥作为文化的育人功能、作为实践能力培养的优势。"艺术教育存在的意义在于艺术思维习惯的获取。这是经合组织国家课程中艺术教育当前的优先目标。这里的艺术思维习惯不仅指的是对手艺和技巧的掌握，还包括诸如仔细观察、想象、探索、坚毅、表达、合作和反思的能力，比如艺术中开发的思维和创造性能力，以及社交和行为能力。"如果把大学生美育素养培育等同于艺术技能和技巧培养，显然没有抓住艺术教育的本质。当今信息时代，任何知识、技术都可能被新的知识、技术革命所超越和替代，唯有创新思维和创造能力是持久的、不能被替代的。在日益被动的媒体接受环境中，学校艺术教育的内容应该注重创新能力培养，艺术教育工作者应有意识引导学生将美育素养转化为"艺术化生存"方式，应对"数字化生存"挑战，变被动接受媒体输入为主动参与艺术探索、发现自我，享受艺术的美，获取艺术创新能力。

第三，坚持以马克思主义为指导的社会主义核心价值取向，这是当代大学生美育素养培育的根基。"青年的价值取向决定了未来整个社会的价值取向，而青年又处在价值观形成和确立的时期，抓好这一时期的价值观养成十分重要。"大学是青年聚集的地方，是文化传播的主要场所，也是多元文化集汇地，不同文化在这里交流、碰撞、传播与创造，大学生只有树立正确的审美观念、具备良好的审美能力，才能有效传承与创造文化。首先，要精选课程内容，选取凸显中国精神、中华文化思想的内容进行教学。习近平总书记在"七一"重要讲话中阐述文化自信的内涵："在5000多年文明发展中孕育的中华优秀传统文化，在党和人民伟大斗争中孕育的革命文化和社会主义先进文化，积淀着中华民族最深层的精神追求，代表着中华民族独特的精神标识。"在中华优秀传统文化、革命文化、社会主义先进文化面前，当代大学生应保持清醒的认识和理性的态度，高质量的艺术教育可以帮助大学生理解民族深沉的精神追求，使大学生认识到传统文化的精深和博大。其次，正确对待中西文化传统，坚持以马克思主义为指导的社会主义核心价值观。"面对全球化语境下的文化冲突，高校艺术教育不仅培养学生要敢于面对挑战，关注本民族文化，也要关注其他民族文化，并以全球视野下观照和审视本民族文化，真正使学生实现从'自知之明'到'文化自觉'的转变，使他们成为民族文化的受益者、传承者、创造者，最终促进社会文明的和谐与提高。"要引导大学生以去伪存真的态度对待中外文化，以继承创新的态度践行中华传统，将中华优秀文化融入艺术实践活动中；以海纳百川的气魄吸纳外来经典，让世界优秀文化为我所用。让大学生在比较中学会鉴别，不断唤起民族文化自觉，逐渐增强文化自信。

大学生美育素养的内容广阔、蕴含深远，融知识、能力、态度三位于一体，教育过程中不应有所偏离。坚持核心价值观的态度是立场，是根基；感知、表现、创造艺术的能力是保障，再动听的乐音对于缺乏艺术感受力的人来说，犹如对牛弹琴，不能引起任何情感波澜。艺术知识的储备是核心，艺术品是人类文化的表现形式，学习艺术知识、了解相关文化，从精神层面触及民族的根、国家的魂，从而心悦诚服地认同、依赖、尊重民族文化。大学教育管理者和艺术教师在学校活动规划和艺术课程实施中，应该秉持艺术教育融合理念，把握素养培育的渐进规律，引导大学生的审美品位和精神追求，唤起大学文化自主意识，帮助大学生建立理想的精神家园。

三、提升当代大学生美育素养的主要路径

美育素养是一种高级的、精神层面的文化素养，犹如哲学，其任务不是增加关于实际的知识的结构，而是关于人的精神境界的提升。社会、家庭环境氛围奠定人的文化基础，是影响一个人的美育素养形成的重要因素，高校艺术教育则可以提升艺术水平，是有计划培育当代大学生美育素养的重要环节。近几年高雅艺术进校园、学校艺术教育年度报告公示等活动一定程度上促进了高校艺术教育发展，但是，总的来讲，不论是艺术课程、艺术实践，还是校园文化建设，都有很大的提升和完善的空间。通过总结过去学校艺术教育经验，借鉴西方通识博雅教育理念，结合当前大学生美育状况，我们还

可在以下方面作出努力：

第一，开足开齐艺术类课程，保障大学生享有高质量艺术教育的权利。首先，围绕立德树人，完善学校艺术通识课程体系。通过对北京34所高校艺术教育调研，研究者发现，"当前高校艺术教育的供给与大学生的需求存在较大差距"，63.46%的学生认为"艺术课程太少"，61.14%的学生认为"艺术教育基础设施不够完善"，49.02%的学生认为"艺术教师师资力量不够雄厚"，43.14%的学生认为所在高校没有规定必（选）修艺术类课程。不同层次、不同地域的高校应该针对学生基础开设适宜的艺术类通识课程，在民族文化板块充分挖掘和汲取地域资源，实现民族文化的传承。其次，以文化育人为目的，改进艺术教育方法。2018年4月第五届全国大学生艺术节展演活动总结中，教育部体卫艺司王登峰司长就如何做好高校美育工作指出，"强化教学改革，优化美育教学体系。中国的知识教学世界第一，能力教育上需要反思和研究。"对北京34所高校的调查也同样显示：47.51%的大学生选修艺术类教育课程是兴趣使然，为提高艺术修养；37.01%的学生是为了丰富课余生活，放松身心；13.52%的学生仅仅为了获得学分。由此我们可以看出，大学生对艺术教育有明确需求，大部分学生是为提高自身艺术修养而选修艺术类教育课程。2021年第六届大学生艺术节展演活动中教育部体卫艺司一级巡视员万丽君副司长专门报告，解读2020年国务院美育工作文件；这次大艺节展演专门增加"美育创新案例"推选活动，本文作者提交的"戏剧大篷车艺术—公益—学术三结合美育创新案例"获得一等奖。作为艺术教育的实施者艺术教师应该明确，对于非艺术专业的大学生而言，其接受艺术教育的目的是提升美育素养，更应该将艺术作为一种文化来传授，通过艺术教育培育文化艺术的种子，实现艺术对学生情感陶冶、创造力想象力发展、审美情趣提升等目标。再次，建立大学生美育素养培育档案，加强艺术教育过程管理。由于大学生美育素养的提升是一个动态的过程，需要学生的高度自觉和自律，建立美育素养档案，可帮助大学生确立艺术发展方向，通过不断补给和完善，最终实现素养提升的目标。

第二，遵循美育素养形成的规律，开展动态的艺术感知、体验、创造活动。艺术是在生活体验基础上，通过想象力创造形成的、能激发人的情感体验的作品，其核心是体验，是能够激发人类情感、带来审美体验的作品。大学生美育素养培育分艺术感知层、艺术体验层、艺术创作层三个层次，由低到高，由内至外，层层递进。在艺术感知层，以鉴赏为手段，通过大量视听高质量艺术作品，形成高品位的艺术观念，培养丰富的情感。音乐的感觉养成在于多听，视觉艺术的感知获得在于多看，戏剧艺术感觉在于多进剧场观看，音乐会、画展、电台广播、电视、电影等都可以帮助大学生感知艺术。在艺术体验层，鼓励学生参与艺术活动中，通过学习画画、唱歌、跳舞、演戏，获得艺术实践经验，体味艺术人生经历。丰富的大学生艺术社团是学生进行艺术体验的场所，学生通过舞动画笔体验色彩变化和组合的奥秘，通过乐队与合唱的排练和表演体验和声的美妙，通过饰演他人体验情绪高峰和低谷，感受不同人生，增进理解、学会宽容。在艺术体验中，收获美感，学会品味艺术。在艺术创作层，帮助学生打开艺术思维，拓展艺术想象力，进行艺术作品的改编，开展艺术表演的创造，提升艺术专业素养。进行美术设计创作、音乐谱曲、舞蹈创编、戏剧剧本创作是创作，对音乐、戏剧文本进行舞台表演也是创作，鼓励不同形式的、跨界的艺术创作，拓展思维。美育素养的培育离不开实践活动，这些实践活动正是美育素养区别于素质教育之处，素养养成更加关注艺术活动中的实践效果。

第三，以美的法则，建立有益于大学生美育素养提升的校园审美文化生态。大学校园是文化传承和大学生价值观形成的主要场所，艺术氛围的营造、文化消费的引导、多元艺术的交融等，都受到校园环境的影响。首先，要为校园艺术活动立规，促进各部门协调，保障"文化节""艺术节"等活动顺利进行。在江苏12所高校大学生艺术教育调查中，列举不定期艺术讲座、参观校外艺术场馆、公共艺术课、参与校外艺术活动、校园艺术节邀请艺术家和艺术团体进校演出、举办展览六项活动，学生最喜欢的艺术教育形式为校园艺术节邀请艺术家和艺术团体进校演出、举办展览。可见，有序组织艺术实践活动，增加大学生艺术体验，是提升大学生美育素养的有效方式。西方国家倡导高校的通识博雅教育，校园文化往往体现了全员参与的艺术平等权利。如哈佛大学的艺术优先（ART FIRST）计划，学校自1993年起，每年举行为期4天的艺术节，面向全体师生，大家共同组织、共同参与，参加艺术节的经历让教师和历届学生难以忘怀。其次，要明确校园先进文化标准，为高雅艺术搭台，倡导一种健康的校园文化。"一种健康的文化最终必然发展成一种审美文化，而审美文化就是以文学和艺术为核心的文化，就是物质生活不断向审美和艺术的层面提升的文化，也是真善美融为一体的文化。"现代大学应着重培养学生审美感受力，尊重艺术知觉的特点，通过有意味的、高雅的艺术熏陶浸润学生心田，默默传递向上的价值观，营造向真、向善、向美的校园文化。

艺术贴近人的本性,通过对人类情感的符号形式的创造传递象征性的意义。相同民族的人有着相似的情感表达,因民族文化的基因已渗透到每个民族成员的潜意识之中,并通过象征性意义达到群体认同,因此,每个人对于本族文化有一种天然的亲近。提升大学生美育素养可以使他们更接近艺术并理解本族文化,使他们在海量的文化信息和良莠不齐的艺术产品面前保持理性态度。今天看来,做实大学艺术教育、提升大学生美育素养既是大学培养全面发展的人的宗旨的要求,也是对德智体美劳"五育"并举教育政策的积极回应,更是充满前瞻性地谋划未来的明智之举。

● 参考文献

[1] 陈佑清. 教学论新编[M]. 北京: 人民教育出版社, 2011: 80-81.

[2] 易晓明, 杜丽姣. 高校公共艺术教育现状、实效及改革建议——基于江苏省12所高校大学生的调查研究[J]. 美育学刊, 2012(6): 98-105.

[3] 钱学森, 余新河. 人的创造靠艺术思维[J]. 文艺理论研究, 1996(10): 84.

[4] 陈炎. 艺术本质的动态分析[J]. 文艺理论研究, 2013(3): 41-47.

[5] 张娜. DeSeCo项目关于核心素养的研究及启示[J]. 教育科学研究, 2013(10): 39-45.

[6] 王一川. 谈谈国民艺术素养及其意义[N]. 人民政协报, 2011-09-26(C03).

[7] 吴丹, 王培喜. 由道统乐, 以乐体道——孔子乐教思想述评[J]. 教师教育论坛, 2017(2): 39-43.

[8] [美]艾伦·维纳, 等. 回归艺术本身——艺术教育的影响力[M]. 上海: 华东师范大学出版社, 2016: 4.

[9] 习近平. 青年要自觉践行社会主义核心价值观——在北京大学师生座谈会上的讲话[EB/OL]. (2014-05-04). http://www.doc88.com/p-4611079352858.html.

[10] 习近平. 在庆祝中国共产党成立95周年大会上的讲话[EB/OL]. (2016-07-01). http://www.xinhuanet.com/politics/2016-07/01/c_1119150660.htm.

[11] 束霞平. 基于文化自觉视野下高校艺术教育发展研究[J]. 艺术教育, 2012(4): 147-152.

[12] 王鹏. 高校公共艺术教育现状与对策研究——以北京34所高校为例[J]. 北京教育, 2018(3): 16-19.

[13] 藤守尧. 回归生态的艺术教育[M]. 南京: 南京出版社, 2008: 340-342.

中国高校美育教育现状及改革对策研究[①]

霍楷 徐宁[②]

一、中国高校美育教育现状

（一）中国高校美育教育现状

美育教育旨在培养学生正确的审美观，是培养学生感受美、欣赏美、创造美的能力的教育。我国美育的历史源远流长，早在原始社会，人的审美意识便逐渐形成和发展起来，之后有早期孔子提出的礼乐之教的美育思想形式，王国维以求真、向善、向美为宗旨的美育观，蔡元培的"以美育代宗教"主张，不断形成较系统的美育理论，引领中国教育界的美育建设发展。但在我国教育发展的整体征程中，美育发展速度相对缓慢，没有受到广泛充分的理解认识，许多高校的现实情况没有体现出切实的成效，具体实施细节有待深入。

2020年10月，中办、国办印发的《关于全面加强和改进新时代学校美育工作的意见》（以下简称《意见》）中，贯彻落实了习近平总书记关于进一步强化美育的重要讲话精神，明确了新时代美育改革发展的系统设计和发展目标，为学校美育工作作出全面部署，迎来了学校美育发展的新机遇。《意见》提出的发展目标是，到2022年，学校美育取得突破性进展，美育课程全面开足开齐，教育教学改革成效显著，资源配置不断优化，评价体系逐步健全，管理机制更加完善，育人成效显著增强，学生审美和人文素养明显提升；到2035年，基本形成全覆盖、多样化、高质量的具有中国特色的现代化学校美育体系。因此，在高校美育发展过程中，如何采取行之有效的举措并真正得到推进是当前至关重要的问题，需要我们找出问题，厘清改革思

[①] 基金项目：本文系中国高等教育学会"大学素质教育研究"专项课题"东北大学竞赛育人与素质教育深度融合的教学实践与特色研究"（2019SZEYB24）成果之一。

[②] 作者简介：霍楷，东北大学艺术学院特聘研究员、硕士生导师；徐宁，东北大学艺术学院2020级艺术设计硕士研究生。

路，补足短板，以《意见》为指导切实解决美育突出问题，探索完善高校美育模式。

当前，随着社会各界对美育观念认知范围的扩展，尤其是党和政府对美育工作的重视，各地高校美育工作不断做精做细。上海市所有高校均要求开设公共艺术课程并计入学分，每位大学生在校期间须至少选修一到两门艺术课程；清华大学面向普通学生已经开设了273门公共审美课程；河海大学大学生艺术团在5年之内从不足百人逐渐扩充到近500人，覆盖了学校所有学院，开展了多种形式的校内外艺术实践活动。根据多所高校的调研，参加过艺术社团，掌握至少一项艺术特长的大学生达到62%。总体看来，国内高校美育工作虽历经波折，但总体呈现上升的趋势，逐步得以推进和深化。

(二) 中国高校美育教育存在的问题

在以全面发展为宗旨的高校培养模式中，美育作为重要一环，其整体发展水平低于高校教育总体发展水平，美育区域发展不均衡，中部地区相对落后，可见美育的命题没有得到全面的重视，未能同步高等教育发展进程，在认识方面和实践方面都存在不足。这种不足大体分为以下几个方面：第一，对美育的认识方面存在观念偏差和混淆现象。许多人在逻辑上把美育等同于艺术教育，在对美育工作根本特性与作用的认知问题上难免流俗，这种意识上的偏差会导致美育功能的缺失和实施内容的单一化。正确的认知会为美育教育的工作进程提供良好的改革发展空间，做到学校与社会各界的通力合作，相互促进，更好地做到时时处处都呈现美的教育。第二，高校在美育的融合性、实践性方面作为甚少，教学形式单一。要真正落实美育工作，基础的课程教育十分重要，更重要的是通过更多的渠道和方法，让每个学生都能认识美、感受美，进而能够创造美，使受教育者在积极的校园氛围和实践中，全方位、全过程、各阶段浸润美的元素。第三，高校美育开展条件不平衡。高校美育的有效开展往往需要成熟的教学条件、资源保障、制度保障，需要高校的领导者和教育者充分认识美育重要性，有关部门配合共同管理。高校需要建立完善的美育工作体制，保证美育工作的顺利开展，挖掘各个地区不同的艺术特色和文化遗产，将地方特色引入教学，构建丰富多元的学校美育教学体系。

(三) 中国高校美育教育的必要性和重要性

完整的教育必然含有美育。在国家层面上，弘扬中华美育精神，是伴随着建设社会主义现代化强国、实现中华民族伟大复兴的历史进程，促进人的全面发展的时代命题。从社会层面上看，爱美之心人皆有之，人们对于美的向往是十分积极的。美育的内涵通往人的感性，高校美育教育可以引导人们在对生命的不断成长完善中建立起和世界的美好情感联系，贯穿于实现人的自由和全面发展的始终，对于推动培养合格公民的多面性、为社会输送创新型人才，具有不可取代的正面价值和意义。高校层面上，以培养全面发展人才为内涵的学校教育，没有美育是不完整的。大学生正处于审美能力和人文素养发展的重要阶段，美育成为高校教育不可缺少的部分，高校美育对于完善大学生人格修养具有不可替代的特殊性。

时下，美育问题被提上时代的高度，成为教育界热议的话题，其重要性不言而喻。首先，从古至今，美育深受众多思想家和教育家的重视，作为中华文明和民族文化的重要组成部分，美育在教育界始终扮演着十分重要的角色。其次，人们对于全面育人的认知定位不断深入，进而清楚地认识到美育是实现培养全面而完整的人格的重要一环，是提升学生整体素质的关键。推进高校美育教育工作科学建设，能够有效促进学生的全面发展，切实提高学生的思想境界和社会文明程度，对于培养德智体美劳全面发展的社会主义建设者和接班人具有深刻意义。再次，美育是"五育"教育体系中的重要组成部分，既渗透于其他四育之中，又能够推进其他四育的发展。因此，在中国社会全面发展的今天，更要特别加强美的教育。

二、中国高校美育教育改革思路

（一）中国高校美育教育调查分类

现今，随着对美育工作本质认识程度的深化，以及各高校对美育教育的推动实施等诸方面工作的开展，各高校美育工作取得了一些进展和成效，也使得更多的人接受和了解到美育的重要性，积极地引导美育的价值导向，推动美育工作不断做精、做深、做细，不断促进美育工作的多方面通力合作。以北京地区为例，对艺术类专业院校和综合类院校近年来的美育发展状况进行调查，表1为中央美院2018—2019年美育改革举措，在美育工作中为学生提供了更丰富多样的学习方式、更全面的教学内容，加强因地制宜特色发展，从各个方面凸显美育，体现出全面发展人才的积极趋势。在《北京高校美育发展现状及建议对策研究》一文中，作者针对北京高校学生进行了随机走访调查，一定程度上揭示出目前地方高校美育发展整体状况（如表2所示）。由此可知，地方高校美育整体发展水平明显低于小部分有着专业水平的艺术类院校，部分高校未在教育教学过程中充分体现美的教育，对美育的重视程度不够，且学校与学校之间存在较大差异。一流高校与地方一般高校、一线城市高校与二三线城市高校、综合类高校与专业类高校在美育课程设置、师资配置、资源供给等方面差异较大。第一，美育资源不均衡。由于各地区域经济文化存在差异，相比之下，一线城市具有较广泛的美育资源，美育教学途径也更加开阔丰富。第二，课程设置差异。大部分一般高校在课程设计上存在形式化，只是单纯地开设了相关的美育选修课程，并没有联系学生所学专业贯穿美的教育，课程内容缺乏时代性和先进性。第三，师资力量不均衡。艺术类专业院校师资力量较集中，师资数量较充足，教师整体审美素养较高，更能带动学生审美素养的提升。

表1 中央美院2018—2019年美育改革举措

改革措施	具体作为
在教育教学中贯穿美育	思政课教学建设 招生考试改革 一年级工程 "国培计划" "高参小"项目
在艺术创作中突出美育	重大主题美术创作 毕业季展览 艺术专题展
在服务社会中彰显美育	建立社会协同创新平台
在学术研究中加强美育研究	成立美育教研中心 启动"中华美育精访谈"项目 展览、论坛、文章多种方式立体传播

表2 北京高校美育发展状况统计

问题	选项	频率
美育的作用	有较大作用	83.46%
	有作用但不明显	15.75%
美育的定位	艺术鉴赏教育	29.13%
	审美能力教育	28.35%
	思想品德和素质教育	16.00%
美育课外活动	没有参加过	44.09%
美育课程	没有选修过	5.51%

（二）中国高校美育教育问题查找

美育教育是一项系统工程，需要多方位、多渠道、多元化的学习改进，才有可能在美育的道路上不断朝向着目标前进，并发挥最大效应使广大学生群体获益。针对各高校美育教育表现出的状况与实施细节，查找发现了当前美育教育在课程设置、制度建设、教育方案方法几个方面的突出问题。第一，课程设置不合理。只有少数学校教育中真正将美育作为课程列入，多数院校很少开设配套的专题课程。美育课程系统缺乏系统性和完整性，教学形式偏向填鸭式和功利化教学，课程类型和教学方法偏于单调，没有体现出课程综合性和跨界性的特点。第二，美育制度建设不完善，没有将美育融入学校教育全过程。制度建设是学校美育的实践前提，制度的缺失也限制了学校美育体系的建设。第三，作为教育教学的主要力量，一些综合类院校相关艺术类师资存在缺口，师资力量参差不齐，对此必须进一步提升师资整体专业素养，并加强美育师资储备，才能保证美育课程系统良好推进，在积极的教育与认知的循环中助力美育教育工作积极开展。

（三）中国高校美育教育课程改革

课程问题是学校教育工作的实质，同样也是美育教育教学的核心所在。课程系统中的结构与内容的设计思路是美育课程改革的关键，需要将美育教育教学的目标和方针寓于课程之下的美育相关课堂教学理念之中，体现出课程教育的真正落实。设置高校美育教育课程，应以美育的内涵和意义为着手点，并基于美育功能定位各层次、各阶段的高校美育教育目标，进而规划美育教学内容；以新课程理念为指导来搭建多维度美育课程模块，开发多元化美育课程；认识美育课程定位，制定可以达到情感高度的涵盖知识、方法的立体课程目标系统；课程建设要体现时代性，旨在提升学生群体的审美素养，顺应新时代发展要求，形成符合其通识性、综合性、跨界性要求的多样性课程内容。在高校美育课程改革中要重点考虑学生适应性，在此基础上形成相互联系、相互促进的美育课程结构体系，通过行之有效的课程优化来实现美育课程教学综合效益最大化。

（四）中国高校美育教育师资储备

美育的课程建设与师资力量是相互关联的，美育师资的缺乏，会影响课程的有效推进。师资问题是制约美育发展的一个重要因素，部分高校存在师资资源配置不达标、师资队伍缺口较大等问题，因此师资队伍建设是当前美育教育工作中急切需要解决的问题。目前大部分国内高校美育师资数量匮乏，且教师自身所接受的美育教育也需加强提高。完善美育教师师资储备，首先，要开展美育教师能力培训和进修，推进艺术类和非艺术类专业教师提升美育教学能力。其次，通过人才引进、特岗招聘等方式不断充实美育师资队伍，并且选拔能力强的在校专业教师到美育工作岗位上。再次，统筹整合民间艺人、地方艺术院团、地方名师到高校美育师资队伍中来作为补充，多渠道充实美育教师资源配给。最后，在制度层面设置相应的激励政策和保障制度，实施美育师资选聘机制，激发美育教学工作者的积极性，多管齐下，积极促进高质量专业美育教师团队的扩充优化。

（五）中国高校美育教育制度改革

美育制度建设是学校美育的重要保障。需要根据本学校教育整体制度体系来确定美育教育的实践思路，制定专门的美育工作制度和评价体系。改革创新学校美育制度首先要基于广泛的数据统计，从课程设置、师资情况、学生反响等方面充分了解学校的现实情况。当前我国高校美育制度的落实存在着和实践脱节的现象，因此更要注重着眼于本校的自然属性，及时调整革新有针对性的、可实施的美育制度方案，建立更加完备的学校美育评价制度、美育监测制度、美育督导制度等。

在学校美育制度建设过程中，需要着重注意以下几个方面：一是要贯穿人的主体性。制度是为了服务于实践和人的发展，最终要落实到人身上，要从现实出发，切实解决当前美育制度发展的核心问题，建立以人为本的制度体系。二是充分结合历史因素与社会因素，将审美价值的理想与社会价值放在同一高度，在社会进程中归纳成果，同时在制度建设中提炼古代传统美育教育中民族发展的精神，将当前美育发展实际情况和问题放在特定的历史环境中，提取养分，结合当前美育发展内容，吸取精华，为制度的改革实施提供更多思路。

三、中国高校美育教育改革对策实践

（一）增加美育选修课程群建设

现阶段国内高校美育课程体系不断优化，高校纷纷开设美育公共选修课，建立起由数门课程组合的选修课程群系统，这样能够促进群内部知识相互联系，加强美育与各学科间的充分融合，提供给学生更加全面自由的选择空间，进而达到单个课程不能达到的美育效果。

一方面，增加艺术学科内部融合的课程群建设。艺术教育是开展学校美育的主要内容，因此作为美育课程主体的艺术类科目，首先应在开好音乐、美术课程的基础上，根据情况继续增设舞蹈、戏剧、戏曲、影视等课程门类，保证艺术课程的开足开齐，并且增加各艺术学科之间的内部融合，促进学生了解不同艺术之间的丰富联系，使学生在诸多艺术门类的有机联系中感受多种艺术的交流沟通。另一方面，增加艺术学科与其他学科整合的选修课程群，促进高效实现学生群体的人文艺术素养和科学素养全面整体发展，提升文、理科学生的审美情趣，以美育角度实现一枚硬币的两面——"艺术与科学"的齐头并进，促进学生全面和谐发展。

（二）开展美育教师能力培训

配齐配好高校各阶段美育教师，首先需要教师具有扎实美育基本功和高水平的审美修养，因此需要着重加强美育师资培训力度，打造"保质"美育高素养教师队伍。积极建立美育培训制度并组织实施，设置专门的美育教育培训班，分阶段分专业对美育教师进行岗前培训和在岗培训。依据课程教学内容设置美育教师能力培训模块，实行统一培训和分类培训。统一培训主要针对美育大方向在时代背景下的教学应用，分类培训是依据不同学科，以艺术科目为主，并列其他各学科美育教育分类进行能力培训，多方向、多元化、多方式培育美育教师专业素养和个性化发展，根据教师的师资深浅分别进行培训和深入指导，不断推动培养教师形成浓厚的美育意识、良好的审美修养、专业的教学方法、完备的美学知识。同时，要阶段性地组织安排现有美育教师参加国内外的学术活动，开展美育的校际交流平台，设置美育座谈会、研讨会、报告会等，实现美育资源共享和知识更新。

（三）加强课程中美育价值引领

随着新时代特征以及社会需求的变化发展，美育课程价值取向也体现出具有时代特征的价值定位，美育所塑造出的不仅仅是道德人格，还有审美人格。由于审美具有积极的共情作用和情绪体验感，因此在美育教育过程中，通过审美欣赏和价值引领，能够使学生产生强大的心理共鸣，不自觉地与美的事物相互吸引，进而在美育教育与氛围的影响下，积极调节价值观念，内化形成自己的价值观。

加强美育价值引领，在课程中应着重注意以下几个方面：第一，美育价值引领紧随国家导向。随着国家不断发展变化，人们在物质满足的基础上越发关注精神需求与幸福感的提升。根据国家美育相关文件，明确美育工作的国家导向，培养具有审美修养、民族情感、高尚道德情操、丰富想象力和创新能力的人。既强调对学生能力的培养，又包含价值观教育；既强调审美修养，又包含道德教育和民族情感。第二，加强课程中价值引领的社会监督。高校在确保面向全体学生的美育课程设置和保障学时学分落地的同时，还要定时定点通过学生以及相关上级领导、机构进行监督评分，更需要着重收集社会各界对美育课程的积极意见。第三，要不断创新设计现有美育课程。灵活运用有限的资源，利用不同的教学形式与方法，在尊重每位学生的审美偏好，遵循学生身心健康发展的基础上，积极引导学生对美育的学习认知。在形成完善系统的美育课程体系之前，高校要定期组织学生对美育课程教学质量进行及时反馈，将学校实际情况与教育部的总体政策方针相结合，进行科学改革创新。

（四）强化专业实践中美育培养

当前高校美育工作容易只注重理论教育，而忽视审美创造的实践教育。实践是实现"知行合一"的关键所在。在专业实践中融入美育教育，在专业实训、科研、实习等实践环节中，除了对学生专业技能的提升，还要注重培养学生的审美素养。学生也只有在切身感受的过程中才能真正领会美的真义，在实践美育中把理论知识转化生成审美技能与能力，并将其重新体现在生活学习之中。强化专业实践中美育培养，要强调各专业教学的实践导向。第一，在艺术类专业中开设各专业实践课程的课堂教学；第二，组织学生参加校内外艺术专业竞赛与实践项目，组织学生观展和考察，参加各艺术门类及交叉艺术门类具有应用性质的实践活动，实现课内教学与课外实践的紧密联系与衔接；第三，在高校非艺术类专业的实训过程中，开展强专业性的审美实践活动，通过实践操作引领学生有意识地加强对美的关注，培养正确的审美观，提升审美素养，发现美，创造美。

（五）增进教学科研中美育研究

在保障相关的教学科研投入的基础上，充分重视其科研发展，填补美育科研空缺，通过组织专题研究、拟订教学科研计划、设置科学的教学科研人才管理措施，保障教学科研中美育研究的不断推进。一方面，通过美育教学研讨、美育教学专题研究、美育教学方法会等形式，进行专项的科研探讨研究，增进学校美育模块科研能力；另一方面，要增加对高校美育教学的科研投入，在高校提高重视大学美育教育科研工作的情况下，根据本校自身条件和地方特色来进行适宜的教学科研投入，有效支持高校美育教学科研工作开展,促进美育教学的教研资源水平提升,保证美育科研需求得到有效满足。除此之外,还应设置科学的教学科研管理措施,保障美育教育发展所需的科研管理要素,通过管理机制不断完善美育科研发展所需的教学资源优化配置,带动高校美育整体水平提升。

四、结论

综上所述,国内各高校需持续重视美育工作,在美育认知和实践的提升中不断促进美育工作做精做细。在高校美育教育改革实践中,需以问题为切入点,尊重各地区各高校的实际状况及优势,以课程设置、师资建设、制度改革几个方面为主要思路进行深入剖析和改革。在美育课程构建方面,构建涵盖知识、方法、情感的目标体系,根据美育的特性循序渐进地设置各年级、各层次的美育课程,需要将美的体验与各学科联系渗透融合,成为一个多元立体的课程目标和教学体系。课程建设落实到实施上,需集中力量加强美育选修课程群建设。在美育师资队伍建设上,必须在质量上不断优化,在数量上不断扩充,通过设置相应激励和保障制度等方式提升美育教师关注度,定期进行专业美育教师培训,并且建立美育教师交流平台,实现教学沟通和能力提升。在制度改革方面,依据学校实际情况探索更加完备的学校美育评价制度、美育监督制度,把高校美育工作的发展状况真正作为考核的一个重要指标,为美育工作的良好实施提供制度保障。美育教育的改革归根结底要落实到实践上,需要真正在校园的方方面面散播美、传递美,在课程中加强美育价值引领,在各专业实践中渗透美育,加强教学科研中的美育研究,营造健康积极的美育氛围,拓展学校美育工作途径,为高校美育的发展提供更为广阔的视域,助力高校美育工作迈上新台阶。

● 参考文献

[1]中共中央办公厅,国务院办公厅.关于全面加强和改进新时代学校体育工作的意见,关于全面加强和改进新时代学校美育工作的意见[J].国务院公报,2020(30):20-26.

[2]孙庆玲.美育跑进"快车道"[EB/OL].http://zqb.cyol.com/html/2018-05/08/nw.D110000zgq-nb_20180508_1-04.htm.

[3]高洪.新时代弘扬中华美育精神[J].美术研究,2019(4):8-9.

[4] 范迪安. 加强美育 立德树人 培根铸魂[N]. 中国文化报, 2019-09-10.

[5] 王贤昌, 王霞. 北京高校美育发展现状及建议对策研究[J]. 教育现代化, 2019, 6(58): 264-265.

[6] 庄蕾, 陈颖. 综合类高校美育教师队伍建设策略研究[J]. 美术教育研究, 2020(14): 57-58.

[7] 何广军, 朱法顺, 卜祥伟. 通过课程群构建课程体系研究[J]. 中国电子教育, 2019(2): 6-11.

中华优秀传统文化融入中国古代文学课程思政主题研究[①]

王波平[②]

中国古代文学是师范专业必修课,属中国语言文学类课程。《中国语言文学类教学质量国家标准》明确指出:"中国语言文学类本科专业根植于中华优秀传统文化,是以中华母语及母语文学为基本内涵、具有深厚人文底蕴的基础学科,与历史、哲学、艺术等人文学科关系密切。"中国古代文学教学要传承中华优秀传统文化,承继经典,弘扬传统。教育部下发《完善中华优秀传统文化教育指导纲要》(教社科〔2014〕3号),从爱国、处世、修身三个层次概括凝练中华优秀传统文化教育的主要内容;2017年,中共中央办公厅、国务院办公厅印发《关于实施中华优秀传统文化传承发展工程的意见》,旨在建设文化强国,增强国家文化软实力。时下,教育部印发《高等学校课程思政建设指导纲要》(教高〔2020〕3号),在课程建设目标和内容上,"加强中华优秀传统文化教育""教育引导学生深刻理解中华优秀传统文化中讲仁爱、重民本、守诚信、崇正义、尚和合、求大同的思想精华和时代价值,教育引导学生传承中华文脉,富有中国心、饱含中国情、充满中国味。"

中国古代文学需传承中华文脉,引导大学生领悟中华优秀传统文化的思想精华和时代价值,要充盈大学生的"中国心""中国情"和"中国味"。

一、中国心:奉行中华优秀传统文化理念

接受核心思想理念洗礼,养育"中国心",包含刚健有为的精神、天人合一的理念、崇和尚中的心理和止于至善的品质。"中华优秀传统文化是中

---

① 基金项目:本文系中国高等教育学会2021年"新时代大学文化建设理论与实践研究"专项重点课题"基于文化传承的中国古代文学教学改革研究"(21DWZD07)成果之一。

② 作者简介:王波平,广西民族师范学院教育科学学院教授。

华民族的文化根脉",中国古代文学所蕴蓄的中华优秀传统文化理念,要能滋养时代大学生的"中国心",让大学生从内心深处承继和积淀关于生命成长、自然关怀、社会理解和自我发展等方面的文化理解。

(一)"刚健有为"的人生心经

《尚书》云:"人心惟危,道心惟微,惟精惟一,允执厥中。"这"十六字心传"是中国文化传统的精髓与要义,"执中"是原则,"惟精惟一"为方法,于执行方法王阳明回答说:"……博学、审问、慎思、明辨、笃行者,皆所以为惟精而求惟一也。"《论语·子张》曰:"博学而笃志,切问而近思。"表明君子修为需内外兼修、理实相生和言行一致。"博学笃志,切问近思"已成为复旦大学校训。《礼记·中庸》曰:"博学之,审问之,慎思之,明辨之,笃行之。"说明成人过程要注重学习,治学求进五个方面很重要。这五条治学心得成为白鹿洞书院训条,也成为今天中山大学校训。"惟精惟一",修炼心性,君子作为,大学生做时代新人,秉持"刚健有为"的人生心经。

一方面,要有自强不息的精神。"天行健,君子以自强不息。"(《易传·象传》)这是人生心经的外显模式,属"刚健"之姿。君子应效法上天刚健运转之象,进而自强不息。"自强不息,厚德载物"亦是清华校训。在中国古老神话传说中也流行着永不停止的拼搏精神,"愚公移山宁不智,精卫填海未必痴"(张耒《山海》),"刑天舞干戚,猛志固常在"(陶渊明《读山海经》),夸父追日体现着对生命永恒的渴求,超越有限生命的束缚必须作出卓绝奋斗。自强维新,与日俱增,《礼记·大学》:"苟日新,日日新,又日新。"日新月异,自强不息。另一方面,要有厚德载物的品质。"天行健,君子以厚德载物。"(《易传·象传》)这是人生心经的内蕴状态,属"有为"之势。厚德载物,既有利于培养君子道德人格,也有利于君子追求高尚精神生活,更有利于构建"和为贵"社会秩序,君子厚德载物,"为天地立心,为生民立命,为往圣继绝学,为万世开太平。"

(二)"天人合一"的自然心境

季羡林认为:"'天'就是大自然,而'人'就是人类。天人合一就是人与大自然的合一。"其一,追求天人合一。孔子对待"天命"的基本态度是"畏天命",并且强调"不知命,无以为君子也。"(《论语·尧曰》)"天"不仅以德择人,而且以德赋人,"天生德于予"(《论语·述而》),"知我者,其天乎"(《论语·宪问》),"道德之天"与"伦理之天"是儒家追寻目标,总希冀天人合一,然"究天人之际"太难。《窦娥冤》演绎着"悲天悯人"人生悲剧,希冀天人感应来实现天人合德。孟子说:"诚者,天之道也;诚之者,人之道也。"人道模仿天道,诚为要。张载提出:"儒者则因明致诚,因诚致明,故天人合一。"其"民胞物与"思想也是天人合一的生动写照。其二,维系生态平衡。《论语》注重与自然和谐相处,遵循自然规律,提出"使民以时"(《论语·学而》),要因时节开展农业生产,主张"子钓而不纲,弋不射宿"(《论语·述而》),不妄杀滥捕,保护生态。《孟子》强调"斧斤以时入山林",意识到可持续发展;《淮南子》训示"不涸泽而渔,不焚田而猎",注重生态平衡。

(三)"崇和尚中"的社会心理

其一,"和为贵"的民族智慧。崇和是中华民族的生存哲学和生活智慧,崇和修好,崇和向美。《论语》曰:"礼之用,和为贵。""和"是儒家伦理原则、政治原则和社会原则。人生三为:和为贵、善为本与诚为先。家和万事兴。道家崇尚万物平等。老子说:"以道观之,物无贵贱。"庄子追求"天和"的平等精神、"人和"的独立精神乃至"心和"的宽容精神。《史记》崇和思想包含"民族统一""协和万邦","一统"在文中出现六次,体现了司马迁民族统一历史观和大一统的历史观。唐代边塞诗高奏和平主题,也是"盛唐之音",音调豪迈而慷慨。为和平而奋勇,"但使龙城飞将在,不教胡马度阴山";为和平而征战,"黄沙百战穿金甲,不破楼兰终不还";为和平而献身,"醉卧沙场君莫笑,古来征战几人回"。其二,"中庸"的价值理念。《论语》曰:"中庸之为德也,其至矣乎!""中庸"是一种"至德","中庸之道"是中国传统文化的最高价值原则。中庸追求平和、适度与协调。为人中庸,平和处事,《礼记·曲礼》:"傲不可长,欲不可纵,志不可满,乐不可极。"待物中庸,用取适度,《资治通鉴》:"取之有度,用之有节,则常足。"治国中庸,协调发展,以达"致中和天地位焉万物育焉"的"太平和合"境界。

(四)"止于至善"的自我心思

《礼记·大学》:"大学之道,在明明德,在亲民,在止于至善。"个人成长之路在"明德""亲民"和"止善",即成为一个大德之人、崇新之人和完美之人。"止于至善",是一种以追求卓越为要义的至高境界,必须经过内圣与外王的修身之道。内圣是修身的内容,外王是修身的功用,内圣是格致诚正之路,外王是修齐治平之路,由己及人,由内而外,由道德事功而达成人生目标。

二、中国情：积淀中华优秀传统文化情韵

中华传统美德熏陶、蕴蓄生活情韵，从爱国、处世和修身三个层面来激活学生的内心情愫，从而积淀家国情怀、社会关爱和人格修养。《老子》曰："万物莫不尊道而贵德，道之尊，德之贵。"中华传统美德滋养着大学生情感底色，要具备"三省吾身"的美德境界、"淡泊明志"的美德追求、"俭以养德"的美德修养以及"修己慎独"的美德实践。

（一）忠贞的爱国情怀

这是对国家热爱最忠实的感情。习近平总书记在纪念中国人民抗日战争暨世界反法西斯战争胜利75周年座谈会上指出："爱国主义是我们民族精神的核心，是中华民族团结奋斗、自强不息的精神纽带。"爱国主义是中华民族精神的内核，是中华儿女最伟大的情操和品德。屈原爱国，忠贞高洁，"亦余心之所善兮，虽九死其犹未悔"，赤诚报国，"长太息以掩涕兮，哀民生之多艰"。杜甫爱国，忧患民生，"必若救疮痍，先应去蟊贼"，憎恨不平，"朱门酒肉臭，路有冻死骨"。陆游爱国，"位卑未敢忘忧国，事定犹须待阖棺"，深沉炽烈；文天祥爱国，"人生自古谁无死，留取丹心照汗青"，忠肝义胆；龚自珍爱国，"落红不是无情物，化作春泥更护花"，奉献热诚。爱国是公民的第一品质，爱国主义精神维系着国家统一和民族团结，一直激励着人们拼搏奋发。

（二）友善的处世情谊

这是对社会交际最朴实的感情。友善是基于中华民族的生存环境和生存伦理而成长起来的道德范畴。仁爱为准，伦理情愫是处事的内蕴标准；友善为则，交际情谊是处事的外显原则。善是友情、友谊、友爱的灵魂。与人为善，社会就充满友善。友善，善是内在的，友是外在的，内善则能友外，社会祥和。其一，友情真纯，相善为朋。忘年之交，孔融与祢衡，惺惺相惜；孟浩然与李白，诗人相倾。管鲍之交，相知深切；知音之交，知己难觅。鸡黍之交，范式与张劭生死相约；刎颈之交，蔺相如与廉颇患难与共。李白《黄鹤楼送孟浩然之广陵》："孤帆远影碧空尽，唯见长江天际流"，友情如江水绵长；高适《别董大》："莫愁前路无知己，天下谁人不识君"，友情临别宽慰情深谊长；王维《送元二使安西》："劝君更尽一杯酒，西出阳

关无故人",友情在"一杯酒"回味绵长。其二,友谊长存,厚善是真。"李杜"之谊真纯。天宝三载(744)春李白与杜甫在洛阳邂逅,诗酒相酬,倾心相交,深情厚谊,诚如1962年郭沫若在纪念杜甫诞生1250周年大会开幕词《诗歌史上的双子星座》所言:"李白和杜甫是像兄弟一样的好朋友。他们在中国文学史上的地位就跟天上的双子星座一样,永远并列着发出不灭的光辉。""元白"之谊真心。元代辛文房《唐才子传》载:"(白居易)与元稹极善胶漆,音韵亦同,天下曰元白。"元稹有《酬乐天频梦微之》:"我今因病魂颠倒,惟梦闲人不梦君。"白居易在元稹死后8年仍有《梦微之》。纳兰容若与顾贞观是生死不渝的真挚友谊。一个相国之子与一介寒儒,志趣相投,容若《饮水词》和顾贞观《弹指词》为当时词坛双璧,相见恨晚,纳兰容若写下《金缕曲·赠梁汾》,"青眼高歌俱未老,向樽前、拭尽英雄泪。……然诺重,君须记。"容若英年早逝,顾贞观写下感人肺腑的祭文。黄仲则与洪亮吉,属穷途相知、尽情狂吟的知己。其三,友爱相生,淳善为美。心存善念,"老吾老,以及人之老;幼吾幼,以及人之幼。"与人为善,"仁者爱人,有礼者敬人。爱人者,人恒爱之;敬人者,人恒敬之。"仁心善意是社会交际的黄金法则,遵循友善之道,培植仁心,弘扬善举。

(三)诚信的修身情操

这是对个人成长最真实的感情。第一,诚信是修身立人之本。"车无辕不行,人无信不立",诚信是一个人道德理性最基本的体现,诚信是公民的"第二身份证"。信,于外而言叫信用,于内而言叫信念,一贯坚持谓诚信。做人必须诚信,无诚不立,无信不行,诚信胜于生命。第二,诚信是修业立世之基。以真诚之心,行信义之事。《左传》云:"信,国之宝也。"可见,诚信是治国的法宝。《论语》:"孔子四教:文行忠信。"忠信亦是人生修炼的必备品格和价值观,诚信为立业创业的基石。《世说新语》倡导信用,言语篇讲仲思(诸葛靓)之思,谓"在家思孝,事君思忠,朋友思信",表明为人与处事都要诚信;方正篇讲元方(陈纪,陈寔长子)答客,"君与家君期日中。日中不至,则是无信",指责客人不守信用。诚信,客观、真诚地反映着生活现实,规则、规范地维系着社会关系。

三、中国味：弘扬中华优秀传统文化价值

中华人文精神浸润，传承文化价值，包含以人为本的人文思想、精诚合作的团队意识和直觉感悟的思维模式。"不忘历史才能开辟未来，善于继承才能善于创新。"古为今用，温故知新，融古创今，文学常青。中国古代文学所蕴蓄的中华优秀传统文化意义与价值，必须在生活经历和生命感发中沉淀、酝酿和生成，其精神价值和生活方式应具备一种道地的中国味。

（一）重人道的人本意味

中华传统重人道、轻天道，"人事为本，天道为末"，注重天人协调。其一，重视人的价值地位，"惟人万物之灵"（《尚书·泰誓》）。人在社会活动中，永远处于第一位。以人为本，"民为邦本，本固邦宁"；重人轻神，李商隐《贾生》诗云："可怜夜半虚前席，不问苍生问鬼神"，讽刺汉唐以来"不恤民生"的事鬼活动。其二，尊重人的价值主体，"人者天地之心也"（《礼记·礼运》）。以"士子"为例，彰显读书人生动形象与鲜明性格。嘉奖士子风范，如《论语》记录孔门弟子言行，行为世范，如《世说新语》记载汉魏名士言行逸事，"记言则玄远冷隽，记行则高简瑰奇"。讽刺士子丑态，如《儒林外史》鞭挞士子对"功名富贵"的不同表现，以及《围城》《应物兄》写文人"沉沦"。其三，关注人的价值意义，"人最为天下贵"（《荀子·王制》）。孟子主张"人禽之辨"，比较人与动物、植物的差异，充分肯定人的生命价值和生活意义，而人较动植物进阶而言在于"仁义道德"，所以孔子主张人要讲"仁义"，老子主张人要讲"道德"。人是在现实世界中提升道德品质和实现人生价值的。《西游记》记人成长经历，孙悟空，大闹天宫后西天取经，由美猴王到齐天大圣再到弼马温直至斗战胜佛，属人性修炼所致；《水浒传》流传英雄故事，宋江，在家叫"黑三郎"，江湖称"及时雨"，朝廷封"保义郎"，是人的社会地位变化所致。

（二）重群体的合作情味

一是重集群轻个人的"五常"伦理。这是合作的伦理基础。五常谓仁、义、礼、智、信，是人际交往的基本要求和行为规则，"仁"是一般原则，"义"是价值标准，"礼"是行为模式，"智"是理性规范，"信"是审美判断。二是群体高于个人的"四海"情结。这是合作的情感导向。"四海之内皆兄弟也。君子何患乎无兄弟"（《论语·颜渊》），极具凝聚力和向心

力，人情味浓。中国古代文学中"家""国""社稷""天下"等词眼都表达着社群的意义与价值，而"能群""保家""报国""济天下"等都明确地体现了社群安宁、和谐与繁荣的重要性，如"捐躯赴国难，视死忽如归""穷则独善其身，达则兼济天下""先天下之忧而忧，后天下之乐而乐""苟利国家生死以，岂因祸福避趋之"。

（三）重直觉的体悟趣味

严羽《沧浪诗话》："诗者，吟咏性情也。盛唐诸人惟在兴趣。诗有别材，非关书也；诗有别趣，非关理也。"这是"妙悟"，也是中国古典文学的生命力所在。袁行霈先生认为学习古典文学的治学之道为博采、精鉴、深味和妙悟，重诗性理解和形象思维，讲究直觉、体悟和灵感。诗词是文学精华，诗词抒发人心，感发人意，"掬水月在手，弄花香满衣"。无论是汉赋夸饰原则、唐诗明晓原则，还是宋词韵味原则、元曲悲悯原则，都需要大学生及读者在理解与玩味中得到文学洗礼和审美熏陶，进而领悟文学的灵性。

（原文发表于《课程思政教学研究》2022年第2辑第3卷）

● 参考文献

[1] 教育部高等学校教学指导委员会. 普通高等学校本科专业类教学质量国家标准（上）[M]. 北京：高等教育出版社，2018：85.

[2] 高等学校课程思政建设指导纲要（教高[2020]3号）[EB/OL].（2020-06-03）. http://www.moe.gov.cn/srcsite/A08/s7056/202006/t20200603_462437.html.

[3] 习近平. 习近平谈治国理政（第3卷）[M]. 北京：外文出版社，2020：314.

[4] 季羡林. "天人合一"新解[J]. 传统文化与现代化，1993（1）：9-16.

[5] 李泽厚. 美的历程[M]. 桂林：广西师范大学出版社，2000：234.

[6] 郭沫若. 诗歌史上的双子星座[N]. 光明日报，1962-06-09（03）.

[7] 傅璇琮. 唐才子传校笺（第二册）[M]. 北京：中华书局，2000：568.

[8] 徐震堮. 世说新语校笺（上）[M]. 北京：中华书局，1984：45+153.

[9] 习近平. 在纪念孔子诞辰2565周年国际学术研讨会暨国际儒学联合会第五届会员大会开幕会上的讲话[N]. 人民日报，2014-09-25（2）.

[10] 鲁迅. 鲁迅全集（第9卷）[M]. 北京：人民文学出版社，2005：63.

[11] 严羽. 沧浪诗话[M]. 郭绍虞，校释. 北京：人民文学出版社，1962：23.

第三部分

智能时代的素质教育

人工智能对教学活动将带来哪些影响
——基于后现代主义视角的扎根研究

刘　进　钟小琴[①]

以人工智能、虚拟现实、大数据为代表的新一轮人工智能发展热潮，正推动人类进入以智能技术为主导的智能社会和后工业社会，促使后现代主义教育变革理念成为现实，人工智能对教育领域的冲击也正推动形成第四次教育革命。作为教育领域的主要活动，教学活动受到人工智能技术的重大影响。教育人工智能对教学活动的影响与教育后现代主义的主张不谋而合，其影响主要体现在两方面：一是从技术角度看，强调对教学环境、教学设备设施等实体的智能改造；二是从思维角度看，强调对教学目标、教学方式等教育理念的变革。为此，本研究将人工智能对于教育的上述两种角度的影响，统称为"教育人工智能"。本文将基于后现代主义视角，研究人工智能对教学活动的影响，这对于深入了解本轮教育革命进程及走向具有关键意义。

一、后现代主义与教育人工智能发展的基本关系

后现代主义与教育人工智能发展有着深厚的内在渊源，后现代主义、教育与人工智能三者相互联系，密不可分。后现代主义对现代教学活动进行审视与反思，形成自身独特的后现代教育观，作为后现代主义的技术引擎，人工智能对教育领域的影响日渐显著，在教育场景的相继落地推动了人工智能与教育的进一步融合。可以这样说，教育人工智能是人工智能时代下，后现代主义在教育领域的具体体现。

（一）后现代主义：后工业社会的理想蓝图

美国社会学家贝尔在1973年发表的《后工业社会的来临——对社会预测的一项探索》一书中首次提出"后工业社会"的概念，并预测未来以第二产

[①] 作者简介：刘进，北京理工大学人文与社会科学学院副教授、博士生导师；钟小琴，北京理工大学人文与社会科学学院研究生。

业为代表的工业社会将进入以信息产业为代表的后工业社会，从而打破工业社会的标准化、集中化、专门化、同步化和集权化，进入更加个性化、碎片化、智能化、生态化和民主化的信息社会，走向以智能技术为主导的智能社会。

后现代主义主张的观点与后工业社会描绘的社会蓝图不谋而合。后现代主义是20世纪60年代兴起的一种哲学、文化思潮，具有反思现代性、异质化和否定性等显著特征。以利奥塔、福柯和格里芬为代表的后现代主义者强调对现代主义的理性、科学和实证进行批判反思、否定和质疑，摧毁、解构、断裂、不确定、差异性、非中心化是其核心内涵。后现代主义秉承"中心"消解论和"以人为本"的哲学理念，关注"边缘人"，主张主体之间平等对话，共同发展。后现代主义体现了断裂的时间观，信息化时代时间被迅速地压缩、复制、贴现和变卖，过去—现在—未来的时间链条被割断，时间体验也因此产生了断裂感，能够同时停留在时间的多个时刻点上，或自由地向或远或近的过去、现在和未来经验移动，"即时性""一次性""碎片化"成为新的时间隐喻。后现代主义体现了并存的空间观，伴随着卫星通信系统和大众媒体的广泛应用，不同地点的距离成本被大大降低，个体与个体之间的交往壁垒被不断消解，全球资源能够在同一时间实现流动与共享，"轻松实现时间上的同步'在场'"。后现代主义分为解构性后现代主义与建设性后现代主义，前者更为激进，倾向于用近乎革命的态度全盘否定现代主义，主张"破而不立"；后者则主张用更为宽容的心态对现代主义进行修正、建构，主张"破而后立"。

（二）人工智能：后现代主义的技术引擎

人工智能技术的发展进一步推动实现后工业社会。伴随着科技的发展，人类正处于复杂信息系统时代和人工智能时代的交界处，数据、算力、算法的发展极大地推动了此轮人工智能发展热潮，互联网及移动互联网的进步更是推动了数据的爆炸式增长，计算机从传统的中央处理器到图形处理器为主导的变化，助推算力的巨大变革，而机器学习从浅层到深层的进化，更是带动了人工智能场景应用的相继落地。正是以计算机和互联网为代表的当代信息技术养育了后现代主义，人工智能技术在推动后现代主义与后工业社会有效联结过程中扮演了关键的角色，可以这样说，人工智能将后现代主义对现代主义的批判、破坏、解构的话语变成了后工业社会建构的话语体系，使得后工业社会有了技术实现的可能性，推动建设性后现代主义的发展。以大数据为代表的人工智能技术实现了数据的自动化、智能化收集，能够将位置、图像、声音、动作乃至情感状态及其变化转化成符号形式并存储于网络云端，过去不可量化、存储、分析和共享的很多东西都被数据化了，万事万物皆可用数据进行表征，物质世界和精神世界就被解构成了碎片化的数据，世界的本质即数据，这恰好印证了后现代主义主张的破坏性和碎片化观点。

（三）教育人工智能：人工智能时代下的后现代主义教育观

后现代主义所具备的创造性、差异性、多样性、不确定性等特征对现代教学活动产生了深刻的影响，基于教学理论，以往研究对现代教学目的观、课程观、过程观、师生观以及评价观进行了再审视。后现代主义教育目的观批判现代教学培养"完人"的教育理念，强调更为宽容的教育观，尊重个体差异，允许培养"片面发展"的人；后现代主义课程观认为现代教学课程具有直线性、统一性、确定性等特点，是一种唯科学主义的、封闭的课程体系，因此主张课程的丰富性、回归性、关联性以及严肃性；后现代主义教学过程观强调教学是一个不断变化、自我创生、互动及干扰的自组织过程；后现代主义师生观反对现代教学单向、独白式权威教学，主张师生平等对话；后现代主义评价观反对现代主义评价观的"同质平等"，主张评价主体的多元化、评价方式的丰富化及评价过程的动态化。

伴随着科学技术对教育领域的辐射发展，不少学者从技术角度出发，将教育技术与后现代主义相连接，诠释教育技术对传统教学主体、教育理念等思维方式的颠覆，这类思想通常被纳入教育后现代主义。从教育技术角度重新审视后现代主义开放、不连续、无节制、流程短等特点，互联网及各种通信工具对数据资源的公开访问体现了开放性，超文本体现了不连续，计算机辅助教学的多路径、反馈循环及补救途径产生了无节制，知识的精准推送优化了教学流程，从而提高了教学效率。

作为受技术影响最大的领域之一，教育界正在经历一场深刻变革，人工智能技术的冲击正在重塑教育形态。教育人工智能对教学理念的重塑与后现代主义教育观有着深厚的内在渊源，然而以往却很少有研究直接探讨二者的联系。在人工智能时代的教学活动中，智能化教具将教学过程中师生动作、面部表情等特征进行收集并分解为海量数据，这些数据被转换为计算机能够读懂的符号形式，人工智能技术再利用这些符号推演人的思维活动，通过逻辑推理和建模，模拟人脑的思维过程进行问题求解，为进一步的教学决策提供科学的依据。因此，以往研究通常从两个角度解释人工智能对教育领域的影响，一是立足于技术角度，着重人工智能技术对教学环境、教具等实体的智能改造。二是立足于思维角度，着重人工智能技术对传统教学思想的改造。通常将这些影响统称为"教育人工智能"，教育者、学习者和知识内容组成的教学模型构成了教育人工智能的核心，除此之外，良好的教学模式和教学环境还为有效教学营造了智能化的教学氛围。人工智能本质是对人的关注，"人"是人工智能时代的核心，关注并解决人的问题是人工智能时代的重点工作，最具代表性的便是教育者模型和学习者模型。教育者模型指教师需接受相应的人工智能教学技术培训，包含教学的专业知识、技能及教师的角色转变。学习者模型通过人工智能技术，识别学生学习状态、情绪状态，与学习者进行积极的互动，从而了解学习状况，包含受教育者个性化学习和学习能力提升。知识内容模型包含了学生所学科目的专业知识体系及知识获取途径，人工智能是通过人工神经网络、遗传算法等人工智能关键算法对人类心理和神经系统进行仿真、对人类进化过程进行模拟，是涉及脑科学、神经科学、心理学、人类学等多门学科的交叉科学，正如美国斯坦福大学人工智能研究中心Nilson教授所认为的："人工智能是关于知识的学科——怎样表示知识以及怎样获得知识并使用知识的学科。"。人工智能技术的出现，正推动教学思想从教育现代主义向教育后现代主义转变。

二、人工智能究竟对教学活动带来哪些影响——基于文献的扎根分析

以往有关人工智能与教育议题的研究文献广泛地提及了人工智能对教育的已有影响或潜在影响，但是具体而言，人工智能创新对教学活动可能产生哪些影响？基于后现代主义视角这些影响的产生机理是怎样的？应如何正确看待人工智能对教学活动产生的影响？本文基于"扎根理论"，引入质性研究方法，对过去37年（1984—2020）直接谈及人工智能与教育改革议题的CSSCI期刊论文进行抓取，得到多达数十万字的238篇研究文献，筛选出人工智能与教学活动直接相关的原始书面数据，在此基础上进行了规范的三级编码，具体如下。

（一）人工智能对教育目的的影响

1. 人工智能强调尊重与宽容，坚持"以人为本"

学生是教学活动的主体，人工智能坚持以学生为中心，关注学生差异，强调尊重与宽容，人工智能通过提供平等的教育机会让人得到解放。如表1所示，无论是教育现代主义还是教育后现代主义，两者都注重实现教育过程和教育结果的平等，区别在于，与教育现代主义"同质的平等"相比，后现代主义承认"异质的平等"。教育现代主义对人才培养目标存在一个核心预测，认为人具有普遍的本质，主张用统一的方式实现统一的目标，即将"培养全面发展的人"作为教育的最终目的。与现代主义培养"完人"相比，后现代主义没有统一的人才培养标准，在教学过程中也更加强调尊重受教育者的差异和多样化，倡导长善救失，允许"片面发展"。后现代主义信仰多元价值观，强调差异和多样性，包容社会不同的价值、观念和生活方式，在此种理念指导下，后现代主义教学观主张根据不同个体的性格特征、智力水平、学习能力及兴趣爱好等特质，采取不同的教学速度，教授不同难度的学习内容，即教师面临多少学习者，就必须建立多少教学关系，实现多少教学反馈，采用多少评价标准，围绕提质增效实现个性化教学。个性化教学和精准教学的实现也使得教育目标更趋向于全民教育、终身教育。

表1　人工智能对教学目的的影响

开放性编码	主轴性编码	选择性编码
从人的教育这个本质问题入手发展	以人为本	人工智能对教学目的的影响
由以知识技能学习为中心转向以人为中心		
教育应开发挖掘不同个体的潜质和创造力		
利用网络资源实现以学生为教学核心的体系		
教育要面向全体学生		
培养具有全新价值观和知识技能的人才		
人工智能技术是对学习者有益的终身学习伙伴		
精准教育、终身学习		
人工智能可以做到个性化教学	个性化教学	
人工智能为人们提供有效的个性化学习方式		
教育机器人可设计个性化学习方法		
通过监控学习者不断评估效果，促进个性化学习		

续表

开放性编码	主轴性编码	选择性编码
智能教学系统依据学习者风格推荐合适的方法	个性化教学	人工智能对教学目的的影响
智能答疑系统有效解决学生难题		
学生可进行适应性、个性化学习，不受传统所限		
个性化学习同时针对学生和老师		

2.人工智能支持自适应学习，实现个性化教学

此轮人工智能热潮将为个性化教学提供技术上的突破。受有限教育资源的制约，现代教育很大程度上依旧不能摆脱精英教育的模式，不能有效实现因材施教，既不能实现教学过程的平等，也无法实现教学结果的平等，然而，人工智能技术促使自适应学习具备了实现的可能性。人工智能技术将课程材料和受教育者的学习行为数据数字化，通过不断评估学生对材料的掌握程度，为每位学生动态推荐合适的学习路径和内容，以满足学生个性化的学习需求，并预测未来的学习程度，围绕着提质增效和个性化教学实现教学的精细化。以Knewton、Mylab & Mastering为代表的自适应产品已被证明能够实现个性化教学，有效提高课程通过率，降低退课率和缺勤率。

（二）人工智能对教学主体的影响

1.人工智能重塑教育者角色和地位

利奥塔认为，伴随着后现代主义的到来，教师将被电脑信息库所取代，他们不再是学生传道授业解惑的精神导师，而成为信息控制专家，其主要任务是教会学生终端机的使用方法和新的语言规则。如表2所示，人工智能促使教育者角色和地位发生转变。就教育者角色而言，自古以来"教育"一词具有"教书""育人"双重含义，教师在教学活动中起主导作用，在知识传递、能力锻炼、价值引导、人格塑造方面发挥了不可替代的作用。伴随着科技进步，人工智能技术在传播知识、培养能力方面起到了重要的辅助作用。AI教师颠覆了以往的课堂模式，让教学策略、教学方法和课堂组织形式发生变化，人—机双师协作教学模式将成为未来教学的发展趋势；人工智能在"教、学、管、考、评"这一教学链上可辅助教师完成日常的教学、教研工作，从重复、繁重、机械的脑力劳动中解放出来的教师会将更多精力放在教学活动的设计与学生的互动中，发展个性化教学。人工智能时代教师知识讲授功能将逐步削弱，育人的职责将更为凸显，教师应更加关注学生的心灵，工作重点由"教"向"育"转变。

表2　人工智能对教学主体的影响

开放性编码	主轴性编码	选择性编码
人工智能在教学中应扮演多个角色，发挥不同作用	教师角色及地位改变	人工智能对教学主体的影响
未来教育将是人机结合的教育		
在"人—机"二元主体视角下探究教育		
机器将取代大部分教学内容		
个人助理机器人推动教育领域的发展		
应用人工智能减少重复劳动，解放教师		
计算机灵活多样地辅助教学		
人工智能辅助教师进行课堂管理		
应用数据处理技术化解各类教学问题		
人工智能可帮助教师提高教学效率		
把优质教学过程数据化，进行机器学习		
虚拟教师可因材施教		
智能导师为学生提供个性化学习服务		
根据学生认知水平完善、具体化教学安排		
大数据可不断修正个性化的教育方案		
以人为中心突出个性化教学，最大化课堂效率		
人工智能推动灵性教育的回归		
教师应转变成多元观念，从而帮助学生	教师职业要求提高	
教师要具有相关附加能力，提升信息素养		
不断提升知识素养，开发整合高质量学习内容		
教师的时代素养应与时俱进		
人机结合的学习更加注重方法论的学习		
互联网时代需从海量信息中挑选有价值的信息		
重视基本技能，提升数字生存能力		
个性化的自主学习和社会化交流将成为主流		
建设人工智能教学资源应开展师资培训		
师范院校应利用智能技术构建新型教育体系		
AI赋能教师培训		

续表

开放性编码	主轴性编码	选择性编码
适应"数字原住民"特质的变化	学生素质要求改变	人工智能对教学主体的影响
培养学生的AIQ，培养与机器共处的能力		
重视基本技能，提升数字生存能力		
提高学生信息素养，提高学生的信息鉴别能力、信息整合能力和信息表达能力		
创新人才的培养来自人类的好奇心和想象力		
教育应开发挖掘不同个体的潜质和创造力		
让学生自主创造学习环境		

就教育者地位而言，受工业社会标准化、规模化生产的影响，传统教育强调理性和秩序，强调以教师为中心的一对多的课堂教学模式，这种传统教育模式下，教师是知识的所有者，拥有绝对的权威，掌握着教学主导权，教师将知识单向灌输给学生，教师是教学进度和教学效果的控制者，师生之间呈现上下层级关系或者是支配与服从的关系。但随着人类逐渐进入人工智能时代，这样的传统教学方式正在被抛弃。较人类而言，人工智能在知识储备数量、知识传播速度以及传授手段等方面都具备显著优势，同时，受人工智能等新兴技术的影响，学生的知识更新速度和新知识学习能力得到显著提高，知识储备量将大大增加，如果教师不能及时接受培训、进行知识更新，教师的"教"与学生的"学"将无法进行匹配，教师的教育将滞后于学生的学习，从而导致教学活动的断层。

以往研究对人工智能时代教师的存在性危机进行了大量的讨论，普遍认为人工智能不会取代教师，但对教师提出了更高的职业要求。作为人类灵魂的工程师，教师在学生价值引导、人格塑造的独特价值永远不可能被人工智能替代，但是不会使用人工智能的教师一定会被时代淘汰。人工智能时代下的教育，为保证教师能够与时俱进，教师不仅要具备传统教学所需要的专业学科知识和教学技能，还需要具备技术素养、信息素养、数据素养等，要求教师对人工智能学科有一定的了解，会利用人工智能教学技术处理分析纷繁芜杂的信息和数据，为教学教研提供决策支撑。人工智能自身的多学科性质决定了教师将朝着两个方向分化：一是人工智能支持下掌握广阔学科知识的全能型教师；二是更为精细化分工的特长型教师，特长型教师这一职业将突破年龄、职称、学历的限制，走向非全职化。

2. 人工智能提高对受教育者的能力要求

人工智能在尊重受教育者差异的同时，也对受教育者提出了更高的能力要求。人工智能时代下的知识具有开放性的特征，对知识的检索可突破时空限制，对信息的简单初级加工可实现机器替代，受教育者拥有更多学习的自由，其记忆、复述、再现信息等低阶认知技能的重要性也在不断降低。面对新一代"数字原居民"及良莠不齐的海量信息，人工智能时代应着重培养学生问题意识、批判意识和创新意识，提高学生独立思考及自主学习能力，凸显高阶认知能力的重要性。其中，问题意识和批判意识源于后现代主义对现代主义理性的反思与批判，即反对终极真理的存在，要求受教育者在学习过程中要对知识的来源、知识的正确性不断进行提问和质疑，倡导挑战权威；创新意识则要求受教育者保持好奇心和想象力；自主学习能力包括自我认识、自我监管和自我指导；独立思考能力要求受教育者具备甄别能力，学会判断、学会决策。

（三）人工智能对教学内容的影响

1. 后现代主义非线性课程观

后现代主义批判现代主义的统一性、整体性，反对千篇一律，主张多元化思维，肯定世界的多样性和丰富性以及人在认识万事万物时存在的差异性。现代主义以理性主义传统为导向，按照"教学应该达到哪些目标？如何教学才能实现这些目标？如何评估这些目标是否实现"的基本原理进行课程内容的编制及课程组织，后现代主义批判这种以追求终极真理为目的教学课程编制，认为唯科学主义、封闭、机械、线性的课程体系本身存在不可避免的缺陷，教学目标先于教学过程的现代范式极大可能导致教学实践、教学评价脱离教学目标，导致师生成为既定目标控制下被动的活动者，从而严重束缚学生开放性思维的发展。基于对传统教学内容的反思，多尔从建构主义及经验主义出发，构建了"4R"后现代教学课程体系，即丰富性（Rich）、回归性（Recursive）、关联性（Relational）及严密性（Rigorous）。丰富性主要指课程内容的深度和广度；回归性是指课程没有固定的起点和终点，课程的组成内容及结构顺序不是孤立而是任意且相互联系的组合；关联性主要表现在教育和文化两方面，前者指课程的内部结构联系，从微观角度通过回归性发展课程的深度，后者指课程之外的联系，从宏观角度为课程营造一种更为深厚的文化底蕴，两者彼此依存相互补充；严密性是不确定性和诠释性的组合，在肯定课程开放性、有目的地寻找不同的解决方案的同时，也要避免落入"蔓延的相对主义"和唯心主义陷阱，避免局部最优。

2. 多尔"4R"课程观与人工智能教学内容相契合

人工智能将促进教学内容改革，建构"强专业、宽领域、厚基础、重应用"的课程体系。人工智能背景下，多尔"4R"教学课程体系对新一轮教学课程改革具有一定的启发和指导作用。在"丰富性"方面，作为知识覆盖面极广的交叉学科，人工智能正在逐渐瓦解学科之间的固有屏障，促进各学科领域以合作、对话的形式探索实现交叉融合；同时，人工智能还对某些学科进行渗透延伸，纵向改造原有学科，形成"人工智能+法学""人工智能+经济学""人工智能+教育学"等新兴学科，充分体现了开放性的特点。在"回归性"方面，与现代课程注重知识的重复、记忆相比，人工智能背景下的后现代主义课程强调开放和反思，鼓励教师与学生、学生与学生通过对话建构课程，以非线性的方式最大限度地获取最全面的知识。对照多尔课程观中"关联性"这一方面，人工智能背景下，高等教育阶段将围绕计算机科学、数学、信息论、控制论等核心学科进行人工智能一级学科建设，尤其强调对基础教育阶段STEM学科的重视；同时，人工智能还广泛地涉及了哲学、伦理学、心理学、仿生学、认知科学、神经生理学等学科，也就不难理解通识教育及人工智能发展伦理成为人工智能时代讨论的重点。在"严密性"方面，人工智能算法本身就是不断寻找最优解、规避局部最优的过程，因此，人工智能的目标就是在复杂环境与多体交互中作出最优决策，从而最大限度满足现实发展需要（如表3所示）。

表3 人工智能对教学内容的影响

开放性编码	主轴性编码	选择性编码
设置人工智能培训课程，建设智能校园	加强核心课程建设	
课程设置应激发学生兴趣，重视计算思维课程		
各专业依据自身形势制定相关计算机课程体系		
信息技术课程应得到重视		
中学阶段应大力开展普及信息技术教育		
高中阶段设立人工智能选修课		

续表

开放性编码	主轴性编码	选择性编码
提供个性化和便于意义建构的教育内容,减轻学生认知负荷	强调学科交叉融合	人工智能对教学内容的影响
通过多方协作实现教与学的大规模创新		
人工智能冲击学校现有的专业设置和培养目标		
根据人工智能本身特点建设学科培养体系		
将创新创业教育融入"人工智能+新工科"建设		
支持交叉学科研究,以创新思维破解教育难题		
实现STEM教育跨学科深度融合	重视STEM教育	
强化学生的人文素养教育	注重通识教育	
深度学习的发展依然离不开深厚的文化基础		
教育过程中应阶段普及人工智能知识,培养相关学科素养		
内容选择应满足人类发展的需要		
课程内容选择应满足现实需要,寻求差异变化中的共性		

(四)人工智能对教学模式的改造

1.后现代主义教学模式

教育后现代主义反对现代主义对终极真理和唯一真理的追求,强调认识过程的多维性和动态性,重视教育者和受教育者的主体性和能动性,教师和学生组成了一个教学共同体,教师仅仅是作为学习者团体的普通成员,师生处于平等的关系,二者主要通过公平、开放的对话、交流和合作来开展教学活动,师生拥有极大的自主权,将成为课程内容及结构的主要开发者,教学目标在双方的共同探索中逐渐生成,教和学可随时间、情境允许的状态而调整变化。教育后现代主义认为既不存在"教师中心",也不存在"学生中心",这种教学共同体的平等关系既有利于克服传统教学教师凌驾于学生的弊端,又有效地避免了学生被放任自流的尴尬处境。

2.人工智能时代下的教学模式

人工智能时代将改变以往"传递—接受式"的传统教学模式,以问题教学法、案例教学法、项目教学法为代表的教学方法将逐步进入课堂,"体验式教学""基于问题的教学""情境性教学"等探索式教学模式将成为教学模式改革的重点。一方面，这种教学模式可充分利用人工智能带来的技术红利，在智能教具的辅助下提升教育者的教学效率和受教育者的深层学习体验；另一方面，这种以面向人的实践活动为主旨的教学模式为师生提供了合作交流与探索学习的平台，教师在教学活动中扮演设计者、指导者和激励者，学生是教学活动中的实际操作者，师生与人工智能形成了"人机共存、共教、共学"的创新教学共同体，教学结论的非唯一性、教学过程的动态性和不确定性更有利于培养学生的问题意识，激发学生探索研究的学习兴趣，培养学生的创造力和想象力。人工智能时代下的教学是教学相长的过程，教学模式的转变反映了人工智能对教学过程不确定性和动态性特征的准确把握（如表4所示）。

表4 人工智能对教学模式的改造

开放性编码	主轴性编码	选择性编码
智能技术促使师生进入新的学习模式	教学方法调整	人工智能对教学模式的改造
以学生为中心的新型教育模式将替代灌输教育模式		
教育模式由知识传授向智慧开发转变		
教学中采用基于问题学习的信息化教学模式		
选择人工智能实际应用问题作为案例展开教学		
教师需设计高质量的学习活动和优良的学习环境		
教育技术应关注教育过程本身		
运用多种教学方法培养知识经济时代的实用人才		
通过实践加深对人工智能知识的理解		
提高教师参与度，促进教学创新		
推进计算机在教学中的应用	智能辅助教学	
教育依托于人工智能技术		
人工智能技术的优势与教育过程相融合		
计算机灵活多样地辅助教学		
跨媒体教学可提高教学效果	智能辅助教学	
促进自适应学习环境和人工智能工具在教育中的使用		
智能教学系统促进了个性化、交互性的实现		
利用教育大数据精准描绘学生画像并使其价值最大化		
智能教学系统通过数据挖掘来精准评价学生		
利用大数据全面评价、了解学生		

（五）人工智能对教学环境的改造

人工智能与其他技术结合将突破教学活动的时空限制，实现教学场景的虚拟化、智能化，创造交互式智慧课堂。后现代主义"并时行"的时间体验建构的"并存性"的空间聚集了各种虚拟的空间代码和符号等大量数据，人们所感知到的空间愈发呈现为各种真实空间的复制品和模拟之物。《后现代状况：关于知识的报告》将这种断裂的时空观移植到教育领域，认为学习的中心场所不再是学校、教室、图书馆而是数据库，"数据库成了明日百科全书，其所有信息超过了任何学习者的容量和接受能力，数据库成为后现代人的本性"。人工智能技术使得教学活动正在经历一场深刻的革命，时间与空间的分离促使教学活动可以从传统的"在场"捆绑中解放出来，在"缺场"的情况下得以开展，不再受制于有限的地点场景。在互联网、人工智能等技术的助推下，一方面，知识以数字形式存在，智能辅导系统能够帮助学生不受时空限制迅速准确地获取所需学习资源，同时还能够整合优质教育资源，实现精准化、个性化推送；另一方面，以班级授课制和标准化教材为基础的课堂授课模式被打破，教学活动不再受限于课堂，教学内容不再局限于课本，教学内容的数字化、场景化、虚拟化的实现使教学不再受时空限制，学生享有选择正式或非正式、线上或线下或混合式学习等多种学习方式的自由，碎片化学习、终身学习或将成为未来学习的主流。此外，人工智能结合虚拟现实、增强现实等技术可建构全智能教育空间，通过创造现实生活中难以实现的虚拟场景，使以往晦涩难懂的知识点更加形象化和生动化，与人工智能的智能交互可对学生产生更加直接的多重感官刺激，有利于培养学生的创新思维，拓宽学生视野，进一步提高学生学习的积极性和主动性（如表5所示）。

表5　人工智能对教学环境的改造

开放性编码	主轴性编码	选择性编码
智慧化平台调动学生积极性	智能改造教学硬件	人工智能对教学环境的改造
人工智能重新设计学习空间和环境		
以人工智能服务教育的理念打造智能化教育环境		
4D打印为学生提供智慧学习体验		
移动技术促进人工智能教育的应用更加广泛		

续表

开放性编码	主轴性编码	选择性编码
将人工智能技术与其他前沿技术结合应用于教育	智能改造教学硬件	人工智能对教学环境的改造
利用人工智能技术优化远程学习环境，提高自身学习质量和效率		
跨媒体教学可提高教学效果		
不断发展的人工智能技术可持续优化学习环境		
利用人工智能把抽象的教学内容展示出来		
人工智能构造互动学习环境，进行建设性学习		
利用多种模拟手段为学生提供真实的工作场景		
虚拟现实技术使学生通过自身与信息环境的交互来获得知识技能		
人工智能使教学更加生动形象		
互联网新技术改善了教育体验		
大数据与人工智能的结合将建构完整的教育知识体系	共享学习资源	
数据能使学生的所有学习活动联系起来		
通过智慧教师采集教育数据		
构建人工智能技术应用的教育环境，推进教育资源的共享		
推动不同地区、师生之间人工智能技术的共享		
人工智能可为学生提供丰富的信息		
人工智能帮助学生快速准确地获得所需资源		
应用人工智能技术整合优质教育资源，实现精准化、个性化教学		
教师授课时实现智能推送相关资源		
技术改变人类的学习方式	突破时空限制	
互联网+教学使学生在生活中学习，在学习中生活		
移动学习不受时空限制		
智能辅助学习系统使学生不受时空限制获取充足的教育资源		

三、后现代主义和人工智能对教育影响的"映射"关系

通过扎根分析可得到图1的对应关系,可以发现,后现代主义教学观与教育人工智能存在类似于数学中的"映射"关系。后现代主义对教学活动的畅想在人工智能时代得到实现,人工智能对教学活动的已有影响可以在后现代主义教学观中找到"原像"。这种"映射"关系为我们正确看待教育后现代主义和教育人工智能提供了一个新的视角。教育后现代主义旨在看似无序的状态中追求内部的有序性,但是,思想的碎片化常导致其在教育领域的理论体系缺乏严密性,后现代主义的教学理念也因太过理想化、缺乏可操作性被喻为"柏拉图式教育幻想",因此,后现代主义教学观在21世纪初后便逐渐被学界冷落。人工智能在教育领域的应用也不可避免地堕入了乐观主义和悲观主义的极端误区,或是秉承人工智能万能论,忽视师生的真实需求,盲目夸大教育人工智能的作用;或是过度焦虑人类被技术量化或工具化,人类未来终将被机器奴役,以一种消极的眼光来看待人工智能。但是,基于本文提出的"映射"关系,无论是教学目的、教学主体、教学模式、教学内容还是教学环境,教育后现代主义和教育人工智能的最终核心都是人,两者相辅相成。一方面,教育后现代主义为人工智能的教育影响勾画了美好蓝图,为人工智能时代下的教学改革指明了方向;另一方面,人工智能技术推动人类进入后工业社会,增强了教育后现代主义理想实现的可能性。

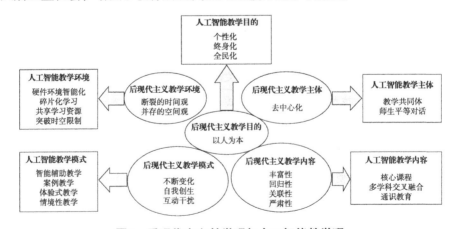

图1 后现代主义教学观与人工智能教学观

伴随着人工智能等技术的显著进步,后现代主义的某些教育理念具备了

实现的可能性，若充分利用人工智能技术对教学实施变革，在教育现代化过程中融入教育后现代主义的合理思想，为教育者和受教育者提供更广阔的个性发挥和创造力展现的空间，让教育变得更加"兼容并包"，将对教育改革产生更加深刻的影响。

参考文献

[1] 丹尼尔·贝尔. 后工业社会的来临[M]. 北京：商务印书馆，1984：20.

[2] 阿尔文·托夫勒. 第三次浪潮[M]. 北京：中信出版社，2006：30-39.

[3] 刘复兴. 后现代教育思维的特征与启示[J]. 山东师大学报（人文社会科学版），2001（4）：11-13+16.

[4] 赵小段. 后现代教育思潮的超越与挑战——我国学者关于后现代教育研究综述[J]. 当代教育科学，2004（11）：13-16.

[5] J. 弗拉克斯. 后现代的主体性概念[J]. 国外社会科学，1994（1）：11-16.

[6] 熊川武. 论后现代主义观照的教育主体现代化[J]. 华东师范大学学报（教育科学版），1998（4）：9-16+8.

[7] 李春敏. 作为一种时空体验的后现代主义：一种哈维的视角[J]. 人文杂志，2020（3）：1-9.

[8] 吴伟赋. 论第三种形而上学——建设性后现代主义哲学研究[M]. 上海：学林出版社，2002.

[9] 蒋家傅. 以人为本：后现代语境下对教育技术的历史唯物主义思考[J]. 电化教育研究，2005（8）：3-7.

[10] 余凯，徐辉. 后现代主义与当代教育思潮引论[J]. 比较教育研究，1997（6）：10-14.

[11] 王英. 从后现代主义、后工业社会到大数据时代[J]. 新疆师范大学学报（哲学社会科学版），2017，38（3）：126-132.

[12] 李三福. 论后现代主义的教学观[J]. 外国教育研究，2004（1）：21-23.

[13] 顾清红，祝智庭. 教育技术的后现代观[J]. 电化教育研究，2001（7）：3-7.

[14] HLYNKA D, BELLAND J C. Paradigms Regained: The Uses of Illuminative, Semiotic, and Post-Modern Criticism as Modes of Inquiry in Educational Technology: A Book of Readings[M]. Englewood Cliffs N J: Educational Technology Publications, 1991.

[15] HLYNKA D, YEAMAN R J. Postmodern Educational Technology[M].

Syracuse NY: ERIC Clearinghouse on Information Resources, 1992.

[16] LATHER P. Getting Smart: Feminist Research and Pedagogy with/in the Postmodern[M]. New York: Routledge, 1991.

[17] 梁迎丽, 刘陈. 人工智能教育应用的现状分析、典型特征与发展趋势[J]. 中国电化教育, 2018(3): 24-30.

[18] 闫志明, 唐夏夏, 秦旋, 等. 教育人工智能(EAI)的内涵、关键技术与应用趋势——美国《为人工智能的未来做好准备》和《国家人工智能研发战略规划》报告解析[J]. 远程教育杂志, 2017, 35(1): 26-35.

[19] 邹蕾, 张先锋. 人工智能及其发展应用[J]. 信息网络安全, 2012(2): 11-13.

[20] 许华琼, 胡中锋. 后现代主义知识教学观及其对课堂教学评价的启示[J]. 当代教育科学, 2011(1): 15-18+40.

[21] 艾瑞咨询. 2018中国人工智能自适应教育行业研究报告[R]. 上海: 艾瑞咨询研究院.

[22] 范皑皑, 梁月欣. 教师素质该怎么升级? 会不会被人工智能所取代?[EB/OL]. (2018-12-08) [2020-06-05] http://www.chinanews.com/gn/2018/12-08/8695772.shtml.

[23] 单佳旭. 人工智能时代的教师专业发展[J]. 智库时代, 2020(2): 69-70.

[24] 吴志清. 后现代视域下教师角色重构路径探析[J]. 湖北文理学院学报, 2020, 41(3): 80-84.

[25] 中学化学园. 教师不会被人工智能替代, 但不会使用人工智能的教师有可能被淘汰![EB/OL]. (2018-05-29) [2020-06-06]. https://www.sohu.com/a/233256797_537996.

[26] 唐怡新, 王青. 人工智能时代的教师专业发展[J]. 教育技术, 2018(11): 15-16.

[27] AI报道. 人工智能时代教师角色的转变[EB/OL]. (2019-09-11) [2020-06-06]. https://baijiahao.baidu.com/s?id=1644325734248742754&wfr=spider&for=pc.

[28] 荀渊. 人工智能时代教师的6种角色与4大素养[EB/OL]. (2019-09-04) [2020-06-06]. https://www.sohu.com/a/338709091_242011.

[29] HELSPER E, EYNON R. Digital Natives: Where is the Evidence?[J]. British Educational Research Journal, 2010, 36(3): 503-520.

[30] 中国教育报. 人工智能时代需培养学生怎样能力[EB/OL]. (2018-05-18)

[2020-06-05]. http://education.news.cn/2018-05-18/c_129875511.htm.

[31] 江怡. 走向新世纪的西方哲学[M]. 北京：中国社会科学出版社, 1998.

[32] 拉尔夫·泰勒. 课程与教学的基本原理·导言[M]. 北京：人民教育出版社, 1994.2.

[33] 陈朝勇. 多尔的"后现代课程观（4R标准）"[EB/OL]. (2014-05-06) [2020-06-05]. http://www.jsjxxy.cn/channel_famouse_studio/2014/0506/article_686.html.

[34] 陶泓杉, 郄海霞. 高校人工智能本科专业需要怎样的课程体系——基于卡耐基梅隆大学和南洋理工大学的比较分析[J/OL]. 重庆高教研究：1-14[2021-03-03]. http://kns.cnki.net/kcms/detail/50.1028.G4.20201020.1134.002.html.

[35] 高奇琦. 人工智能的学科化：从智能科学到智能社会科学[J]. 探索与争鸣, 2018(9)：84-90+141.

[36] 王勤敏. 后现代主义视角下学习变革的趋势[J]. 中国校外教育, 2014(6)：6.

[37] 陈鹏. 共教、共学、共创：人工智能时代高校教师角色的嬗变与坚守[J]. 高教探索, 2020(6)：112-119.

[38] 利奥塔. 后现代状况：关于知识的报告（英文版）[M]. Minneapolis：明尼苏达大学出版社, 1984.

[39] 张磊. 全智能教育空间建构——基于情境认知理论的分布交互式视景仿真研究[J/OL]. 重庆高教研究：1-19[2021-03-03]. http://kns.cnki.net/kcms/detail/50.1028.g4.20200917.1313.004.html.

[40] 李芒, 张华阳. 对人工智能在教育中应用的批判与主张[J]. 电化教育研究, 2020, 41(3)：29-39.

智能时代基础研究素养教育浅析

张 杨[①]

我国于2017、2018年分别发布了《新一代人工智能发展规划》和《教育信息化2.0行动计划》，对智能时代的教育有了较清晰的规划。2019年《中国教育现代化2035》更是将"加快信息化时代教育变革"列为教育现代化的十大战略。习近平总书记在2019年国家人工智能教育大会的贺信中指出："我们要积极推动人工智能和教育的深度融合，促进教育变革创新，充分发挥人工智能优势，加快发展伴随每个人一生的教育、平等面向每个人的教育、适应每个人的教育、更加开放灵活的教育。"习近平总书记在2021年4月考察清华大学时强调，"加强基础学科培养能力……要提升原始创新能力。一流大学是基础研究的主力军和重大科技突破的策源地"，同时对青年人提出了"要勇于创新，深刻理解把握时代潮流和国家需要，敢为人先、敢于突破，以聪明才智贡献国家，以开拓进取服务社会"的深切希望。《中华人民共和国国民经济和社会发展第十四个五年规划和2035年远景目标纲要》中也对基础学科的发展提出了新的要求。进入高质量发展轨道的我国，对基础学科的人才培养已经成为教育领域热议的问题。例如教育部已经开展的基础学科拔尖学生培养计划2.0基地建设，目的也是引导优秀学生投身基础科学研究，形成有利于基础学科拔尖人才成长的良好氛围。

智能时代如何加强基础学科教育，如何培养基础研究素养，如何对从事基础学科学习的学生进行专业报国、自立自强和充满创新动力的价值取向塑造，是关乎未来国家创造力的重要方面，也是大中小学和全社会需要共同重视的课题。基础研究素养与应用研究素养，虽然在研究意识、研究训练逻辑、研究规范和伦理等方面具有相同性，但在研究系统性和难度、创新人格的坚韧性方面还有很大不同，基础研究素养的养成难度更大。本文将在分析智能时代基础研究素养教育的基础上，分析研究智能时代基础研究素养的基

---

① 作者简介：张杨，深圳北理莫斯科大学学生工作部部长。

本特点，并从大中小学贯通视角和效果评估视角，浅析相关问题，以期为智能时代基础学科教育高质量发展提供有益的参考。

一、智能时代基础研究素养教育的重要意义

（一）基础研究素养教育是支撑基础学科发展的重要基石

基础学科发展需要强力的后备队伍支撑，而支撑该后备队伍扩充扩大的重要基础就是基础研究素养的教育，只有基础研究素养教育跟得上从业的人员数量和质量才能够得到保障。同时加强基础研究素养教育，会在全社会形成支持基础学科的良好氛围和环境。

以北京理工大学参与"强基计划"（指2020年起，在部分高校开展基础学科招生改革试点）的学生为例，从访谈得知学生对基础学科和从事基础研究的职业发展路径比较迷茫；在学生中还比较缺乏对基础研究的有效兴趣和由此产生认知和行动的动力；在高考指挥棒的作用下，功利思考更多，而从本身兴趣出发的比例还有待加强。从更多高校反馈的数据看，学生对基础研究普遍的"难、枯燥、社会需求面窄"认知，极大影响人才队伍建设，加强基础研究素养教育，提升学生从事基础研究的兴趣需要深入进行。

（二）基础研究素养教育是支撑智能时代更好发展的基础性工作

以信息化、数字化和智能化为特征的智能时代，不断催生新产业、新业态。智能时代的新一代信息技术密集快速成熟，同时更高阶段的技术需要更基础、更广和更深的知识研究和创新。从创新体系看，人的基础研究素养提升无疑是个关键因素。从教育体系视角看，对基础研究的重视对基础研究素养教育的重视，随着国家的倡导和鼓励已经迈出了关键的步伐。

二、智能时代基础研究素养的教育特点分析

（一）基础研究素养教育的实践教育平台与智能技术手段高度融合

一般意义上看，基础研究素养教育的实践平台需要的投入比较大，特别是要展示或实践现代基础研究的进展，如物理、化学、生物学科领域等。在智能时代，随着新技术的进步，互联互通、虚拟现实等技术发展，使得复杂基础研究实验平台拓展到远程和在线成为可能，在线的教与学体验感明显增强，使得基础研究素养教育有了强有力的实践平台支撑。

(二)基础研究素养教育复杂理论平台在智能技术支撑下提升教学效率和普及度

基础学科在长期的科学发展中形成了相对完备的理论体系,不论是对教师讲授和学生学习都形成了比较大的挑战,基础研究素养教育又离不开这些理论要求和表述。随着智能技术的发展,这些复杂理论有了多种显性表达方式,使得普及教育和教学参与成为可能。

(三)基础研究素养教育所需的高水平师资形成共享

基础研究素养教育离不开高水平的师资力量。高水平师资力量缺乏是制约中小学开展有效、高水平基础研究素养教育的主要问题之一。随着智能技术的发展,远程共享高水平师资成为可能。这些教师通过公开课、专门讲座和AI线上答疑,或其他更好的方式支持远程中小学的教育教学活动。

(四)以学生为中心的个性化教育需求不断加强

智能时代海量信息和智慧搜索等工具,使得学生接受的一般信息和专业信息都远高于其他时代,学生发展也越来越个性化。除了价值观教育,学生个体对专业及职业发展路径的认识有很多差异性。这些个性化的发展需要个性化的引导,特别在基础研究素养教育方面,为保护学生的兴趣,要实施更加个性化的教育方案和适应性方案。

(五)朋辈教育影响在智能时代将会更加凸显

智能时代学生成长过程中,独立意识和成长意识与智能产品结合会形成独特的新社交产品形态,朋辈之间的影响借助智能平台会放大到整个互联世界。从目前学生的生活和工作行为调查看,网络生活已经是其不可缺少的一部分。如何发挥朋辈教育在智能时代的正向作用,发挥其在基础研究素养教育和养成中的作用,是教育工作者面临的一个共性问题。

三、基础研究素养教育的大中小学贯通分析

(一)大中小学基础研究素养教育的贯通设计

对于我国基础学科人才缺乏的现象,中学大学教育专家思考的出发点不尽相同。有中学专家认为,一些高校为使录取分数好看,放弃了应有的引导与责任;一些大学学者则认为,基础学科人才的培养主要在于质量不够强。也有观点认为,拔尖人才培养不仅是大学的事,更应在中小学加大早期发现培养力度。2020年,清华大学发布"丘成桐数学科学领军人才培养计划",

每年面向全球招收百名优秀中学生,采用本博衔接模式,为未来数学及相关领域培养领军人才,一时间备受社会关注,这也是对基础学科人才贯通式培养作出的重要尝试。在基础研究素养教育和养成方面,一体化的设计对解决大中小有效衔接、发挥教育合力具有重要现实意义。

首先是能力价值知识体系的贯通设计。教育的三个核心要素是能力培养、价值塑造和知识传授。从思想政治教育角度看,要把培养社会主义的接班人贯穿始终;从培养基础学科人才的视角看,要把基础研究素养贯穿在大中小学教育的各个环节,主要表现为以问题为导向的研究能力、持续的专业兴趣、知识体系的不断完善积累。大学要发挥专业及基础研究的优势,向中学和小学辐射,通过线上线下、共建教育平台、合作项目、联合培养教师和学生等多种合作方式,把基础研究素养教育相关的启发式问题、实践要求、理论体系等向学生分级分类介绍,通过学生的自主积极参与打造一体化贯通式的基础研究素养培养体系。

其次是产学研用贯通式实践。学科专业及社会实践以直观的切身感受,直接影响学生的认识和价值观。因此基础研究素养教育的各个阶段,强化实践教育是非常有效的手段。从小学、中学、本科、研究生阶段,要采用持续的、贯通式的多种形式的专业教育及社会实践,提高学生对基础研究的重视和荣誉感,强化教育实效。深度结合国家科技发展对基础学科迫切要求的时代背景,创建一批让基础学科服务科技进步和经济发展的实习实践基地;组织学生到国际高水平科研机构、国家科技攻关一线、高新技术企业、普惠民生领域等,近距离感受国家科技发展的现状和核心问题,提升使命感和责任感;组织开展院际、校际的合作和交流,让学生走出去、找差距、学优点,培养学生的交流意识,开阔学生的视野;开展围绕基础学科的主题实践活动,让学生在社会大熔炉中涵养家国情怀和科学精神。

(二)大中小学贯通的拔尖创新人才个性化教育方案

基础研究素养教育,对于拔尖创新人才来说,如何做,如何发挥特殊人才的示范引领作用,如何培养大师,是一个不能回避的问题。从世界范围内拔尖人才的成长,基本遵循了靠大师培养大师的路径,名师出高徒。从事基础学科学习的学生在专业引导教育上,最重要的是导师制的建立,导师的个性化指导会对学生的专业发展起到助推器的作用。

首先对于拔尖创新人才的发现和选拔,要通过大中小人才培养体系,从多个角度来发掘。对于这样的人才,要制定个性化的培养方案,对不同层次的学生配备与其相应的导师，这样有利于个体的成长、又不至于过度耗费师资力量。随着智能时代的发展，可能建立跨地区、跨国界的导师团队，在学生心智成长和特长发展方面探索智能时代的特色路径。

其次在保证拔尖创新人才持续的专业兴趣和高水平的专业发展方面，要发挥大中小学各个教育机构的优势，构建拔尖创新人才成长发展环境，开拓非应试教育的晋级通道，鼓励学生特色发展。

再次在拔尖创新人才人文社会环境方面，要由全社会共同营造一个安静、向上、风清气正的线上线下文化氛围，既不过度炒作，也不横眉冷对，让拔尖的基础研究人才能够安静地发展、自由地发展。

（三）基础研究素养教育大中小学贯通的保障

首先是投入保障。大中小学各自的投入和联合就某些项目或平台的投入，是基础研究素养教育的基本保障。人员、经费、平台设备、项目的投入，从功能上要保障基础研究素养教育的可开展、能提升、有发展。

其次是政策保障。通过基础研究素养教育，选拔基础研究人才，大中小学需要贯通制定相关的政策，包括录取、教育管理和毕业升学等政策，有的政策还需要教育主管部门支持。

再次是技术保障。教师、实验平台的共享，以及新的基础研究实验平台的开发，学生大数据成长分析，都需要智能技术的保障。技术的保障需要社会各界教育技术开发单位的大力支持，用新的智能技术保障教育过程的有效实施。

从次是荣誉保障。在基础研究素养教育实施过程中，大中小学、教育部甚至是行业主管部门要出台一些荣誉性举措，对基础研究学生给予认可和激励，营造一个激励基础学科人才发展的氛围。

最后是出口保障。国家各个行业都要重视基础研究，不断扩大从事基础研究的岗位需要，吸引大量优秀人才从事基础研究工作，才能保障基础研究教育的出口顺畅，才能保障人才辈出。

总之，加强大学基础学科人才培养能力，提升原始创新能力，要从基础研究素养教育抓起，充分利用智能时代的契机，从小学中学大学抓起，实施大中小学贯通的培养策略，推动基础研究的产学研用贯通，才能营造全社会重视基础研究、原始创新不断涌现的局面。

参考文献

[1] 李运福. 对"人工智能+高等教育"三位一体的系统性思考[J]. 智能引领与智慧教育, 2021(9): 88-95.

[2] 刘香萍, 张俊林. 人工智能时代应用型本科院校人才培养模式改革探究[J]. 高教学刊, 2021(21): 162-165.

[3] 万美容, 陈迪明. 内容: 大中小学思政课一体化建设的核心要素[J]. 北京工业大学学报(社会科学版), 2020(10): 17-19.

[4] 王树荫. 统筹推进大中小学思想政治理论课一体化建设[J]. 理论与改革, 2020(1): 16-21.

[5] 关成华, 陈超凡. 智能时代的教育创新趋势与未来教育启示[J]. 未来教育与人才培养, 2021(7): 13-20.

国际互动传播：智能时代"文化育人"的新路径①

叶英杰　王　熙②

近年来，随着数据资源的增长、计算能力的提高以及机器学习算法的增强，人工智能技术也伴随着第三次发展浪潮取得了突破性进展，其主要表现在以深度学习为代表的机器学习和以知识图谱为代表的知识工程两大方面。基于这两种高新技术，教育领域也正在经历一场深层次变革，技术正在重塑教育的新形态。"文化育人"是我国本土产生的一种教育理念，"文化育人"的理念则是从"文化育人"的长期实践当中凝练而来的，其育人内容和方法更具有广泛性。在文化育人的视域下，各项育人资源能够得到全面而充分的整合，从而有效实现全员育人、全过程育人、全方位育人。互动传播本身是一个传播学概念，本研究首次将其引入教育领域。但学界已有普遍共识：教育本质上是一个双向互动的传播过程。当教育信息通过教育媒体在教育者和受教育者之间进行传递时，教育信息将会控制参与传播的各个要素进行互相作用，使得教育者进行调整，受教育者发出反馈，这便形成了一种动态的互动传播过程。

鉴于此，本文将通过运用人工智能技术、大数据技术、数字媒体技术与虚拟仿真技术等高新技术，整合优质中国传统文化课程资源，对相关知识进行智能化管理，依托素质教育国际化智能云平台，提供共享服务，力图解决后疫情时代高校素质教育及中国文化国际传播的现实困境。以素质教育为核心，依托四种关键技术，形成完整的国际化素质教育传播路径。尝试通过"人工智能+国际化"的路径为高校素质教育的发展策略提供参考。

---

① 基金项目：本文系中国高教学会2022年度高等教育科学研究规划课题"智能时代'文化育人'的国际互动传播路径研究"（22SZJY0208）、中国教育国际交流协会2022年度"一带一路"教育国际交流研究专项课题"基于智能教学平台的'一带一路'中华文化传播策略研究"（BREC2022-005）成果之一。

② 作者简介：叶英杰，天津工业大学人文学院硕士研究生；王熙，天津工业大学国际教育学院副院长，智能传播技术研究中心主任，教授。

一、智能时代的"文化育人"及国际互动传播

（一）智能时代与"人工智能+教育"

从技术发展的角度看，人工智能的发展可分为计算智能、感知智能、认知智能三个阶段。其中，计算智能是人工智能的初步形态，也是其不断发展的基础；感知智能是当前国内外人工智能发展集中所处的阶段；认知智能是人工智能的高级形态，是未来人工智能发展的突破口。当前，人工智能技术的突破性进展，主要表现在以深度学习为代表的机器学习和以知识图谱为代表的知识工程两大方面。在人工智能浪潮的冲击和影响下，教育领域也正在经历一场深层次变革，技术正在重塑教育的新形态。在此背景下，研究如何应用新技术推动教育事业的发展具有重要意义。近年来，国内一些学者纷纷展开了相关研究。如，闫志明等提出教育人工智能（EAI），界定了教育人工智能的内涵；马玉慧等研究了智慧教育时代我国人工智能教育应用的发展路径；刘清堂等对智能教学技术的发展与展望进行了研究。基于当前的研究现状，本文将从智能大数据+教育、智能数字媒体+教育、智能知识图谱+教育等几个方面进一步探索"人工智能+教育"模式在国际传播视域下如何服务于"文化育人"。

（二）文化育人

"文化育人"理念有着普适性与广泛性的特点。学校中的一切有利因素都可作为文化育人的内容，如价值观念、传统美德、行业规定、职业道德等。育人方法也是多样的，如课堂教学、实训实习、社会活动、讲座、参观等。因此可以说"文化育人"理念是"文化素质教育"理念的创新和再发展。文化育人作为素质教育观的教育模式，其实质是在知识教育中，通过文化价值等各种非智力因素的介入，以有机整体，共同构成对人才发展良好的内在动力因素，从而使培养对象形成一种互生互补、生机勃勃的文化生态，达到"文而化之"的目的。

（三）互动传播在高等教育、国际教育中的应用

互动传播这一双向互动的传播过程在进行国际化的在线跨文化教学下的表现更为明显，这种国际化的互动传播过程中通常包含信源、信宿、信息、媒介和反馈五个最基本的要素。信源是传播信息行为的发起者，通常为教师；信宿是信息的接收者和反馈者，通常为国际学生；信息是要传递的内容，本研究中即与文化有关的素质教育课程内容；媒介是信息传递的载体，

如口头媒介、文字媒介、音视频媒介、数字虚拟互动内容等；反馈即具有双向互动性的教育传播过程。除了以上要素，在国际互动传播的过程中还涉及许多传播要素，如信息的编码、译码、噪声、效果等，这些要素在实际的国际化互动传播场景中均有对应的实体存在。

二、智能时代下"文化育人"国际互动传播逻辑基础

（一）智能技术赋能国际化智能云平台

智能时代下，高校的文化育人水平亟待提升。在各学科专业知识总量快速增长的背景下，大学的专业人才培养方案中的通识性文化素质类课程受到严重的挤压，学分和课时不断缩减，因此如何将智能手段融入高校"文化育人"的素质教育之中，成为解决当下高校"文化育人"素质教育的关键。依托于知识图谱技术、大数据技术、虚拟仿真技术与数字媒体技术等智能技术赋能素质教育国际化智能云平台，形成基于云平台的全流程线上线下覆盖的教学管理及评估监测体系。

（二）互动传播理论助推国际化素质教育

将互动传播理论应用于国际化素质教育过程中，使得外国教师—中国学生、中国教师—外国学生在进行课程授课时产生"双向互动"的教学效果，如图1所示。基于互动传播理论基础，探究在文化育人的过程中，如何强化

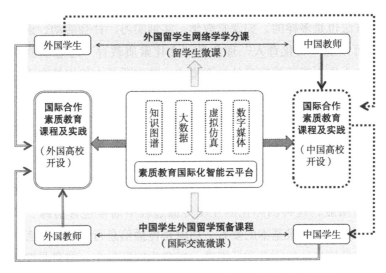

图1　"双向互动"的国际化文化素质教育教学模式

互动理论的实际效用,并构建文化育人与互动传播机制。建立一批适用于国际化素质教育的精品课程资源及网络学分课,面向中国学生与外国留学生开放,通过海内外友好院校的学分互认协议,拓宽国际化素质教育精品课程的受众面,强化互动传播的国际效应。依托国际化的智能传播平台建设与运行,总结面向国际学生的素质教育过程中的教学经验,探索跨文化传播的教育机制。

(三)"文化育人"强化高效素质教育实践

基于国内与国外院校合作或建设的国际化素质教育实习实践基地,如中国优秀传统文化传承基地、英美礼仪素质教育基地等,加强"文化育人"在高校素质教育中的拓展性,完成校园与社会的链接,真正实现"文化育人"的教育全流程。打造中国传统文化主题的素质教育虚拟仿真在线课程,辅以人工智能技术对学习者的课堂反馈进行即时调整,使得学习者可以享受"沉浸式"的在线互动文化传播育人模式。

三、智能时代下"文化育人"国际互动传播实现路径

(一)成果导出(OBE)理论赋能"文化育人"课程体系建设

基于成果导出理论,构建文化育人课程资源共享机制、实践运行机制、管理机制、评估机制,彰显文化育人特色。充分利用个性化学习、智能学习反馈、机器人远程支教等人工智能的教育应用,打破原有的专业课程与文化育人课程之间的隔阂,通过直播、录播以及线上线下混合式教学的实践,智慧平台建设线上立体教材、在线课程、教法案例、考核题库以及课程体系。同时通过制定《"天工国际"文化育人课程资源建设与共享机制建设方案》《"天工国际"文化育人课程建设管理运行与评估体系建设方案》等一系列制度,在文化育人课程建设标准上严格把控,教学环节及时答疑,设定课时、考核比例和线上线下课程教学评估,主管部门对教学单位,教学单位对导师、学生实施培养全过程(学生入学、参与教学活动、学习结束)的管理和监控,实现快速、便捷、管理及培养质量的常态化评估监控。

(二)智能技术助推"文化育人"课程教学管理及评估体系创新

现有的教育云平台往往仅具备基本的管理功能与在线教学功能,仍作为线下教学的一种补充手段而存在,这对云技术而言并未充分发挥其全部功能。因此,需建设基于知识图谱建构的文化育人课程资源体系,形成以学习

者为中心的课程资源体系，构建"文化育人"资源系统性模型。通过对教学数据收集、整合与分析，从而对采用智能技术的素质教育"文化育人"模式进行量化分析，以验证"文化育人"模式的科学性。本课题组通过联合科大讯飞、超星数字教育公司等行业龙头企业，建设了新一代智能技术赋能智能云平台，实现基于智能技术的"一人一策"智慧化课程方案制定；基于大数据技术的在线学习效果分析与教学全流程评估监测；基于虚拟仿真技术尝试素质教育仿真教学，探索智能技术的适应性。

（三）互动传播理论支撑国际化教学环境

将人工智能技术、大数据技术、虚拟仿真技术、数字媒体技术等新一代智能技术运用于素质教育过程中，归纳出"智能时代"素质教育特征。通过云平台建设一批高质量的中国传统文化育人课程，服务于中外师生群体。向中外学生同时开设具有文化国际传播特性的素质教育课程，通过学习、参与建设此类课程（教师的PGC内容建设和学生的UGC内容建设），获得相应的学分及专业认证，实现中—外文化互动。基于线上虚拟和线下实体的中国优秀传统文化国际传播试点基地，将素质教育实践融入教学实践模式探讨中。从校园引导至社会，通过实践环节的设置，使得学生可以更加直观地体验和学习素质教育内容，基地也可以通过学生的实践学习反馈进行提高与改进，实现校园—社会互动。通过构建贯穿课前、课中、课后的高易用性、针对性强的在线课堂教学辅助工具，搭建课堂大数据资产中心，整合并应用新型的软硬件系统与设备，实现对教学资源的高效整合。依托智能技术分析学生的学习效果与进度，从而完善学生学习的即时反馈，实现"教—学"互动。通过与腾讯、新奥特、清博大数据等高新技术行业龙头企业和国外高校合作，依托非物质文化遗产特色课程与中国传统文化课程资源，开发中国传统文化育人在线课程，建设精品中国传统文化在线课程、虚拟仿真体验课程等高水平"金课"，助力学校进一步提高素质教育水平。

结论

本研究开创性地将传播学领域的"互动传播"理论同高校素质教育相结合，通过对二者结合后的教育教学效果进行量化分析，从而对"互动传播"应用于素质教育领域的效果进行总结；依托智能技术赋能在线国际化文化育人全流程，形成了全新的教学模式以及管理评估机制，这对高校文化育人实施者（学校及教师）具有重要指导价值，对高校学生（包括中国学生和外国留学生）具有重要的实用价值，对政策制定者（政府及各级教育行政管理部门）具有政策参考价值。

● 参考文献

[1] 吴永和, 刘博文, 马晓玲. 构筑"人工智能+教育"的生态系统[J]. 远程教育杂志, 2017, 35(5): 27-39. DOI: 10.15881/j.cnki.cn33-1304/g4.2017.05.003.

[2] 张良智, 杨福广. 人工智能在人才培养中的分层教育架构[J]. 山东青年, 2019(10): 2.

[3] 闫志明, 唐夏夏, 秦旋, 等. 教育人工智能（EAI）的内涵、关键技术与应用趋势——美国《为人工智能的未来做好准备》和《国家人工智能研发战略规划》报告解析[J]. 远程教育杂志, 2017, 35(1): 26-35. DOI: 10.15881/j.cnki.cn33-1304/g4.2017.01.003.

[4] 马玉慧, 柏茂林, 周政. 智慧教育时代我国人工智能教育应用的发展路径探究——美国《规划未来，迎接人工智能时代》报告解读及启示[J]. 电化教育研究, 2017, 38(3): 123-128. DOI: 10.13811/j.cnki.eer.2017.03.019.

[5] 刘清堂, 毛刚, 杨琳, 程云. 智能教学技术的发展与展望[J]. 中国电化教育, 2016(6): 8-15.

慕课平台下媒介素养教育"微专业"课程体系构建与创新[①]
——以天津工业大学"新媒体创新与运营"为例

刘子璇 王 熙 叶英杰[②]

2013年起，我国的慕课建设项目逐渐兴起，我国也正式加入了世界范围内的慕课建设浪潮之中，各类慕课平台如雨后春笋般成立。作为高等教育大国，中国高等教育有能力、也有责任向世界各国大学生提供中国最好的课程，分享中国高等教育好的做法和经验。截至2020年12月的世界慕课大会召开时，我国的慕课数量与学习规模都位居世界第一。但在快速增长的数据背后，如何科学地、可持续地进一步用好慕课课程资源与课程平台则成为当前慕课发展的难点。慕课微专业的出现，正是通过系统性地整合慕课课程资源来解决这个问题，通过对某一特定主题的慕课课程进行系统性排列与重构形成针对该主题的知识体系与框架，用来帮助学习者高效、高质地完成学习过程，并且能够得到相关的学分或专业认证。在当下的新媒体时代，媒介给人们带来的影响日益凸显，媒介素养也逐渐成为衡量公民综合素养的一个重要指标，进一步加速构建媒介素养教育体系的需求呼之欲出。

鉴于此，本文通过分析"国际性、交叉性、实用性"三性合一为特色的慕课"微专业"项目——天津工业大学"新媒体创新与运营"项目，探索如何满足学习者系统了解新媒体知识、运用新媒体技能、具备媒介基本素养的需求，并以提供微专业认证的方式让学习者进一步提升学习的附加值。

[①] 基金项目：本文系中国高教学会专项课题"微专业课程体系构建与媒介素养教育创新研究"（2019SZEYB28）、天津市普通高等学校本科教学质量与教学改革研究计划项目"后疫情时代国际化'微专业云平台'构建及共享机制研究与实践"（B201005803）成果之一。

[②] 作者简介：刘子璇，天津工业大学人文学院硕士研究生；王熙，天津工业大学国际教育学院副院长，智能传播技术研究中心主任，教授；叶英杰，天津工业大学人文学院硕士研究生。

一、慕课平台下的微专业体系及媒介素质教育

（一）慕课平台下的"微专业"课程体系

慕课微专业是指慕课平台向学习者提供的针对某一主题的序列化课程，常常由3~10门与该主题相关的慕课组成。学习者完成所有课程并通过测验，能够获得微专业认证。自2013年以来，edX、Coursera等慕课平台相继开始了微专业课程建设。经过近5年的实践，微专业课程在数量上大幅度增长的同时也逐渐形成了稳定的设计和组织模式。

以天津工业大学"新媒体创新与运营"微专业为例，其主要可以实现三个功能：一是作为"特色专业方向模块"将传统文科、艺科专业改造为"新文科"；二是作为学分制改革后的辅修"微专业"模块，面向信息技术、计算机软件、经济管理、艺术设计等与新媒体行业密切相关的专业学科，服务"新工科"；三是与腾讯、新奥特、清博大数据等新媒体行业龙头企业和国外高校合作，开发开放在线课程，打造慕课微专业，提升其在高校、行业中的影响力，服务建设包括在线精品课、虚拟仿真实验等高水平"金课"。

同时，"微专业"更有利于迅速引入产学研创业项目、有利于开展国际化课程和人才培养合作，有利于做到工程技术与文化创意课程跨学科融合，通过建设"新媒体创新与运营"微专业课程模块，形成"培养模式+教学内容+实践平台+管理机制"的微专业培养体系，实现通过一个课程模块（20学分左右，融合理论与实践结合课程、实验实训课程、课程设计的系统化、面向新媒体创新运营行业的课程模块），让学生掌握行业最前沿的新媒体技术与运营能力。

（二）媒介素质教育及其现实价值

随着互联网的进步与Facebook、Twitter、WeChat等社交媒体的大量使用，媒介素养已经成为标志人"现代化"的本质特征之一。媒介素质不仅包括接受媒介产品的能力，而且包括用独立的、批判的眼光看待媒介内容和建设性地利用媒介的能力；媒介素质不仅是使用媒介的需要，还应该是一个现代社会公民素质的一部分。媒介素养教育就是为了提升社会个体的媒介素养，通过一定的教育手段和媒介手段，实现人的现代化，最终培养出能够适应社会发展的现代人，并推动整个社会的发展。为此，教育部出台《教育信息化2.0行动计划》，要求积极推进"互联网+教育"，将传统的教与学从物理空间转

移到虚拟环境，实现信息技术与教育教学的深度融合。

在当下的"互联网+"时代，大学生的媒介素养正在发生嬗变，其使用能力从传统性向互联性嬗变，而学校对大学生的媒介素养教育也缺乏主动性和责任性，因此，本文正是从大学生所熟悉的、具有开放性的在线课程及微专业入手，探讨媒介素养教育在当前时代背景下的革新路径。

二、慕课平台媒介素养教育"微专业"的建设路径

（一）成果导出（OBE）理论赋能"微专业"课程体系建设

基于成果导出理论，构建适用于慕课平台下的"微专业"课程体系建设方案。充分利用个性化学习、智能学习反馈、机器人远程支教等人工智能的教育应用，打破各专业与院系隔阂，通过直播、录播以及线上线下混合式教学的实践，构建由在线立体教材、微课、案例、考核题库、课程模块五种要素组成的课程资源体系。同时制定《"微专业"课程资源建设与共享机制建设方案》《"微专业"课程建设管理运行与评估体系建设方案》等一系列制度文件，指定"微专业"在线课程管理及运行负责专属部门，对"微专业"课程建设标准进行严格把控，教学运行期间及时答疑，设定课时、考核比例和线上线下课程教学评估，主管部门对教学单位，教学单位对教师、学生实施整个教学（学生入学、参与教学活动、学习结束）的管理和监控，不定时检查、评估奖惩等，对基础信息的管理和考核题库进行严格保密。

（二）"翻转课堂"理念助推"微专业"课程教学模式创新

基于"翻转课程"理念，探索适用于慕课平台下的媒介素质教育相关"微专业"课程教学模式。人工智能技术可以使教师投入更多精力用于教学理念与方法的研究上，任何学习活动的发生均依赖于学习者的交互，知识存在于多样化的连接之中，只有与人或物建立连接并不断交互，慕课学习者才能产生新的知识和观点，形成知识网络和社会网络，学习者在课程进行过程中角色发生转变，学习效果较为突出的学习者可以成为知识的传播者，形成社群热点，继续辐射知识的流动与传播，因此在"微专业"课程教学当中需要充分运用当下的人机交互技术。此外还将通过制定"微专业"课程数量、教学语言要求、课程内容、考核标准、在线课程建设标准、师资团队的建设标准，探索建设满足国内外学生课程要求的课程教学模式，并通过智能平台保障优质"微专业"课程建设畅通无阻，保证整体教学正常运行、管理快速

便捷、常态化评估教学质量。此外依靠在线教育平台对人才进行技能认证，同时引入企业评价与社会化评价，使得人才的评价方式更为多元立体。

（三）智能教学平台搭建支撑"微专业"教学环境改革

基于智能教学平台，建设适用于慕课平台下的媒介素质教育相关"微专业"教学的软件硬件环境。利用各类智慧课堂解决方案、软硬件设备及大数据平台等，开启"双向互动国际化"的"微专业"课堂教学模式的创建与实践；通过搭建智慧化的国际研讨室，满足各类国际化研讨的线上需求，同时也可实现小型国际学术研讨会及"学术速配"的常态化运行，此外通过搭建的智能管理系统，实现国际化研讨室线上智能管理；通过搭建国际化智慧实验室系统，实现各类新媒体实验室国际化的互联共享。由于媒介素质教育课程涉及多个专业的知识与技能，需打破新闻传播、计算机大数据、电子商务、外语等专业隔阂。硬件方面，通过建设和运行直播教室、录播教室、智慧教室的课程实践，进行混合式教学或翻转课堂教学模式创新探索。同时，采集常态化课堂教学大数据，并基于智能教学平台的大数据分析为教学改进、管理决策提供数据支撑。

三、天津工业大学"新媒体创新与运营"微专业项目分析

天津工业大学在全校范围内发起与媒介素养教育相关的"新媒体创新与运营"微专业项目，目的在于打破固有学科领域界限，组建跨学科教学团队和项目平台，融合新闻传播学、艺术学、计算机科学与技术、大数据与人工智能技术，助力于有志成为新时代融合媒体人才的在校大学生，在完成自身专业修读的同时，获得更多实现自我价值的平台和机会。天津工业大学也在探索建设"新文科+微专业"（涵盖学科前沿课程、综合性课程、问题导向课程、交叉学科研讨课程）的过程中，搭建起基于"双一流"高校的通识课程模块平台。因此"微专业"实施过程中有以下几点突出特点。

（一）实现跨学科交叉融合：学科专业交叉、教师团队交叉、服务学生交叉

"新媒体创新与运营"微专业以项目式的教学设计方法对课程进行设计，打破高校内课程之间相互独立的壁垒，通过横向交叉对课程内容进行重新组合。课题成员知识结构和年龄结构合理，长期坚持在教学第一线为本科生授课，整体教学能力强，教学经验丰富，教学特色鲜明，教学效果好。长

期以来，始终将人才培养质量的提高作为工作的第一要务，不断研究与探索人才培养的新思路、新理念、新体系与新模式，深入开展精品课程建设、精品教材建设、网络教学资源建设和实践教学平台建设，在教学研究、教学改革、人才培养、科学研究、队伍建设等方面取得了突破性进展，人才培养效益显著。

（二）探索产学研协同培养：立足工科院校，强化信息技术下校企合作特色

"新媒体创新与运营"微专业课程建设顺应国家推进培养学生创新精神和实践能力的要求，以实践操作能力和创新意识培养为核心，积极推进团队式、课题式、项目式的实践教学组织模式；在建立校内系列专业实训室的基础上，进一步加强校企合作、产学结合的办学模式，形成实验与实训、基础与专业、校内与校外梯次布局、相互衔接的实训基地，构筑"校内校外相互补充"教学的合理体系。

（三）适应学分制和社会需求：建设灵活机动、国际特色的微专业课程体系

充分利用个性化学习、智能学习反馈、机器人远程指导等人工智能的教育应用，打破专业与院系隔阂，进行直播教室、录播教室、智慧教室的实践。本课题研究将建设两类创新创业课程：一是通识类新媒体创新创业教育课程，面向全校学生，注重增强学生的社会责任感、创新意识和创业能力，突出学生新媒体素质的培养和能力提升，重点建设内容包括学科前沿、研究方法、创新方法、创新实践、创业基础、就业创业指导等；二是专业类新媒体创新创业教育课程，在学生具备一定新媒体知识与技术的基础上，突出学生的新媒体创新创业能力和实践能力，与专业教育紧密结合，形成交叉融合，在专业课程中加入前沿技术、创新方法、创业案例等内容。

（四）建立灵活多样且注重质化评价的教学效果评估机制

传统的课堂教学评价多以量化、封闭、概括的评价为主，这和慕课平台下"微专业"课程的理念是相矛盾的。慕课平台下的"微专业"课程评价在评价形式上强调多样化和灵活性，因此专业教学模式改革对课堂教学的评价也应该如此。"微专业"课程强调建立促进学生全面发展、教师不断提高和课程不断完善的评价体系。慕课项目的设计原则是"以学习者为中心"，因此应从学习者的视角评估慕课教学的实施效果。所以在综合评价的基础上，更多地关注个体的进步和多方面潜能的开发。这种"立足过程、促进发展"

的评价思想，要求对课堂教学质量的评价重点必须由结果向过程、由成绩向态度、由显性指标向隐性指标转移。传统的课堂教学评价重视规范、量化和评比，评价标准一般由一系列量化指标构成。而"微专业"课程背景下的课堂教学评价应关注任课教师在教学上的优势与不足，关注任课教师教学水平的提高，这对传统的量化指标体系提出了挑战。因为课堂教学是一种非常复杂的教育现象，纯粹的、过分的量化描述，容易把教师和学生丰富的个性表现泯灭在一组组抽象的数字中，把问题简单化、表面化，甚至引导到庸俗的功利追求。而质化评价则更多地关注内在的、过程性的东西，在教学中，教师和学生会在学习云平台中，不定时地进行互评和讨论，通过教师和学生的行为表现去把握二者相互作用、促进发展的机制，抓住了教学中最有意义的、最根本的内容，是一种描述性的发展性评价。质化评价的方法具有全面、深入、真实的再现评价对象的特点和发展趋势的人性化优点，适应"微专业"教学模式改革和发展的根本需要。

四、慕课平台下通识"微专业"教学模式建设的几点建议

通过对天津工业大学"新媒体创新与运营"微专业项目开展及运行过程的经验总结，本研究就开设基于此类慕课平台的媒介素质教育相关"微专业"提出以下三点建议：

（一）进一步加强构建新型人才培养模式以及创新性模块化课程体系

天津工业大学"新媒体创新与运营"微专业项目的实践表明，基于工作过程的模块化课程体系建设对于"微专业"建设尤为重要：其一，有利于知识与技能的整合。知识在数量上没有变化，只是在排序上发生变化，并与学生的听课进度和学习方式相融合。其二，通过对现实具体的工作过程的系统化设计，把握具备职业特征的工作要素，进而掌握完成新型专业教学的思维。通过对完整的思维过程的掌握与迁移，去应对未来变化了的具体工作过程。其三，有利于解决技术与课程互动的关系。因此进一步加强构建新型人才培养模式以及创新性模块化课程体系能较好地实现理论与实践的整合、教学过程与工作过程的整合。

（二）加大投入打造适应新型教学模式的师资队伍

此类基于慕课平台的"微专业"在工作过程中的课程设计和教学实施，对教师的观念、素质和能力提出了全新的要求，这就需要专业教师要实现由

传统的学科型教师向职业科学为导向的职业教师转变。基于慕课平台的各类课程在引入之后，许多教师也要熟悉云平台系统的操作和部分网络课程软件的运用，这对一些传统学科类教师来说也是一个很大的挑战，因此需要在建设前期进行相应教师培训和教学试运行，这样才能确保相关教学活动高质量完成。

（三）加大基于慕课平台的"微专业"教学平台的系统性建设

由于需要在线上模拟真实的工作情境，这对教学环境提出了更高的要求，需要大量的资金投入。这不仅需要对线上的在线互动课程工具进行及时更新，同时也需要线下相关多功能教室或智慧型教室的搭建，系统性建设能够形成线上线下混合式教学模式，真正助推"微专业"高质高效实施。

● 参考文献

[1] 吴岩. 应对危机 化危为机 主动求变 做好在线教学国际平台及课程资源建设[J]. 中国大学教学, 2020（4）：4-16+60.

[2] 王宇. 慕课微专业分析及其对我国慕课建设的启示[J]. 中国远程教育, 2018（12）：23-30.

[3] 李琨. 媒介素质教育与中国[J]. 国际新闻界, 2003（5）：38-43.

[4] 吴斓, 陈丽. 基于扎根理论的cMOOC学习者学习过程的研究[J]. 中国远程教育, 2019, 40（12）：5-15+96.

"健康中国"背景下医学人文素质教育体系的构建与实践[①]

吕一军 金伟琼[②]

人是医学的核心,人文是伴随着医学的产生而存在的精神体现,是人类医学视域和生命内在秩序最基本的价值诉求。但是,纵观世界医学的发展进程,医学人文却严重缺位于整个医学场域。爱因斯坦曾经指出:"用专业知识教育人是不够的,通过专业教育,他可以成为一种有用的机器,但不能成为一个和谐发展的人。"这一论断表明,科学的知识中必须要蕴含着人文的教育元素才能培养合格的人才,与人密切接触的医学更是如此。

早在古希腊时期和我国的远古时代,即已经开始了医德医风的宣传,随着科学技术的迅猛发展,科学逐渐占据了人文学的地位,独立支撑着医学的发展,进而引发了一系列医学伦理、医疗道德等方面的问题。20世纪60年代,西方国家意识到医学人文缺失给医学发展带来的严重后果,纷纷提出了在医学院校中,独立设置医学人文学习模块,加强医学生人文科学教育的理念,并开设了医学人文的相关课程。我国医学人文素质教育起步虽晚于西方,但由于我们源远流长的古代文明,"生命至上、医乃仁术、仁术济世"的人文观也一直影响着我国医学的发展。

一、"健康中国"背景下的医学人文内涵

习近平总书记在十九大报告中指出,"实施健康中国战略,要完善国民健康政策,为人民群众提供全方位全周期的健康服务",这对医学和医学教育都提出了新的要求。如何实现"全方位全周期的健康服务",需要医学与

[①] 基金项目:本文系浙江省教育厅2021年省级课程思政教学建设项目"高校课程思政教学评价体系建设研究"(浙教函〔2021〕47号)、教育部产学合作协同育人项目"新医科背景下医学类社会实践一流课程的建设与探索"(220603924132940)成果之一。

[②] 作者简介:吕一军,温州医科大学党委书记;金伟琼,温州医科大学教务处副处长(通讯记者)。

人文学的相互交融、相互渗透，需要在医学教育中融入人文教育的元素。

（一）"健康中国"与医学人文的内在关系

"健康中国"战略是在我国全面建成小康社会决胜时期，全面实现中华民族伟大复兴"中国梦"的关键时期所提出的一项国家战略，其要义在于全面贯彻以人民为中心的治国理政观念，全面维护人民的健康权益。世界卫生组织（WHO）曾两次对"健康"概念进行修订，1948年提出"健康"不仅是身体上没有疾病，还要达到心理和社会的完满状态，1977年修订为身体、心理、社会和道德健康四个维度，将道德纳入健康的范围，这意味着医学人文已经成为健康促进中不可或缺的部分。党的十九大将"健康中国"作为一项基本国策，丰富了健康的定义与内涵，强化了健康对于人民幸福的重要作用，这是对医学发展的重要指引，也是对医学人文素质教育提出的新要求。"健康中国"战略指引着医学人文的发展，医学人文的建设同时又有力推进"健康中国"战略的实施，一个是重要指引，一个是有力支撑，相互促进，共融发展，医学人文是"健康中国"战略下一种国家精神力量的体现，"健康中国"为医学人文的教育与发展提供了基本目标遵循和发展方向。

（二）"健康中国"背景下的医学人文内涵构成

"健康中国"是习近平新时代中国特色社会主义思想的重要内容，具有丰富的文化内涵和深厚的人文底蕴，其核心要义在于促进人的全面发展。习近平总书记曾提出"人，本质上就是文化的人，而不是'物化'的人；是能动的、全面的人，而不是'僵化'的、'单向度'的人"的重要论述，映射到卫生健康领域，要求我们要用文化观、整体观去思考定义医学人文，以达到人全面发展的目的。"健康中国"战略给我们带来了健康概念、卫生医疗和医学模式的转变，健康概念已经成为包含身体、心理、社会和道德的"大健康"，卫生医疗已经成为预防保健为主的"大卫生"，医学模式已经成为"生物—心理—社会"三者相互结合、相互作用的"大医学"，医学人文的内涵同样应适应这三个转变，在秉承人与自然、人与社会、人与人之间和谐互动与协调发展的整体观下，包含"大健康观"下形成的国家、社会、个人统一的共同健康价值认识，"大卫生观"下形成的"生物—环境—社会—心理—健康"良性互动发展的生态模式，以及"大医学观"下形成的医学人文在医学科学和社会发展领域的综合显现，形成思想、行为、情感三者统一的整体。

(三)"健康中国"背景下医学人文的基本特征

医学人文的内涵随着人类社会发展以及人民健康需求变化,不断充实和丰富,它体现着不同时期卫生健康事业的发展特点,同时也印记着时代发展的鲜明特色。新的历史时期,"健康中国"背景下的医学人文呈现出三个层面的基本特征:一是充分体现国家的政策意志。"没有人民健康,就没有全面小康",实现全面小康是接下来一段时期全国人民为之奋斗的目标,人民健康是基础,医学人文在国家推出"健康中国"战略的历史背景下再次回归与复兴,肩负着为人民健康打底、为全面小康增色的历史重任,带有国家政策导向上的鲜明特征。二是充分服务社会的发展需求。医学人文的发展是以社会的发展规律为基础的,马克思曾强调说:"人的本质不是单个人所固有的抽象物,在其现实性上,它是一切社会关系的总和。"人是社会性的动物,医学人文在促进人的全面发展的同时同样带着社会的烙印,并服务于社会发展。三是充分实现个人的自身价值。医学人文的主体是人,其不仅包括对患者的关怀、医者的理解,同时还带有对人生命价值、生活价值实现的使命。

二、当前我国医学人文素质教育的现状

开展医学人文素质教育已经成为世界各国的共识,但是长期以来,"重技术轻人文"的现象导致了医学院校中对医学人文教育的重视程度不够,第一课堂教育课程缺乏,医学人文教育与通识教育、思想政治教育等交织在一起,不能很好地区分开来,导致学生人文素养培养的质量不高。

(一)医学人文素质教育课程体系有待完善

医学人文素质教育课程体系包含通识课程和专业课程两个部分,通识课程主要由社会学、历史学、人文学等相关课程组成,专业课程主要由与医学人文素质教育相关的课程组成,如"医患沟通学""医学伦理学""医学史学"等。随着对素质教育的重视,国家要求加强美育等课程的设置,强化医学生的人文艺术熏陶。目前我国医学院校医学人文课程的设置尚存在需要解决的问题,一是体现在课程设置上,二是体现在课程占比上。从国内医科大学在医学人文的课程设置上看,不少高校用通识课程来替换医学人文课程,课程设置尚不成体系,且相对于专业课程,师生对医学人文课程的重视程度相对较弱,认为是可有可无的课程;不少高校开设了"医患沟通学"和

"医学伦理学"等实操性相对较强的课程，但是对于医学人文的核心基础课程开设的不多，如"医学社会学""医学哲学""医学史学""医学法学"等在专业课程的占比较低，远低于美国、德国等发达国家对医学人文课程20%～25%的设置比值。

（二）医学人文素质教育师资力量有待加强

医学人文科学是一门交叉学科，它需要教育者同时具备医学专业知识和人文社会科学知识，但是从现有的高校教师结构组成来看，我们很难找到有双重学科背景的教师从事相关教学。不少学校的医学人文素质教育课程教师来自临床，他们有丰富的临床实践经验，但是对于人文医学等社会科学性的知识相对欠缺；也有不少高校医学人文素质教育课程的教师来自本身从事人文相关教学的教师，他们能很好地掌握人文社会科学的相关知识，但是由于缺乏医学的实践经验，往往不能生动展示医学人文的内涵和精神真谛；加上高校对医学人文的重视程度不够，不愿花成本去培养专门从事医学人文素质教育的师资，因此，师资力量严重不足，进而影响整体的医学人文教育效果。

（三）医学人文素质教育成果成效有待提升

2020年周志新等人对某学校医学生人文素质教育状况的调查结果显示，43.8%的学生表示不清楚良好的人文素养能否缓解当前的医患矛盾，更有17.8%的学生直接认为人文素养不能缓解医患矛盾。而在如何提升医学生人文素养的选题上，仅有39.3%的医学生认为学校的人文教育能提升自身人文素养，45.5%的医学生认为提高自我要求即可。调查结果表明医学生对医学人文素质教育的重要性认识不到位，同时，也从另一侧面反映出高校对医学人文教育的重要性同样缺失认识，正是由于高校的认识缺失导致学生的认识缺位。另据孙磊等人用杰弗逊共情量表学生版（JSE-S）对某校医学生人文素质培养现状的调查结果，年级越高的学生共情的能力越强，说明学生医学人文素养是可以培养的，且随着在校时间越长，其感知到的人文素质教育内容越多，人文素养的培养质量越高。

（四）医学人文素质教育环境营造有待优化

医学人文素质教育不同于其他的专业知识教育，需要有情感的因素，也需要有典型的引领和环境的润化，是第一课堂与第二课堂共同合力开展教育的成果，医学院校不仅仅要安排医学人文的专业课程，还要动员教师将医学人文的知识有效融入其他专业课程中。当前，为了强化课堂的育人效果，国家层面提出全面实施课程思政,充分挖掘专业课程的思政育人元素,在专业课程中强化思政教育,但是不少教师在开展课程思政的教学过程中,往往缺乏有效融入的技巧和思政的教学元素,造成课堂思政育人效果不佳,形成不了真正意义上的课程思政。医学人文素质教育其实就是课程思政的一种有效形式,医学人文教育的生动案例不仅起到课程思政的效果,还能提升课堂质量,营造具有人文气息的医学氛围,但是不少教师却忽视了这点。此外,在第二课堂的设计中,同样需要更加侧重与医学专业、未来职业相关的人文素质教育活动,营造有温度的校园文化氛围,让学生在课内课外时时接受人文的环境熏陶。

三、医学院校医学人文素质教育体系的构建与实践

医学人文素质教育体系构建是一个系统的工程,既要有宏观的政策指引和目标导向,又要有具体的落实方案和实践路径。"健康中国"的战略实施推动了医学人文素质教育的回归和复兴。2020年,国务院办公厅印发的《关于加强医学教育创新发展的指导意见》明确提出了要培养具有仁心仁术医学人才的教育目标。当前国内外的医疗卫生环境依然复杂多变,"健康中国"背景下的医学人文素质教育要成为复杂环境中的清泉,滋润患者的心田,推动医学的进步。

(一)明确医学人文素质教育的目标

我国著名学者杨叔子院士曾指出:"人文素质教育的最终目的,是使学生在人类文化熏陶下,正确认识自我,把握社会脉搏,关注人类的现实和未来的前途,从而促进人类文化向学生个体心理品质的内化,进而达到综合素质的提高。"1988年,世界医学教育会议通过的《爱丁堡宣言》,提出医学教育的目标是培养促进全人类健康的医生,医生应该成为一个专业的倾听者、仔细的观察者、敏锐的交谈者和有效的临床医生,而不是仅仅治疗某些疾病。我国先后启动卓越医生教育培养计划1.0版和2.0版,均指出医学院校既要重视医学技能的培养,同时要加强医学生的医德培养,把德育作为医学人才培养的首要内容。《中国本科医学教育标准——临床医学专业(2016版)》,分别在科学和学术、临床能力、健康与社会、职业素养四个领域提出中国临床医学专业本科毕业生的培养要求,特别是强化人文的素质教育要求。从国内外医学教育发展的要求看,人文已经成为医学人才不可或缺的组

成部分。因此，医学人文素质教育的总体目标应是培养具有较高医德素养、人文执业技能、人文关怀自觉的合格医疗工作者，具体目标应包括树立正确的医学价值观，形成卓越的医学人文素质，掌握医务人员的基本职业修养，有效处理与患者的关系，有效应对医疗工作中的伦理社会问题，以及培养医学生的创新意识、批判思维和协作精神等。

（二）构建医学人文素质教育的课程体系

课程是医学人文素质教育体系的核心，长期以来，课程设置的问题一直困扰和阻碍着医学人文素质教育的发展。需要开设什么课程？课程的性质如何界定？通常来讲，医学生的课程包括通识教育课程、学科基础课程、专业核心课程和临床实践课程四个部分。医学人文课程的设计要符合医学的教育规律，可以分成三个层面。第一个层面是通识类课程。通识教育是对事物之间有机联系的理解和认识，能赋予专业教育的意义，其目的在于培养健全的个人和自由社会中健全的公民，为学生灌输人的全面发展的理念，为培养更高层次的人才奠定广博的知识基础，包括历史、哲学、美学、文学等课程，这类课程可以扩宽学生的视野，培养学生通融识见的意识和博雅的医学精神。第二个层面是人文社会科学与医学结合形成的医学人文综合课程。这类课程可以促进学生加深对医学人文的深层次理解，充分认识医学背后所蕴含的人文价值和人文精神，探讨医学发展过程中的人文背景和社会因素，为更好的医学实践打下基础。第三个层面是具有临床实践应用色彩的医学人文应用课程。这类课程主要有针对性地培养学生的人文执业能力，解决行医过程中遇到的人文问题或者生物医学本身不能解决的问题。实践阶段的课程是前面两个层面课程的效果体现，同时也是深化医学人文教育效果的关键。第一层面的课程一般安排在低年级阶段，为接下来的教育打下良好的基础，第二层面的课程一般安排在中间阶段，起到承上启下的作用，第三层面的实践课程一般安排在实习前或者实习阶段，锻炼学生实践能力，为正式进入医疗卫生工作奠定基础。

（三）探索医学人文素质教育的实践路径

所谓路径即是方法，通过方法的实施达到某种特定的目标和目的。明确了培养目标和课程体系，关键在于如何实践与实施。首先是理念上的转变。要树立人文教育与科学教育并重的思想，国家政策已经提出了鲜明的要求，医学院校要充分重视。长期以来，"科学至上"的思想占据了高校育人的主导地位，使得医学人才培养的核心落到了培养学生探索生命的奥秘，解除人类的疾病痛苦方面。在党的十八届三中全会上，习近平总书记将"立德树人"作为教育教学改革的核心，并多次在各种不同的场合要求高校要将立德树人作为教育的根本。医学人文是医学院校践行立德树人的重要途径，学校要将医学人文教育作为医学人才培养方案的重要组成部分，强化对医学人文的内容学习与实践。其次要加强医学人文的学科建设。要以学科为导向，形成医学人文教育固定的教学与研究师资团队，成立医学人文学院或医学人文研究中心，设置医学人文素质教育教研室，以基层教学组织为单位，定期开展医学人文素质教育研讨活动，共同探索医学人文的最新研究进展与教育教学方法。考虑增设本科医学人文教育相关专业，扩大医学人文教育研究生招生规模，形成医学人文本硕博一体化人才培养体系，拓宽医学人文教育专业就业路径，引导学生从事医院临终关怀、肿瘤关怀等工作。最后要营造医学人文的育人环境。在校园文化环境布置、第二课堂活动开展、社会实践方案制定、典型人物宣传等方面强化人文氛围的营造，为医学生提供良好的成长环境。

医学人文素质教育是新时代医学与医学教育发展的共同诉求，医学人文素质教育的缺位将严重阻碍"健康中国"战略的实施和全人发展理念的落实，我们要让医学插上人文与科学两双翅膀，使其更好地为人民健康服务。

参考文献

[1] 习近平. 之江新语[M]. 杭州：浙江人民出版社，2007：150.

[2] 马克思恩格斯选集（第1卷）[M]. 北京：人民出版社，1995：56.

[3] 廖虎，杜亮，廖邦华，等. 加强我国医学人文素质教育的途径和方法[J]. 医学教育探索，2009，8（3）：328.

[4] 任天波，张焜. 关于医学人文素质教育的探究[J]. 中国医学伦理学，2017，30（4）：516.

[5] 周志新，吴世韫，刘志浩. 医学生人文素质教育现状调查及对策研究[J]. 医学教育管理，2020，6（5）：461-465.

[6] 孙磊，王宽垒，袁泽龙. 某高校医学生人文素质教育培养现状调查[J]. 中国病案，2021，22（5）：84-87.

[7] 哈佛委员会. 哈佛通识教育红皮书[M]. 李曼丽，译. 北京：北京大学出版社，2010：154.

[8] 王晓波. 医学人文教育概论[M]. 北京：科学出版社，2019：120-121.

面向就业的中职教育体系导向机制研究

樊 颐 杨德全 朱梦煜 王克勇[①]

在信息时代高速发展的社会背景下，第三产业的人力资源可持续发展直接关系到区域经济的整体发展，尤其是在第三产业经济发展总值占比较重的重庆市，人力资源的发展成为衡量区域经济发展水平的重要标志。因此，有效发展第三产业的人力资源管理，是社会进步的重要举措。中等职业教育作为第三产业人力资源可持续发展的重要组成部分，亦成为区域经济发展的重要模块。面对突如其来的新冠肺炎疫情冲击和国际国内形势的复杂变化，重庆市政府提出要发挥人才作用，聚天下英才而用之，推动产业数字化转型，提升现代服务业发展水平，推动一二三产业的融合发展。中等职业教育在第三产业人力资源发展格局发生变革之际，积极应对市场变化作出有效调整，但同时也面临着巨大的挑战。

一、第三产业人力资源发展趋势分析

（一）重庆市就业人员结构分布情况与第三产业发展趋势

1. 重庆市就业人员结构分布情况

《2019年度重庆市人力资源和社会保障事业发展统计公报》显示：截至2019年年末，重庆市就业人员共计1705.4万人，其中第一产业就业人员占26.5%；第二产业就业人员占25.5%；第三产业就业人员占48.0%（如图1所示）。2019年年末，全市共有51所技校，全年招生3.15万人，年末在校学生9.6万人。

从就业人员结构可以看出，重庆市区域经济的人力资源分布，以第三产业为核心。

---

① 作者简介：樊颐，北京理工大学继续教育学院研究生；杨德全，通讯作者，北京理工大学网络信息技术中心高级工程师；朱梦煜，北京理工大学继续教育学院研究生；王克勇，北京理工大学继续教育学院副教授。

图1　重庆市2019年就业人员图示

2. 重庆市第三产业发展趋势

回看2020年前三季度的数据，重庆市GDP达到17707.1亿元，同比增长了2.6%。其中，第一产业增加值达到1216.91亿元，同比增长3.9%；第二产业增加值达到7008.62亿元，同比增长3.9%；第三产业增加值达到9481.57亿元，同比增长1.2%。2020年1—10月份，重庆市固定资产投资（不含农户）同比增长3.3%。按行业细分，第一产业投资同比增长22.5%，第二产业投资同比增长5.0%，第三产业投资同比增长2.3%。

2021年重庆市经济工作的重点任务，把深入推进科技创新和接续推动产业链供应链优化升级放在了首要位置，打造一大批本土科技人才，大力推动数字经济和实体经济深度融合成为重庆市第三产业人力资源发展的首要任务，中等职业教育也必将在其中发挥不可或缺的重要作用。

（二）中等职业教育对第三产业人力资源发展的贡献

中等职业院校一直以来都是社会人力资源强有力的人才培养和输送基地。根据教育部发布的《2018年全国教育事业发展统计公报》，全国中等职业教育学校共有1.02万所，中等职业教育在校生有1555.26万人，占高中在校生总数的39.53%，中等职业教育毕业生有487.28万人。

重庆市教育委员会将职业教育纳入国民经济和社会发展规划，增加投入，整合资源，分类指导，鼓励社会力量举办职业教育，全面促进职业教育发展。对地方企业，重庆市教育委员会也作出了明确指示：国家规定实行就业准入的职业或工种，用人单位应当从取得相应职业资格证书的人员中录用。

重庆市中职和普通高中招生结构更加优化，中职与普通高中的招生比例为4.1∶5.9，招生量基本持平。截至目前，重庆市有222所职业学校，其中，中等职业学校有180所，在校生约有41万人。2019年统计数据显示，重庆市职业学校和培训机构向社会输送20多万名毕业生。中等职业教育一直都是社会人力资源发展的核心组成部分。

二、中等职业教育应对市场变化的不足之处

（一）中职教育的综合实力有待提高

培养专业学生，输送专业人才是中职学校的重要职能表现。十八大以来，随着产业转型升级、"中国制造2025"和"一带一路"倡议等的实施，我国职业教育进入体系建设和高质量发展并存的新时期，加强职业教育师资队伍建设、提高教师整体素质，成为当前推动职业教育改革与发展的一项重大而紧迫的任务。面临迫切转型的局面，中职学校在发展中的一些弊端随之凸显，急需整改解决。

1. 管理模式落后

目前，大多数中职学校的人力资源管理尚处于无序状态，学校没有人力资源管理部门，一般情况下都采用机构管理模式和办公室人员兼职管理的形式，校办公室需要办理的业务有日常事务管理和党委工作，同时还兼职人力资源管理的相关工作。学校自身的人力资源管理职能不清晰，办公室人员身兼数职，工作杂乱，因此，在教职工的专业规划、绩效考核、资源配置、人文关怀等方面，中职学校的管理都不够全面，尚未能达成有效的管理闭环，仍属于比较落后的管理模式。

在经济高速发展的新时期，教育与经济紧密结合，立足于社会发展实际以及市场需求进行教育教学改革，才能不断提高职业教育的人才培养质量。从内部的管理模式上，中职学校实施改革已经是适应经济发展的一种必然要求，也是最为迫切的需求。

2. 师资队伍建设

职业技术的师范教育已逐步向专业性、职业性、示范性"三性"融合的特点转型，探索职业技术师范教育硕士与博士层次的教师培养、储备某一领域的专业性人才、谋求更深层次的发展，已成为现阶段中职学校的重要目标，"双师型"教学人才储备也成为中职学校的长期重点开发项目。

专业的培训是对教职工的一种有效的激励手段，同时也能让教职工获得或改进与个人专业发展有关的知识与技能。但在实际的管理当中，教职工的培训规划大都由教职工自行拟定，与学校的教学统筹发展契合度较低；尤其是在第三产业人才培养的专业度上，"双师型"教师的培训提升环节显得格

外薄弱，学生在进入企业实习阶段后，往往表现出所学知识无法良好应用的局面。学校教育与实际应用脱轨，从根本上分析，就是职业教师的专业应用技能不达标，传授的知识成为空中楼阁，没有桥墩的桥梁无法载重通行，拉低了职业教育的水准。

（二）校企合作方式面临改革

1. 课程设置的局限

第三产业的人力资源发展对人才的职业特性提出了最直接的要求，为了提升学生的专业岗位能力和教师的职业能力，深化加强校企合作已是当下开展实践教学的大战略方向，这也是对中职学校的要求。为了适应经济发展趋势，为打造本土科技人才助力，重庆市大多数中职学校已开设信息技术、计算计应用、数控技术应用等数字化专业，但由于中职学生的基础知识储备有限，所以该类课程的深度也很受局限，即便是通过三年的专业学习，也很难找到合适的企业实习，创业更是受到严峻挑战。课程设置虽然满足了社会发展的需要，但是内容与深度却与就业方向不匹配，中职学生通过学习所了解到的知识架构无法支撑课程的终端就业市场，导致部分中职学生的就业困难。

2. 偏离市场轨道

中职学校虽然在第三产业的人才输送中占据了十分重要的位置，但由于中职学生的年龄普遍偏小、定性不够，中职学校的教学又与市场的关联度较低，所以中职学生在职场上的流动性较大，对企业的职业性要求认知度低下。大部分中职学生无法理解在企业中谋求深度发展的模式和具体操作，与企业之间的融合度低，导致学校与企业无法真正地做到产教融合，在偏离市场轨道的前提下以企业的发展需求提供专业技能人才储备、推动自身全面提高成为空话，更遑论积极创新，加强共建力度。

三、面向就业导向提升中等职业教育发展架构的模型

《2017年度重庆市人力资源和社会保障事业发展统计公报》显示：2017年，重庆市就业人员1714.55万人，其中第一产业就业人员占27.7%，第二产业就业人员占26.9%，第三产业就业人员占45.4%。截至2017年年末，全市共有高等专科学校54所，在校生达9.8万人。

2018年全市就业人员1709.51万人，第一产业就业人员占27.2%；第二产

业就业人员占25.9%；第三产业就业人员占46.9%。年末全市共有技工院校51所，在校学生9.8万人。

从2017年至2019年三年的就业统计公报中可以得到三次产业的就业人数占比数据（如表1所示），职业技术类学校在连续三年的年末人数基本持平，呈稳定态势，三次产业在面临转型升级的同时，职业教育也到了提升价值的重要阶段，尤其是在新冠肺炎疫情之下。

表1　2017—2019年重庆市三次产业就业构成情况

单位：%

年份	第一产业	第二产业	第三产业
2017	27.7	26.9	45.4
2018	27.2	25.9	46.9
2019	26.5	25.5	48.0

以2017—2019年的数据作为基础，利用马尔科夫分析法对近三年重庆市三次产业就业构成情况的态势进行分析，预估三年后重庆市三次产业的就业结构分布情况，评估三年后中职教育在此结构分布下需要改进的方向，以就业为导向，得出提升中职教育的发展架构。

套入基础数据展开分析，得到重庆市三次产业在2017—2019年的转移公式，如式（1）所示，可以看出2017—2019年，重庆市的三次就业人员占比态势趋于平稳。

$$p = \begin{bmatrix} p_{11} & p_{12} & p_{13} \\ p_{21} & p_{22} & p_{23} \\ p_{31} & p_{32} & p_{33} \end{bmatrix} = \begin{bmatrix} 0.277 & 0.269 & 0.454 \\ 0.272 & 0.259 & 0.469 \\ 0.265 & 0.255 & 0.48 \end{bmatrix} \quad (1)$$

假设三年后重庆市的人才就业占比是$p_1(3)\ p_2(3)\ p_3(3)$，将式（1）的数据代入预测公式，如式（2）~式（6）所示，可以得到三年后重庆市三次产业就业占比数据。

$$p^3 = \begin{bmatrix} 0.277 & 0.269 & 0.454 \\ 0.272 & 0.259 & 0.469 \\ 0.265 & 0.255 & 0.48 \end{bmatrix}^3 = \begin{bmatrix} 0.27 & 0.26 & 0.47 \\ 0.27 & 0.26 & 0.47 \\ 0.27 & 0.26 & 0.47 \end{bmatrix} \quad (2)$$

$$(p_1(3)\ p_2(3)\ p_3(3)) = (p_1\ p_2\ p_3) \begin{bmatrix} 0.27 & 0.26 & 0.47 \\ 0.27 & 0.26 & 0.47 \\ 0.27 & 0.26 & 0.47 \end{bmatrix} \quad (3)$$

$$p_1(3) = \sum_{i=1}^{3} p_i p_a(3) = 0.27 \quad\quad\quad\quad\quad\quad\quad（4）$$
$$p_2(3) = 0.26 \quad\quad\quad\quad\quad\quad\quad（5）$$
$$p_3(3) = 0.47 \quad\quad\quad\quad\quad\quad\quad（6）$$

根据马尔科夫预测分析，2022年重庆市三次产业的就业人口占比为：第一产业27%，第二产业26%，第三产业47%。第三产业的就业人口占比依旧远远高于第一和第二产业。针对第三产业在就业环境中居高不下的占比形势，中职教育在此期间需要从各方面调整完善，以应对新冠肺炎疫情下的就业人才需求。

四、提升中等职业教育发展架构的要点

（一）全面提升综合实力

中职学校承担着教书育人的社会责任，是提高居民科学文化水平和素质的场所，同时也是第三产业人力资源发展中十分重要的一环，应当为第三产业人力资源的可持续性发展作出贡献。因此，中职学校的发展，必须要先做好内秀，在内部管理、师资队伍建设、人文关怀等方面，都要有一套完整的管理体系与提升模式。先有了自身的可持续发展，才能对社会发挥积极的作用。

1. 设置符合市场定律的管理模式

人力资源是现代企业的资源构成中唯一能动的、可开发的再生资源，是整个社会发展的重要组成部分，尤其是在科技飞速发展的当今社会，中职学校作为对企业输送专业对口的人才的机构，专门的人力资源管理同样有着无可取代的重要作用。

从职能上讲，中职学校区别于一般的社会型企业，但从管理上看，中职学校又与社会型企业具有相似之处。在学校中设置单独的人力资源管理部门，将教职工的选、用、育、留工作独立出来，对人才进行企业式的管理，把人才培养和绩效评定纳入人力资源的重点管理工作，与学校的教学统筹发展相结合，打造专属的教育人力资源管理模式，形成学校内部人力资源可持续发展的管理闭环，才是符合当下市场定律的管理模式。

目前，重庆市的部分高职院校已经逐步展开校内独立人力资源管理工作的转型，把教务处的党建工作与人力资源管理工作剥离开，对教职工实行专项管理，建立更加科学的职级评定与晋升机制，如重庆市工业职业技术学

院、重庆电子工程职业学院、重庆工程职业技术学院等。重庆市的中职院校目前尚未在内部的职能管理上有所突破，不过在高职院校往科学性管理模式转型的带领下，相信该项举措很快将成为中职院校的改革发展方向。

2. 开设有效的教师培养模式

教职工的选拔可向专业的师范类院校与社会双向开放，除了选择师范类专业的人员进行第三产业的专业性培养，同时亦可选择已在第三产业获得中等以上职称或成就的人才进行培养。"双师型"教学人才的侧重点放在实用性上，以知识点传授的实用性作为重要的考核依据，真正做到产教融合。

（二）校企合作改革战略，从课程优化到人才储备

要推动第三产业人力资源发展，校企结合就不能再沿用"有什么就输送什么"的传统模式，中职学校不能脱离社会发展背景单独存在，必须要从"资源方"的角色中脱离出来，更新人才培养观念、开辟多元化创新途径。

1. 优化课程设置

针对市场和企业的硬性需求，大力发展1+X证书制度和产学研结合的方式。紧跟未来10年的经济发展趋势，订单式地设置职业课程，充分考虑中职学生的文化基础和企业目标需求岗位的任职要求，定向设置课程的深度与广度，采用灵活的教学模式展开教授，校企结合甚至可以直接从学生入校时的授课形式上展开，进入学习的中后期，可以多组织开展翻转课堂教学、多媒体教学、现场实体教学与进入企业的沉浸式教学等，从实用性出发，让学生掌握可直接上岗的专业技能。例如重庆市渝北区政府联合重庆工业职业技术学院、长安汽车软件科技有限公司、华为重庆云与计算等相关企业共同打造的仙桃谷软件学院，就是直接站在市场发展的角度进行全面规划，无论是课程设置还是教学模式上，都采用了偏向实用、适用的方法。中职学校可借鉴重庆工业职业技术学院这种方式，在人才培养方面与企业达成深度合作，针对第三产业设置订单式的课程，以输送实用性人才为首要任务，全面与市场接轨，充分发挥中职人才的职业性能。

2. 订单式人才培养

当前经济发展趋势下，中职学校应对市场需求开发订单式人才培养与输送已经势在必行。优化的订单式课程用以应对就业市场上的行业用人标准，那么针对个别企业的人才需求，中职学校则可以放宽订单式人才培养的维度，把校企合作的时间段提前至学生入学时，在对学生的培养阶段，中职学校可以邀请企业介入，定点输出企业对于需求人才的硬性要求，在订单式培

养人才的同时，也可以借此丰富行业的用人标准。

目前，已有部分中高职院校采取相应的人才培养模式，并取得了一定的成果。2020年11月，重庆幼儿师范高等专科学校和川南幼儿师范高等专科学校共同牵头发起成立"成渝地区双城经济圈职业院校学前教育发展联盟"，专门针对学前教育人才培养，会员单位共计260余个，其中职业院校32所、区县教育主管部门24个、中职学校49所、幼儿园128所、行业机构17个。同月，在重庆市大足区成立了"双城经济圈中部（区域）职业教育联盟"，36个教育行政部门、27所中等职业学校、15所高职院校和32家校企合作单位，共商职业教育发展，拟定携手合作，加强跨区域校校合作、校企合作和产教融合的发展策略。

有了优化的订单式课程设置与定点订单式人才培养的基础，中职学生在进入企业之后的生存空间将会更大，发展势头也会更好。有了明确的发展方向，中职学生在企业中的留存率也会更高，企业择选优秀人才进行深化培养变得更加容易。学生从知识学习到运用，再到职业规划发展，形成了良性的循环，在大幅度提升了自身的专业性的同时，也保障了社会经济人才发展的需要。

（三）当前局势下的必要转型

在互联网经济飞速发展的局势下，中职学校的发展面临由传统的授课模式向多元化培养方式的过渡。2020年突发的疫情与国内外经济形势的复杂变化，加速了职业教育行业的市场分化与升级转型，其中，多元化教学的开发与完善成为中职教育首要面临的难题。随着5G基础设施的完善，"AI+"则给中职教育的多元化教学提供了更大的发展空间，但同时也向中职教育提出了教学内容更加专业与实用的要求，中职学校必须加快转型升级，形成现代教育新形势，才可能拥有持续的生命力。

建设智慧校园是在健全的基础设施平台、良好的网络环境、综合的信息服务平台和数据共享平台上开展的。目前，许多高职院校的智慧校园建设已初见成效，基础设施平台为学生提供随时随地学习的条件，数据共享平台和综合信息服务平台为教师提供搜索、分析、应用和发布信息的功能，综合信息服务平台提供不同角色的个性化定制服务，包括学校、教师、学生和企业。总的来说，智慧校园可以互联协作不同的应用和服务功能，使学校管理透明高效。

职业技术院校的发展，需要在此基础上做到融合，智慧校园的建设要充分结合自身教育特色,设置适合职业技术人才培养的专属模式。例如将原有的实操模拟训练转化为VR视觉模拟操作就是不错的选择,既可以全程监管和记录学生的操作细节,又能在保证安全的条件下提升学生的学习兴趣,大大提高教学的质量。在互联网大数据运行的背景下,学生在网上学习时会留下大量的学习行为数据,所有学生的课堂信息包括这些行为数据,可以被实时转换成反馈到教师层面的个性信息。互联网强大的数据处理功能可以帮助教师对生成的各项学生数据进行收集、整理和分析,根据分析结果为学生设计更有效、更优秀的学习环境,开发出更适合学生发展需求的优质课程。

五、结语

在未来,随着科技的不断进步、AI技术的不断完善,第三产业的人力资源发展需求对中职教育将会提出新的要求,无论是在管理模式、师资队伍建设、课程设置还是人才培养模式上,都必须不断地完善与提高,才能跟上时代的潮流,为用人单位输送新的专业人才与教育理念,从根本上满足新一轮的人力资源发展。

从宏观上看,人力资源发展与中职教育的完善是一种相辅相成的关系,在前进的道路上循环往复,共同进步。第三产业从业人员的专业性普遍提高,各行业在地方发展的比重必然会在一定时间内发生重心转移,一定程度上推动着人才储备朝着新的市场需求转型。

● 参考文献

[1] 2019年度重庆市人力资源和社会保障事业发展统计公报[EB/OL].(2020-08-18). http://rlsbj.cq.gov.cn/zwgk_182/zfxxgkml/ghxx_5325/202008/t20200818_7789768.html.

[2] 2018年全国教育事业发展统计公报[EB/OL].(2019-07-24).http://www.moe.gov.cn/jyb_sjzl/sjzl_fztjgb/201907/t20190724_392041.html.

[3] 重庆市职业教育条例[EB/OL].(2007-07-27). http://222.178.118.65/rdgb/rdgb.asp.

[4] 曹晔.当代中国职业教育制度与政策[M].北京:科学出版社,2019:188.

[5] 孔小端.人力资源管理在中职教育中的现状及对策分析[J].科学咨询(科技·管理),2020(27):36.

[6] 颜莎.中职学校文秘专业开设人力资源管理课程的必要性及教学改革思路——以广西纺织工业学校为例[J].现代职业教育,2020(20):224-225.

[7] 2017年度重庆市人力资源和社会保障事业发展统计公报[EB/OL].(2018-09-21). http://rlsbj.cq.gov.cn/zwgk_182/zfxxgkml/ghxx_5325/201809/t20180921_6755317.html.

[8] 2018年度重庆市人力资源和社会保障事业发展统计公报[EB/OL].(2021-03-04). http://rlsbj.cq.gov.cn/zwgk_182/zfxxgkml/ghxx_5325/202103/t20210304_8963109.html.

[9] 成渝地区双城经济圈职业院校学前教育发展联盟成立大会暨学前教育发展高峰论坛会[EB/OL].(2020-11-30). http://www.cqpec.com/info/1010/3320.htm.

[10] "成渝地区双城经济圈中部(区域)职业教育联盟"成立[EB/OL].(2020-11-13). https://app.cqrb.cn/edu/2020-11-13/514381.html.

[11] 胡梅,马斌."互联网+高等职业教育"的现实可能与当代变革[J].现代教育管理,2016(1):20.

[12] 毕冉."互联网+课堂"背景下高校教师职业能力面临的挑战及对策[J].现代教育管理,2015(12):53.

自醒自治："问道典籍"与大学生素质能力提升

田至美[①]

引言

"问道典籍"是首都师范大学良乡校区基础学部为了配合通识教育的推行与实施，培养学生良好读书习惯，营造积极校园文化氛围，面向全体一年级大学生开展的一项学生自主性读书活动。活动以读书小组的形式开展读书以及和读书相关的学生活动。

活动的实施过程包括三个阶段。

第一阶段为动员与报名阶段。由良乡校区基础学部发出读书活动的倡议，同时给同学们提供一份涵盖了百余部中外经典书籍的推荐阅读书目，并详细列出了索书号供学生检索和借阅。基础学部将积极报名参加活动的同学召集起来，召开"问道典籍"读书活动启动大会，对活动的意义、活动方式以及阅读书目的选择进行说明。

第二阶段为读书小组成立及开展组内活动阶段。根据自由组合以及阅读书籍的类型和阅读兴趣近似的原则，把自愿报名参加读书活动的同学分为若干小组。各个读书小组定期开展丰富多彩的读书交流会。如第一期活动分为10个小组，分别为"执典问道"小组、"吉卜力"小组、"哲·思"小组、"诗歌"小组、"乐读"小组、"文·物·法"小组、"问渠"小组、"魄万卷"小组、"浪淘沙"小组、"读者梦于1319"小组。10个读书小组读书内容涉猎哲学经典类、诗歌散文类、人物传记类、现当代小说类等。

小组成立后，各小组通过组内自荐和组员民主推荐的方式，选出一名小组长来负责小组的读书交流活动。各小组每周开展一次读书活动，活动形式

---

① 作者简介：田至美，首都师范大学教师发展中心副主任，资源环境与旅游学院副教授。

多样、内容丰富，包括介绍所读书籍、交流文学知识、填诗词活动、小说分角色朗读。活动过程中，组长指定一位组员做详细的发言记录，每次活动结束后，组长写活动总结，进行反思和改进。

第三阶段为总结与表彰阶段。为了共享各读书小组的读书成果和经验，这一阶段由基础学部组织召开组际读书成果汇报会。各读书小组在读书成果汇报会上展示读书过程和成果，以此参与评选优秀读书小组，小组成员则通过递交读书笔记来评选优秀读书笔记。在第一期"问道典籍"读书活动中共征集到90篇读书笔记、25篇诗词。通过小组内认真评阅和推荐，以及专业老师评选，共评选出36篇优秀读书笔记。

整个"问道典籍"读书活动不但有思想的碰撞、言语的交锋，更有智慧的结晶。读书活动，搭建了来自不同专业同学读书、交流的平台，营造了良乡校区浓厚的读书氛围。

一、大学生的自主性特质及创新活动动力

社会在不断发展，物质文明和精神文明也不断地冲击着"90后"大学生的思想。由于这一代学生大多数为独生子女，没有经历过历史和政治上的动荡，也没有经历过大的经济波动，生活相对安逸舒适，是每个家庭给予厚望的一代，导致他们从小就学会了以自我为中心，不愿意参与集体活动，不愿意服从集体安排，于是人们普遍认为这一代人表现出和前几辈人非常不一样的地方，他们更多地表现出冷漠与自私、集体观念淡薄。

大部分"90后"的大学生在进入大学之前的生活空间相对狭小，缺少与同龄人的交流、与成年人的沟通，更不会与他人融洽地相处，因此也造成了他们孤僻的性格。此外，面对复杂的社会环境和层出不穷的诱惑，好奇心和挑战感总是超越他们的理性，使他们缺乏足够的自制能力。

"问道典籍"读书活动的参与者是来自首都师范大学的一年级大学生。这群学生学习和生活在远离校本部约40公里之外的城市郊区，而且校区内仅此一个年级，学生不仅与高年级学生的交流相对较少，而且在偏远的校区与教师的交流也因距离相对较少。正是在这样的境况下，借助"问道典籍"这个平台让本属于大学生的属性凸显出来，而这种属性因社会文化环境的特殊性而被长期掩盖，甚至误读。

"问道典籍"读书活动的参与者所表现出来的风貌和品质几乎与人们习

惯上认为的"冷漠、自私、孤僻、集体观念淡薄、自制力差"等判断截然不同。相反，较强自主意识、自制能力和协作精神成为读书活动的参与者的群体属性。面对这样的学生群体，教育者对受教育者的误读毋庸置疑。

今日的中国正处于急剧变化的社会转型期，即中国社会从传统社会向现代社会、从农业社会向工业社会、从封闭性社会向开放性社会转变，其间呈现出社会变迁和发展等一系列形态特征，大学生也同时处在这种搅拌的氛围中。当代大学生目前所处的阶段正是一个人自我意识从少年向成年的典型过渡期。在这个阶段，大学生在自我认识的基础上，具有强烈的自我设计、自我张扬的愿望。他们在思维和行为方式上喜爱标新立异，喜欢与众不同，具有较强的独立性和自我性，表现出强烈的个性。由于这一代也是伴随着信息时代成长起来的一代，受东西方多元文化的冲击和影响较大，因此也表现出不凡的创造力和想象力。

这样的社会文化环境和时代背景决定了社会转型期的大学生具有强烈的自主意识以及富于想象力和创造力的内在特质。我们不能因为大学生的不成熟而对他们天生具有的、而在特定环境或事件诱导下逐渐激活的自主、自治的能力视而不见。

任剑涛先生在《经济观察报》撰文指出：

国家不能觉得公民不成熟，就一直要坚持给所有公民哺乳，让他们永远脱离不了吸吮国家乳汁的不成熟状态。须知公民天生具有自主、自治的能力。只要一个国家的政党权力、国家权力、公民权利分化了，公民就能学会自主、自治，他们就会有公民自己的思维逻辑与行动方略。就此而言，社会自治与国家建构是相伴而行的。一个不能自治的社会，投射出的是一个国家难以法治。

（《国家与社会：历史扭曲与现实调适》载2011年7月11日《经济观察报》）

当今的大学与社会的关系日益紧密，学校在一定程度折射出社会的缩影。如果我们把发生在良乡校区的"问道典籍"读书活动及其组织活动形式视为一种自主性创新事件，那么虽然宏观因素给了学生的自主性创新以可能性，但是要能够具体地推进，还是需要现实的强大推动力的。尤其是在活动倡导者和校区管理者并没有设定某项自主学习目标的情况下，自主创新不仅面临种种困难和干扰，而且实施创新活动还需要付出一定的成本。既然如此，大学生的自主性创新活动的动力何在？

通过对良乡校区举办的"问道典籍"读书实践活动的分析，笔者把大学生的自主性创新活动的动力归结为以下方面：

（一）自主管理和创新活动是大学生追求群体认同和团体归属的产物

刚刚进入大学的学生希望在群体中极力彰显自己的特长和个性，并在群体中快速获得认同；另外，在大学里学生的组织形式发生了多种变化。在实施通识教育的情况下，以通识课程为主的课程结构使得院系、班级等团体概念被弱化和淡化，学生渴求成立自主、自治的学生学习型组织，并希望在集体活动中寻求到团体归属。

（二）自主管理和创新学习是大学生群体互助性成长的产物

大学生的核心任务是学习，尤其是在一年级阶段怀揣着读书和成才梦想的学子，往往希望在互助性学习中追求自我价值的实现。

良乡校区举办的"问道典籍"读书实践活动表明，民主的进步不一定是通过高喊民主口号、通过设计全新的民主方案、通过公开推进民主改革、通过移植现成的民主制度等方式来实现的，而更主要地是在政府与民间社会的互动和博弈过程中通过民主创新来实现的。这或许是中国这样的国家推进民主化进程的独特路径。

（三）自主管理和创新是权利意识的增长和维权动机的产物

大学生在自主性读书活动中希望获得的是在学校的制度设计框架下，寻求个人对知识、能力的最大化发展。在读书活动中的出现和设计的各种自主创新活动，其动力是由两股力量相互激荡、互为补充而不断发展的。其一是来自管理层不断推进民主创新的体制内力量；其二则是来自学生自身随着社会发展而出现的公民权利和个人诉求的推动力量。随着社会的发展，公民权利建构日益健全，角色转换中的大学生开始对自己的各种权利和在学校应有的发展机会和发展空间有了新的看法，他们意图运用自己的正当权利来保障和实现自己的利益和价值。这是以大学生为载体的校园自主性创新事件的内在动力。

总之，大学生自主管理和创新是在既相互交织又相互分离的一系列作用机制和背景下推进的。因此，其发展的过程既有学校管理层面主导下的稳步推进，又有学生自主参与和管理范围的逐步扩大，还存在公民（学生）天生自主、自治能力与民主机制的自我强化这种较为潜在的力量。这使得基层民主创新具有一种小步渐进和间歇性突破相结合的发展态势。

二、"问道典籍"读书活动——自主与自治意识的唤醒

在首都师范大学良乡校区基础学部举办的"问道典籍"读书活动之所以取得了超乎预期的效果,在学生中产生深刻的影响,究其原因,主要有以下方面:

(一)为学生的多元化需求寻求到新的满足渠道

当轰轰烈烈的文体活动开展之时,我们总是感觉到,还有很多学生游离于这些活动之外,他们那天然不会安分的灵魂在另一个氛围里徘徊,但是,他们并不缺乏理想,更不缺乏自主与自治能力。

一位学生在博客中写道:

学校(良乡基础学部)的活动适合我参加的也就这么几类:读书活动,各种竞赛,包括英语、百科知识。百科知识竞赛由我牵头临时攒了一队——两个历史学院的,两个我们生命科学学院的。这个问道典籍读书活动我选了《理想国》,并写了一篇读书笔记……

很小的时候就知道柏拉图,知道《理想国》。成长中每隔一个阶段我都会去找来《理想国》以及柏拉图其他对话集拜读,但是之前每次都是半途而废,因为我知道,我还没有对它真正产生兴趣,我的经历还没有丰富到足以真正理解其内容。今年,我再次捧起它,我发现我终于能够走进它,深入它了。能够通过一本古希腊名著了解西方哲学的雏形思想,了解一个当今无法逾越的哲学家,真是令人兴奋的一件事。

《理想国》距今已有几千年的历史,但是它仍然没有褪掉光辉。几千年后,我在安静的角落里阅读它,随着柏拉图的思路,思考,联想,感受那弥足珍贵的历史余音。

(二)为通识教育提供了补充平台

大学是一个传授普遍知识的地方,一个公开追求真理的场所。一般认为,专业教育的主要承担者是学校,而通识教育的主要承担者是社会,学校教育尤其是学校之内、课堂教育之外的教育是通识教育的重要补充。

良乡校区开展的"问道典籍"读书活动正是学校之内、课堂教育之外的教育方式之一。这里所说的"典籍"是值得不断重读且给人深刻而广泛启

迪的著作，对经典名著的阅读，称得上是人类文明智慧传播和保存的根本途径。对于大学生而言，阅读经典对个体知识、经验和修养的积累具有重要的意义。正因如此，阅读典籍有益于育德、励志、启智、明史，是人的素质全面发展的重要途径之一，在通识教育中承担着重要的职能。朱自清先生曾在《经典常谈》中这样陈述他的意见："在中等以上的教育里，经典训练应该是一个必要的项目……一个有相当教育的国民，至少对于本国的经典，也有接触的义务。"无独有偶，同一时期曾主掌美国芝加哥大学的赫钦斯在该校组织了一场著名的"名著阅读"运动。

大学培养出的应该是判断敏锐、洞察深刻、表达清晰、气度沉毅的人才，这种人才绝非仅有一些特殊和外在的知识，更有着完善的心智。大学的这种办学目标需要通识教育的实施使之得以实现。

许多名著在看似难以深入的表象后，实际上蕴含了巨大的可读性。人们对《论语》一再解读和阐释，奥妙也在此。正如世界教育家罗伯特·M.赫钦斯说的那样："正是名著难以阅读的特点，使得它们比其他书籍更具可读性，也更值得阅读。正是因为名著中提出的问题其本身也没有作出最终的回答，它们才能够激励我们思考、探索和讨论。名著的难度不是来自不良的写作或构思，而是来自对人类面临的最困难的问题作出了最简单明了的阐述，正因为如此，它们为我们提供了获得理解力的智慧的机会。"

就大学生这一对象而言，大学期间正处于精神建构、"灵魂发育"的最重要时期。一般而言，他们高中所习惯的种种思维方式和经验模式到了大学必然受窘，面临新的考验，大学也就成了他们灵魂成长和精神深化的园地。而大学中的经典书籍几乎涵盖了人类每个问题，对人类的思想和态度作了具有深刻洞察力的探索，因而能给予大学生春风化雨般的心灵滋养和"宁静致远"的思想锤炼。

在良乡校区基础学部组织的读书交流会上，大学生的学习热情和探究精神得以展示。"哲·思"小组组长宋歌同学在小组汇报中结合小组活动充分论证了"哲学是个好东西"等论断，其富有激情的讲演中闪烁着智慧的光芒；"问渠"小组把读书的过程比作往头脑中不断地注入"活水"，其严谨、认真的读书态度以及求真探索的读书精神感染了在场的每位老师和同学。"浪淘沙"小组通过专业老师的指导以及组员积极的参与，在浩如烟海的典籍中、自由的讨论中寻找到了自己的智慧。

（三）"阅读—思考—交流"：学术创新的起点与人际关系的建构

真正意义上的学术创新遵循的是"经典阅读—问题意识—闲静思索"的严格规范和研究理路，简单来说就是："经典阅读"是学术创新的必经之路；"问题意识"是学术创新的生命起点；"闲静思索"是学术创新的自由空间。

在良乡校区开展的自主性"问道典籍"读书活动，更多地体现了人际关系的建构功能。

"乐读"读书小组组长在描述第一次读书交流会的感受时写道：

> 大家的准时到场让我激动万分。大家很快融入了我们这个十人组的团体，这点真的让人蛮欣慰，让我这个小组长有了一股干劲！所以我跟大家介绍我的书目时异常兴奋。
>
> 我们虽然来自不同的学院，但是我们因为书走到了一起。读书的确让人受益匪浅，后来大家因为一本书竟然争辩了起来，气氛好活跃啊。争辩中我们了解了很多自己以前不曾知道的问题。"乐读"的我们在阅读。

"浪淘沙"读书小组组长在其读书活动总结中回忆起他们的第一次集体活动内容：

> 我们怀着激动而欢喜的心情开始了我们的第一次活动。活动的中心议题是"庄子在《逍遥游》中表现出了怎样的人生态度"。有的同学认为，在《逍遥游》中，庄子表现出出世的想法，但是也表现出对世人的期待和近乎偏执的真切；有的同学从儒、释、道的角度阐述了自己对《逍遥游》的看法，指出逍遥游的层次代表了道家的庄子的出世心态；还有的同学从自身对道家的理解出发，对庄子的出世心态作了分析……

在谈到活动感受时，"浪淘沙"读书小组组长写道：

> 我很高兴场上出现了不同意见。因为大家的智慧火花就是在观点碰撞中产生的。大家就庄子和其他诸子百家的不同之处展开了讨论，这极大地培养了大家的思考习惯，有助于大家从更加广阔的视角来分析问题。大家的讨论自由却不混乱，积极但不过激。大家的观点确实有不同的地方，但是大家对彼此的尊重和理解让我钦佩。活动结束时，我们一起走出了教室，路上还一

路畅谈，大家意犹未尽。

"读者梦于1319"读书小组组长在谈到确定小组名称的过程时写道：

我们的组名是集体智慧的结晶。开始时想到了"读者""1319"，又在《列宁于1918》的影响下将它们串联在一起变成"读者于1319"。后来，由于组里面大多数人都在读、刚读过或者很喜欢极其经典的《红楼梦》，于是又有了一个声音——梦。大家听到这个说法，不约而同地说应该将组名定为"读者梦于1319"。读者——我们；1319——活动地；梦——我们的行为方式：读《梦》、做梦、交换梦……这是我们最为贴切的组名。

三、将经典阅读进行到底：大学生自主与自治能力的提升

高等教育的目的就是提高学生认识社会、改造社会，包括认识自己、改造自己的能力。这种能力可概括为生活上的自理能力、行为上的控制能力、思想上的修养能力、政治上的辨别能力。只有具备了这些能力，成为思想品格健全的人，从学校走上社会才能独立地学习、生活和工作。因此，在加强管理的同时，必须重视大学生的"自治"问题。所谓的"自治"就是自我组织、自我管理、自我教育、自我服务。借助于读书活动，根据现代大学生的特点，激活和培养大学生的自我管理能力，从而达到自治，可以从以下三个方面着手：

（一）配备读书活动的专业指导教师以及辅导员

尽管我们强调在读书活动中要充分调动学生自主学习的热情，培养学生的自治能力，但是，读书活动尤其是典籍阅读毕竟是具有专业性的，如果有学长和师长的指导，活动的效果会大大提高。目前由于我校分校区的管理模式的限制，大学一年级学生独立居住在偏远的郊区，不仅缺乏专业教师的指导，而且与学长的沟通也不方便，因此与学生接触最多的就是坚守在独立校区的教辅人员和学生辅导员，作为学生管理的一线工作人员，他们对学生的影响非常大。大学时期是学生从幼稚走向成熟的过渡阶段，学生的世界观、人生观、价值观都还没有系统地成形，专业教师、教辅人员和学生辅导员的观念意识、品德情操、价值和文化修养对大学生的思想道德素质起着广泛而深远的影响。

身教胜于言传，教师的品格影响着学生的心灵，在大学生的人格形成过程中发挥着重要的作用。品格是与个性人格相联系的品质、品行。辅导员的品格是其个性倾向、人格品质、道德素养在高等教育活动中的综合反映。辅导员职业的特殊性在于育人，不仅要用自己的学识育人，更重要的是用自己的品格教人，可以说配备读书活动的专业指导教师以及辅导员，有利于读书活动广泛、深入、持久的开展。

（二）培养和引导优秀的学生身份的读书活动组织者

在"问道典籍"读书活动中，读书小组组长是一个先进群体，是读书活动组织者（基础学部）、专业指导老师和同学之间联系的一个重要纽带，他们在学生群体中发挥最直接、最持续的影响。读书活动的有序组织和开展单靠基础学部工作人员的力量是难以完成的，学生干部的参与是对读书活动的有益而且重要的补充。优秀的学生读书活动参与者能够自我管理，自我教育，又能够对身边和周围的同学产生很大的影响。

"问道典籍"读书活动小组与高校班集体相同，作为有目的组织起来的一个有活动能力的机构，它的主体是读书小组，且具有一定的自我教育和管理能力。高校大学生生理发育基本成熟，具有独立的思想和健全的人格，追求民主自由和平等，不愿意生活在高压和束缚之下。通过读书小组将其组织起来，进行自我教育，自我管理，自我服务。这里面读书小组组长或学生干部的作用尤其重要，一个思想素质和个人品格优秀的学生，在小组中有很高的威信，能够很好地组织和领导一个集体。因此，读书小组组长的思想素质好坏，是做好学生管理工作的重要前提，是其他任何素质都不能替代的，它主要包括道德情操、思想品质等。学生管理工作要靠读书小组组长以身作则，其在一言一行、一举一动中自然流露出来的思想境界、道德情操、思想品质、精神风貌，是影响每一位学生的重要因素。

读书小组组长大多通过自身的思想、感情、知识、才能等多种自然性权威达到管理和组织的目的，因此，我们必须培养和引导优秀的读书活动组织者，加强读书小组组长工作热情的培养，指导读书小组组长的工作方法和技巧，保证读书小组组长以其良好的形象、丰富的才识、信服的个人魅力来增强自然性权威，更好地服务于同学。

（三）吸纳更多的读书活动参与者

任何一名读书人都能成为学业上进、正直诚实、服务意识强和身心健康的优秀大学生，一旦他们具有了优秀的人格魅力，就会被周围学生视为学业上的良友、品行上的典范、情感上的朋友，能够将同学吸引在自己周围，发挥大家的积极性和创造性，全面提高自身综合素质。

环境对于一个人的影响是非常大的，在学生群体中，群体中的氛围更能感染学生。优秀的读书活动参与者是学生，又有别于普通学生，因此他们的示范比老师的谆谆教导有更好的教育指导性。也正是因为活跃的读书活动参与者的示范作用，需要管理者重视吸纳更多的读书活动参与者，并重视读书活动参与者的发展和后期的培养。

"问道典籍"读书活动使大学生自主与自治意识得以被唤醒。我们坚信，将经典阅读进行到底，必将使大学生自主与自治能力得到实实在在的提升。

（原文发表于《大学素质教育》2021年第2期）

参考文献

[1] 任剑涛. 国家与社会：历史扭曲与现实调适[N]. 经济观察报, 2011-07-11.

[2] 谢莹, 程智江. 拯救经典阅读[J]. 基础教育研究, 2011(6)：28-30.

[3] 蒋德均. 文学经典阅读在高校思想政治教育中的作用[J]. 教育评论, 2011(1)：80-83.

[4] 党怀兴. 倡导阅读经典 提高大学生的人文素养[J]. 中国大学教学, 2010(3)：9-11.

[5] 杨晓鸿, 尹雯. 以经典阅读与实践活动推动通识教育教学改革[J]. 云南财经大学学报(社会科学版), 2010(5)：135-136.

[6] 魏峰. 阅读教育经典 养成教育信念[J]. 教育家, 2011(4)：54-55.

[7] 徐迅. 阅读之经典与经典之阅读——从北大、清华开列的经典书目说起[J]. 公共图书馆, 2010(1)：201-207.

[8] 康怀远. 经典阅读·问题意识·闲静思索——关于学术创新的理性思考[J]. 重庆教育学院学报, 2008(1)：5-8.

数字经济时代高校毕业生供需匹配状况及培养模式思考[①]

高 雅[②] 余欣鑫 李振伟 王 飞

引言

近年来，数字经济蓬勃发展，已成为国民经济中核心增长极之一。我国数字经济增加值由2005年的2.6万亿元扩张到2020年的39.2万亿元，数字经济占GDP比重逐年提升，在国民经济中的地位进一步凸显。2020年，在新冠肺炎疫情的催化下，数字经济展现出的高成长性、高渗透性、高融合性、高技术性特征与传统产业相结合，呈现出强势韧性和逆势上扬态势。面对未来的数字工业时代，面对人机交互情景，面对诸多不确定性，我们的教育应培养什么样的人才，我们培养出来的毕业生是否被企业认可，值得每一位教育者深思。

一、数字经济时代企业对高校毕业生的需求

本文从企业对高校毕业生的需求及高校毕业生的能力供给两个层面探讨匹配状况。通过网络问卷和现场访谈[③]的方式，对不同企业相关人员进行了调研与访谈。

（一）调研企业的基本情况

本问卷共收集40份样本。受访企业中，75%为民营企业，15%为国营企

[①] 项目基金：本文系郑州大学教育教学改革与实践重点项目"基于知识图谱和关键能力的经管专业'通专融合'人才培养模式研究"（2021ZZUJGLX013）成果之一。

[②] 作者简介：高雅，郑州大学管理学院副教授，博士生导师。

[③] 鉴于疫情防控的要求，该问卷的收集主要集中于在郑州大学进行招聘的企业中进行，感谢郑州大学就业指导中心的支持。

业，10%为外资或合资企业；65%的企业规模大于5000人，25%的企业规模为1000～4999人，5%的企业规模为500～599人，5%的企业规模为100～499人；87.5%的企业成立时间超过10年。受访者工作岗位与时长中，40%已有5～10年的工作经验，25%有3～5年的工作经验；85%为人力资源相关人员，7.5%为企业中高层管理者，7.5%为基层管理者。受访者行业分布中，32.5%来自建筑房地产业，22.5%来自汽车、机械、建材等制造业，15%来自文化教育业，12.5%来自科技、通信、信息产业。受访者来源地中，67.5%来自河南，12.5%来自北京，7.5%来自山东。

（二）企业对高校毕业生的各项能力需求状况

问卷从数字能力、个人品质、个人能力、专业知识四个维度分别对其重要性进行了调研。结果显示，95%的受访者认为数字能力非常或比较重要，97.5%的受访者认为个人能力非常或比较重要，87.5%的受访者认为专业知识非常或比较重要，57.5%的受访者认为个人品质非常或比较重要，具体情况如下。

1. 高校毕业生的数字能力需求

数字能力重要性调查显示，90%的受访者认为信息搜集、处理能力非常/比较重要，87.5%的受访者认为互联网利用能力非常/比较重要，72%的受访者认为IT使用技能非常/比较重要（如图1所示）。

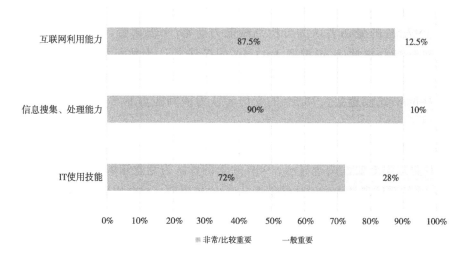

图1 企业对人力资本数字能力的需求

2. 高校毕业生的个人品质需求

个人品质重要性调查显示，100%的受访者都认为诚信、忠诚、抗压能力、自信、责任感非常/比较重要，97.5%的受访者认为竞争意识非常/比较重要，57.5%的受访者认为相貌仪表非常/比较重要（如图2所示）。

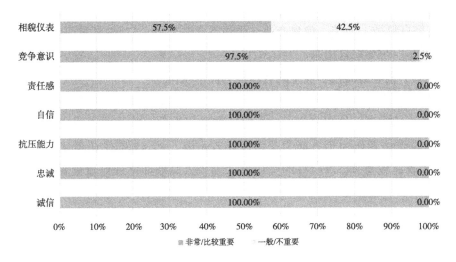

图2　企业对人力资本个人品质的需求

3. 高校毕业生的个人能力需求

个人能力重要性调查显示，98%的受访者认为组织沟通能力非常/比较重要，97.5%的受访者认为分析判断能力非常/比较重要，97.5%的受访者认为创新能力非常/比较重要，97.5%的受访者认为执行能力非常/比较重要，87%的受访者认为决策能力非常/比较重要，80%的受访者认为团队协作能力非常/比较重要，78.5%的受访者认为谈判能力非常/比较重要（如图3所示）。

4. 高校毕业生的专业知识需求

专业知识重要性调查显示，90%的受访者认为专业知识能力非常/比较重要，80%的受访者认为学习成绩能力非常/比较重要，55%的受访者认为相关资格证书非常/比较重要，42.5%的受访者认为英语四六级非常/比较重要（如图4所示）。

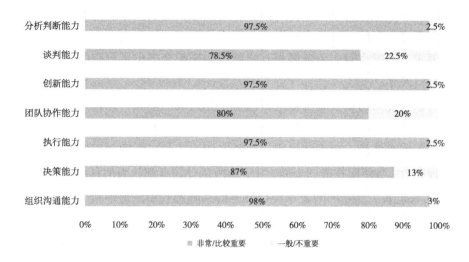

图3 企业对人力资本个人能力的需求

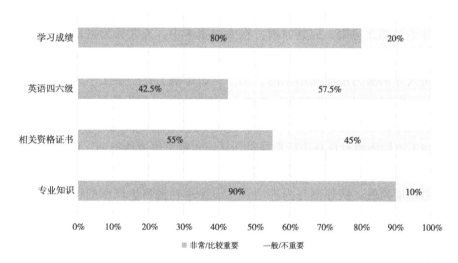

图4 企业对人力资本专业知识的需求

（三）数字经济时代企业对高校毕业生能力需求变化

问卷数据调查显示，数字经济时代企业对人力资本各部分能力需求随着数字经济的广化和深化发生了相应变化，在数字能力、专业能力、个人品质与个人能力四个维度中，数字能力与个人能力重要性调查占比高达95%。

个人能力在人力资本中，作为可培养的先天条件决定着人才的可塑性与发展上限。个人能力代表着人才作为人力资本的无限可能性，越来越为企业重视。在个人能力下分的七大能力中，分析、创新、执行、沟通四大能力的重要程度占据高位，可见企业对个人能力的需求不仅对人才自身素质有着更高的要求，同时也对人力资源相互之间的协调配合提出了更高的要求，更青睐复合型人才。

对数字能力的重视则是顺应目前数字化发展的潮流，无论是产业数字化抑或是数字化产业，在数字化洪流之中若想要长久发展，数字能力已然成了人力资本所必备的一项重要能力。在数字能力下的互联网利用能力、信息搜集处理能力，IT使用技能三个能力中，90%的受访者都认为信息搜集处理能力非常/比较重要。互联网的普及使得基本的互联网利用变得稀松平常，在这个几乎人人都可以利用互联网的时代，在浩如烟海的数据中筛选出准确、有效的信息并进行处理和预测则显得尤为重要。

而专业知识与个人品质的重要程度则相对较弱。根据问卷调研结果，87.5%的受访者认为专业知识非常/比较重要，低于97.5%的个人能力与95%的数字能力。这一结果说明，"学历至上""成绩至上"的观念在数字经济下也许并不是那么适用。究其原因，在人力资本中，人才作为可培养、可发展的资本，相比物质、货币等硬资本具有更大的增值空间，而这种增值空间恰恰也是人才的潜力所激发出来的。当下，数字能力是一项必不可缺的能力，无论是互联网利用、信息搜集处理能力还是IT技能，都作为外部工具，提升个人乃至企业的生产效率；而个人能力则是人才内部的自我提升与强化，是在数字经济下迫切需要对自身进行重新设计从而实现更快速地行动、更迅速地适应环境、促进快速学习并满足劳动力队伍动态的职业需求的能力。数字能力与个人能力相辅相成，从外部与内部结合，最终达到提高生产率的目的。这样所创造出的动态收益，无疑比固定的"专业知识"能够得到的收益要大。

二、数字经济时代高校毕业生能力供给与企业需求匹配状况

（一）高校毕业生的供给状况

1. 高校毕业生供给数量

从近6年全国普通高校毕业生人数来看，高校毕业生人数逐年增加，2021毕业生人数达到909万人，同比增加35万人，创历史新高（如图5所示）。在全国高等院校整体招生规模扩张的情况之下，预计今后的高校毕业生数量只增不减。

图5 2016—2021年全国普通高校毕业生人数及增速[1]

（数据来源：中华人民共和国教育部）

就毕业生学历层次而言，2017—2020年，本科、硕士、博士以及专科的毕业生人数均呈上升态势，不同学历层次的比例较为稳定；其中，本科毕业生占比最多，占47.8%；专科毕业生次之，占43.97%；硕士毕业生占7.48%；博士毕业生数量最少，仅占0.75%。

2.高校毕业生供给结构[2]

从本科毕业生的学科占比来看，2019—2021年，工学毕业生人数占比最多，占年度毕业生人数的33%；管理学次之，占19%；哲学的毕业生人数最少，占0.05%，历史学也较少，占0.45%（如图6所示）。

从硕士毕业生专业占比来看，2019—2021年，工学毕业生占比最多，2021年占比达到38.3%，相比2019年增长了10.74%；其次是管理学，2021年占比达到13.35%，相比2019年增长了4.38%；军事学、历史学、哲学毕业生占比最低，均不超过当年毕业生人数的1%。

从博士毕业生学科占比来看，2019—2021年，工学毕业生占比最多，3年占比接近博士毕业生群体的40%；其次为理学，近2年占比有所下降，占比稳定在22%；哲学与艺术学博士毕业生占比最少，其中哲学占比0.17%，艺术学占比0.7%，均不超过博士毕业生群体的1%。

---

[1] 数字来源：中华人民共和国教育部官网。

[2] 数据来源：陶之表，https://www.taolists.com/。

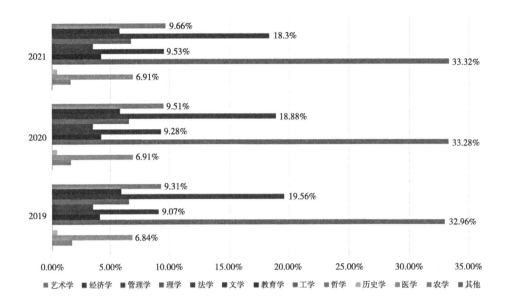

图6　2019—2021年本科毕业生学科占比

从高职高专毕业生学科占比来看，2019—2021年，财经商贸类毕业生占比最多，但近3年呈下降趋势，2021年占比18.4%，比2019年下降2.19%；其次为医药卫生类，近3年毕业人数稳定上涨，2021年占比接近14%；电子信息类与医药卫生类情况相似，2021年占比接近13%；公安类、水利类、环保类占比最少，均不超过当年高职高专毕业生规模的0.5%。

3. 高校毕业生专业结构

由于不同学历层次的专业设置有所不同，以本科层次为例，从所有专业来看，近3年毕业生中会计学人数最多，近3年均超过15万人；其次是计算机科学与技术专业，毕业人数从2019年的10万人增加到2021年的13万人；同样突破10万人的还有英语专业，近年来的人数也呈上升趋势。总体来看，毕业人数超过5万人的专业共13个，属于工学的专业占比最多，其余热门专业在医学、艺术学、法学、文学、教育学、管理学、经济中均有涉及（如图7所示）。

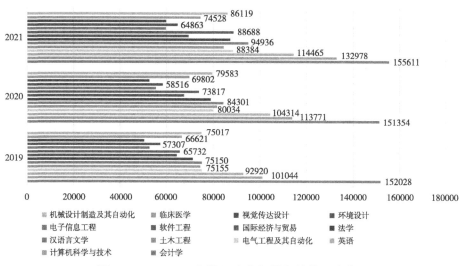

图7　2019—2021年毕业生人数最多的前14个专业

而在与数字经济相关的专业中，除去近年来已经有一定发展的物联网工程外，涉及大数据、人工智能、新能源、集成电路、电子通信方面的毕业生数量则供应紧缺。除此之外，还有部分与数字经济相关的专业，如数字经济专业，正在准备申请专业设置，尚处于制订招生计划的阶段。

从学科分类来看，高校毕业生主要集中在工学、管理学、艺术学、教育学等学科；从具体专业来看，近3年毕业生绝大多数毕业于会计学、计算机科学与技术、英语、电气及其自动化、土木工程等专业。目前的热门专业中，与数字经济直接相关的占比并不多，专业结构设置稍显过时，没有与产业结构的转型顺利衔接。

（二）高校毕业生供给质量

本文以问卷的方式，从企业管理者的角度对目前高校毕业生的供给质量进行调查。

1. 高校毕业生职业规划和工作能力缺乏

对于问题"请问您认为学历与工作能力哪个更重要"，87.5%的受访者认为工作能力更重要，12.5%的受访者认为学历更重要。

对于问题"您认为造成当前大学生就业难的主要原因有哪些"，82.5%的受访者认为大学生缺少职业规划或期望值过高，42.5%的受访者认为大学生的个人能力不足，40%的受访者认为大学生缺乏工作经验，27.5%的受访者认为大学生的专业能力差（如图8所示）。

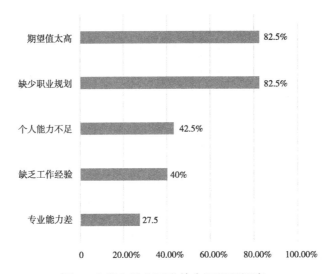

图8 大学生就业困难的主要原因调查

对于问题"请问您认为目前应届生的就业能力是否与用人单位要求相匹配",92.5%的受访者认为匹配,7.5%的受访者认为不匹配。

2. 高校毕业生的承压能力较弱

对于问题"请问您认为当前大学生最欠缺的东西是什么",90%的受访者认为是承压能力,75%的受访者认为是吃苦耐劳的品质,60%的受访者认为是社会实践,45%的受访者认为是开放性思维,20%的受访者认为是创新思维,5%的受访者认为是IT技能(如图9所示)。

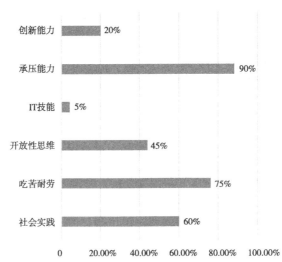

图9 大学生最欠缺的能力或品质调查

这一调研结果与问题"请问您认为高校应着重培养学生的哪方面能力"的调研结果相符：70%的受访者认为应培养承压能力，65%的受访者认为应培养社会责任感，52.5%的受访者认为应培养专业能力、开放性思维、人际交往能力，30%的受访者认为应培养创新能力，7.5%的受访者认为应培养IT技能。

上述调研显示，目前高校应届生缺少的承压能力，正是从企业角度最希望高校能够培养的能力。此外，缺少吃苦耐劳的品质、缺少社会实践经验也被视为目前应届生缺少的能力，但诸如开放性思维、创新思维、IT技能等的普及率却不如前几项。

高校毕业生走出理论学术的象牙塔，却并未做好迎接职场生活的准备。特别是在初入职的心态上，似乎已经被企业打上了"脆弱"的标签，无论是企业认为应届生缺少的能力，还是企业希望高校培养的能力中，承压能力都被推上了第一位，与之相同的还有社会责任感、吃苦耐劳等。而在导致毕业生就业困难的原因调查中，专业能力则是响应率最低的一项。

由此可见，高校毕业生缺少的能力并不是专业能力、思维能力等在高校能够接受培育的能力，而是缺少与社会、与企业顺利接轨的个人能力。这一能力从心理素质到实践经验，恰恰是目前高校在人才培养上欠缺的部分。

三、高校毕业生供给与企业需求匹配状况

（一）供需数量匹配状况

从需求方来看，数字经济在我国的快速发展带动产业数字化和数字化产业的同时，作为数字经济的两大技术口径，对劳动力的需求也产生了相应的变化。

一方面，在产业数字化的进程中，随着数字经济与传统产业的融合，以往的程序性体力劳动和程序性智力劳动将逐渐被机器取代。在现代工厂中，劳动密集型的工人数量将减少，取而代之的是数控机床与机器人的广泛普及。另一方面，数字经济从三个方面增加需求。第一，从广化效应来说，数字经济的发展会极大提高生产率，降低生产成本，扩大市场规模，进而带动就业需求。第二，从深化效应来说，企业大量采用信息技术产品来代替简单劳动需求，也会提高劳动生产率，而生产率高的企业可以获得更大的市场规模，从而带动对劳动力的需求。第三，从职业创造效应来说，自我们踏入数

字时代开始，无数的新兴行业便悄然兴起并蓬勃发展，从外卖、快递到网约司机，或者淘宝、京东、抖音、快手等网络应用，抑或是电子支付、网络教育，甚至是云计算、5G通信、大数据等，催生了许多新兴岗位，同样增加了对劳动力的需求。

目前我国的劳动力数量供需现状可以通过CIER指标[①]来观察。根据2019—2020年8个季度的CIER指数可以看出，全国CIER指数均高于1，这说明近两年就业市场中劳动力需求多于市场劳动力供给，就业市场竞争趋于缓和，就业市场景气程度高，就业信心较高。大学生CIER指数变动幅度则较为明显，2020年第二季度由于受到疫情影响，全国高校毕业生大部分难以返校参加校招或准备就业，许多企业也面临着停业危机，CIER指数首次下降至1以下。从整体来看，全国CIER指数与大学生CIER指数均大于1，市场整体需求大于供给。

虽然数字经济能够催生许多新兴岗位，但毕业生的求职意愿往往会集中在某几个热门领域中，这就会造成不同领域之间的供需产生不匹配的现象，产生结构性的需求失衡。因此，虽然从目前来看市场对人力资本的需求大于供给，但高校毕业生的就业形势依然会随着行业结构的变化以及年年攀升的毕业生人数而变得更为紧张。

（二）供需结构匹配状况

从需求方来看，新常态下企业对人力资本的结构需求主要体现在以下三点：

首先，对简单技能的岗位需求减少，但对具备数字技术与行业经验的跨界复合型人才的需求增加。数字经济只有与实体经济相结合才能"去虚"。在传统制造业中，部分劳动密集型的人力资源将被数字化工具取代，但无可取代的是同时具备行业相关知识和数字化技能的人力资本。并且，"人机共存"的局面也将持续下去，而这就对人力资本提出了跨界、复合的要求。其次，对数字化专业人才的需求不断增加。这里的需求主要来源于数字化产业。数字化产业是数字经济发展的基础，为数字经济开辟道路，因而需要强劲的专业人才作为支撑。最后，对能够快速学习并更新数字技能的人才需求不断增加。数字技能已经成为标配，其发展在不同行业之间迭代速度十分迅速，这就要求人力资本具有能够快速学习并适应的能力，使得企业能够不被

---

① CIER（中国就业市场景气）指数由中国人民大学中国就业研究所与智联招聘联合发布；http://www.cier.org.cn/。

市场淘汰。

从供给方面来看，目前高校毕业生的专业结构并不能很好地与现今的产业结构相匹配。一方面，从毕业生的专业比例来看，毕业生中工科虽然占相当大的比例，但与数字经济相关的专业涉及不多。新基建相关专业人才紧缺，而部分经管、文科专业则是一职难求，专业不对口的情况比比皆是。这说明目前的专业设置并未能够很好地与产业转型俱进。另一方面，专业设置过于独立，不能够满足目前对复合型人才的需求。许多大学开设的数字化课程并不深入，只是简单的计算机工具的应用，与目前的社会与企业实际的要求脱节，这就使得人力资本无法与数字化技能融合，难以满足企业的需求。

（三）供需质量匹配状况

从需求方来看，随着第四次工业革命时代到来，产业结构升级调整对专业技术型人才和高科技创新型人才的需求增大，第二、第三产业相对第一产业对人才吸纳能力加大，市场也对人才提出了低端岗位要熟练、高端岗位要创新的具体要求。企业对于人力资本质量需求的侧重点也从传统的学历、专业知识倾向于个人能力和数字能力。在新常态的背景下，单纯的学历或专业知识已经不能满足企业乃至就业市场的需求，一方面，企业希望人才既能够拥有娴熟的职场技能，在沟通、协作方面能够独当一面；另一方面，企业对于数字化的要求越来越高，在这个数字化的时代，仅仅掌握互联网的使用已经不够，不论是数据处理还是IT技术的应用都会在全产业链中发挥愈加重要的作用，对数字化能力的要求自然会进一步提高。

从人才供给方来看，个体的人力资本质量不能够很好地满足用人单位的需要，具体表现在高校应届生初入职具备的与社会和工作相接轨的能力太弱。例如，许多企业认为高校毕业生在心态上承压能力过弱、缺乏一定的实践经历、缺乏脚踏实地的觉悟，往往期望值过高。虽然高校毕业生作为人力资本接受了高等教育的投资，在专业知识、学习能力、创新思维上有一定的保障，但是理论知识与实践知识之间却出现了不平衡的现象，这对于人力资本的进一步发展造成了阻碍。面对日新月异的经济发展与行业变化，如果不能及时与工作和社会接轨，个人能力和数字化能力的培养也无济于事。

归其原因，高等教育作为人力资本投资的主渠道，并未完全转变为市场化人才培养的思路，理论高于实践的人才培养模式、分数唯上的考核评价机制培养出来的学生的质量难以符合需求方日益变化的实际需求，从而导致供给质量不匹配的就业矛盾。

四、结论及人力资本培养模式改革的思考

调研数据显示,数字经济时代企业对高校毕业生的需求已经不仅仅是单一的专业能力,还有个人品质、学习能力、实践经验的需求,而这些能力的培养需要的是学校的通识教育。换言之,高校需要结合工业5.0,改变传统工业生产模式下高校学生流水线式的培养模式,即解锁原有的路径,走上一条替代之路,将专业教育和通识教育进行融合,培养数字经济时代下的具有社会责任感的、学习型的复合人才。

尽管前人已经对通识教育进行了大量的研究,但数字经济时代的通识教育应该是什么,仍然值得学者深思。通识教育,不在于灌输知识,而在于培养一系列的"智识能力"和"思维习惯"。一方面,"智识能力"和"思维习惯"不只是知识和智力,而是包括批判性思维、分析能力、写作能力、道德和伦理素养等在内的素养,即培养一个符合时代特征的合格公民;另一方面,"智识能力"和"思维习惯"是一种数字化思维、共享思维,按照《数字经济及其核心产业统计分类(2021)》,数字经济是指以数据资源作为关键生产要素、以现代信息网络作为重要载体、以信息通信技术的有效使用作为效率提升和经济结构优化的重要推动力的一系列经济活动,信息网络的突出特点在于数据共享,因而,培养一个具有共享思维的公民是数字经济时代下通识教育应有之目的。

数字经济时代的专业教育亦发生了极大的转换,从数字经济的内涵来看,信息的迅捷和网络化是当今的时代特征,学生对于网络的熟悉程度甚至远远超过教师,沿用传统分割的、流水线式的专业教育模式,甚至备一次课讲一辈子的模式,都已经无法满足数据共享时代下学科交叉的步伐,因此,在工业5.0下,高校专业教育也亟待改革。

综上,通识教育的开展势在必行,专业教育的改革也日趋紧迫,在数字经济时代背景下,二者有相同的目标,通专融合互通的人才培养模式存在着必然性和重要的意义。而通专融合互通中的边界打破又极其重要,即建立专业优势资源共享的、打破学科和高校藩篱的通识教育模式。

具体而言,一是破除学科边界,即本科教育打破通专界限,非本学科专业知识皆为通识,学生可任选课程;二是破除高校边界,即地方高校联合进行通识教育,利用大数据实现高校间实现课程互选、学分互认,采取网络直

播与下同时上课方式;三是破除能力认定边界,以学生兴趣为主进行课程自由择选,不再以学生必须具备某些能力来强制必学课程。

参考文献

[1] 苏晓.数字经济成为驱动我国经济增长的核心关键力量[N].人民邮电,2020-07-06(003).

[2] 邹水生.数字经济内涵、现状及驱动新经济的路径分析[J].科技经济导刊,2021(17):209-210.

[3] 孟祺.数字经济促进就业技能结构调整[N].社会科学报,2021-04-15(002).

[4] 刘理晖.关注产业人力资本新需求[N].经济日报,2017-06-17(007).

[5] 刘静,张天雪.大学生就业结构的关联模型、矛盾形态与破解路径[J].黑龙江高教研究,2021(5):90-94.

第四部分

素质教育与书院制改革

关于北京学院/书院建设的实践与思考

李 玥 张振华 李 晋①

一、前言

书院制教育是我国古代特有的一种教育形式,其将教学与研究融为一体,注重对学生的启发,不断挖掘和培养学生的学习兴趣和学习能力,在治学上兼收并蓄、博采众长。自2005年以来,国内诸多高校在借鉴中国传统书院和英美大学住宿学院制度的基础上进行书院制探索。北京理工大学为进一步推进世界一流大学建设目标,深化高校育人模式改革,在书院制改革的探索过程中,于2018年成立了精工书院、睿信书院、求是书院、明德书院、经管书院、知艺书院、特立书院、北京书院、令闻书院9个书院。从2018年起,参与学校开展的书院制建设实践,各书院分别负责相应大类专业培养方案制定工作、教学管理工作、学生教育管理工作。其中,北京书院负责北京学院本科生相关工作,委托北京学院管理,与北京学院合署办公。

为进一步加强书院、学院协同育人,强化教育供给侧改革,丰富北理工"书院制"内涵,2019年北京理工大学制定"书院制"育人工作实施方案,强化以学生为中心的理念,以书院、学院为基本组织单位实施本科阶段"四年一贯"协同育人,将价值引导贯穿知识能力培育全过程,实现专业教育和素质教育有效结合,不断深化"价值塑造、知识养成、实践能力"三位一体人才培养模式,实现"育才"向"育人"的提升,致力于培养德智体美劳全面发展的社会主义建设者和接班人。

北京书院在学校"书院制"改革的大背景下,于2018年正式成立。但是北京书院的运作模式却要追溯到北京理工大学承接的2015年首届北京市高水平人才交叉培养项目。"双培计划"是北京市"高水平人才交叉培养计划"

---

① 作者简介:李玥,北京理工大学北京(书)学院团委书记、专职辅导员;张振华,北京理工大学书院党委书记、北京(书)学院院长;李晋,北京(书)学院副院长。

的主要部分,是服务国家京津冀协同发展战略、服务首都功能定位的重要举措,北京理工大学高度重视"双培计划"的实施,于2016年成立了北京学院,并配备专门的队伍来统筹访学学生培养工作,为学生提供良好的服务、保障、支持工作。自2016年起北京学院开展实体化办学,形成书院建设的雏形。截至2022年北京学院/书院主要承接"北京高等学校高水平人才交叉培养计划"(以下简称"双培计划")项目、"北京市高端技术技能人才贯通培养试验"项目、湖北汽车工业学院访学项目和深北莫访学项目。其中,"双培计划"按照"3+1"培养机制,自2015年起,每年招生120~150人,在北京理工大学进行为期3年的访学,对接北京工业大学、北京信息科技大学、北方工业大学、北京建筑大学4所市属高校,涉及机电学院、机械与车辆学院、光电学院、信息与电子学院、自动化学院、计算机学院和材料学院7个专业学院的12个专业方向。

经过学院7年(书院制改革4年)的实践探索,为聚焦学校"双一流"建设目标,努力构建培育"胸怀壮志、明德精工、创新包容、时代担当"时代新人的新格局,努力构建以学生为中心的人才培养新体系,努力完善激发教与学活力的人才培养新机制,努力打造弘扬红色基因的学生思想政治工作新范式,北京书院/学院在党的建设、学生培养、第二课堂、教育教学资源统筹、教师队伍建设等方面积累了较为丰富的经验,在实践中凝练形成"三用三同一确保",即用心、用情、用功培养,思政教育与党的建设协同发展,大学治理与书院制建设协同育人,智慧化赋能与一流人才培养协同创新,"三全育人"格局逐渐凸显,文化育人氛围愈发浓厚,学生素质全面提升,形成了现在北京学院/书院运行模式的雏形,确保打造领军领导人才培养的基层实践模式。

二、实践成果

(一)以党的建设为引领,办好人民满意的教育

推进新时代书院制改革,要始终坚持以党的建设为引领,将党的领导贯彻落实到书院制建设的全过程中。2016年北京理工大学北京学院正式设立北京学院直属党支部,始终坚持以习近平新时代中国特色社会主义思想为指导,以党的建设统领队伍建设、骨干队伍建设,坚持社会主义办学方向,坚持"一个都不能少",落实立德树人根本任务。全面从严治党,把好工作方

向，以理想信念教育、师德师风建设为重点，在全院师生中牢固树立"四个意识"，坚定"四个自信"，做到"两个维护"的引领作用和"场效应"，充分发挥支部的战斗堡垒作用，确立党政联席会制度，面向全体学生开展党史教育，提升工作中的思想自觉和行动自觉。成立党校，建设党课，丰富"思政第一课""开学第一课"课程内容，利用中心组学习制度、学院周学习制度、网络社区等机制，线上线下相结合，传承北理工"延安根 军工魂"红色基因，使"红色育人路"成为学生培养的必经之路。充分发挥党员先锋模范作用，加强学生的责任意识。以培养优秀的支部书记队伍为目标，提升学生党员"挑担子"的能力，开展党员讲党课活动，实现学生组织和社团主要学生干部党员全覆盖，将支部作用和党员的力量延伸至各个群团组织，鼓励并创造条件让学生主动参加志愿服务，承担社会责任，深刻体察民情，参与社会主义现代化建设，提高党员的理论水平、工作能力和影响力，在实际工作中落实培养中国特色社会主义的建设者和接班人。

（二）以学业达成为主线，全面提升学生综合素质

青年学生的全面发展，必须是提升综合素质的全面发展。良好的综合素质是学生成长成才的必然要求，是今后融入社会的必然要求，培养社会主义可靠建设者与合格接班人，必须坚持德智体美劳全面发展。北京学院/书院将人才培养内容融专业教育、素质教育为一体，培养途径融课堂教学、文化活动、社区教育、导师导学为一体，第一、二课堂体系逐步构建，宽口径、厚基础、强能力的大类培养工作稳步推进，学生综合素质显著提升。

第一，在专业教育方面，北京学院/书院始终坚持以学业达成为主线，紧紧依托学校教育教学平台，让学生在学业达成中展开能力训练，逐渐形成了"勤奋刻苦、吃苦耐劳、坚忍不拔、奋勇拼搏"的学风和院风，始终坚持深入开展与市属高校、学校各部门、专业学院之间的协作，开展教学统筹与学生融合培养。经过7年的实践与培养，北京学院形成了一套独特的学业支撑体系和教学融合培养的方法，坚守底线思维，做到"三同一确保"，即同一培养方案、同一教学环境、同一考核验收标准，通过学业指导、行为训练、陪伴关怀与学业支撑的方式，实施零区别待遇，加大学生的融合程度，提高了自主学习的能力，确保在学生发展的路上"一个都不能少"。

在学业指导方面，学院专门聘请专业学院责任教授、教学院长进行学业上的指导，充分解答学生关于学业培养方案的问题，为双培学生学业达成提供专业保障。在行为训练方面，学院组织全体新生进行早操训练，磨炼意志,培养习惯;开展一年级晚自习,使学生"坐得住"、心"静得下";独创"五个环节三个本",使学生养成良好的学习习惯,训练学生将"预习—笔记—作业"融入日常学习中,提高学习质量与效率。在陪伴关怀方面,学院形成"关注学生行为、关注学生心理"的双关注工作要求。北京学院关注关心学生,全院全员"谈心谈话"全覆盖。面向学生及家长的深度访谈工作法,旨在发现支持学生发展生长点和工作的着力点。同时,学院安排辅导员老师进行随堂,老师"听得懂",学生才能"做得会",在随堂中可以及时发现并处理教学过程中遇到的问题,与任课教师及时沟通,配合开展课堂教学工作,对于学生课堂学习起到良好的监督作用,提升教学效果。在学业支持方面,学院专门聘请专业教师开设习题课,辅助课堂教学,提升对知识理解的深度,开设重修课,为学生提供机会,让学生在改善中提升自信,使学生具备在不断挫败中得到升华的本领,让师生在交流中加大引导与影响。同时,学院还会聘请助教(即朋辈导师)进行课后补习辅导,扎实基础,提升能力,增强效果。学业达成一直是北京学院/书院的中心工作,截至2021年9月,"双培"学生培养合格率为98.5%,攻读研究生比例为27%,北京书院/学院真正践行了"一个都不能少"的培养理念,与北理本校同一标准、同一课堂、同一考核,建立起了学院学业支撑体系,为"面向未来三十年"领军人才的培养打下坚实基础,筑建后备力量。

第二,在素质教育方面,德智体美劳全面发展是一项全面的、系统的工程,因此,仅凭第一课堂的教育无法实现总体育人目标,必须发挥第二课堂应有的功能,使两个课堂优势互补,形成协同育人的良性互动。第二课堂建设是思想与能力训练的必要手段,北京学院/书院充分利用学校第二课堂管理系统,参照课程建设的要求实施开展第二课堂活动。将第二课堂的建设重心落在"两规范一提升"上,即规范组织者的前期筹备工作,规范学生学习和体验的过程,提升学生参与的获得感。学院重点开展以下四个方面的工作,即关心支持、深度培训、目标一致、大胆使用,目标是在完成共同的任务过程中提升学生相关的能力,培养学生实践思维,完成学校与社会更有效的衔接。北京学院第二课堂包括学生群团组织、北京书院社区建设、社会实践、科技创新大赛等,较多的朋辈需求与供给、丰富的第二课堂设计与开展,让"双培学生当家",学生参与到书院的建设与发展中,提高了学生的综合素质,增强学生的责任感,建立并丰富了学生的家国情怀。

在学生群团组织方面,北京学院充分重视学生群团组织的建设与发展,开发更多的训练岗位，形成岗位职责，让学生在有责任的岗位上训练成长。重点建设5支队伍，包括团委、学生会、马学会、新闻社、社区管理办公室，积极推动4个俱乐部自主有效运行（足球俱乐部、篮球俱乐部、排球俱乐部、定向越野俱乐部），力争平台的容量达到学院在学人数的60%~70%，在此基础上，有计划地建设学生的活动平台。在书院社区建设方面，北京学院/书院注重以活动为载体，打造书院特色品牌活动。北京书院社区于2020年建成，书院社区高度开放、包容、共享，具有行政管理、教师驿站、访谈、会议、交流、微课、小型活动的功能要求，建成师生之家，工会之家，党员之家，丰富学生德智体美劳教育的交流平台。强化文化育人进社区，开展3期宿舍文化建设活动，打造和谐宜居、开放共享的书院文化氛围，促进和谐平安校园建设。据不完全统计，截至2022年3月，书院社区共举办1650场讲座沙龙，260场社团活动，1100场党团活动。此外，社区每年还提供70多个劳育岗位，并且优先为困难学生配置，满足学生成长需求，让学生在社区锻炼中增强自信、提升能力，北京学院"一站式"功能型社区育人已初显成效。在社会实践方面，北京书院制定了一系列动员、引导、指导学生参与社会实践的工作方法，并凝练出了独具书院特色的书院制实践育人之策。开展有组织的社会实践和依托红色基地的专门培训，强调100%的覆盖面，资源均布，"不调标签"。自2016年北京学院/书院成立以来，暑期社会实践活动经过几年的建设和推进，实践形式丰富多样，涵盖了"社会调查""理论宣讲""社会服务""志愿公益""科研创新""参观访谈"等多种实践形式，活动足迹遍布延安、井冈山、南昌、西柏坡、方山等革命圣地，吕梁等扶贫及红色基地，美国、加拿大、德国、西班牙、俄罗斯、日本等国外访学目的校，贵州、敦煌等素质拓展项目，在活动过程中形成了自上而下的科学负责体系，力图实践与专业结合，理论与实践结合，追求实干、碰撞思维，使学生将爱党爱国爱社会主义之情转化为砥砺奋进的自觉行动，将对党的忠诚转化为服务国家、社会和人民的实际行动，在实践中受教育、长才干、做贡献。在科技创新大赛方面，北京学院"双管齐下"，其一，成立科技创新协会，搭建北京书院社区创新创业交流平台，鼓励学生跨专业较差融合交流，提升学生的创新能力。其二，成立"双创"工作委员会，有助于培养学生的创新思维，为学生的个性化发展提供有效途径。其三，组织实施科创训练，开展科创赛事，使其贯穿于"双培计划"学生培养全过程，扩大了科创训练的覆盖面，进一步激发和培养了学生的科创能力；科创竞赛强化了拔尖学生的创新意识和创新精神，提高了学生的创新实践能力。其四，积极开展单位之间的协作，引入优质校内外资源，在与专业学院、实验中心等校内外单位之间实现了自主有效的协同。

（三）以师德师风建设为关键，凸显"三全育人"新格局

习近平总书记指出："人才培养关键在教师，教师队伍素质直接决定着大学办学能力和水平。"打铁还需自身硬，开展"做新时代'四有'好老师和'四个引路人'"活动。经过几年的探索与实践，北京学院/书院搭建育人平台，治理水平与培养能力进一步提升，重点建设书院"四有"好老师队伍，构建以个人能力塑造和扁平高效管理机制的学院队伍，建设"大思政"队伍，"深度访谈"成为每一位工作人员的基本能力，思政工作水平整体比较高。发挥三全导师队伍力量。"大思政"队伍包括四个人群，传统的辅导员人员、单位服务保障人员、学生骨干以及兼职学生、班主任以及其他相关教师。坚持"三全育人"，建设"三全"导师队伍，配备学育导师、德育导师、朋辈导师，践行调查研究和群众路线，按照集体议事制度，改革学院部门岗位设置，实现岗位分工明晰和功能充分融合的运行管理体系。有效利用学校师资队伍建设的成果，广泛联系专业课程老师授课，为学生配备优秀导师队伍。按照一人一岗、一人多责、集体议事的原则，设立包括党支部、学生工作、团委、一年级工程、校友、信息管理、职业发展、社区管理、对外联络职能等在内的10个办公室，促进工作落实落细，提高了工作效率。

在育人理念方面，经过开展广泛的深入调查研究，形成了北京学院/书院六大育人工作理念。其一，追求100%，一个都不能少。北京学院/书院始终认为，培养好每一个学生，就是对学生负责、对家庭负责、对社会负责，而这一切归根结底就是对党和国家负责。北京学院这种在学生成长成才的路上一个都不能少的工作理念，厚植了学生成长成才的沃土。其二，时刻关注学生的心理、行为。北京学院/书院继承和发扬党的群众路线和调查研究的优良作风，作为做好学生培养工作的基本方法，充分了解学生的处境和需求，助力学生解决问题。其三，不随便给学生贴标签，不训斥、呵斥学生。"标签"对一个学生的作用是持续和长久的，甚至是终身的压抑和扭曲。因此，我们不是不能给学生"贴标签"，而是要贴"好标签"，每一位学生成长的道路上都需要积极鼓励，正向引领，实现平等性交互才是利于学生成长成才的良方。其四，呵护陪伴学生。北京学院/书院教师在工作中实行全员思政的模式，把"谈心谈话"作为基本工作技能和要求武装自己，并为此开展经常性的工作研讨与交流，与学生的积极配合形成良性互动。其五，言传身教，要求学生做到的老师先要做到。每一位北京学院的老师都是学生成长路上的领路人，只有对"双培"学生提出的每一个要求切身体会或是亲身经历，学生才能真正信服，工作才能更接地气，培养效果才能更出色。其六，注重实践，深入调查，没有调查就没有发言权。全院的老师都深入课堂、深入宿舍、深入学生、深入专业学院，梳理工作脉络，探寻问题本质，提供可信方案，使学院工作能够有的放矢，进一步提高教师育人能力，把握"双培计划"育人大方向，坚持以"三全育人"为导向，尊重学生主体地位，以学生需求为中心，取得更好育人效果。

三、实践困惑及解决途径

（一）如何建设书院育人队伍，构建师生广泛信任关系

习近平总书记在全国教育大会上强调："新时代新形势，改革开放和社会主义现代化建设、促进人的全面发展和社会全面进步对教育和学习提出了新的更高的要求。"人才培养关键在教师，教师队伍的建设直接决定着书院育人的能力与水平。当前，书院育人队伍的育人模式存在一定的滞后性。

其一，书院模式的实践与发展归根结底是教育模式的改革与创新，育人的内容、途径、环境都在一定程度上发生了改变，传统的"一人一岗""一岗一责"工作模式已经无法适应当前的书院制度，书院思政育人的模式扩展了育人队伍的范围，将学院/书院全体教职工全部纳入了育人的主体范畴，要求全体教师均承担思政育人工作的重任，包括行政领导、辅导员、教学干事、学院助教、后勤管理人员等。如何构建一支具有辅导员功能的教师队伍是当前急需解决的难题。

其二，与学生"谈心谈话"全覆盖是北京学院/书院一大特色，是全院老师共同参与的，力求帮助解决学生实际问题的特色性工作，该项工作需要有讲求调查研究的态度，并保持良好的恒心与耐性。但在实际工作中，难免会在谈话中存在一些经验主义、形式主义，并且时时跟踪、事事唠叨的行为，也会使学生产生逆反心理，对谈话抵触，甚至不与老师进行"谈心谈话"，导致无效沟通。如何做到谈话内容能真正触及学生内心深处，如何摆正谈话的态度，增强谈话的效果，使学生敞开心扉，自愿主动与学院老师进行交流，建立起师生之间的广泛信任，是育人队伍的正确育人方向。

其三，书院制注重学生的个性化培养与发展，如何培养学院/书院教师发现人才、识别学生优点的能力，因人而异、因材施教，尊重学生的个体差异，坚持学生的主体地位，以学生的需求为中心，真正发现学生的问题并予以解决，也是书院制建设的重中之重。

针对北京学院/书院四年中构建育人队伍出现的问题，接下来还需要进一步的探索与实践。其一，优化育人工作队伍，建立高水平育人机制。教育部在《关于深化本科教育教学改革全面提高人才培养质量的意见》中指出：思想政治教育要贯穿人才培养全过程。全面提升学院/书院的治理水平和培养能力，加强教师队伍建设，重点建设书院"四有"好老师队伍，加大思想政治教育力度，使思想教育常态化，加强学院老师政治学习，夯实工作思想内涵。完善学院老师考核、激励机制，推进教师队伍良性流动，结合先进教育培养理念，形成"三全育人"合力，做好精细化服务，教师培训全体全院全覆盖，牢牢把握学院/书院"一个都不能少"的育人理念，实施个性化培养，以"学业达成"工作为核心，提高学生综合素质，将"价值塑造、知识养成、实践能力"融入学生培养目标，塑造勤奋刻苦、吃苦耐劳、坚忍不拔、奋勇拼搏的院风，有效通过全员、全程、全方位，"面向未来三十年"成长目标，将思想政治工作贯穿教育教学各环节。

其二，关注教育的本质，立足学生的成长成才与全面发展。构建统筹融合，创新学生培养体制机制。在同一教材、同一课堂、同一考核标准下，形成全校专业学院支撑，北京学院/书院负责组织实施，全校一盘棋的工作机制，统筹融合校内外优质教育教学资源，充分利用北京市资源有效实现人才养资源共享共融。每位老师都应将"谈心谈话"作为基本工作技能，深入学生内部，倾听学生声音，看淡学生的弱项，给学生贴好的"标签"，站在学生角度耐心为学生排忧解难，获取学生信任，专注人才培养的实践与研究，践行调查研究和群众路线，瞄准合作共赢、有效沟通和主人翁意识，建立学生成长分析机制，分时间段对学生进行对比分析总结，不断调整学生引导方向，提升人才培养效果。

其三，立足学生的需求，加强学院体系化建设，探索出高水平人才培养的实践方案。建立家校联合培养模式，聚焦北京市"四个中心"功能建设，实现校内外资源的有效性与可持续性。对于重点学生实施"一人一策""一人一岗"原则，针对困难学生精准施策、因材施教，尊重学生的个体差异。把握学生出现困难的根本原因，根据不同学生的现实情况，制定不同的方案。例如针对性格内向、有些自卑的学生，专门设置学生组织的岗位，供其锻炼，主动发现学生的综合优势，给予学生进步的空间与平台，使学生在组织活动中提升自信，在彼此交往中收获友谊，从根本上解决问题。

（二）如何拓宽学生视野，培养学生"主人翁"意识

北京学院/书院本着"一个都不能少"的原则，时刻坚持以学生需求为中心，尽心尽力为学生服务，很容易使学生在访学的3年中成为"执行者"，而不是"领导者""指挥家"。把学生放在中心，不遗余力地指导学生开展学生工作、学业达成、社会实践等，本是一件"双赢"的事情，但主动权若是完全掌握在学院手中，从活动的开始到结束，学院教师占据主导地位，长此以往，会使学生对学院产生严重的依赖性，自主解决能力降低，不能在心理和行为上融入北理工其他学生，缺乏对思考能力以及学习实践的主动性，缺乏集体意识，缺少家国情怀的培养，学生成长成才的能力有待提升。以上情况，体现了在书院制改革中针对人才培养体系的实践环节体系性研究仍不够，学生的眼界和视野不够开阔。如何提升学生的格局，使学生拥有主动交流、思考、承担、沟通、互相帮助的责任，提高学生认识解决问题的能力，需要进一步探索研究。

习近平总书记在全国高校思想政治工作会议上的重要讲话中提出，做好学生思想政治工作，要"因事而化、因时而进、因势而新"。今后，北京学院/书院的教育内容要更为综合全面，以院开放交流、兼收并蓄的理念，结合时代特色，围绕学生思想，不断创新，提高学生的思想水平、政治觉悟、道德品质、文化素养，拓宽学生眼界，提升学生格局，让学生成为德才兼备、全面发展的人才。

其一，学院/书院鼓励、引导学生在自主实践过程中发现疑难问题，鼓励师生之间、学生之间的讨论和争辩，最终达到解疑释惑的目的，达到教学相长的育人效果。让学生当家，让学生有充分的体验感，促使工作有收效，学生有获得感，提升学生主人翁意识。

其二，学院/书院应当创新第二课堂开展形式，在全球疫情大背景下，采取线上加线下相结合的方式，加强平台建设，建设北京学院/书院第二课堂微博、微信公众号等新媒体平台；运用跨界思维，建立多种第二课堂新平台，开拓互联网、信息化等新模式，逐步形成自我调整的第二课堂新模式；抓住防疫带来的新契机，积极开展爱国主义以及防疫宣讲、知法普法等实践活动，拓展和加深实践内容深度，围绕疫情防控常态化下国际国内新形势，与时俱进开展第二课堂等实践活动；将综合素质评价纳入人才评价机制中，发挥人才评价的反馈、激励功能，面向未来，培养全面发展的新时代人才。

其三，书院要将学生的道德修养以及个人品行的教化置于首要位置，将学生理想信念教育放在中心环节，真正做到以"信"育人。具体而言，学院/书院老师应当将理想信念教育作为重点对其进行指导，帮助困难学生寻找人生价值。那些缺乏生活动力的困难学生，归根结底，是其目光不够长远，仅拘泥于眼前的细小的事情，心中没有远大理想与抱负。作为老师，要积极引导学生，帮助其树立积极乐观的生活态度，培养家国情怀，树立其对国家、社会的高度认同感，强调对国家、社会的依赖感，树立与时代主题同心同向的理想信念，勇于担当这个时代赋予的历史责任，设立更长远的人生目标，向着此目标努力，短期内的焦虑会得到缓解，使生活变得充实，压力会得到释放，为了理想而奋斗，励志勤学、刻苦磨炼，为了实现中国特色社会主义中国梦而努力拼搏，在激情奋斗中绽放青春光芒。

五、结语

书院制作为西方住宿学院与中国传统书院的结合，在北京理工大学北京学院/书院中的应用是对访学学生人才培养的一次有益探索和积极尝试，对于面向未来三十年，培养高质量人才具有重要意义。北京学院/书院坚持始终把握改革方向，把促进学生的全面发展作为书院制改革的价值目标，在尊重学生个性化差异的基础上，全面提升青年学生综合素质。未来，北京学院/书院会进一步探索适合人才培养与发展的实践方法，助力北京四个中心功能区建设的人才需要，让书院制度在北京理工大学不断发展完善，发挥更大的教育作用和育人价值。

● 参考文献

[1] 张秀琴. 中国古代书院的教学特点及其现实意义[J]. 西南民族大学学报（人文社科版），2005（4）：349-351.

[2] 肖天乐. 高校书院制改革研究：问题缘起、价值目标及资源路径[J]. 文化学刊，2022（3）：133-136.

[3] 习近平. 习近平在北京大学师生座谈会上的讲话[N]. 中国教育报，2018-05-03.

[4] 孙丹枫，朱雪，冯明雪，等. 浅析我国高校书院制改革探索及对策[J]. 科教文

汇(上旬刊).2021(3):15-16.

[5]刘海燕,陈晓斌.中国大学三种书院教育模式讨论[J].大学教育科学,2018,2(2):68-74.

[6]习近平.习近平总书记在全国高校思想政治工作会议上的重要讲话[N].人民日报,2016-12-09(001).

[7]徐菁辉.高校书院思政育人模式研究[D].西安:西安电子科技大学,2020.

现代大学书院实施素质教育的路径探索
——以河南科技大学丽正书院为例

杨国欣[①]

引言

中国现代大学书院制是在借鉴西方高校住宿学院制的同时，继承我国古代书院传统，建立起来的一种跨专业学院的学生教育管理制度。现代大学书院制教育管理，是以学生社区为平台，以学生全面发展为目标，以素质教育为理念，以课外培养为途径，以导师制实施为措施的一种新型学生教育管理模式。书院育人与学院育人形成"双院协同育人"模式，旨在实现大学生"学术性发展"和"社会性发展"的统一。书院育人的核心任务是通过多样化的课外培养途径，广泛开展素质教育活动，促进大学生的全面发展。因此深入探索书院实施素质教育的主要路径，科学构建书院育人的教育体系，已经成为当前大学实施书院制改革的重要任务。本文将结合河南科技大学丽正书院的实践，提出并探讨现代大学书院实施素质教育的六种主要教育路径。

一、融合教育：制造"头脑风暴器"

现代大学书院制强调学生跨学科、跨专业混合住宿，其主要目的是促进不同学科、不同专业学生之间的融合，扩展本学科之外的知识视野，消解学科间的隔阂和偏见，培养学生不同的思维方式，促进大学生素质的全面发展。因此在现代大学书院实施融合教育，是实施素质教育十分重要的教育举措。

现代大学书院融合教育，是通过各种教育活动，促进不同学科不同专业

---

① 作者简介：杨国欣，河南科技大学丽正书院教授，硕士生导师。

学生之间的交叉、合作、互补、启发，以促进学生思维方式转变、知识宽度拓展的教育途径和教育理念。现代大学书院实施融合教育，不同于基础教育和特殊教育阶段的融合教育，它是一种针对大学生全面发展而实施的更高层面、更深层次的发展性教育活动。

河南科技大学丽正书院，由数学、建筑、法学三个学院共8个专业的近2000名学生组成，实现了理工法三大学科门类的交叉融合。书院在实施融合教育的过程中，以推进"合作学习"为抓手，全面促进学生的融合发展。如在大学一二年级中普遍成立IDEA小组，每一位同学都要进入至少一个IDEA小组，小组由不同学科和专业的学生组成，每周开展小组活动。书院把IDEA小组作为学生合作学习和书院实施融合教育的基本组织单元，小组将伴随学生的大学全过程。除此之外，书院还利用跨学科跨专业的优势，在学生参与"挑战杯""互联网+"等竞赛活动中，都要进行跨学科跨专业的融合组队。

丽正书院在整个育人过程中，始终坚持融合教育的理念，在书院的各种教育环节和教育活动中贯彻融合的思想，使学生产生了较传统学院制更好的切身的体会。比如学生普遍感到许多教育活动都有不同学科不同专业的学生参加，融合更方便、成效更突出，特别是对培养大学生全面思考问题和站在他人的立场上思考问题的思维习惯，起到了重要的作用。

融合教育就是要制造一个"头脑风暴器"，让学生在思维的激荡中纵横驰骋。

二、朋辈教育：培育"森林生态系统"

朋辈教育最早是一个心理学概念，诞生于20世纪60年代的美国。它强调具有相同背景或共同兴趣爱好的群体，在一起分享经验、观念或行为技能，借以激发群体成员的上进心与积极性，实现互相促进、共同成长，被广泛地运用于美国高校学生的日常事务管理和学业、就业指导之中。

重视朋辈教育的独特功能，是现代大学书院教育的本质要求。书院通过朋辈教育，使学生在彼此的交往、交流、分享过程中，获取进步的力量和机会。美国哈佛大学原文理学院院长亨利·罗斯福斯基讲过："学生们从相互之间学到的东西比从教师那里学到的东西还要多……，作为一个群体，给每个成员的成长提供了无与伦比的机会。"因此在书院育人模式下，重视和推动朋辈教育，把朋辈教育上升到一个崭新的高度去认识和谋划，发挥学生之间的相互教育和带动作用,是现代大学书院实施素质教育的重要教育途径。

河南科技大学丽正书院积极探索朋辈教育,努力将学生的"自我服务、自我管理、自我教育、自我监督"落实到书院育人的各个环节。采取的措施包括:一是加强不同学科不同专业学生之间的融合与交流,促进思想碰撞,促进协同合作,增进朋辈教育机会;二是深化高年级学生代班长代团支书制度,在短时间内为新生树立班级管理和团支部建设的新标杆;三是充分发挥书院团委、学生会学生干部的带动作用,为书院的学生提供全方位的发展引领和服务;四是充分发挥书院学生在各类课外培养活动中的主体作用,调动学生在各种教育活动中的组织积极性;五是充分发挥学生党支部在社区建设中的战斗堡垒作用,让学生党员在社区管理与文明建设中发挥先锋作用;六是充分发挥各学科各专业优秀学生的示范作用,用各类优秀学生的先进事迹激励和带动其他学生(如图1所示)。与此同时,丽正书院正在探讨以楼层为单元的社区化管理模式,以便引导更多学生参与"四自"工作,更加广泛地发挥学生的朋辈教育作用。

朋辈教育就是要培育一个"森林生态系统",学生通过相互之间的能量和知识的交换获得快速成长。

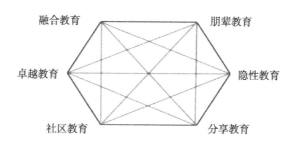

图1　现代大学书院素质教育路径体系

三、隐性教育:配置"看不见的手"

隐性教育的概念发端于20世纪60年代末。1968年美国教育社会学家菲利普·W.杰克逊提出"潜在课程",之后许多学者对隐性教育进行讨论和研究。我国从20世纪80年代末开始了对隐性教育的探讨。

隐性教育是通过隐目的、间接的、内隐的社会活动,使受教育者不知不觉地接受影响的教育过程,通过潜移默化、润物无声的方式,对大学生的思想、观念、价值、道德、态度、情感等产生影响。

隐性教育的主要特点,一是隐蔽性,教育的内容和教育的目的隐蔽在教育活动之中,使学生在不知不觉中接受教育内容,实现教育目的;二是间接性,教育内容不是通过"灌输"而是通过"渗透"的方式传递给学生;三是开放性,这种教育不受教育资源约束,是跨时空的、非封闭的、无课堂的、面向全体的教育活动;四是愉悦性,这种教育是在特殊的环境和活动中,让学生在愉悦的心境下观察、参与、体验、提升的教育形式。

隐性教育没有固定化的教育场所、没有程式化的教学形式、没有体系化的教学内容,它主要采取隐目的课外培养方式,发挥提升学生文化品位、扩展学生的社会经验、增强学生的社会责任感、提高学生的社会实践能力、培育学生的创新思维、塑造学生的核心价值观等作用。

河南科技大学丽正书院通过构建系统化的学生活动,提出了"十二条课外培养路径",包括主题教育活动、党团组织活动、文化艺术活动、日常管理活动、困难帮扶活动、学业指导活动、科技创新活动、创业教育活动、社会实践活动、志愿服务活动、学生社团活动、健康教育活动,进行广泛的隐性的素质教育。

与此同时,书院努力开展特色品牌建设,如正在筹划实施的"服务学习支持计划"等,通过深化课外培养活动的影响力和吸引力,提高学生参与隐性教育的认知度和积极性。

隐性教育就是要配置一只"看不见的手",牵引和激励着学生的发展。

四、分享教育:创设"社交实验场"

分享教育最初发端于基础教育,现今分享教育在高等教育领域对培养大学生的综合素质也具有特别重要的价值。分享是指个体自愿与他人共享思想、方法、经验和研究成果等资源,并从中获得愉悦、满足和进步的社会行为。

分享教育就是以学生分享资源为基本形式,以拓宽视野和提高思维表达能力为直接目的,以影响和促进大学生身心发展为最终目标的一种教育活动。分享教育对完善学生的人格、训练学生的思维与表达能力、提升学生的交往与沟通能力都具有重要意义。

分享教育能够有效地促使大学生从"独自学习"向"合作学习"转变,

从"只关心自我"向"关心他人"转变，从"独占资源"向"分享资源"转变。不仅如此，分享教育还能够促使学生"从情感单一、内心孤独"向"与他人和谐相处、情感丰富"转变。所以，它对促进学生个体心智成熟人格完善等有着重要的价值和作用。分享教育在促进大学生社会性发展中所具有的特殊意义，奠定了它在书院育人中的特殊地位。

河南科技大学丽正书院针对当代大学生素质教育方面存在的问题，提出了书院素质教育的五大模块，其中之一就是思维表达模块，并由此规划大学生的分享教育，以提升大学生的思维能力和思想表达水平。分享教育的基本途径有两个方面：一是分享示范，通过"丽正讲堂""咖啡时光"等方式由专家学者和老师做分享示范，引导学生学习思维和有逻辑性的表达；二是分享实践，通过"IDEA小组"活动、"大学生学术节"活动、"阅读悦享"活动、"工作坊"活动等各类学生活动，激发学生积极参与分享活动，引导学生学习和训练思维表达能力。

分享教育就是要创设一个"社交实验场"，学生通过分享，训练思维与表达，体验和谐的社会情感，培养开放的社会心态。

五、社区教育：开发"连续染色机"

所谓社区教育，是提高社区全体成员素质和生活质量以及实现社区发展的一种社区性的教育活动过程。现代大学书院致力于社区建设，旨在建立新型师生共享社区。书院社区教育在社区建设过程中发挥着文化塑造、价值引领、精神重构等重要作用。

学生宿舍区就像一个学生融合教育的"大熔炉"，是学生间人际交往的"小社会"，也是同学间交互影响的"大染缸"。社区文化对学生的思想、观念、价值、道德、态度、情感等发挥着潜移默化的浸染作用。

河南科技大学丽正书院将书院建设定位于"课外培养的示范区，文化育人的试验区，合作学习的拓展区，师生共享的新社区"。为了有效实施社区教育功能，主要采取了五个方面的措施：一是利用开学第一课和新生入学教育，进行书院的文明素养教育，由书院的书记、院长、副书记、副院长结合工作职责分别进行宣讲，进行灌输式教育；二是通过每学期至少一次主题班会进行社区文明素养教育，由辅导员依据书院的统一部署，进行指导式教育；三是制定和宣传社区育人管理办法，对社区卫生、宿舍安全、设施管理、人际交往、社区文明等方面提出了行为规范，进行约束式教育；四是通过学生组织开展各类社区活动，宣传社区文明要求，引导学生文明行为，进行沉浸式教育；五是通过校（院）际交流，营造社区文明氛围，激发学生文明自觉，进行促进式教育。丽正书院作为河南省高校书院制改革试点之一，接待了大批高校的来访和交流，这对书院学生形成文明自觉起到了重要的促进作用。

学生深切地感受到，在书院里学习、生活和社会工作一体化，社区温馨的环境和不一样的培养理念，让学生感到便捷、温暖、舒心、自豪。

社区教育就是要开发一部"连续染色机"，持续不断地对学生染色固色，让学生在这里得到熏陶和浸染。

六、卓越教育：建构"粒子加速器"

卓越教育是由河南科技大学丽正书院提出的教育理念和教育形式。它是以传播卓越理念、树立卓越意识、培养卓越人才为目标的教育实践。

在传统的观念中，我们认为优秀是对人才的最高评价。事实上，在一个组织中，除了5%~20%的表现优秀的人，还有一些被称为卓越的人，他们常常是推进组织实现突破性发展的决定性因素。卓越人才没有硬性标准，没有评选比例，但是具有一些重要特征。

卓越与优秀的区别在于，优秀的人才各方面都表现得很不错，但是他们缺乏有影响力的绩效，难以找到他们在某一方面或某几个方面最突出的"优势"；而卓越人才则不同，他们不是完人，但是他们在某些方面有着极好的业绩表现，具有突出的"优势"，他们甚至可以将多件事情做到极致。

卓越教育就是要教育引导学生以成为卓越人才为目标、以发展自己的突出优势为重要举措、以创造有影响力的绩效为落脚点而实施的一种综合教育。

河南科技大学丽正书院正在实施的"卓越学习计划"，其核心措施包括"创新能力培养计划"和"领导力发展计划"。

"创新能力培养计划"的主要目标是培养大学生的创新意识和创新精神。主要措施是在整个书院倡导创新学习，促进跨专业融合创新，形成创新发展的思想环境，引发学生的创新意识，培育大学生的创新精神。

"领导力发展计划"的主要目标是培养大学生的领导力。大学生的领导力包括"学术领导力"和"社会领导力"。"学术领导力"主要通过大学生的"学术性发展"而提升,"社会领导力"主要通过大学生的"社会性发展"而提升。"学术领导力"的培养主要通过学院的专业教育来实施,同时书院许多课外培养活动,也将有效地提升大学生"学术领导力";"社会领导力"的培养则主要通过书院多元化的素质教育来实施,其中"领导力发展计划"是推进"社会领导力"提升的重要举措。除此之外书院的各类学生组织和融合教育活动,都是培养大学生"社会领导力"的重要平台。

通过以"创新能力培养计划"和"领导力发展计划"为核心的卓越教育活动,有效培养了大学生卓越意识,强化了大学生塑造"突出优势"的动力,进一步明确了卓越发展的方向。

卓越教育就是要建构一台"粒子加速器",加速提高学生的能量,以卓越的"优势"去迎接未来的挑战。

当然值得说明的是,以上六种素质教育路径都不是孤立的,每一种路径中同时也包含着其他多种教育路径,比如在实施融合教育的过程中,也包含了朋辈教育、隐性教育、分享教育、社区教育和卓越教育,在实施社区教育过程中,也包含了融合教育、朋辈教育、隐性教育、分享教育和卓越教育。这是一个既具有独立性又具有交织性的教育网络,这个教育网络构成了现代大学书院实施素质教育的路径体系。

[原文发表于《河南教育》(高教)2022年第1期]

● 参考文献

[1] 许占鲁,任少波. 高校朋辈榜样思想政治教育有效性研究——基于杭州市九所高校大学生的调查分析[J]. 复旦教育论坛,2016(4):49-54.

[2] HENRY R. The University: An Owners Manual[M]. Norton: W.W. Norton & Company, Inc.1990:96.

[3] 王富英,黄祥勇,张玉华. 论分享教育的含义与特征[J]. 教育科学论坛,2016(5):5.

[4] 厉以贤. 社区教育的理念[J]. 教育研究,1999(3):20-24.

[5] 龙跃君. 传统与现代的融合:现代大学书院之研究[M]. 长沙:湖南大学出版社,2019:95.

书院制育人模式下推进学风建设"四学"实践的思考
——以河南科技大学丽正书院为例①

李瑞广②

引言

高校推进书院制改革的总体目标，是要建立学院书院双院协同育人的现代大学制度。在双院协同育人框架下，书院如何在推进学风建设中发挥独特作用，是考量书院制改革成败的重要标准之一。笔者结合河南科技大学书院制改革实践，探索提出"领学、促学、督学、研学"的学风建设路径，通过"四学"建设提升学风建设成效。

一、以导师队伍为主体开展"领学"

"领学"即引领性学习活动，是指书院学生在导师指导下，通过参加形式多样的学习训练，从而达到专业素质提高、学习能力提升、批判性思维习惯养成的教育活动。书院制育人模式下做好"领学"，主要依靠驻院导师、学业导师和外聘导师的共同努力。驻院导师是指书院全体教工；学业导师是指由学院聘任、为书院学生开展学业指导的优秀教师；外聘导师是指由书院聘任，能够通过讲座、报告、座谈会等形式，教育引导学生努力学习的校内外专家学者、企事业领导干部、成功人士等。调动三支导师队伍的积极性、充分发挥导师的作用是做好"领学"的关键。为此，书院通过建立制度、统

---

① 基金项目：本文系河南省高等教育教学改革与实践重点项目"现代大学书院制育人模式研究与实践"（2021SJGLX124）、河南省高校人文社会科学研究一般项目"地方高校书院制育人模式下优良学风培育的路径研究"（2022-ZDJH-00297）成果之一。

② 作者简介：李瑞广，河南科技大学丽正书院讲师，硕士研究生。

一思想、搭建平台三个方面为导师开展"领学"提供保障。

（一）建立书院导师制

导师制是导师开展"领学"的核心。牛津、剑桥、哈佛、耶鲁、普林斯顿、香港中文等著名大学在住宿学院制办学实践中，都曾制定符合自身实际的导师制度，并且在人才培养过程中发挥了重要作用。导师制建设的重点，一是要明确目标，凝聚共识。强化导师对书院育人模式的价值认同，切实把思想和行动统一到全面落实立德树人根本任务的重大要求上来。二是要明确要求，落实责任。对导师开展"领学"活动要有明确的规范和要求，规定合理的工作量。要明确教务处、学生处、学院、书院等部门的主要任务和责任，构建分工协作、相辅相成、协同育人的培养模式。三是要明确激励措施，充分调动导师的积极性。学校可根据导师开展"领学"实际情况，给予一定的工作量补贴，同时也可尝试把导师进书院开展"领学"活动作为职称评审的一个必要条件，充分调动导师的积极性。

（二）统一思想认识

统一思想是导师开展"领学"的重点。坚持以学生为中心，努力培养德智体美劳全面发展的社会主义建设者和接班人是学校各方开展工作的出发点，也是导师队伍开展"领学"的思想基础。学校上下应该形成以下共识：书院制改革"不是对人才培养职能进行简单割裂，而是书院、学院各自发挥优势，并推动学校整个育人系统的协同，其目标是更好地培养完整的人，是学术事务与学生事务的升级版融合"。有了牢固统一的思想基础，学院、书院才能更好地协同配合，导师才能更有效地开展"领学"活动。

（三）搭建书院育人平台

育人平台是导师开展"领学"的基础。书院作为导师"领学"的组织者，既要为导师开展工作提供必要的工作场所和硬件设施，还要设计科学合理的活动载体，搭建广阔的活动平台，持续推进"领学"活动的有效开展。河南科技大学丽正书院专门建设了师生共享空间、丽正工作坊、丽正讲演厅等物理场所，购置了触控一体机、移动白板、高清投影仪、音响等先进的教学设备，为导师开展工作提供了必要的硬件服务。同时，还结合书院实际情况，打造了"卓越学习""服务学习""合作学习""思维表达学习"等活动品牌，为驻院导师、学业导师、外聘导师开展"领学"提供了必要的活动平台。

二、以朋辈教育为途径建构"促学"

"促学"即促进性学习活动,是指通过有形和无形的朋辈教育,促进不同专业、不同年级学生之间的相互交流、相互学习,从而达到相互促进、共同提高的教育活动。朋辈教育(Peer Education)是书院制育人模式的一个重要特点。亨利·罗斯福斯基曾说:"学生们从相互之间学到的东西比从教师那里学到的东西还要多……,作为一个群体,给每个成员的成长提供了无与伦比的机会。"通过混合住宿、合作学习、榜样教育等方式开展朋辈教育,是开展"促学"的有效方式。

(一)实行混合住宿

在西方住宿学院制大学里,学生宿舍区就像一个融合教育的"大熔炉",是学生人际交往的"小社会",更是相互影响的"大染缸"。把不同专业甚至不同年级的同性别学生混编在一个宿舍,能够充分打破学科界限,为学生创造一个相互启迪、相互促进、交互融合的生活环境。从"三育人"到"三全育人",越来越多的教育者认识到,学生宿舍区正成为大学人才培养体系中不可或缺的重要组成部分。现代大学书院应让不同专业和不同年级的学生混合住宿,充分利用学生社区的空间优势,最大限度地为朋辈教育创造良好的交流环境。

(二)开展朋辈合作学习

合作学习(Cooperative Learning)是在20世纪70年代初兴起于美国的一种富有创意和实效的教育教学模式。在书院制育人模式下,合作学习更多地强调朋辈间根据需求,通过一定方式组合成的一定规模的互助学习小组,在完成既定目标的过程中实现共同进步。

合作学习小组的划分和组建要坚持三个原则:一是尽可能"组间同质,组内异质"。依据大学生不同专业特点,既要努力使各小组整体素质基本保持一致,还要保持组内个体存在合理差异,使学生在合作学习过程中做到组内有机合作、组间合理竞争。二是尽可能"男女搭配,性格互补"。一般而言,男生擅长抽象逻辑思维,而女生则擅长形象思维,男女生合理搭配,能在学习中取长补短、相互促进。合理安排内向和外向性格的学生、学生干部与普通学生在一个小组,能够有效激发他们的积极性和主动性,从而提高学生整体参与度。三是尽可能"专业分散,角色互换"。应特别强调在小组活动中明确学生个体的角色和职责的有效互换，让每一个小组成员都有机会担任不同的角色，通过平等合作共同完成任务。

合作学习以小组为基本形式，能够在实践过程中建立起信任和依赖关系，它鼓励学生为了集体利益和个人利益而一起努力，在完成共同任务的过程中实现自我提升，是书院开展朋辈教育的一个有效方法。

（三）实施朋辈榜样教育

榜样教育是有效开展大学生思想政治教育的一个重要方法。它具有渗透性、潜隐性和非强制性，用身边的朋辈榜样教育学生，更容易得到他们的认可和支持。首先要选树朋辈榜样。按照学校、书院相关规定，评选若干信念坚定、成绩优异、综合素质突出的先进个人和先进集体，体现出鲜明的导向性，并通过召开表彰大会、座谈会等形式予以公开表彰。二是塑造朋辈榜样。根据榜样的个体特征，认真总结他们的学习经验，深入挖掘背后的先进事迹，塑造生动、直观的鲜活形象，提炼可供学习借鉴的精神品质。三是宣传朋辈榜样。充分利用板报、海报、公示栏等传统宣传阵地，充分利用微博、微信、抖音等网络媒介，充分利用表彰大会、学习经验分享会等交流平台，对朋辈榜样的先进事迹、学习精神和意识品质进行全方位、立体式、多渠道的宣传，让学生在深度的感染中得到效仿动力和积极向上的主观认识。

三、以社区管理服务为支撑推进"督学"

"督学"即督导性学习活动，是指通过环境熏陶、师生互动、学生自治等方式，督促学生强化自我管理，提高学习能力的教育活动。现代大学书院应摒弃传统意义上纯粹的"学生管理"，坚持以学生为中心，以社区管理为重点，秉承"服务育人"理念，为学生成长成才提供更好的服务、更多的平台和更有力的支持，督促学生加强学习，提升综合素质。

（一）营造社区"督学"环境

一方面要为学生提供良好的社区环境育人"硬件"条件。书院应结合社区实际，建立党团活动室、阅览室、会议室、工作坊、咖啡厅、服务中心、心理咨询室等公共空间，为师生互动、学生学习提供良好的交流场所。另一方面要为学生营造良好的社区文化育人"软件"氛围。书院要结合自身特点和社区实际，把书院院训、书院精神、育人理念、特色活动等内容上墙上网，营造富有底蕴、健康向上、积极活泼、特色鲜明的文化氛围，使学生时刻能够在无形中得到熏陶、启迪和督促。

（二）开展导师"督学"活动

驻院导师要做好"进课堂""进宿舍"的"双进"工作，督促学生养成良好的学习习惯。导师走进课堂，能够近距离了解学生的上课情况和任课老师的授课情况，从而有效督促学生认真上课、提高出勤率，督促任课老师认真授课、提高教学质量。导师走进宿舍，更容易拉近与学生的距离，消除师生之间的陌生感和违和感，建立师生共处的亲密关系。通过近距离的谈心谈话，更容易了解学生在学习中存在的困惑、在生活中遇到的困难，能够有针对性地及时予以解决，从而达到督促学习的目的。

（三）推行社区学生自治

学生自治是书院社区生活的灵魂，是开展"督学"的有效手段。"自治，是一种依靠社会成员自主管理自身事务，并对该行为负责的社会管理形态。学生自治在'自治'原理基础上指向学生对自身与其所属之群体肩负责任的自我管理和自我教育行为。"复旦大学前副校长陆昉曾说："我们希望打造出学生自我管理、自我服务、自我教育的小'社区'，这是书院建设成败的另一个关键点。"实行学生自治的价值在于培养学生独立人格、尊重他人和关心集体的意志品质，这与现代大学书院的育人理念是一致的。

书院制育人模式下的社区，形式上是独立的，本质上是开放的。书院应在传统意义上的学生会、社团等学生组织的基础上，给它们赋予更多的权力和自治空间，通过自助、互助和他助的方式实现自我管理、自我服务、自我教育、自我监督。学生自治的内容应该多样化，能够让学生积极参与到社区建设、社团管理、服务学习、社会实践、朋辈辅导、生活权益等大学生活的各个方面。学生自治管理应体现民主化，真正让学生拥有自主权、知情权和监督权，使其能够真正参与到与自身利益密切相关的社区建设活动中。书院可成立社区自治委员会，制定社区管理规定，调动学生的创造性和主动性，增强责任感和归属感，促进独立性和自觉性，让其在自我管理、自我督促中得到锻炼和提升。

四、以创新能力培养为引擎助推"研学"

"研学"即研究性学习活动，是指在导师指导下，通过开展实践教育，激发学生创新潜能，提高其发现问题、研究问题、解决问题能力的教育活动。创新是书院发展的灵魂,更是提高大学生研究能力的不竭动力。通过实践教育平台、导师指导、参与品牌活动,能够激发大学生的创新潜能,助推大学生顺利开展研究性学习活动。

(一)利用实践教育平台,激发大学生学习的自主性

自主性学习是"研学"的基础,是培养大学生创新能力和独立意识的有效途径。书院可组建"研学"小组,充分利用书院的空间优势和课外的时间优势,培养学生的"研学"志趣,调动学生的主动性和积极性。"研学"小组成员应控制在10人左右,以便更有效地开展工作;小组成员要来自不同专业和不同年级,学科交叉更有利于相互分享经验,拓宽知识面。要开展针对性的专题辅导,让学生明白参与"研学"活动会获得什么利好,以及如何参与其中。要营造良好的"研学"氛围,大力宣传"研学"成果,充分肯定"研学"行为,及时表彰涌现出来的先进个人和先进集体,让参与者有足够的获得感和幸福感。

(二)充分发挥导师作用,引领大学生学习的方向性

导师是"研学"的组织者、参与者和指导者,在活动过程中对学生创新能力的培养和提高有着较为显著的影响。作为组织者,导师要根据"研学"小组成员的特点确定研学主题、方法、路径及预期成果。作为参与者,导师要及时了解活动开展情况、存在问题以及如何应对。作为指导者,导师要给学生提供最基本的研究方法和最前沿的研究成果,要全程把控方向、及时提供帮助,指导学生顺利完成"研学"活动并及时形成"研学"成果。

(三)打造"研学"品牌,促进大学生学习的多样性

书院要结合自身实际和特点,实施能够持续开展的活动项目,形成特色品牌,吸引更多的学生参与其中。河南科技大学丽正书院在育人实践中,实施四大学习计划,培养了大学生创新精神,提高了研究解决问题的能力。一是实施合作学习计划。以低年级学生为主,成立100余个"IDEA小组",持续开展各类主题的调查研究,并积极参加"挑战杯"全国大学生系列科技学术竞赛和校内大学生科研训练计划,提升了学生在团结协作中解决问题的能力。二是实施卓越学习计划。以高年级学生为主,开展"大学生领导力"培训,通过专题讲座、社会实践、创新工作坊等形式,让参与者在活动过程中得到锻炼和提升,从而实现卓越发展。三是实施服务学习计划。通过开展有计划、有目的、有过程、有反思的校内外服务学习项目,让学生在体验中得到锻炼、在反思中得到成长,促进了综合素质的提升。四是实施思维表达学习计划。主要通过大学生学术论坛培养大学生科学思维品质,培养大学生表达思想的能力和水平。

"四学"实践为培育书院优良学风提供了借鉴路径,是促进大学生全面发展的有效措施,也是对我国书院制育人模式改革的积极探索,更是深入落实《深化新时代教育评价改革总体方案》、发展素质教育的有益尝试。书院制改革任重而道远,优良学风的培育还需持续推进。为深入贯彻落实立德树人根本任务,深化新时代教育评价改革,培养德智体美劳全面发展的社会主义建设者和接班人,所有关于书院制育人模式的探索与付出都是值得的、有意义的。

[原文发表于《河南教育》(高教)2022年第2期]

参考文献

[1] 陈晓斌. 现代大学书院制"双院协同育人"困境及对策探讨[J]. 教育观察, 2020(1): 5.

[2] 何毅. 现代大学书院的内涵、产生背景及存在逻辑[J]. 现代教育管理, 2016(6): 60.

[3] 杨国欣, 田志红, 等. 高等学校推行书院制改革调研报告[J]. 大学素质教育学刊, 2020(3): 4.

[4] 余子侠, 向华. 西方大学生自治历史考察与启示[J]. 华中师范大学学报(人文社会科学版), 2014(1): 162.

[5] 彭珅, 陈竹, 等. 复旦大学成立本科生院[N]. 中国青年报, 2012-09-17(3).

书院制育人模式下
推进合作学习的路径探索[①]

——以河南科技大学丽正书院"IDEA小组行动计划"为例

裴 丽[②]

一、书院制育人模式下推进合作学习的意义

建立书院制育人模式已经成为深化新时代教育评价改革和高等教育创新发展的一个重要探索。书院制育人模式下,推进合作学习对于培养大学生的综合素质和能力具有重要意义,是新时期开展朋辈教育的一个重要途径和手段。

(一)合作学习的核心价值

国内外很多教育家都对合作学习进行过描述。尽管他们都站在各自的角度定义合作学习,但是有着基本一致的共识,即合作学习立足于教学团队和集体,将集体的合作性架构纳入教学过程之中,通过安排、规划、开展互助合作的学生小组活动来完成教学任务,以促进学生独特性和社会性的统一发展。基于这一共识,我们将合作学习界定为以小组为基本单元,利用学生之间相互作用产生合作关系,以最终完成教学任务,促进学生优化发展的一种教学组织形式。

合作学习的核心价值是朋辈间根据需求,通过一定方式组合成的一定规模的互助学习小组,使学生在合作过程中做到组内合作、组间竞争,在小组合作学习中都有展示自我的平台,都能表现各自的特点和长处,做到共同进步、综合发展。

[①] 基金项目:本文系河南省高校人文社会科学研究一般项目"地方高校书院制育人模式下优良学风培育的路径研究"(2022-ZDJH-00297)成果。

[②] 作者简介:裴丽,河南科技大学丽正书院课外培养办公室主任。

(二) 合作学习是书院制育人的本质要求

书院制教育秉承"以学生为中心"的育人理念，促进学生的全面发展。书院制育人模式下，合作学习是加强交流与合作、实现融合教育、发挥朋辈互助、促进共同进步的有力平台和保障。

书院制育人模式下的本质特征之一，就是实行混合住宿，其目的是开展融合教育。而融合教育的实施不仅需要形式上的组合，更需要学生方式上的变革，推进学生跨学科、跨专业合作学习，就是实现这种变革的重要途径。因此，合作学习是书院制育人的本质要求。

河南科技大学丽正书院，由理、工、法三个学科门类8个专业组成，现有学生2000余名，不同专业的学生和辅导员老师全部入驻书院，以社区公共空间和学生宿舍为平台，以各类课外培养活动为载体构建起学生学习、生活和交往的新社区。书院有完善的生活基础设施和活动空间，为学生提供了心灵交流、思想碰撞、潜能拓展的平台。良好的社区文化环境、先进的硬件设施以及混合住宿模式，可以保证合作学习得到更好的开展。大学生朋辈根据需求，通过一定方式组合成一定规模的互助学习小组，在完成既定目标的过程中实现共同进步。合作学习以小组为基本形式，能够在实践过程中建立起信任和依赖关系，它鼓励学生为了集体利益和个人利益的统一而一起努力，在完成共同任务的过程中实现自我提升。

二、书院制育人模式下推进合作学习的实践

河南科技大学丽正书院在探索新形势下如何提高大学生学习能力方面提出了"四大行动计划"，即合作学习计划、服务学习计划、卓越学习计划和思想表达学习计划。其中，合作学习是基础，在大学生综合素质和能力培养中起着不可替代的重要作用，而"IDEA小组"则是合作学习的一个重要载体。

通过调研发现，一部分善于交际、乐于锻炼的同学通过加入学生会、社团等学生组织或是参与竞赛等方式结成团队，合力完成目标。但大多数同学的生活学习交友圈仍然局限于年级、专业、班级甚至寝室。跨年级、跨专业组建IDEA小组能够最大限度地发挥朋辈间的教育、启发、带动和激励作用，在活动开展过程中，培养学生的团队意识和协作精神，通过发动合力实现某一个特定的目标。

（一）IDEA小组行动计划的运行机制

IDEA基本含义是主意、想法、计划、方法、建议、意见、要领等。这里的IDEA小组具有更深刻的含义：I=Innovation（创新）；D=Development（开发）；E=Enthusiasm（热情）；A=Application（应用）。因此，IDEA小组是一个充满创新精神和自我开发意识，拥有极大热情和学以致用理念的合作学习小组。

IDEA小组贯穿大学四年，是书院课外培养的基本组织单元。IDEA小组可以通过多种方式组成，具体办法由学生自己决定，原则上要实现多学科交叉，鼓励实行跨年级交叉，小组人数控制在5～10人，小组人员可以固定，也可以根据活动或比赛等情况临时交叉组队，每个学生都要加入至少1个IDEA小组。IDEA小组要确定一名负责人，也可以轮值负责。每个小组都要有一个独具特色的名字、口号和目标，都要制订自己的学期活动计划，并坚持完成每一项任务。小组要定期召开思想务虚会议，统一思想，坚定信念，提升活动层次，全方位培养成员的素质和能力，最大限度地发挥IDEA成员合作学习的培养成效。

（二）IDEA小组行动计划的运行效果

丽正书院以低年级学生为主，目前，已经成立了100余个"IDEA小组"。课外的各类素质培养活动都可以作为IDEA小组的活动内容。每个小组都要按照丽正书院的课外培养方案制定合作学习方案，核心内容应包括以下方面：开展小组成员文明礼貌检视活动计划，小组成员课外阅读计划，小组成员听报告计划，即兴讲话训练计划，组织或参与辩论活动，参与学科竞赛计划，参与"挑战杯""互联网+"计划，参与科学研究及撰写论文计划，参与社会实践并撰写高水平调研报告计划，参与服务学习活动等。

IDEA小组的成员以集体形式积极参加各类比赛和活动，比如"挑战杯"、"互联网+"、暑期社会实践等，持续开展各类调研。学生不需要再找人组队，可以直接以小组形式参加，增强了组内成员的合作交流，提升了学生在团结协作中解决问题的能力。

另外IDEA小组的成员也可以通过轮值来体验组长的工作，感受和实践作为一个管理者、领导者所具备的基本素质与能力。通过IDEA小组实践训练，能够培养大学生在组织中实现卓越的意识和能力，有效推进朋辈合作学习。

三、书院制育人模式下推进合作学习的措施

河南科技大学丽正书院，通过"IDEA小组行动计划"大力推动了朋辈合作学习的实践探索，在学生综合素质能力培养方面发挥了很大作用。不同年级、不同学科、不同专业的同学通过多种方式组建IDEA小组，按照丽正书院的课外培养方案制定合作学习方案，包括各种比赛、交流、活动、听取报告、撰写论文等。IDEA小组以其独特的普遍性、选择性、灵活性、自治性吸引了书院学生积极参与，来满足学习、生活、娱乐、交际、学术活动等需求，主要采取了以下四个方面的措施：

（一）以社区管理为依托推进合作学习

学生宿舍区正在成为大学人才培养体系中不可或缺的重要组成部分。现代大学书院应让不同专业和不同年级的学生混合住宿，充分利用学生社区的空间优势，最大限度地为朋辈教育创造良好的交流环境。丽正书院把不同专业甚至不同年级的同性别学生混编在一个宿舍，能够充分打破学科界限，为学生创造一个相互启迪、相互促进、交互融合的生活环境。书院以社区管理为依托，为开展合作学习提供了良好的平台，要求尽量不同专业、不同年级的同学组建"IDEA小组"，极大激发学生思考问题的深度和宽度，进一步深化了朋辈合作学习。

（二）以活动项目为载体推进合作学习

为了更好地推进合作学习，丽正书院除了为"IDEA小组"提供交流合作的场地和平台，还带领各小组定期召开"IDEA小组"头脑风暴会、读书分享会、师生座谈会、PPT大赛等活动。通过这样一个人数不多的小组，在每次开会、讨论、思辨活动等合作过程中，每个人都能获得发言的机会，锻炼了小组成员的表达能力和即兴演讲能力，也培养了善于倾听他人见解的良好习惯。另外在合作学习过程中，学生的见解得到了倾听也可以激发起发言者的积极性，这样能够真正推进朋辈之间的交流与合作。在合作交流中还可以提高学生的思辨能力、合作竞争能力、交往能力、写作能力、创新能力等。

（三）以学生"四自"为重点推进合作学习

丽正书院坚持以学生为本，以社区管理为主，秉承"服务育人"理念，为学生成长成才提供更好的服务、更多的平台和更有力的支持。通过IDEA

小组有计划有目的地持续开展合作学习，打造出小组成员"四自"管理小团体，小组组长和每名成员都肩负自我管理、自我服务、自我教育、自我监督的责任。

一个富有热情和凝聚力的IDEA小组能有效成为朋辈学习的基本单元，通过多样化的小组活动，实现合作学习，培养学生的综合素质与能力。反之，一个没有激情、没有计划、没有态度的IDEA小组形同虚设。小组组长需要有高度的自主"四自"意识，发挥领头羊作用，要有带领小组成员共启愿景的决心和热情，朝着共同的梦想才会有勇往直前的动力。组长更要学会调动每个成员的积极性，让小组每个成员都能发光、发热、倾注感情；组长要带领小组成员共同制定规则，形成有计划、可持续、能实现的活动计划。态度决定收获，组长要以身作则，带领成员认真参与每一个活动、每一次讨论、每一场发言、每一次比赛。

（四）以塑造品牌为抓手推进合作学习

丽正书院结合自身实际在育人实践中，凝练提出四大学习计划，其中合作学习是基础，服务学习、思维表达学习和卓越学习的主要形式都是建立在合作学习基础之上的。"IDEA小组行动计划"作为合作学习的重要手段，通过开展有计划、有目的、有过程、有反思的校内外服务学习项目，打造服务学习计划，让学生在体验中得到锻炼、在反思中得到成长，促进了综合素质的提升；通过大学生学术论坛，打造思维表达学习计划，培养大学生科学思维品质，培养大学生表达思想的能力和水平；在实施卓越学习计划的"大学生领导力"培养实践中也起着不可替代的重要作用，可以说是开启大学生领导力培养的金钥匙。

河南科技大学丽正书院通过"IDEA小组行动计划"，架起朋辈合作学习的桥梁，促进了大学生综合素质和能力的全面发展。大学生朋辈在合作学习的过程中，扩展了知识的广度，拓展了思维的深度，做到了文理包容并蓄，德智综合提升，正如丽正书院院训所示，"情智兼修，德行天下"。

[原文发表于《河南教育》（高教）2022年第3期]

● 参考文献

[1] 郭祖博, 张迎晨. 书院制背景下的新型朋辈教育模式探索——以北京航空航天大学知行书院"梦拓计划"为例[J]. 高等教育, 2017, 3(8): 110.

[2]杨国欣,田志红,等.高等学校推行书院制改革调研报告[J].大学素质教育学刊,2020(3):4.

[3]磨有积.朋辈教育在高校德育中的作用及实现路径[J].教育现代化,2019,6(95):254.

基于社团培养模式的素质教育方法研究：架构、实现与启示
——以湖北经济学院"大学生综合素质培养班"为例

宋 健 宋 爽[①]

引言

素质教育是以立德树人、回归生命本源为核心的教育，它不以牺牲教育对象其他方面的发展为代价，注重教育对象综合能力的提升，强调教育对象创新精神的发挥，鼓励教育对象将外部教育的影响内化为自身的稳定素质。2018年习近平总书记在全国教育大会上提出，构建德智体美劳"五育"并举的全面培养教育体系。为了更好地促进人的全面发展，越来越多的大学更加重视素质教育。

目前，大多数关于高校素质教育的探索和研究更多地关注于第一课堂的素质培养途径，即教学内容的改革、课程的设计以及教学方法的创新等；针对第二课堂素质教育方法的探索多集中于文体活动的开展、社会实践的拓展等；而关注学生社团在素质教育中作用的探索与研究则相对薄弱。鉴于此，本文将以创建于2005年的湖北经济学院"大学生综合素质培养班"为案例，针对社团培养模式的素质教育方法进行研究，以期为当前素质教育的方法论创新与实践探索提供一定的参考。

一、素质教育与社团结合的基础与必然

（一）素质教育的特点

随着高等教育的不断发展，素质教育已进入内涵发展阶段，其特点是逐

[①] 作者简介：宋健，湖北经济学院合作发展处处长、校友办公室秘书长。宋爽，湖北水利水电职业技术学院电力系辅导员。

渐向基础性、发展性、全面性、未来性的方向发展。

其一，大学教育是面向全体大学生的教育，是让学生成为一个合格的社会人，拥有做人做事的基本能力，具有一定的基础性特征；其二，大学素质教育是培养学生自我管理、自我服务、自我教育的意识和能力，重在启迪心智、培养习惯、挖掘潜能，提倡尊重、发挥学生的自主性，具有一定的发展性特征；其三，素质教育的目的是既要实现功能性的目标，又要体现形成性的要求，旨在促进学生的全面发展，具有一定的全面性特征；其四，真正的教育不仅要立足学生在校期间的发展，还要有利于满足学生未来发展的需要，具有一定的未来性特征。

（二）社团的功能及特征

大学生社团是由高校学生依据兴趣爱好自愿组成，按照章程自主开展活动的学生组织。高校学生社团活动是实施素质教育的重要途径和有效方式，在加强校园文化建设、提高学生综合素质、引导学生适应社会、促进学生成才就业等方面发挥着重要作用。不同于思想政治理论课和课程思政作为育人的主渠道、主阵地，社团则是大学生第二课堂活动的有效载体，对于大学生的人才培养起着不可替代的作用。

社团作为学生自发组成的群众性组织，有着自身的鲜明特征：其一，自发性。社团是在高校学生管理部门的许可下，社团成员依据共同的兴趣爱好、思想观念、价值追求等特点自发组成的、自愿参加的学生组织，体现了一定的自发性。其二，整合性。由于社团成员都具有共同的思想基础、兴趣爱好，因此他们能够志同道合，能够从彼此的交往和共处中获得受益，能够为共同的目标集体奋斗，体现了一定的整合性。其三，灵活性。由于社团成员分别来自不同的年级班级、学科专业，社团活动的规模也有大有小，时间不定、形式多样，体现了一定的灵活性。其四，自愿性。由于社团成员入社的手续简单、退出自愿，不管是社团成员还是活动主题，都体现了一定的自主与自愿特点。

（三）两者结合是必然的选择

分析两者的特点发现，以社团的形式培养学生综合素质是素质教育的一种有效方法，在润物细无声中达到素质教育应有的效果。以立德树人为价值塑造目标，素质教育是当前人才培养质量提升的重中之重，大学生社团的建设和发展是推行素质教育、着力学生全面发展的主要战场，也是践行社会主义核心价值体系、改革高校思想政治教育必不可少的一个加速器。另外，社团活动的趣味性、社团成员兴趣爱好的一致性、社团服务管理的自觉性等进一步丰富了教育活动的内容，提高了教育培养的针对性，其教育效果要比传统的第一课堂教育方式更好。因此，在对大学生进行素质教育时，除了传统的第一课堂素质教育以外，基于社团培养模式的素质教育方法也是必不可少的，它是第一课堂素质教育的有效补充。

二、"素质班"的素质培养架构

湖北经济学院大学生综合素质培养班（简称"素质班"）于2005年3月创立，是该校首个以提高学生综合素质、促进学生全面发展为目的的学生社团。"素质班"以两年为一个培养周期，以"自愿、诚信、意志"为条件，以"忙起来、学起来、快乐起来"为宗旨，以《"二十条"培养方案》（详见附件）为基础，以各类活动为载体，开阔学生视野，用养成教育促使学生良好习惯和高尚情操的形成，通过调动学生自愿服务的热情，使其个性得到发展和完善，让学生回归生活本源，从而提高学生的综合素质，使其树立远大的理想，成为德智体美劳全面发展的和谐公民（如图1所示）。

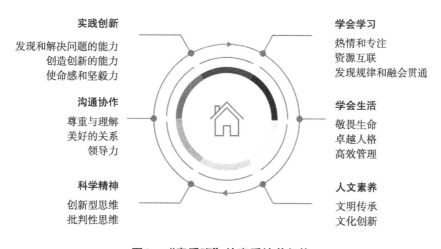

图1 "素质班"的素质培养架构

三、"素质班"的素质培养路径

近17年的探索与实践，"素质班"形成了一整套核心明确、重点突出、保障落实的培养路径。

（一）以品德素养提升为核心

"思维决定行动"，只有高尚的品德素养，才能成为一个全面发展的人。高等教育不仅仅是专业知识的灌输和技能的培养，还应当对学生进行思想的引导、性格的塑造、能力的培养。为此，"素质班"特别强调品德素养的提升，通过思政之敏、思辨之智、审美之情的培养，使社员成为一个有灵魂的人。

思政之敏："素质班"要求社员每天看新闻二十分钟，并写一条评论。通过了解最新国际、国内时事动态，学会用智慧的眼睛和思辨的头脑观察社会、瞭望世界，树立正确的世界观、人生观、价值观。

思辨之智："素质班"要求社员每两个月组织一次朗诵、一次演讲、一次辩论、听两次讲座、读两本书和观看至少两部影片，通过开展演讲比赛、朗诵比赛、辩论赛等活动开阔社员的视野，锻炼其独立思考能力，不断提高人生境界和追求目标。

审美之情："素质班"要求社员每学期至少学会一首歌、一支舞，每年至少进行一次旅行。通过音乐、舞蹈、旅游等方式，让社员感受自然的神奇、艺术的美好、时光的珍贵，从而学会珍惜、感恩生活中的一切经历。

（二）以智力素质提高为重点

"靠能力吃饭，永远不会下岗"，只有具备真才实学的人，才能在社会上永远立于不败之地。为此，"素质班"十分重视社员综合素养的提高，通过交流之珍、协作之贵、实践之趣，使社员逐渐具备过硬的综合素养。

交流之珍："素质班"要求社员每月至少做一次义工，结交一名优秀师长或几位优秀朋友，每学期要给亲人和朋友写两封书信；通过与优秀师长、朋友和亲人进行心灵的交流，打开自己的心界和眼界，努力做一个有大格局的人。

协作之贵："素质班"要求社员每学期联合制作一期海报，努力创建文明寝室。通过开展各种主题班会、小组活动、素质拓展等活动，培养社员的团队协作精神和人际协调能力。

实践之趣："素质班"要求社员每年参加一次暑期社会实践或职场招聘会，逐步培养社员的责任担当和对企业行业的专业需求，为社员追求社会发展、确立职业理想打下坚实的基础。

（三）以体力素质增强为保障

"身体是革命的本钱"，只有有了强健的身体，才能更好地做人做事。为此，"素质班"特别注重社员身体素质的锻炼，通过运动之乐、意志之坚、健康之美，使社员具备了良好的身体素质。

运动之乐："素质班"要求社员每周运动五小时，通过开展各项体育活动，让每位社员至少掌握一项运动基本技能，让社员强身健体的同时，还能提高学习效率，感悟运动快乐。

意志之坚："素质班"要求社员每天七点之前起床。通过开展晨跑、野外生存训练等活动，使社员养成良好的行为习惯，锤炼其意志力。

健康之美："素质班"通过锻炼身体体魄和磨炼思想心智，逐步塑造了社员的健康之美，使每一位社员都能够健康、积极、活泼地成长，让其时刻保持珍视生命的坦荡大气。

四、"素质班"实施素质教育的特点及启示

自2005年"素质班"成立以来，历经17年的发展与壮大，通过17年的时间完成了八届"素质班"的培养，目前第九届的培养正在进行中。一至九届成员共有510人，有444位成员从"素质班"顺利结业。17年的坚持与探索，使"素质班"的培养模式取得了一定的效果，为素质教育的方法论创新提供了些许启示。

（一）团队的开放性和个人发展的全面性是素质教育的核心目的

"素质班"从不主动排斥和淘汰任何有意愿加入社团的同学，从不收取任何费用，也从不对"素质班"社员做硬性考核，为期两年的培养其本身就是对社员意志的一种巨大考验。这种开放式的准入条件让更多基础条件较差但渴望改变的人获得了机会，也在不断的自我淘汰和培养中为团队培养了一批批优秀且懂得感恩的社员。同时，"素质班"通过丰富多彩的社团活动使社员能够认识自我、认识世界、全面发展，逐渐形成和具备了优良的品质、能力。经过调研回访，我们发现"素质班"的毕业学生普遍具有较为坚强的意志品质、开朗的心境、乐观的人生态度，自控能力、社会适应力和竞争力均较强，经过3～5年的发展，绝大多数社员能够成为各行各业的中坚力量。因此，团队的开放性和个人发展的全面性保证了每一位有意愿接受素质教育社员的权利和义务，体现了素质教育最本质的规定、最根本的要求。

(二)管理的自主性和个人发展的自觉性是素质教育的主要方式

"素质班"组织的各类活动都是自愿参与、自主实现的。这种活动方式不仅能让社员忙起来,同时也能让社员在这种自我实现的过程中拓宽视野、增长能力、收获快乐。第一届"素质班"社员创建了自己的刊物《大学记忆》,记录了所有社员的大学生活,呈现了他们的成长历程。从2005年至今,"素质班"专刊《大学记忆》(含特刊)已出版37期,累计文字超370万;"素质班"的新浪博客"宋健:一个人和一个班",已经陆续上传指导老师和"素质班"社员文章735篇,文字逾200万字,各类照片和视频近1000张,点击量达427300万人次;2012年团队主页网站(www.daxuejiyi.cn)上线,记录了"素质班"的各项历程;大学生综合素质培养班微信公众号已上线;系列丛书《追随我心》和《一朵云推动另一朵云》陆续出版,真实记录了指导老师和社员们的所见所闻,所思所想,所作所为。在关注自我成长的过程中,"素质班"社员也不断助力社会发展。2015年注册成立了"湖北省大学记忆支教助学服务中心",分别于2010年、2016年建立了贵州麻江、湖北恩施巴东县清太坪姜家湾两个支教点,累计资助爱心款143300元,当地受益学生近千人,一对一资助学生20余人继续学业;2017年拍摄了微电影《守望》,真实呈现了"素质班"10年贵州支教的故事,通过各种形式将社员践行青春、增长智慧和体验生活的经历进行展示,影响、感染了更多的人。因此,充分发挥团队管理的自主性和个人发展的自觉性,是激发学生自主管理、自我服务、自我教育,促进素质教育效果的主要方式。

(三)团队的延续性和个人发展的持久性是素质教育的坚强保障

关注人的发展是素质教育的灵魂、核心和目标,"素质班"在建设成长的过程中不仅关注社员当前的成长,而且还随时关注社员今后的发展。为了更好地进行团队建设,"素质班"通过各方面努力,于2015年正式成立了湖北省大学记忆支教助学服务中心,首批募集资金20万元,主要用于团队内的班级活动、贵州支教、迎新商战、出书立项等项目。自2011年起,"素质班"以北京、上海、广州和武汉四大城市为核心组建了"素质班"四大区域,每年固定组织定期交流聚会,共享资源、交流心得、协助发展,让"素质班"真正成了一个遍布祖国的大家庭。因此,保持团队的延续性和个人发展的持久性是进一步巩固素质教育效果的坚强保障。

五、"素质班"的素质培养成效

"素质班"成立至今,其培养理念已深入人心,并逐渐内化为社员的自身行为。"素质班"的每届社员因为受益并感恩于团队,经常向自己的亲人和朋友介绍"素质班",有人因此愿意让自己的子女来经院读大学,有人对《大学记忆》如数家珍,有人主动让子女跟随支教团队去山区义务支教。更多的企业家等社会人士愿意对"素质班"的公益活动捐钱助力,"素质班"指导老师所带的97级41班王斌同学捐款人民币200万元,用于"素质班"的人才培养和团队建设。"素质班"的培养模式逐渐让更多渴望优秀的人受益,也因此改变了更多人的大学生活。

历经17年的建设与发展,"素质班"所获荣誉颇丰,主要有:2007年"素质班"暑期社会实践的调查报告荣获湖北高校"我与新农村建设"主题实践征文活动调查报告类一等奖;2014年4月荣获"2010—2011年度湖北省高校大学生优秀社团奖";"素质班"官方网站荣获2015年高校网络文化建设成果"十佳专题网站"。同时,"素质班"的探索与实践也引起了多家媒体的关注,其中主要报道有:2012年1月5日《长江日报》(科教卫新闻版块)以《大学教师办起现代君子班》为题对"素质班"进行专题报道;2012年1月10日《长江日报》(科教卫新闻版块)对"素质班"进行追踪报道;2019年11月22日《中国青年报》以《一个大学社团的十年山村教育试验》为题刊登了"素质班"10年贵州支教的事迹。

附件:大学生素质培养班培养方案(二十条)

● 参考文献

[1] 共青团中央. 关于加强和改进大学生社团工作的意见[DB/EB]. [2005-01-13]. http://www.gqt.org.cn/documents/zqlf/200703/t20070321_14553.htm,.

[2] 吴霜. 高校思政教育视域下大学生社团建设浅析[J]. 科教文汇(中旬刊),2021(2):51-52.

附件：

大学生素质培养班培养方案（二十条）

1.每天早晨七点之前起床，晚上十一点左右就寝（不早于十点，不晚于十二点），节假日除外。养成良好的学习、生活习惯，为做好其他一切事情提供时间保障。

2.每天看新闻二十分钟，并用十分钟对感受最深的一条写出评论，字数约一百字。了解最新国际、国内时事动态，学会用智慧的眼睛和思辨的头脑观察社会，了解世界，保证思想总是走在时代的前列。

3.每周运动五个小时（不少于三天），掌握一项运动的基本技术和技能。运动不仅能强身健体，而且能提高学习效率，提高生命质量，同时在运动中感受生命的快乐。

4.每个月做一次义工，时间不少于两个小时。培养爱心，施善于人，心怀一颗感恩之心。

5.每两个月一次朗诵或演讲，文章自选。提高朗诵、演讲水平，培养语言表达能力及勇敢、自信的品质。

6.每两个月一次讨论或辩论，对自己所见所闻、所思所想发表见解。真理是愈辩愈明的，在讨论和辩论中，提高自己的思辨和判断能力。

7.每两个月观看一部优秀影片，每学期写一篇影评。培养艺术鉴赏和审美能力，陶冶情操，洞察社会。

8.每两个月读一本书，并写出至少一千五百字的读后感。提高阅读写作能力，提升自己的修养和气质。

9.每学期制作一期海报，学会策划、设计、整理、归纳。

10.每一个成员结交一位优秀的师长。向优秀师长看齐，知道前进的方向。

11.每一个成员结交几位值得信赖的朋友、同学。

12.每一个成员所在寝室创建文化、安全、卫生寝室。学会与人相处，珍惜同窗之情。

13.每一学期写两封信,一封写给父母或兄弟姐妹;一封写给自己曾经的同学。

14.每一个学期至少听四次讲座,请不同的专家、学者、教授作专题讲座。

15.每一个学期学会一首新歌,每一年学会一支舞蹈。

16.每学年举办一次校际交流活动,感受不同的校园文化和校园精神。

17.每学年进行一次社会调查,写出不少于三千字的调查报告。走向社会,了解社会,研究社会,用所学知识回报社会。

18.每人在大四之前参加一次招聘会。感受招聘会场的气氛,了解市场对人才的需求。

19.每年进行一次旅行,游览祖国山水,培养爱国主义情怀和民族情感。

20.每年利用节假日外出打工,并记录一个月在校的开支,感受靠劳动创造财富的不易,从而学会珍惜。

第五部分

通识课程教学创新与质量提升

新农科建设背景下的通识教育体系构建
——以"中农通识"探索实践为例[①]

仇 莹[②] 曹志军 崔情情 何志巍

引言

在传统儒家思想中,教育的最高宗旨是培养君子。君子之本,不在于器物或技艺之学,而要"志于道"并能"弘道"。中国古代即有以礼、乐、射、御、书、数为代表的"六艺"教育,可视为通识教育之雏形。通识教育亦可追溯至西方古典时代的"自由七艺"的培养,主要包括文法、逻辑、修辞学、算术、音乐、几何与天文等科目,与西方大学历史上的自由教育传统密切相关,以训练人的理智、完善人的理性以及人的道德素养为基本目标。故可以理解为,通识教育是中国古代君子养成和西方古典时期自由教育的现代延续,但对象不再是局限于精英有闲阶层,内容形式均呈现多元化特征。

1998年教育部高教司发布了《关于加强大学生文化素质教育的的若干意见》,并相继成立了93个"文化素质教育基地",涵盖157所高校。中国农业大学原党委书记瞿振元在报告中指出,以提高学生社会责任感、创新精神和实践能力为重点,建立通识教育和专业教育相结合的培养制度,是素质教育的有效途径。1999年李曼丽博士等人引入西方通识教育概念,进入21世纪,通识教育日渐升温。习近平总书记在十九大报告中指出"要全面贯彻党的教育方针,落实立德树人根本任务,发展素质教育,推进教育公平,培养德智体美全面发展的社会主义建设者和接班人",并在二十大报告中再次强调这一论述。近30年,"通识教育"作为"素质教育"发展的重要途径,在教育领域得到广泛重视和热烈讨论。武汉大学冯慧敏教授认为,通识教育可分为

[①] 基金项目:本文系教育部新农科研究与改革实践项目"新农科通识通用课程体系建设研究"(2020297)、中国高等教育学会高等教育科学研究规划课题"构建新农科背景下的'中农通识'三位一体育人体系"(22SZJY0213)成果之一。

[②] 作者简介:仇莹,中国农业大学本科生院通识与创新教育中心主任。

通选课、核心课、大类培养、书院制、经典阅读、隐性课程六种模式，各高校一般是几种模式相结合，并因地制宜创新发展，最大限度与学校的育人理念契合。"通识教育基础上的宽口径专业教育"这一人才培养模式是"双一流"高校普遍认同且积极践行的教育模式。

时值百年未有之大变局，政治经济全球化背景下，人类面对的社会环境问题日益复杂，高校培养的青年正是社会主义现代化建设主力军，是人类命运共同体的建设者，需要具备前沿的专业知识，更需要深厚的家国情怀、广阔的国际视野、良好的思辨与沟通能力、丰富的想象力和创造力，以及较高的科学与人文素养，成为兼具"情怀—能力—素养"的全面发展的人。

2018年教育部、农业农村部、国家林业和草原局发布的《关于加强农科教结合实施卓越农林人才教育培养计划2.0的意见》，对农林类高校人才培养改革提出指导意见，并明确指出要"加强农业特色通识课程建设"。2019年中国高等农林教育改革唱响三部曲，新农科建设从"试验田"走向"大田耕作"，高校应以现代科学技术改造提升现有的涉农专业，并且要布局适应新产业、新业态发展需要的新型的涉农专业，同时围绕乡村振兴战略和生态文明建设，推进课程体系、实践教学、协同育人等方面的改革，为乡村振兴发展提供更强有力的人才支撑。习近平总书记在给全国涉农高校书记校长和专家代表的回信中指出：涉农高校要以立德树人为根本、以强农兴农为己任，培养更多知农爱农新型人才。这是新农科建设的根本目标，也为农林特色通识教育的建设和发展指明了方向。中国农业大学作为国内高等农林院校的排头兵，也是新农科建设组长单位，在人才培养改革以及通识教育体系方面的探索将起到引领示范作用。

一、通识教育体制机制建设

（一）组织机构建设

组织机构建设是教学改革的重要发力点。中国农业大学于2016年启动人才培养改革工作时，提出"德才兼备、全面发展、通专平衡、追求卓越"的人才培养理念，持续加大对通识教育的人力物力财力投入，不断完善治理体系。学校组建了通识教育委员会，负责全校通识教育体系的顶层规划、方案设计与课程质量评估等。通识教育委员会办公室设在本科生院，由通识与创新教育中心（以下简称为"通识中心"）专职管理人员落实通识教育各项工作。在通识中心统筹下，数百位来自各专业学院的教师承担通识课的教学任务，对通识教育理念和目标形成高度认同，他们具有较高学术造诣、较好的教学水平和较高的工作热情，能够将本领域最前沿的理论与典型案例以系统化的思维脉络呈现给学生，促进学生养成跨学科的思辨能力。

（二）教师激励机制探索

教师激励机制是课程质量的保障基础。为鼓励校内外名师参与通识课程，学校通过定向邀请和招标立项相结合的形式，组建由院士及校内外名师领衔的课程教学团队，保证课程的稳定性和延续发展。同时，出台《中国农业大学通识教育课程管理办法》，规范课程的申报流程及质量监控机制，对于选课人数较少且评教分数较低的课程予以整改或退出。在金课评选及优秀育人团队评选等各类奖励评比中，学生受益广、满意度高的通识课程及教学团队脱颖而出，2021年3门核心通识课程获评北京市优质本科课程，起到良好示范引领效应。其中，张福锁院士负责的核心通识课"农业、环境与人类健康"精心设计课程内容和形式，育人效果显著，还获批2021年北京市课程思政示范课程、2020年北京高等教育本科教学改革创新项目。值得强调的是，作为行业类高校，在人文社科方面师资略显不足，学校通过"校内+校外"共建模式，引入校外优质师资，进行课程培育和校内教学团队培育，对丰富学校通识课程体系具有长远意义。

（三）学业评价体系改革及成效

学业评价体系是学生学习投入的指挥棒。为促进学生去功利化选课、自由全面发展，学校大胆尝试，改革学业评价制度，自2016级起通识选修课均不纳入学生GPA计算，且不按学科门类进行通识课学分限定。通过6年的改革实践，学生普遍可以依据个人兴趣或能力发展需求进行通识课程的选课修读。近两年的毕业生调查显示，约92%的学生认为能够在通识课程中培养宽广视野、人文素养、科学精神、家国情怀。部分学生高考录取专业与个人兴趣有偏差，在大学期间可通过转专业或辅修等进行学业方面的大调整，而自由的通识课选课制度则是学生满足个性化学习的另一有效途径，可以产生为学生打开一扇窗的效果。

在毕业生访谈时，学生表示大学生与日俱增的求职和升学压力导致内卷现象和功利化学习现象较为严重，中国农业大学的通识课选课及评价机制使学生得到很好的精神满足，类似一处瑰丽的别院，是"坎坷时的内心力量，宁静时的纸上河山"。第三方调查数据显示，学校近四届毕业生的通用能力达成度从2017届的84%上升至2020届的87%，均高于或基本持平于全国"双一流"院校平均水平（85%），通用能力达成度整体上升（如图1所示）。

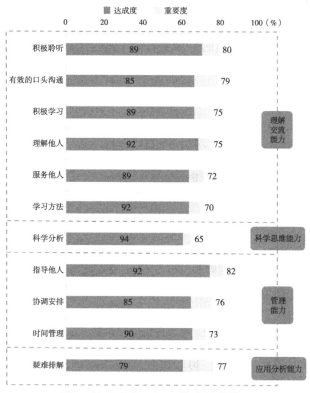

图1　毕业生各项通用能力培养情况

二、通识教育课程体系建设

（一）课程体系改革

课程体系改革是学校近两轮人才培养方案改革的重头戏，其中最基础的部分就是通识课程体系。在课程体系1.0阶段，以"通专平衡"理念为指导，构建"核心通识课、核心基础课、专业核心课"课程体系，三类核心课程共建500余门，其中核心通识课建设是极力推进的一项工程，院士、名师、高层次人才齐上本科讲堂，大大激发了学生的学习热情。在课程体系2.0阶段，秉承"通专平衡、交叉融合"建设理念，进行课程体系的迭代升级，建成"通识、大类、专业"三层次课程结构，实施人才大类培养模式改革，关注学生对华夏文明、农耕文明、生态文明、全球视野、批判性思维、沟通表达与写作能力、领导力等方面的发展需求，开设更多高水平通识课程。

（二）课程内容设计

学校围绕"通古今，以成格局；识世变，赓续稼穑"的通识育人思想持续建设通识课程，得到教师的高度关注和积极支持，已建成较为完善的通识课程体系，包含核心通识课70门、普通通识课200余门和校际共享课100余门（如图2所示）。

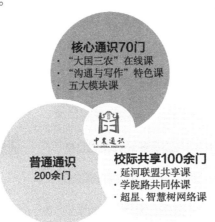

图2 中农通识课程体系

结合学校人才培养定位，根据课程所属学科领域特征，核心通识课程按"乡村振兴与稼穑情怀""哲学智慧与文明思考""传统文化与艺术审美""自然探索与科技创新""社会认知与自我提升"五大模块进行建设（如图3所示）。

（1）乡村振兴与稼穑情怀模块（侧重家国情怀培养）：感知大国三农，赓续稼穑文明，厚植知农爱农情怀。

（2）哲学智慧与文明思考模块（侧重思辨能力培养）：解读哲学思想，关注人类文明，养成逻辑与批判思维。

（3）传统文化与艺术审美模块（侧重人文素养提升）：弘扬传统文化，走进艺术世界，提升人文与美学修养。

（4）自然探索与科技创新模块（侧重科学素养提升）：探寻自然秘境，发现科学奥义，培养创新与创造精神。

（5）社会认知与自我提升模块（侧重社会适应力培养）：洞察社会百态，识得人间冷暖，增进沟通与表达能力。

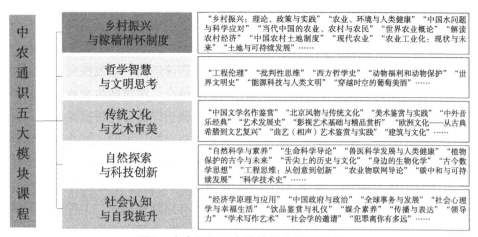

图3 中农通识五大模块核心通识课程

以普林斯顿大学为代表的美国高校较为注重学生写作训练，以课堂写作任务为依托，采取多种多样、有针对性的辅导模式。国内清华大学于2018年成立写作与沟通教学中心，创新性地开设了"写作与沟通"课程，并于2020级实现必修，小班主题式写作课模式取得良好成效，带动国内十余所高校陆续开展本土化的写作课。第三方调查显示，中国农业大学本科毕业生的写作能力、批判性思维品质、创新能力、领导力均有待提升，其深层原因之一是思维训练不足，这与"行业领军人才和拔尖创新人才"的人才培养目标尚有差距。为强化学生的思维训练，提升沟通表达能力，学校于2022年通过公开招募和遴选，组建了"沟通与写作"课程首批团队，研发出极具中农特色的课程大纲并初步实施，四大板块十二个主题涉及汉字文明、乡土中国、广阔江河、文学影视等，内容丰富生动，引导学生在阅读欣赏各类经典著作及影视作品基础上，形成对科学与人文多学科领域的认知与深度思考，启发学生关注世界和他人，探寻自我价值（如图4所示）。

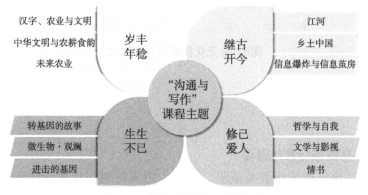

图4 "沟通与写作"课程主题

（三）多元化授课及考核形式

通识课面对来自不同年级专业的学生，相比专业课，教学方法的融合与创新对教师来讲更具挑战性。教师通常采用研读经典、启发探究、研讨展示等形式授课，课内课外相结合，线上线下相结合，注重师生交流反馈，促进学生深度思考、有效沟通和综合能力提升。通识课教师可根据课程特点自行设计授课及考核形式，极大发挥教师的个性与潜能，可谓"百花齐放春满园"（如图5所示）。如在"当代中国的农业、农村与农民"课上穿插猜灯谜、飞花令等小游戏，紧扣课堂主题，气氛热烈，让学生真正看到三农的美、体会三农的难，对"解民生之多艰"校训有深刻理解；"工程伦理"课程采用多种教学法，以理论与案例相结合讲解工程实践中面临的伦理问题及伦理决策，如"以电车悖论"案例和"人民的名义"为主题的话剧排演深受学生喜爱；"中国政府与政治"作为一门社会科学类通识课，通过重构知识体系、匹配考核要点，强化过程考核、实现能力全覆盖，以及组建助教团队、增加反馈频率三项举措更好实现育人目标；"美术鉴赏与实践"提出"崇农尚美"的新农科美育理念，构建"理论+鉴赏+实践"教学模式，连续5年举办结课作品展览，观展师生5000余人次，辐射效应较大。

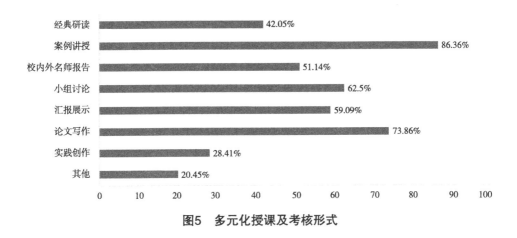

图5　多元化授课及考核形式

三、通识教育文化拓展

（一）在线课与教材建设

为更好地延展通识教育成果，学校大力支持通识课的在线课及教材建设。已建成10余门在线课程，其中最具代表性的即为2020年上线的"大国三农"优质在线开放课程。课程由校长牵头，联合学校数名院士和知名教授名家解读绵延5000年的农耕文明、三农发展的制度创新、脱贫攻坚的卓越成就、中国方案的国际贡献以及在绿色发展和营养健康领域的深耕探索，生动形象地展现大国三农领域的"四个自信"，有效推动了全国高校乃至全社会的三农价值观教育。课程上线后被国内百余所高校选为学分课，"学习强国"App点击量超过500万次，获评2022年北京高校优质本科课程重点项目。

耕读教育是古代中国在长期的教育实践中形成的独具特色的教育理念和育人智慧。进入新时代，耕读教育为探索符合中国自身特色的教育模式和人才培养体系开辟了新的空间。耕读文明传承是涉农高校通识教育的重中之重，为响应教育部《加强和改进涉农高校耕读教育工作方案》（教高函〔2021〕10号）文件精神，落实涉农高校耕读教育工作，学校牵头主编《耕读教育十讲》耕读教育新形态教材，已于2021年11月出版。教材分上下两编，上编为"耕读·文化·精神"，讲述中华农耕文明的历史，以及在此基础上形成的中国文化精神；下编"耕读·创新·复兴"，讲述传统耕读文化的现代更生，以及在中华民族复兴的历史进程中，现代农业发展、乡村振兴实践所孕育的耕读文化的意义与价值。教材已入选由中国出版传媒商报组织评选"2021年度影响力图书"，获评2022年北京高校优质本科教材重点项目。

（二）通识教育文化氛围营造

雅思贝尔斯在《大学之理念》中谈道："大学是一个由学者与学生组成的、致力于寻求真理之事业的共同体。"为进一步加强全体师生对通识教育理念的普遍认同，通识中心广泛开展宣传，积极与校内多个师生团体进行合作，组织多元化的品牌活动，激发师生的参与热情和主观能动性，使"中农通识"良好形象深入人心。具体做法有以下几方面：其一，立体化宣传——设计"中农通识"视觉识别形象，建设通识中心网站，在新媒体平台设立"享课""上新"等热门专栏，联合学生创业团队开发文创产品；其二，多渠道合作——与"二十四节气工作室""乡土乡亲协会""栖迟汉文化学社""美育教学中心""教师教学发展中心"等师生团体开展深入合作，形成优势互补；其三，品牌化活动——组织"博闻堂""公开课""大家谈""禾美大讲堂"等系列讲座交流会，举办"二十四节气设计大赛""通识教育征文比赛"等活动。通过上述工作的持续开展，增进师师交流、师生互动、朋辈激励，在浓郁的通识教育文化氛围中，形成融洽的师生共同体，促进五育融合、一二课堂融通，形成良性循环。

四、结语

农业现代化建设进程中人才是关键，新农科建设是面向新农业、新乡村、新农民、新生态的系统化人才培养工程。通识教育是其中培养什么人的重要环节，通识课程始终是主体，围绕课程建设衍生的制度规范、师资培育、教学手段问题是前端体制机制可控范围，而在后端则需要大力拓展课程的外延部分，课内外相结合、前后端相统筹，有利于构建完善的通识教育体系。

● 参考文献

[1] 孙向晨,刘丽华. 如何让通识教育真正扎根中国大学——中国大学通识教育的挑战与应对[J]. 中国大学教学,2019(Z1):41-46.

[2] 北京航空航天大学通识教育课程建设委员会. 北京航空航天大学通识教育白皮书[M]. 北京:北京大学出版社,2015.

[3] 瞿振元. 素质教育要再出发[J]. 中国高教研究,2017(4):26-29.

[4] 庞海芍,郇秀红. 中国高校通识教育:回顾与展望[J]. 高校教育管理,2016,10(1):12-19.

[5] 冯惠敏. 中国特色通识教育模式研究[M]. 北京:科学出版社,2018.

[6] 梅赐琪. 遵循三大规律的通识教育课程思政模式创新——以清华大学"写作与沟通"课为例[J]. 思想理论教育导刊,2021(3):99-104.

怎样讲授综合性通识课
——以"中华国学"课程为例

张荣明[①]

前言

由于存在古今中外之别,目前学界对什么是大学通识教育缺乏共识,但这并不妨碍我们对通识课作出一般性的概括。所谓大学通识课,就是各学科专业的学生都有必要学习的课程,此类课程的宗旨是为社会培养健全人格的人才,使学生较为全面地理解自然、社会与人生。依照课程内容,通识课可分为专业性的通识课(如天文、地理、生物等)和综合性的通识课两类。目前国内所见专业性的通识课较多,综合性的通识课较少。基于这样的现状,我在南开大学开设了"中华国学"课程,并取得了良好的教学效果。该课程2014年被评为"大学素质教育精品通选课";作为课程一部分的"诸子的智慧",2016年被评为"国家精品视频公开课";2018年该课程被评为"国家精品在线课程";2020年被评为国家级"一流本科课程"。在三十余年的教学实践中,我积累了一些经验和体会,向专家学者请教。

一、讲课之前——明确课程宗旨

讲一门课之前,首先要明白这门课讲给谁听,让听课的人取得哪些收获,对听课的人有怎样的益处。这也就是我们通常所说的教学目的或课程宗旨。否则的话,就是无的放矢。

大学的课程有诸多类型,有本科生课程,有研究生课程。本科生课程,有通识课,有素质教育课,有专业课,有专业选修课。研究生课程,有硕士

---

① 作者简介:张荣明,南开大学历史学院教授,博士生导师,中国思想史研究中心主任。

生课程，有博士生课程。不同的课程之间，教学宗旨有别。所以，首先要明确课程宗旨。大方向错了，细节做得再好也是事倍功半。

通识课的特点，是选课学生广泛，不限于某一专业。课程宗旨应该是开阔学生的学术视野，陶冶情操培养人格，拓展必要的知识，比如天文地理、自然社会、音乐艺术等，涉及方方面面。有的课程是培养学生的"情怀"，比如与人为善、热爱社会、博爱人类、理解公平正义，做一个道德高尚的人。有的课程是陶冶性情，比如文学艺术类的课程，这对学生的身心健康有益。

中国古代的教育，有所谓的"六艺"——礼乐射御书数，不但包括自然科学、社会科学知识，也包括琴棋书画。举个例子，魏晋时期作为"竹林七贤"之一的嵇康，因为得罪司马氏政权而遭杀身之祸。根据文献记载，在赴刑场的路上，嵇康弹唱一曲《广陵散》，慷慨激昂，荡气回肠，抒发了自己的情怀。总而言之，通识课的内容最为广泛，听课的学生最多。通识课的宗旨是培养学生的综合素质和健康的人格。

现在国际、国内的公开课、慕课中，有相当多的通识课。国际上的一些名校，开设了很多通识课供学生选择。讲一个具体的案例。哈佛大学有一门通识课，课程名称是"公正：该如何是好"，主讲教师是迈克尔·桑德尔（Michael Sandel）。在一堂课上，他设计了这样一个场景让学生们回答：假设有一列正在快速行驶的列车失控，列车的正前方有一群人，这群人无法躲开铁轨，因而将被疾驰而来的列车夺去生命。在半途当中有一个道岔，搬动道岔可使列车进入另一条轨道，当然这会使在另一条轨道上的一个人失去生命。在这里，预设了两种不同的结果：一个结果是一群人失去生命，另一个结果是一个人失去生命。那么，是否应该搬动铁轨道岔？这是主讲教师向学生提出的问题。学生们议论纷纷，有学生认为不能人为干预，有学生认为应该搬动道岔，尽量减少受害者。到底何去何从呢？主讲教师的答案是：不应人为搬动道岔。列车失控，这是不可抗拒的原因。由于不可抗拒的原因导致悲剧，这样的事件很多，比如山崩海啸等。如果搬动道岔，虽然会使受难的人数减少，但对受难者来说，这是被别人剥夺生命，不是天灾，而是人祸。所以，这样做不被人类道德允许。这个答案最初我很难接受，后来读到《墨子》，才有了进一步的认识。《墨子》中说："杀一人以存天下，非……利天下也；杀己以存天下，是……利天下。"为了集体利益而牺牲别人，这不算道德正义；为了集体利益而牺牲自己，这是道德正义。道德正义就是不可随意剥夺别人的生命，任何人都没有权力这样做。为什么"安乐死"在世界上绝大多数国家被禁止，因为它是一个人剥夺另一个人的生命。2018年11月26日，南方科技大学贺建奎宣布：两个经过基因编辑的婴儿在中国诞生，这两个婴儿的基因经过人为的修改，天生具有抵抗艾滋病毒HIV的能力。消息一出，舆论哗然，政府相关部门声明严加查处。为什么？因为任何事情有一利必有一弊。对于这一弊来说，贺建奎没有权力把它强加在两个婴儿身上。这样的课程，与专业技术无关，但与培养人的道德正义有关，当前的中国尤其需要此类课程。

总结一下，通识课的宗旨是开阔学生的知识面，扩大学生的胸怀，培养学生健全的人格，培养学生高尚的人格，使学生成为一个全面发展的人，帮助学生获得人生的幸福。就我所知，目前一些大学内部评选优秀课程，评审委员通常是各领域的专家，却不是教育家。这样的评审专家往往混淆不同类别课程的宗旨，按照自己的偏好、自己的标准评判课程的优劣。这值得反思。

二、第一堂课——课程导论的设计

"课程导论"是教学的一个重要环节。写一部学术著作应该有导论，写一篇学术论文应该有前言，讲一门课程同样也应该有导论，通识课更是如此，这是课程规范。课程规范就是讲课的规则和范式，所有的课程都应该依照着去做。我们都知道，博士论文的开篇必须是"导论"，但一门课程呢？好像教育部没有通行的规定，很多大学也没有通行的规定。据我观察，欧美大学的课程通常有导论，值得我们借鉴和参考。

通识课大多是选修课程。大学里供学生选修的课程很多，学期开始的前两周通常是"试听周"，学生通过试听了解自己对哪些课程感兴趣，哪些课程的上课时间适合自己，哪些课程的授课方式自己喜欢，等等，然后决定选修哪些通识课。所以，要想选课的学生多，就要讲好课程的导论。

课程导论应该包括如下内容：①课程内容梗概。要从宏观上简明扼要地介绍本课程的内容，从时空逻辑上对内容作出概括，空间上的格局，时间上的线索，使学生得以从宏观上鸟瞰该课程。这对于一门课程十分必要，否则的话，容易造成只见树木、不见森林的后果。②课程内容与时间安排。一门课程共多少章节，每个星期讲哪些章节，应该交代清楚。一旦确定，就应该按照教学进度完成，不可随意改变，以便学生预习、准备。③指定教材。在通常情况下，课程应该有确定的教材，教材是学生课下学习的基本依据。听课与阅读，课上学习与课下练习，各有不同的功能，缺一不可。对于一些网上课程来说，教材更为重要。网上播放的视频往往是重点问题，而教材叙述得比较全面，二者相辅相成。学生只听课，不读书，这样的课程像一阵风，难以深入，学习效果不好。过去人们把上学叫作念书、读书，正是这个道理。如有必要也可列出参考读物，供有兴趣的学生扩展阅读，为专门深造创造条件。④考试安排与成绩构成。采取怎样的考核形式，是考察还是考试，是开卷还是闭卷，都要事先交代清楚。另外，成绩的构成也要说清楚。比如平时成绩、期中成绩、期末成绩各占多少比例。对于网上课程来说，需要说明各个学习环节给分的比例。应该确定各个环节考试的时间，以便学生提前准备。最后要说明期末试卷客观题与主观题的比例。⑤相关教学环节的说明。实验课、答疑课、讨论课等，都要交代清楚。⑥如果课程有助教的话，应该现场让双方见面，这对今后的教学会比较方便。⑦学生提出问题。应该留下一点时间，让学生提出想了解的问题，并予以回答。

三、中间课程——课程内容设计

接下来是课程的主体内容。这里仅讨论两个事项：宏观结构与微观结构。

（1）先看宏观设计。一个学期讲很多内容，这些内容之间是怎样的关系，应该厘清，应该有逻辑性。最简单的思路，可按时间性和空间性以及二者之间的关系整理。我讲中国思想史，思想史的发展与演变是时间性的，先是上古时代，然后经过春秋战国社会转型，进入中古时代，即从秦汉到明清，最后进入近现代。

思想的格局是空间性的，春秋战国有许多流派，我们了解比较多的是儒、墨、道、法、名、阴阳六家。学者们通常都是一家一家地讲，但当时各家之间的关系不清晰。我先讲阴阳家和道家，阴阳家属于宇宙哲学，是各家学说的理论基础；再讲道家，道家属于出世的修道学说，与世俗的学说全面对立。然后讲墨家、法家、儒家的学说：先讲墨家的道德主义学说，再讲法家的功利主义学说，墨、法两家根本对立，显而易见；然后讲儒家中庸学说，儒家学说的根本特征是居于墨、法两家之间，走中间路线，调和主义。这三家学说的关系一下子就清晰了。最后讲名家，名家继承并发展了墨家的逻辑学说，墨家逻辑属于古典经验逻辑，名家逻辑属于古典符号逻辑。这样一来，诸子思想的格局就比较清晰了。

有的时候是时间与空间交叉的。比如，中国思想史从秦汉到明清，学者们通常一个朝代一个朝代地讲。我采用另一种讲法，兼顾二者。儒教最先发生，汉武帝独尊儒术的时候开始形成，一直延续到清代，儒教是中国帝制时代官方的意识形态，为公共政治服务。道教随之而起，东汉晚期产生，魏晋时期形成诸多流派，属于中国传统宗教，为个人健康服务。然后讲佛教，佛教在南北朝时期开始流行，成为在中国影响最大的宗教。三教的框架摆好了，然后讲三教融合：魏晋玄学反映早期的儒道融合；宋明理学反映晚期的儒释道融合。这样的安排，对把握中国帝制时代思想格局与脉络很有帮助。

（2）再看微观设计。无论是哪一个学科的课程，也无论是一门课程的哪一讲，虽然内容千差万别，但有共同性，即通常都是围绕一个主题、一个教学重点，然后逐步展开。我的经验，一堂课尽量安排一个主题，这样知识点突出，有利于学生理解和掌握。假如把不同的主题放在一起，特别是把不相关的知识点放在一起讲，会相互干扰，效果不好。一堂课的教学，主要是三个环节：怎样开始、怎样展开、怎样结束。

提出问题——故事导入。按照习惯的讲法，通常把一堂课安排成先讲知识背景，再讲主体知识或事件过程，最后作总结。这样讲当然不错，但有的时候会显得课堂气氛平淡，不利于调动学生的积极性。为了活跃课堂气氛，课程的导入十分重要。怎样导入呢？可以安排一个场景，讲一个生动的故事，甚至抛出一个耸人听闻的命题。比如我讲《庄子》，首先抛出庄子提出的一个骇人听闻的命题——"马之非马"。庄子说马不是马，不但马不是马，牛不是牛，人也不是人！难道庄子疯了？或者庄子要博人眼球？提出了问题，课程由此开始。

分析问题——逐步展开，层层深入。问题提出以后，就应该分析问题，解决问题。分析问题要有逻辑性，由浅入深，一步一步地展开。还是以庄子的命题为例。为什么庄子说马不是马呢？因为庄子认为我们看到的世界万物并非万物本身的样子，他概括为"指非指"。我们用手指头指着一个对象说："这是一匹马，这是一个人。"庄子说："马本身不是我们所指的样子，那个人也不是我们所指的那个样子。"所以他说"指非指"，意思是说，万物都不是我们所认知的那样。为什么呢？从《庄子》《道德经》中找不到答案，需要开阔思路。我用三个例证作了类比。第一个例证，康德的

《纯粹理性批判》；第二个例证，当代心理学关于认知的研究；第三个例证，当代物理学家关于物质世界的研究。这三个方面的具体内容，讲起来比较麻烦，这里不细讲。这三个不同学术角度得出了与庄子类似的结论，对理解庄子学说很有帮助。

最后总结——言简意赅。我对课程的安排，通常是两节课讲一章，两节课的最后作总结。课程总结的时候注意两点：第一点，要把此次课程的线索勾勒一下，逻辑清晰，环环相扣，既是回忆，也是整理，加深印象；第二点，要回答上课开始提出的问题。开始讲课的时候，在学生心里面系了个扣，该下课了，必须把这个扣解开。解这个扣的就是一句话，不要啰唆，不要说车轱辘话，否则学生记不住。为了渲染气氛，使课程的教学效果达到高潮，下课的时候我通常作一个"四句偈"——四句顺口溜。比如"庄子道学"一讲，最后的四句偈是："彼言马非马，此曰齐是非。蝴蝶与鲲鹏，真人有真知。"

四、课程结束——总结与考试

一堂课需要总结，一个学期的课程更需要总结。期末总结主要是两点：第一点，课程的整体概貌和逻辑线索，这对于学生巩固课程知识有益。别人通常会问："学习了这门课程有什么收获呢？"有的时候学生回答不好，需要老师帮助总结。孔子说"学而时习之"，平时的教学过程是"学"，期末的复习是"习"。期末总结的内容，不要啰唆重复，最好言简意赅，说多了学生记不住——话不在多而在精。第二点，重点和难点问题。要对重点、难点问题略作回顾。一门课讲的内容虽然多，但应该突出知识点，这是一门课的亮点，给课程添彩。

期末考试是教学的最后环节。对于通识课来说，考试的目的固然包括对知识记忆的考核，更包括对学生理解能力的考核。一般来说，通识课是兴趣课，感兴趣的东西自然会记住，不感兴趣的东西就记不住，这不必强求。通识课的宗旨是培养学生的素质和能力，应该围绕这一宗旨出题。学校通常要求小题与大题搭配，通识课考试可以结合课程特点略作调整。考试题目不必长篇大论，长篇大论往往是套话、空话、废话，应要求学生言简意赅地把自己的想法写出来。主观题可以没有标准答案，允许学生思考和自由发挥，只要言之成理，就应该给合理的分数。如果学生肯于独立思考，敢于写出与教师课堂所讲不同的想法和结论，言之成理，就应该给高分。问题的关键，不在于这个问题回答的是否完全正确，而在于肯于思考，勇于创新，这本身是一种难得的素质。现在小学、中学的教育，死记硬背标准答案，束缚了学生的创新能力，通识课应该解放学生的思想。作为教师，应该有宽容学生的胸怀。关于出卷的技术细节，比如内容的梯度、难度，学生成绩的区分度等，也要注意。经常有学生说，他准备出国，他准备保研，请老师给90分以上，这样的要求不该答应，一个班级当中，90分以上的不应超过25%，不及格的不应超过5%。

五、教学的技巧

任何行业的工作都需要技术，教学本身也需要技术。有人说教学是一门艺术，技术与艺术是一回事。为什么有的课程受学生欢迎？为什么有的课程孕育英才？因为这些课程引起了学生对知识的兴趣，激发了学生的求知欲。教学技巧涉及方方面面，不同的课程，不同的教师，各有特色，我这里与大家分享几个例子。

半个世纪以前，有一个著名的文史专家。专家的特点，是某一个方面的学问非常精深，但渊而不博，知识面不宽。学生慕名听他的课，第一堂课教室里学生满满的，第二堂课剩了一半，第三堂课就剩了几个人。原因有两个：一个是这位先生讲课，使用自己的方言，学生听得很吃力，所以听课效果不好，似懂非懂。学生听不明白，当然没有兴趣。另一个原因，专家讲课平铺直叙，缺乏生动感，学生听课犯困。这样的课程，如果是研究生课程还可以，但通识课肯定不行。通识课讲的是入门的知识，不是专业课程。教学对象错位，没有弄清课程的宗旨，会出这样的问题。这是反面的例子。

南开大学的来新夏教授，是老一辈的学者，他讲的目录学课程很有特色，虽然属于专业课，但很吸引学生。当年来先生讲课，用标准的普通话。他身体很棒，说话底气足，发音字正腔圆，板书也很漂亮，上他的课是一种享受。老一辈的教授中有一些人上课照着讲稿念，是念课，不是讲课。所以，过去有一个说法：教材出来了，课程就死了。为什么？因为课堂上念的与书上写的完全一样，如果这样，学生看了书还用上课吗？来先生不一样，拿着一叠卡片，像扑克牌一样的卡片。从前向后一张一张地讲，卡片上记录的是资料，卡片翻完了，一堂课也就讲完了。这是讲课，不是念课，也不是背课。现在有的老师不是念课，是背课，背诵的"背"，没有感染力，没有活力。讲课生动，背课死板，表面上差不多，实际上不一样。耶鲁大学有一门哲学公开课——"死亡"，主讲者Shelly Kagan。他的发音很好，讲稿丢在讲台上，一节课也就看几眼，在教室前边往返讲课，走累了就坐到讲桌上，侃侃而谈。这样的课，学生怎么会困呢！这是正面的例子。

现在教学手段进步很快，讲课用PPT、多媒体的人越来越多。这是个好事，对通识课来说尤其方便。但是，不同的教学手段各有所长，应该根据课程需要采用适当的工具。数学演算类的课程，我个人觉得传统的教学手段更好，无论是在黑板上一步一步演算，还是在胶片上演算投影到屏幕上，学生的思路跟着老师的笔走，与老师同步思考。当然，这样做老师讲课会辛苦，但效果好。文史类的课程有些不同，使用PPT不但可以节省板书的时间，图片也可以增强视觉效果。但是要注意的是，PPT素材的使用应该恰到好处，不要过分花哨，否则会分散学生的注意力。教学不是讲故事，而是讲道理。讲故事调动的是人的情绪，讲道理引导的是人的逻辑思维。这是书场与课堂的区别。前几年，百家讲坛很红火，有的人把百家讲坛当作了课堂，这是误解。讲通识课尤其应该注意把握分寸，过犹不及。

六、教师的基本素质

刚才讲的是教学的技术，现在讲教学的人。教师是课堂的灵魂。讲好通识课，教师应该具备基本的素质。

首先要讲好普通话。学生听课学习，首先是听老师讲课。我们国家国土辽阔，民族众多，方言各异。秦始皇统一中国，"书同文"的问题解决了。2000多年过去了，"言同语"的问题却没有彻底解决。亲戚的一个孩子到南昌大学读应用数学，有一门课程老师上课用方言讲课，一个学期下来，听课累得要命，学习效果很不好。虽然现在大学教师大多讲普通话，但往往是地方特色的普通话，有的普通话听起来并不普通。所以，既然我们从事教师工作，既然我们靠嘴吃饭，就应该练好自己的一张嘴。此事不难，往往是年轻的时候在熟人面前不好意思，年纪大了就不好改了。

其次，大学教师应该是所讲课程知识领域的专家。讲课仅有技巧还不够，更重要的是内容，有超人的学术积累。课程若要精彩，就要有别人讲不出的内容。在这里，问题的关键不是你讲了多少内容，而是你讲了多少与众不同的内容，讲了多少闪烁着璀璨光辉的知识。

众所周知，科普读物表面上看起来简单，但一定要专家才能写好，深入浅出，举重若轻。讲课与之类似。一堂课的内容，往往是教师若干年研究成果的积累；一门课的内容，往往是教师毕生研究的课题——这是"厚积薄发"。给学生一杯水，教师应有一桶水。道理谁都懂，关键是落实起来难。我不建议刚刚入职的年轻教师讲通识课，通识课表面上好讲，其实讲好了很难。课程要生动，所讲的内容就需要纵横捭阖，旁征博引，而这需要多年的积累。我个人的经验，一个人的知识是从渊到博的过程。我讲的国学课程，其实是很多课程的综合，我讲过中国古代史、古代汉语、古代政治思想史、古代宗教思想史，我一直都在研究相关的学术课题。没有这些知识为基础，国学课讲不好。其他课程也是如此。最近在网上学习科普类的短视频，讲课者是人民大学附中的李永乐老师，课程讲得深入浅出，值得我们思考与借鉴。

（原文发表于《大学素质教育》2021年第2期）

大口径通识课程教学创新探索
——以"宇宙大历史"为例

路 越 曹慧秋 杨哲慧[①]

一、通识教育改革背景与仍然存在的问题

(一) 通识教育背景

习近平总书记在全国教育大会上指出,要努力构建德智体美劳全面培养的教育体系,形成更高水平的人才培养体系。国务院印发《统筹推进世界一流大学和一流学科建设总体方案》指出,要着力培养各类创新型、应用型、复合型优秀人才。《国家教育事业发展"十三五"规划》确定了高等教育的办学方向,实行学术人才与应用人才分类,通识教育与专业教育相结合的培养制度。《国家教育事业"十四五"》中也强调了高等教育是以加快教育现代化为目标,以高质量发展为主题。通识教育是世界一流大学本科教育中的重要组成部分,以哈佛、耶鲁为代表的西方名校通过通识教育的实施和改革,为世界高等教育发展提供了重要经验。

国内通识教育多采取从现有专业课程中遴选相对来说比较符合通识理念的课程来实施,是一种"入围式"的通识课程建设,虽然一定程度上推动了课程体系改革,基本满足了学生通识学分的需求,但远远没有达到通识教育应有的状态。通识教育总体仍然面临很多困境,如缺乏体系化建设,课程设置面狭窄,课程培养目标不明确,教育内容的选择比较随意,课程建设的制度保障不力等。

(二) 通识教育面临的问题

目前通识教育改革主要在学校层面采取自上而下的方式开展,仍在探索之中,还存在很多不完善之处:

---

① 作者简介:路越、曹慧秋、杨哲慧,中国海洋大学行远书院课程助教、秘书。

（1）人才培养模式功利化，通专失衡。高中阶段文理分科的教育模式，导致了学生文理基础及思维方式的分化，"瘸腿走路"现象明显，寻求标准答案的应试思维严重，思考、自学能力欠缺；而教育评估机制中的就业率与升学率导向，使得高校重视专业与就业的对口，而忽视人才培养的长期规划，造成"通专失衡"的局面。

（2）大学课堂缺乏问题导向，思辨不足。大学课堂普遍存在缺乏问题导向、思辨不足的问题，课程以灌输性讲授为主，缺乏师生互动，难以激发学生问题意识，难以培养学生思辨能力，难以培养学生自学的能力。

（3）学生自主自学能力差，认知不够。教学过程的弊病，导致了学生自主学习动力不足、自学能力差、胸襟视野狭窄、自我定位不明确、缺乏求知欲与探索精神、功利心强；同时育人环节中对公民教育的忽视，也导致学生对社会认知及自我认知不足，缺乏社会责任感与使命感。

二、行远书院的通识教育课程设计思路与实践

（一）行远书院、行远课程与"宇宙大历史"

1. 行远书院

大学以立德树人为根本任务，一流大学首先要培养一流的人才。一流的人才不仅要掌握专业知识，还要掌握广博的知识，养成健全的人格。早在2003年，中国海洋大学就明确提出了"通识教育为体，专业教育为用"的本科教育理念，并以此为切入点，进行了10余年的改革探索。2015年，国际知名高能物理学家、美国约翰斯·霍普金斯大学教授，时任台湾政治大学博雅书院总导师钱致榕先生加盟海大，成立行远书院，以书院为试点，先行先试，探索通识教育改革的新路径。

钱致榕教授认为，人生来并非注定就是文人或者理人，而应该文理兼备，两条腿走路。文理的区隔、专业的过细划分，都使得学生在"一条腿蹦"的道路上越走越远；此外，目前的大学专业设计，是一个为静态工业社会设计的专业教育——学生花费四年时间学习一个专业，毕业后就所学专业工作30年，在55~60岁退休。这在过去的半个世纪里，的确满足了社会的需要。但是近30年间，经济科技发展加快，人民寿命延长，所以今天的毕业生未来需工作50年，而这50年职业生涯中，由于经济结构的变动，知识的更迭，人工智能的发展，很多知识会过时，行业会消失，学生会改行。

2. 行远课程

如何解决文理分科导致"单腿蹦"的问题？如何培养健全人格？如何培养学生面对未来变化的能力？在思考过这些问题，书院制教育模式和课程体系逐渐浮出水面。我们认为，作为一个堂堂正正、有能力面向未来的人，应该具备知识、荣誉、关怀。这三点是让学生抵达博雅，应对瞬息万变的未来的定海神针。从这里出发，书院构建了一系列特色教育制度，如学生双学籍管理、跨专业集中住宿、荣誉不监考、荣誉院规与荣誉积点等制度。在这三点中，知识尤为重要。这里的知识不仅强调知的一面，更加强调识的一面，目的是真正让学生由知到识，将信息内化成自己的一部分。为达到这一目的，书院经过几年的探索，建设了8门文理兼备、宽口径的通识课，并建设了一系列制度，来保障课程运行，确保学生习得知识（如图1所示）。

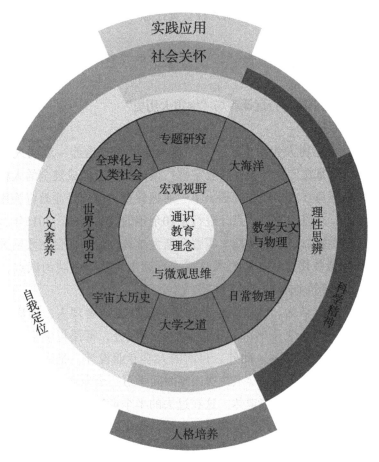

图1　行远书院8门核心通识课体系

3. "宇宙大历史"

作为新生入院的第一门课程，"宇宙大历史"课程的定位便是打开学生的胸襟和视野，让学生从宏观着眼，俯瞰自宇宙大爆炸起至今138亿年的历史，又从微观入手，从证据出发，探讨宇宙、太阳系、地球的产生，智人、农业、文明的出现，以及产业革命带动的现代化、全球化，探讨人类面临的未来。

宇宙大历史是一个新兴的跨学科领域。从课程设计、课程学习和课程管理的全过程，都强调"大口径""文理融通"，以期为学生提供完整人类知识框架，并以课程为依托，训练他们宏观思考与跨领域思维，锻炼他们独立思考和自学的能力，以弥补一般大学课程的不足。

课程以知名历史学者大卫·克里斯蒂安等人合著的《大历史：虚无与万物之间》为教材，由行远书院院长钱致榕教授亲自执教，通过创新"3+1+2+3"课程运行模式，创新"小助教""讨论课""助教会""报告会"等教学制度，创新"课堂记录+课程反思+课后习题"作业形式及"补课窗口"等课程管理手段，增加课程挑战度，科学"增负"，全方位确保学生习得知识，锻炼他们自学的能力。下面，将对课程运行模式和特色教学制度、教学手段做一简要介绍。

（二）"宇宙大历史"课程设计思路：大口径、全过程、以学生习得为核心

1. 大口径的课程设计

"宇宙大历史"坚持以打开学生的胸襟视野，提升学生的眼界格局为目标，坚持"宽口径、大跨度"课程设计，为通识课程的设计开创新的维度。课程内容涉及宇宙大爆炸到当今世界格局，探讨宇宙和人类138亿年来演变的经过及趋势，课程大纲如表1所示。

表1 "宇宙大历史"课程大纲

周次	教学内容（要点）
1	导论
2	宇宙起源
4	太阳与地球
5	生命的出现

续表

周次	教学内容（要点）
6	人类与旧石器时代
7	农业起源与农业时代早期
8	城市、国家与农耕文明
9	中国史前文明
10	农耕文明时代的非洲–欧亚大陆（之一）
11	农耕文明时代的非洲–欧亚大陆（之二）
12	农耕文明时代的其他世界区
13	迈向现代革命
14	通向现代性的突破
15	人类世
16	期末专题报告
17	未来的历史

由上表可以看出"宇宙大历史"课程涉及自然科学与人文社会科学多个领域，探讨宇宙、太阳系、地球的产生，智人、农业、文明的出现，以及产业革命带动的现代化、全球化，探讨人类面临的未来；既注重训练学生的宏观思考能力，又引导学生锻炼跨领域思维，真正实现为提供学生知识的框架，促使学生有意识地选择学习知识的层次和目的，通过课程授课使学生树立正确的世界观、人生观、价值观。在"宇宙大历史"课程的教学中，不让学生记忆历史的年份、人物、背景、意义，而是帮助学生开始思考"我从哪里来""我是谁""我要到哪里去"的问题，了解我们生活的宇宙与今天的我是怎么样的关系，了解人类未来走向何处。

2.全过程的课程管理

课程设计"3+2+1+3"的授课形式，为通识课程的授课探索新的思路。"宇宙大历史"课堂以每周2小时讲课配合1小时讨论课呈现。同时课前老师布置足够的阅读材料，要求学生课下进行约3小时材料阅读，配合课后安排约3小时的反思作业，构成课程"3+1+2+3"的课程模式。课程设置如此高强度的锻炼，是为了确保学生深入参与课程学习，锻炼学生思考能力与自学能力，改变思考习惯，真正学到知识，锻炼、提升逻辑表达能力。

（1）设计"学习引导"和"材料阅读"，保证3小时课前自学。

针对"宇宙大历史"的课程大纲及每堂课程的授课内容，课前向学生发布学习引导，目的是引导学生不仅完成阅读材料的简单预习，更在课前介绍本堂课程的亮点。例如在课程第六讲《农业起源与农业时代早期》的学习引导中，抛出本节课程将探讨的六个主要问题——"人类为何从食物采集过渡到农耕？""采集生活与农耕生活的区别是什么？""农业时代早期是什么意思？""过渡到农业之后的几千年时间，人类是如何生活的？""为何权力首先出现于早期农业时代？""过渡到农业对环境产生了什么影响？"这种提问式的引导可以引发学生的兴趣，引发其深入思考，使得学生能够带着问题预习、听课，确保达到课堂授课效果。

在阅读材料的选取上，授课老师结合课堂内容、阅读材料思想的深度、可读性等精心设计，使学生提前、更有深度地了解与当堂授课内容相关的知识，培养学生自学习惯，提前进入课程状态。例如在第七讲《城市、国家、农耕文明中》，课程主要讲述了世界第一城——美索不达米亚的乌鲁克的出现，然后简略阐述了农业文明在埃及、努比亚、印度河流域、中国黄河和长江流域的出现，接着带领学生考察中美洲出现的两个国家以及秘鲁海岸的两个国家，最后探讨撒哈拉以南非洲及太平洋群岛的国家，课程的授课内容充实，知识点密集。为保证不同学科背景、不同专业的学生更好吸收以上内容，阅读材料的选取十分关键。课程选择四篇关于古代法典及政治理想的文章，即《汉谟拉比法典》《吕刑》《礼运大同篇》《美国独立宣言》，鼓励学生横向比较，发散讨论不同文明产生的原因和要点。可见，课程阅读材料的选取来源于授课内容的核心思想，但又不仅仅局限于固有的课本授课内容，更致力于拓宽学生视野、引导学生自学和独立思考能力的培养。

（2）设计"小助教"与讨论课，保证1课时课程讨论。

每堂"宇宙大历史"课程由3个学时构成，其中1个学时为讨论课。讨论课的进行方式是将修课学生分为7~8人一组，每组有一位同班同学担任"小助教"，由"小助教"负责引导讨论。讨论课要求学生深入梳理与整合前周课堂内容、阅读材料和课后作业带来的思考，清晰明确地发表自己对于讨论主题的认知和观点，使组员理解自己，同时专注聆听其他组员的表达和回应，记录观点要点，多回合的互动反馈之后，尝试厘清自己和他人观点的异同，增加思考的深度和广度。讨论课激发的新思考与观点，通常也是当周作业的重要内容。讨论课进行之时，授课教师与助教老师会在不干扰讨论秩序的前提下随组旁听，及时观察和掌握讨论的动向。

通过采用讨论课程的形式，一方面，可以在讨论过程中，学生逐渐养成梳理事件逻辑和自主寻找佐证资料的能力，逐渐走向自学的道路；同时学生透过密集的对话交流，锻炼清晰表达与聆听的能力，在思想的激荡中，培养理性思辨精神，学习多元思考，形塑独立思考的能力与态度。另一方面，在一次次讨论课上扎实地学习聆听中，学会使用具有同理心的方式表达，也学会及时思考组内其他成员与自己想法的异同，锻炼出更扎实的批判性思考能力与沟通交流能力。这彻底改变了传统的单向讲课方式的种种限制，有助于集中学生注意力，加深对课程内容的理解与思索、提升参与感和综合能力。

（3）设计丰富的形式与充实的内容，开展2课时课程讲授。

在每堂课程的讲授过程中，除了采取传统教师讲授，为保障课程顺利运行，"宇宙大历史"课程一是借助Hiteach、雨课堂等课堂互动工具，增加课堂问答环节，保证学生预习效果和课堂活跃度；二是创新课程资料管理模式，借助"智慧树"课程运营服务平台，保证每堂课程视频录制存档，现已建成"宇宙大历史"课程视频库，为老师改进教学方法提供便利，并为课程传承奠定基础；三是组织学生赴校外进行田野调研，增加学生对历史认识的实感；四是组织学生期末进行课程报告，经过一个学期的学习及沉淀，选取各组感兴趣的课题，对全学期学习到的知识进行反馈，激发学生的自主学习和思考。

通过探索以上多样化、互动性、兴趣式的教学方法，改变传统"灌输"式的教学模式的束缚，使得教学的难点和重点能够深入浅出，加深学生的认知、理解，充分调动学生积极性和学习主动性。

（4）3小时课程作业。

课程每周设置作业，选课生平均需花费约3小时完成。每周作业由两大部分内容组成，分别是反思日志和作业题，反思日志以"左右栏"的形式展开，如图2所示。

2020 宇宙大历史 第 6 周 作业

记录者			组别	第2组	座号	
上课日期	2020.10.28		学号		年级专业	20级法语
上课地点	8101		学院	外国语学院		

1. 反思日志

梳理课程学习的内容，记录你在这堂课学到了什么。	反思与自我提问。（包括阅读材料、课程内容、讨论课、上一份作业的回馈）
本堂课主要讲解了第6道门槛：人亚科原人、人类与旧石器时代。 　　首先，钱老师为我们详细解释了写作业时引用材料的规矩，对别人的理念和研究成果标明来源是基本的学术道德和规范。他提到，不用引号就是抄袭，不标明出处就是剽窃。并且举了以往学生写作业的错误例子和正确示范。① 　　接着，钱老师与我们分享了10月27号观察者网上的一篇文章，其作者格雷厄姆·埃利森指出："中国已经超越我们（美国）成为世界上第一大经济体。"我们了解了其中通过市场汇率和PPP（购买力平价）来衡量比较中美经济的不同。老师也为我们简要介绍了这个作者以及他的著作，有关修昔底德陷阱以及中美是否"注定一战"，并解释了每个民族的形成以及文明之间的冲突与他们的神话传说、历史等等有关。② 　　接下来老师通过几张地理图片阐述了"洋中脊"这一概念。洋中脊仍在不断地扩张，并且太平洋里的洋中脊扩张得比大西洋的快。 　　随后我们进入这周的大历史课程：有关早期人的产生与演化。首先，老师……	课程内容反思： 　　①这一学术规范非常重要，不仅是因为这是学术界的一个规则，而且它本质上是我们对别人及其劳动成果的尊重的体现。如果我们是一个新理论的提出者，一个科学成果的研究者，我们也不会愿意别人把我们的专利据为己有，把我们的观点说出是他自己的理解，将心比心，我们也必须遵守这一规范。另外老师提出"不允许直接引用大量的材料，这是没有出息的做法。"的确，这是一种思维懒惰、丧失批判思考、敷衍问题的行为，复制粘贴很简单，但深刻理解引用的内容需要花心思。老师是希望我们主动思考、主动学习其他资料和别人的观点，在理解的基础上构建自己的思考和观点，用自己的语言表达出来，这样才能真正形成我们自己的看法，培养我们自己的能力和思维。 　　②这篇文章极大地拓宽了我的视野，我以前只知道市场汇率但不了解购买力平价这个概念。课后我又找到了原文阅读，明白了通过市场汇率和购买力平价来比较两国经济的差异，市场汇率波动性较大……

图2　"宇宙大历史"课程作业示例图

图2中"左栏"为课堂梳理，主要由学生梳理课程学习的内容，记录在本堂课程上学到了什么。因此在"宇宙大历史"的课堂上，更加鼓励学生用纸笔做笔记，而不允许使用笔记本电脑等电子设备，以便使学生能够在课堂上梳理出授课老师的思路。此部分内容并非对课程内容的"复制""粘贴"，而是要求学生用自己的语言描述课堂内容，对课程起到一个巩固的作用。

"右栏"为反思和自我提问，鼓励学生从课前的阅读材料、课堂授课内容、讨论课中主动思考、提问并分析解决，而不是一味地接受授课老师的灌输和其他学者的观点，最终达到提升思辨能力、自学能力的目的。

3. 全方位课程保障

"宇宙大历史"学期初期，会从选修本门课程的学生中选拔出12%左右的学生作为课程的小助教，负责分组带领课堂上的讨论课和反馈每周全班同学的作业，这种选择本科学生作为课堂助教的做法，是目前高校中非常创新的尝试，目的是让学生可以真正地在组内自由地抒发自己的想法，而不受到研究生助教身份压力的限制。

为确保课上讨论的效果和顺利开展，每周课前的小助教会议是必不可少的环节，因为虽然小助教是由助教老师经过多轮选拔出来相对表达流畅、逻辑缜密、知识储备较为充足的学生，但是讨论课的成功离不开小助教的讨论前准备。为此，每周"宇宙大历史"课前，授课教师或助教老师根据前次课程设置讨论话题，小助教提前查阅资料准备，助教老师主持召开小助教会议进行预讨论。开展预讨论会议的目的不是规定课上讨论的思路和具体内容，而是启发小助教从不同角度思考问题，预设实际讨论中组员的观点和可能出现的问题，以做好回应的准备。助教老师也在旁观讨论后及时指出讨论内容和方法上的问题，帮助小助教进步。

由于选课生来自全校不同学院、专业，课程时间偶尔存在冲突的情况。本课程设置了人性化的请假、补课机制。学生通过"钉钉"App发起请假流程，附上详细的请假理由及证明文件，由课程小助教进行审核后流转至课程助教节点审批。期末综合评定时，可以从软件管理后台直接导出课程全学期的出勤记录，方便统计。同时课程设置"补课窗口"，接受学生回看视频，补充学习，预约补课，保证学生"不掉队"。补课完成后，学生联系小助教或者学习委员对事前发起的请假流程进行销假，完成流程的闭环，全方位保障每位同学对课程内容的学习。

4. 全环节课程评价

"宇宙大历史"课程十分关注学业质量把控,课程的质量控管改变以"期末考试成绩定分数"的评价手段,更加重视过程监控和全面评价,授课老师及教学助理需审视学生学习的水平是否达到课程目标,课程评价渠道主要从以下方面着手:

(1)每周课程梳理、课堂反思、课程作业的质量。
(2)每周学生在讨论课的表现。
(3)期末学生学习问卷调查。
(4)期末心得学习报告。
(5)检视整学期作业的进步幅度。
(6)出勤情况。
(7)学生在雨课堂上的作答情况。

课程成绩主要由学生作业50%(15次)、讨论课25%(15次)、期末报告(上台报告+论文撰写)15%和出勤10%(16次)成绩核算而来(如图3所示)。

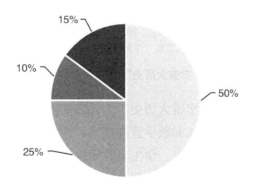

图3 "宇宙大历史"课程评价构成

从图3可以看出,该课程的成绩评定方式为每周考查,避免传统的期末考试一次性的评定学生表现,重点考查学生的过程表现、是否真正学到知识,以及思辨能力、表达能力和自主学习能力的提升。

三、课程评价及成果质量提升

行远书院作为学校的通识教育实验区和本科教学改革"特区",目标是建设"文理融通、大口径、高要求"的通识课程,培养面向未来、文理兼备的新人才。"宇宙大历史"作为行远书院课程体系的重要组成部分,从创设至完善,稳扎稳打。截至目前课程已收取了200余份学生的课程反思,反映良好,学生收获甚多。图4展示2020年"宇宙大历史"课程调查问卷统计情况,学生对于大历史的全新认识、表达能力、自学能力和逻辑能力都有明显进步。

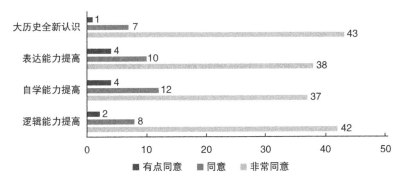

图4　2020年"宇宙大历史"课程调查问卷统计情况

行远书院通过构建以"宇宙大历史"为代表的通识教育核心课程体系,创新了通识教育人才培养模式和教学管理模式,为解决当前通识教育存在的理念模糊、通专失衡、互动缺失、学生自我定位不明确等问题提供有效解决方案,形成显著的领航示范作用,为深化高等教育改革提供了有益借鉴。通过4年多的课程建设,"宇宙大历史"已入选为首批国家一流课程。

此外,最近3年课程负责人接受邀请,赴北京大学、复旦大学、南京大学、西安交通大学等高校发表主题演讲近20次,介绍该通识课程的建设方法,获得了同行专家的高度评价。课程团队还举办了全校通识教育课程教学工作坊两期,为学校通识教育中心核心通识课建设、"通识教育再起航"计划提供支持;应亲近母语研究会邀请赴南京举办工作坊一期,推广课程建设经验,传播"宇宙大历史"教学理念和运行模式。

四、结语

"宇宙大历史"作为中国海洋大学通识教育核心课程面向行远书院学生设计,兼顾向全校各专业学生的推广,课程注重"文理兼备""大口径",可以做到跨专业、全覆盖;教学视频线上向校内外开放,可在社会范围增强公众对通识教育的重视度和认可度。随着书院通识课程体系的日臻完善和课程导师团队的日益壮大,可通过学校通识教育中心将书院经验逐步向全校及兄弟高校推广,在全国范围内打造通识教育品牌,实现"点面结合,耦合互动",使更多学生从行远书院的课程模式中受益。

(原文发表于《大学素质教育》2021年第2期)

参考文献

[1] 赵真.中国海洋大学建设行远书院推动人才培养模式创新[J].青年与社会,2019(2):219.

[2] 张若军,高翔,钱致榕.通识教育理念下的数学教学改革之探索——以中国海洋大学行远书院博雅课程《数学、天文与物理》为例[J].大学数学,2018,34(3):55-58.

[3] 钱致榕.大学教育应回归培养完整的"人"[N].文汇报,2013-05-24(012).

美国海事类院校通识教育实践研究[①]

陆 梅[②] 赵俊豪 梁 呐

为了改革人才培养过于专业化的弊端，自20世纪90年代中期教育部在全国高校推动加强大学生文化素质教育的改革以来，经过20多年的发展建设，通识教育已从学界理论研究层面的探讨逐渐过渡到高校建立共识，并开始院校实践层面不同程度的改革与探索阶段。2017年《国家教育事业发展"十三五"规划》中"探索通识教育和专业教育相结合的人才培养方式"的提出，标志着通识教育已经上升到国家教育战略的新高度。行业特色工科高校，与综合性大学和普通工科高校相比，行业背景显著，学科体系具有突出的行业特点，为特定行业培养高素质专门人才，且专业教育的人才培养模式影响根深蒂固。在这场改革人才培养过于专业化弊端的实践中，行业特色工科高校如何开展适合自身办学条件、符合本校人才培养目标、创设行业特色工科高校具有校本特色的、切实可行的通识教育模式，建设相应的通识教育课程，提高人才培养质量，满足社会对人才更高需求的通识教育实践尚需进一步研究。本文尝试通过对美国海事类院校[③]通识教育实践的梳理与分析，以期为我国海事类院校或其他行业特色工科高校的通识教育实践提供可能的参考和借鉴。

[①] 项目基金：本文系中国高等教育学会"大学素质教育研究"专项课题"行业特色工科高校通识教育模式比较研究"（2019SZEYB29）、大连海事大学教改项目"'十三五'中国航海教育发展状况研究(本科)"成果之一。

[②] 作者简介：陆梅，大连海事大学航海教育研究所副研究员；赵俊豪，大连海事大学教务处处长、副教授；梁呐，大连海事大学公共管理与人文艺术学院副教授。

[③] 根据1980年美国《海事教育与培训法案》（Maritime Education and Training Act）及其修正案的认定来说，美国有7所高等海事院校：美国联邦政府主管的美国商船学院，相关州政府主管的纽约海事学院、麻省海事学院、加州海事学院、缅因海事学院、得州海事学院、大湖海事学院。这7所院校都以培养美国商船驾驶员和轮机员为主要目标，受美国《海事教育与培训法案》及有关航运的《联邦法案》（Code of Federal Regulations）的约束，受美国海事管理局的监督与领导。需要说明的是，得州海事学院成为得州农工大学加尔维斯顿分校的主体部分，大湖海事学院变为西北密歇根学院的一个分校，这两所院校在美国高等院校目录中不复存在，仅对美国《海事教育与培训法案》和美国海事管理局保留名称。——美国高等海运院校现状，吴兆麟、王新建编著，大连海事大学出版社，2017年出版。

一、美国海事类院校通识教育实践基本情况

（一）院校规模及专业结构

美国共有7所海事学院，本文着重介绍美国商船学院、纽约海事学院等6所院校（如表1所示）。它们的总体特征是：学校规模较小，学生规模在1000～2000人；开办的专业数量较少，基本在工程、交通与物流、商业管理与物流三个领域授予学士学位；在工程、商业管理与市场营销，国土安全、执法和消防，海洋生物等领域授予硕士学位；仅有得州海事学院可以授予海洋生物博士学位。

表1　美国海事类院校专业设置[①]

学校	国立/州立	专业设置
美国商船学院	国立	海上运输，海运物流与安全，轮机工程，轮机工程与船厂管理，轮机工程系统
纽约海事学院	州立	海上运输，轮机工程，电气工程，设备工程，机械工程，造船学，海运商务与贸易，海事研究，海洋环境科学，海事运营，国际运输与贸易，船舶技术/小船操作
加州海事学院	州立	海上运输，轮机工程，设备工程技术，机械工程，全球研究与海事事务，商业管理
麻省海事学院	州立	海上运输，轮机工程，设备工程，国际海运贸易，海洋科学、安全和环境保护，应急管理，能源系统工程
得州海事学院（得克萨斯A&M大学加尔维斯顿分校）	州立	海上运输，轮机工程技术，近海与沿海系统，海洋科学，海洋生物，海事管理，海事研究，海洋与沿岸资源，全球研究

---

① 案例大学文本出处：（1）2020—2021 Catalog. United States Merchant Marine Academy［EB/OL］. https://catalog.usmma.edu/, 2021-08-09.（2）College catalog 20—21. SUNY Maritime College［EB/OL］. https://www.sunymaritime.edu/sites/default/files/2021-05/2020-21%20SUNY%20Maritime%20College%20Catalog-5.5.21.pdf, 2021-08-09.（3）Academic Catalog, CSU Maritime Academy 2020—2021［EB/OL］. http://catalog.csum.edu/index.php?catoid=9, 2021-08-09.（4）2020—2021 Catalog, Massachusetts Maritime Academy［EB/OL］. https://www.maritime.edu/catalogs, 2021-08-09.（5）2020—2021 Undergraduate Catalog, Texas A&M University at Galveston［EB/OL］. https://catalog.tamu.edu/undergraduate/galveston/, 2021-08-09.（6）Undergraduate Catalog 2020—2021, Maine Maritime Academy［EB/OL］. https://mainemaritime.edu/undergraduate-catalog/, 2021-08-09.

续表

学校	国立/州立	专业设置
缅因海事学院	州立	海上运输操作，船舶操作技术/小船操作，轮机工程操作，轮机工程技术，轮机系统工程，动力工程操作，动力工程技术，船舶设计，船舶生产，国际商务与物流，跨学科研究，小艇设计，小艇系统，海洋生物，海洋科学，海洋生物/小船操作，海洋科学/小船操作

（二）通识教育实践类型

美国通识教育主要有四种实践类型：名著课程模式、自由选修模式、分布必修模式和核心课程模式。名著课程模式是以阅读经典名著（章节）为主的通识教育计划。自由选修模式是指学生依据自身兴趣自行制订的通识教育计划。分布必修模式是对学生必须修习的学科领域（一般为自然科学、社会科学和人文学科）以及在各领域内至少应修习的课程门数或最低学分数作出规定的通识教育计划。核心课程模式是一种综合传统独立学科中的基本内容、以向所有学生提供共同知识背景的通识教育计划。美国海事类院校普遍实施分布必修模式的通识教育。

（三）通识教育模块设置

美国高校联合会（AAC&U）提出美国高校毕业生应该具备四种基本知识和十一种基本技能。四种基本知识是：人类文化知识和自然界及物理世界的知识，智力与实践技能，对个人与社会的责任，整合性学习。十一种基本技能是：写作，审辨思维，定量推理，口头交流，跨文化技能，信息素养，伦理推理，分析性推理、研究技能和做研究项目的能力，跨专业学习与整合能力，把课堂知识用到课堂之外的能力，公民责任和公民参与能力。美国海事类院校基本围绕这些知识和技能，按照人文学科、社会科学、自然科学三大基本知识领域，结合学校特点设计本校的分布必修模式的通识教育模块（如表2所示），规定各个模块需要修读的学分。学生必须根据学校的要求，从这些课程类别中选择一定的课程门数进行修读。除了纽约海事学院，其他学院要求每一类别都是必修。如加州海事学院要求学生在英语语言交流与批判性思维模块必修9学分，科学探究和定量推理12学分，艺术和人文12学分，社会科学12学分，终身学习和自我发展3学分。纽约海事学院要求学生通识教育课程不能低于30学分，首先保证完成沟通交流、数学、自然科学、美国历史、西方文明、其他世界文明和社会科学模块，人文科学、艺术和外语供学生修得更多学分。

表2 通识教育模块设置

学校	通识教育模块设置
美国商船学院	数学；科学；英语；历史；比较文学和写作
纽约海事学院	沟通交流；数学；自然科学；美国历史；西方文明；其他世界文明；社会科学；人文科学；艺术；外语
加州海事学院	英语语言交流与批判性思维；科学探究和定量推理；艺术和人文；社会科学；终身学习和自我发展
麻省海事学院	写作和口语交流；人文科学；社会科学；数学和自然科学
得州海事学院	沟通交流；数学；生命和自然科学；语言、哲学和文化；创意艺术；美国历史；政府/政治学；社会和行为科学
缅因海事学院	社会科学，人文科学，自然科学和数学

注：案例大学文本出处同表1。

（四）通识教育所占学分比重及通专课程时序分布

美国大学的通识教育课程在其全部本科课程中所占的比例不尽相同，芝加哥大学占一半，哈佛、斯坦福等大学占1/3到1/4，通常最少不低于1/5（如表3所示）。但海事类院校，其航海类专业既要保证完成学士学位课程，又要保证学生完成船员考证课程，所以总学时和总学分数比美国一般大学要多。单从学分要求上论，海事类院校通识教育学分要求不低于其他院校，但是从比重上看就会显得略低，最低的专业不到17%。纽约海事学院在这一点上表现得十分明显。海上运输专业，若想在获得学士学位证书的同时获得驾驶员适任证书，需修满164.5学分，其中证书类课程62学分；但若只想获得学士学位，只需修满124学分即可。所以修与不修证书类课程，通识教育学分一样但占比不同。

在通专课程的时序安排上，美国海事类院校通常将通识教育课程贯穿本科四年，基本采用四年一贯制的通识教育课程配置方式，体现了专业教育与通识教育有机融合的理念。

表3 通识教育在各海事学院所占比重

学校名称	学士学位需完成的总学分	通识教育学分	通识教育所占比重/%	学年
美国商船学院	160～180	35	22～19	2020—2021
纽约海事学院	121～181	30	25～17	2020—2021
加州海事学院	120～180	48	40～27	2020—2021
麻省海事学院	131.5～152.5	39	30～26	2020—2021
得州海事学院	120～140	42	35～30	2020—2021
缅因海事学院	122～175.5	40	33～23	2020—2021

注：案例大学文本出处同表1。

二、通识教育课程基本特点

（一）通识教育课程与人才培养目标充分耦合

美国大学的使命宣言（Mission Statement）常常言简义丰地阐明本校人才培养目标及毕业生应具备的最重要的能力和素质。作为教学的基本载体，学校的通识教育课程和专业教育课程都必须把培养目标要求、所强调的能力素质的培养和训练纳入其中。从美国海事类院校使命宣言（如表4所示）来看，6所院校虽用词有细微差别，但均将"领导者"作为其人才培养目标，将"全球意识"作为最重要的素质要求。显然领导力发展和全球意识被认为是学生未来事业成功的根本保证。据此，在通识教育课程中，美国商船学院开设领导力基本原则（Principles of Leadership），纽约海事学院开设领导力与管理（Leadership and Management）、领导力与伦理（Leadership and Ethics），加州海事开设领导力基础（Foundations of Leadership）课程，缅因海事学院开设个人领导力发展（Personal Development）等系列课程。通过这些课程的开设，用以支撑大学使命宣言中对于"领导者"的人才培养目标定位。而全球视野或全球意识的培养，则更鲜明地体现在介绍国际政治和经济、环境和文化意识以及全球动态的课程中。国际社会面临着许多当代问题，这些问题的范围从影响所有人的环境危机到影响世界大部分人口的重大政治、经济和社会问题，其中许多问题对海事和运输业产生了重大影响。所以海事类院校的政治经济类课程，不但开设全球化、当代世界政治、亚洲安全等课程，使学生了解全球/区域间复杂的政治、经济、社会和技术系统如何相互作用和相互配合，国际社会成员之间的相互依存对行业和社会的影响，还有对中国的特别关注，如中国经济、中国及其邻国、中国和世界等课程。而外国文化和历史研究类课程，既有欧洲的，也有诸如阿富汗、中国、拉美、非洲等发展中国家和地区的文化。课程的丰富与多元性，使学生对全球各地政治、文化的了解更加全面，对全球意识的养成起到了不可替代的作用。

表4　美国海事类院校大学使命（人才培养方面）

学校	大学使命（人才培养方面）
美国商船学院	培养和造就具有杰出品质的领导者，他们作为持证商船高级船员和武装部队军官，致力于服务美国国家安全、海上运输和经济需要。
纽约海事学院	纽约州立海事学院首先为全球海事业培养充满活力的领导者。
加州海事学院	为每个学生提供结合智力学习、应用技术、领导力发展和全球意识的大学教育。为商船和国家海事业提供最高质量的持证高级船员和其他人员。
麻省海事学院	麻省海事学院的使命是为商船、军事部门以及为联邦、国家和全球市场的利益服务的毕业生提供高质量的教育。学院通过将严格的学术课程与灌输荣誉、责任、纪律和领导力的严格的有规律的生活相结合来实现这一目标。
得州海事学院	得州海事学院的使命是教育和培训获得美国海岸警卫队证书的职业的海员和军官，在从事国际和美国国内贸易和海上服务的船只上服役。（得州农工大学的使命是提供最优质的本科生和研究生教育，这与它通过研究和创新发展新认识的使命密不可分。它培养学生承担领导、责任和服务社会的角色。）
缅因海事学院	缅因海事学院的使命是提供聚焦于海洋和相关专业的高质量教育。该专业将使学生能够担当领导角色，鼓励严格的自律，激发好奇心，并为毕业生提供在全球经济中取得成功所需的技能、道德和知识。

注：案例大学文本出处同表1。

（二）通识教育课程对专业教育形成有效支撑

美国高等教育系统中大学类别不同、层次不同、教育资源禀赋不同，通识教育与专业教育的关系也呈现不同样貌。四年制的小型精英文理学院作为美国高等教育体系中独具特色的一类大学，四年大学教育以通识教育为主；诸如芝加哥大学等多数研究型大学一般采用通识教育和专业教育的二二分段制的方式，即大学一二年级实施通识教育，三四年级实施专业教育，通识教育是专业教育的准备和基础。不同于上述两类大学，美国海事类院校有着鲜明的行业特色和职业定位，学生一入学就选择专业，通识教育与专业教育采用的是四年一贯制的楔形通识教育模式。即从一年级开始通识教育就嵌入专业教育中，通过具有鲜明海事特色的通识教育课程，培养专业能力与专业人文修养兼具的行业和社会精英。如普遍建有海洋文学课程，探讨以海洋为背景或主题的各类体裁的文学作品；借助美国海事历史课程，研究美国海运企业从殖民时代到集装箱船时代的发展及其与美国政治、经济和文化的关系；通过海事政策课程了解、分析不同国家的海事政治行为，探讨当前世界发生的海事事件和海事问题。这些课程的开设对学生更好地理解本专业在政治与经济社会中的地位与作用、"拓展学生掌握专业知识与能力的透彻性和灵活性，增进与专业相关的人文素养"有着积极的促进作用。

（三）通识教育课程注重西方核心价值观的塑造与西方文明的传承

通识教育作为重要文化教育手段，是以"共同教育"将美国的政治传统、西方古典文明传统和美国历史传承下来，为美国现代社会奠定共同的文化基础。美国大学通识教育最突出的特点就是不管课程设置如何多样，其核心是以各种形式开设的西方文明课程，几乎每一所大学都会要求所有学生必修西方文明课程。这一点在海事类院校也同样得以体现。除了必修西方文明课程，海事类院校特别强调对美国政府/政治、美国历史的必修要求。通识教育的这种作用，有时还通过美国政府予以保障和强化。得克萨斯州要求州内公立高校的所有本科学生修满42学分通识教育课程，其中必修美国政府/政治和美国历史。加利福尼亚法规要求学生完成美国政府和美国历史的课程方可毕业。

除此之外，海事类院校办学历史传统及资源不同，所在地域不同，学校通识教育课程彰显出鲜明的校本特色。加州海事学院的"海湾地区海事史"课程，介绍旧金山湾区的海事历史和海洋遗产；得州海事学院的"航海历史和海事遗产"课程，以加尔维斯顿（得州海事学院所在地）历史基金会运营的公司为案例，讲述传统航海技术以及不同地理区域的航海人员对航海文化和航海技术的探索。

三、对我国行业特色工科院校通识教育的启示

行业特色高校一般分布在农林水利、地质矿产、石油化工、电力交通、通信、航空、建筑、医药等行业和领域。我国开展本科层次航海教育的院校

共有18所[①]，在这18所院校中除了宁波大学等个别院校，其他院校或具有鲜明的海事特色（如大连海事大学、上海海事大学、广州航海学院），或具有鲜明的海洋特色（如大连海洋大学、广东海洋大学、浙江海洋大学、海南热带海洋学院等），或具有交通特色（如重庆交通大学、山东交通学院等）。"十三五"期间，这些具有鲜明行业特色的院校在培养方案中除了教育部学士学位要求的通识教育必修课程（思政类、外语类、计算机类、体育类等），普遍设置了通识教育选修课程。虽然学校设置的选修课程模块名称各异，但基本涵盖人文、社科、自然科学三大领域。在学分分配上，通识教育选修课程学分最少2学分，最多10学分。在修读方式上，学分少的院校采取任选课模式、分布选修模式；学分相对多的院校，基本采用分布必修模式。在通专课程时序分布上，集中在大一、大二两个学年完成。在通识教育选修课程建设上，校本课程资源不够丰富，大多是公共选修课演变而来，特色化个性化课程不多，多以在线课程弥补本校通识教育资源的不足。为更好地开展通识教育，推进课程改革，提高人才培养质量，借鉴美国海事类院校通识教育实践，我国行业特色院校在通识教育改革实践中，应重点处理好以下问题：

（一）注重通识教育选修课程对人才培养目标的支撑

"十三五"期间，我国开展航海类专业教育的行业特色院校，基本仿效美国大学通识教育课程的分类方式对通识教育选修课程进行了模块划分。但究其本质，现阶段的通识教育选修课程只是对专业教育培养模式的一种修补，对人才培养目标起到的支撑作用还没有被全面关注到。我国开展航海专业教育的本科层次院校办学历史不同，学校类型、层次不同：既有办学历史悠久的老牌本科院校，也有专科转型发展的新建本科院校；既有一流学科建设高校，也有服务地方经济的普通地方大学。服务面向不同、人才培养类型不同，人才培养目标有所差异，对毕业生必须具备的知识、能力或素养要求也有所不同（如表5所示）。所有的目标要求应当通过适当的通识教育课程和专业教育课程共同落实，使之形成统一的教育教学体系，以确保所有教育目标的实现。因此，各院校的通识教育，必须围绕本校人才培养的能力或素养要求，开发出承载本校传统、体现本校特点的通识教育课程，设计出最佳的课程组合，确保培养目标和能力素质要求得以整体、有效的贯彻落实。

[①] 18所本科院校是：北部湾大学、渤海大学、重庆交通大学、大连海事大学、大连海洋大学、广东海洋大学、广州航海学院、海南科技职业大学、海南热带海洋学院、集美大学、宁波大学、泉州师范学院、山东交通学院、上海海事大学、天津理工大学、武汉理工大学、烟台大学、浙江海洋大学。

表5 部分开办航海类教育院校人才培养目标

学校	大学章程中对人才培养目标的表述
大连海事大学	以立德树人为根本任务，致力于培养具有国际视野与民族精神、海洋意识与社会责任、广博知识与发展潜质、创新精神与实践能力、健全人格与健康体魄的高素质创新型人才。
武汉理工大学	坚持"卓越教育、卓越人才、卓越人生"的教育理念，培养德、智、体等全面发展的社会主义事业建设者和接班人。
集美大学	坚持"嘉庚精神立校，诚毅品格树人"，以"诚毅"为校训，立足地方、面向全国、服务行业，培养应用型创新人才。
上海海事大学	坚持以学生为中心，以立德树人为根本任务；培养具有国家使命感、社会责任感、人文情怀、高尚品格、创新精神、国际视野和跨文化沟通能力的新型人才。
重庆交通大学	学校面向交通运输行业与地方经济社会发展需要，遵循高等教育发展规律，全面实施素质教育，使学生成为德、智、体等方面全面发展的社会主义事业建设者和接班人，培养具有爱国情怀与国际视野、人文素养与专业能力、责任担当与职业操守、创新精神与创业意识的高素质人才。
山东交通学院	坚持立德树人，继承和弘扬"交院人"精神，培养具有爱国主义精神、国际化视野，富有创新意识和实干精神的交通事业高级应用型专门人才。
广州航海学院	培养基础理论扎实，学科知识完整，应用能力强，综合素质高，具有国际视野和社会责任感的高级专门人才。

注：案例大学文本出处见各大学章程。

（二）注重本国文明传统传承，兼及文化多元与包容

"任何一种成熟的教育思想，都以实现人的某种发展为目标，又同时关照与育人目标相适应的理想政治与社会。国家层面推行某种教育理念与制度，归根到底是对未来社会的建构。我们所提倡的教育思想植根于什么传统，也就意味着对未来社会的责任系统、信念系统及其文化脉络带有某种指向的塑造。在这种意义上，当今中国大学的通识教育改革绝不仅仅是对过度专业分化、过度应试的缓和性策略，而是联系着激活文化自觉、再造中国现代文明的使命。"美国大学的通识教育深深植根于西方文明传统，中国通识教育的开展必然要立足中国，扎根于中国深厚的文化传统，通过对中国历史与文明的制度的、思想的、文化的思考，使学生获得精神滋养，增强文化归属感，形成当代文明共识。因此，应加强中国传统文化的课程设计，立足于各专业特点挖掘与专业教育相辅相成的相关素材，设计相应的通识教育课程配置，形成对专业教育的有效支撑。同时，因应全球化发展的趋势，兼顾其

他世界文明，培养学生对异质文化的理解与尊重。

（三）注重建设少而精的通识教育课程，强化教育效果

一方面，行业特色工科院校因学科布局、师资等原因一般很难提供丰富的通识教育资源，另一方面学制时间相对有限；因此，提供少而精的通识教育课程，以有限的学分和高质量课程，拓展学生的知识结构，开阔学生视野，提升学校教育水平，是行业特色工科院校的主要选择。强调通识教育并非一味增加课程数量和学分，而是有针对性地开发支撑人才培养目标实现的最基本也是最重要的核心课程，逐渐积累，最终形成较为完善的通识教育课程体系。要致力于通识教育和专业教育的有机结合，充分调动各专业院系参与通识教育课程开发与建设的积极性，形成彰显本校特色的通识教育。要认真考察美国大学通识教育课程的教学目的和具体要求，关注教育教学过程，提高课程教学质量，强化教育效果。

借鉴是为了更好地发展。美国海事类院校通识教育实践无疑对我国行业特色工科院校通识教育改革具有参考价值，但是国情不同、校情不同、学校规模不同，我国行业特色工科院校的通识教育改革与实践在辩证性地学习美国大学通识教育经验的基础上，必须回应国家对人才的要求，与中国历史、中国文化传统相适应，立足于人才培养目标，建构体现中国特色、校本特色的通识教育体系。唯有如此，通识教育的功能和意义才能真正得以体现，人才培养目标才能得以充分实现。

（原文发表于《大学素质教育》2022年第1期）

● 参考文献

[1] 李曼丽. 美国大学通识教育实践研究[J]. 高等工程教育研究, 2000(1): 45-49.

[2] 赵炬明, 高筱卉. 关注学习效果：建设全校统一的教学质量保障体系——美国"以学生为中心"的本科教学改革研究之五[J]. 高等工程教育研究, 2019(3): 5-20.

[3] 甘阳. 大学通识教育的两个中心环节[J]. 读书, 2006(4): 3-12.

[4] 陆一. 从"通识教育在中国"到"中国大学的通识教育"——兼论中国大学专业教育与通识教育多种可能的结合[J]. 中国大学教学, 2016(9): 17-25.

[5] 甘阳. 大学人文教育的理念、目标与模式[J]. 北京大学教育评论, 2006(3): 38-65, 189-190.

力学类通识课程群建设的研究与实践[①]

李晓玉[②]　王利霞　刘雯雯　姚姗姗

通识教育的目的是将大学生培养为兼通文、理、工、医等各种专业知识，兼备学习、实践、创新等各项能力，兼具严谨缜密、步步为营的行为准则与不拘一格、天马行空的思维方法，成长为视野开阔、本领过硬、文理兼通、一专多能的合格人才。

力学课程既具有体系严谨、专业性强、与实践连接紧密、对学生的数学能力要求较高等理工科专业课程的特点，又具有历史悠久、知识丰富、应用面广、能与多学科多领域交叉融合的特色。郑州大学工程力学专业教学团队，将通识教育引入力学课程教学，打造系列力学类通识课程。以中华传统文化为切入点，以力学史与力学故事为立足点，以工程实例和科技前沿知识为着力点，承担育人责任，实现育人目标。

一、面向工程力学专业学生，构建通识教育应用于力学专业教育的总体教学体系

教学团队加强顶层设计，从工程力学专业的本科人才培养方案入手，找寻一以贯之的主线，构建整体网络与框架。在建立起整个体系的知识地图的同时，深入挖掘各门课程之间的多重、多维联系，全面系统整理了理论知识与工程实践的相关资源，明确各个知识点、实践内容与中华传统文化、力学故事之间的对应关系，构建起一个资源丰富充分、关系清晰明确、查找便捷、应用简便、兼容性与可扩容性强的课程资源库，最终实现多环节、多课程、多专业之间的资源共享。

[①] 基金项目：本文系郑州大学教育教学改革研究与实践项目"课程思政与通识教育在力学类课程建设中的研究与实践"（2021ZZUJGLX162）成果之一。

[②] 作者简介：李晓玉，郑州大学力学与安全工程学院副教授。

针对工程力学专业的学生，在力学与工程概论、理论力学、材料力学、结构力学、弹性力学、塑性力学、振动力学、断裂力学、流体力学等多门专业课程中，在入学专业教育、课程实验、课程设计、实习、毕业设计（论文）等多个教学环节中，时时处处贯彻立德树人的基本思想，循序渐进、全面铺开、层层深入，构建起与整个课程体系相结合的有机网络。

以赵州桥为例，这个典型工程实例可以贯穿工程力学专业学生的整个培养过程。理论力学讲述整体平衡与支座反力的求解；材料力学讲述石材的抗拉、抗压强度计算与校核；结构力学讲述无铰拱、三铰拱、带系杆的拱之间的结构异同；弹性力学讲述石材的本构关系与变形特征；断裂力学讲述结构中裂缝的出现与发展；振动力学讲述拱结构的振动特性与抗震隔振手段；结构优化设计讲述不同目标下的优化方案与比较；在课程设计中，有学生以赵州桥的动力学特性分析、抗震能力分析、优化设计为课题进行工作，完成度较高。

力学与工程概论于2020年被评为河南省课程思政样板课程，通识课程力学中的诗与美于2020年被评为河南省本科教育线上教学优秀课程。

二、面向工科专业学生，着重加强基础力学课程建设

理论力学、材料力学、工程力学、建筑力学等基础力学课程是多个工科专业的基础课程，是公共基础平台课程与专业课程之间的桥梁，起着承上启下的重要作用。教学团队承担着郑州大学16个专业（类）的基础力学课程教学任务，每学年学生约2800人。

教学团队积极进行在线开放课程建设。目前，材料力学已在中国大学慕课平台上线，并运行至第四个学期。理论力学、工程力学也已上线，正在进行第一个学期的运行。以上三门基础力学在线开放课程郑州大学所有授课班级全员选课，目前运行情况良好。

材料力学、理论力学、工程力学课程的教学模式为：以传统课堂教学模式为中心，与在线开放课程+翻转课堂的创新教学模式有机结合，以教学效果为标准，兼采多种教学方式所长，有机结合、互为补充。

课堂讲授前，在慕课平台发布课程学习资料，包括授课视频、课程PPT、在线讨论主题以及随堂测试，任课教师统计学生的线上学习情况，总结出学

生的共性问题。课堂教学时，根据共性问题，规划和调整授课重点、授课进度与授课方式，采用学习通、雨课堂等线上教学平台与学生进行实时互动，将签到、投屏、问卷、测验等互动功能与课堂情景、教学需要紧密结合，授课结束时给出综合性题目和具有挑战性的复杂工程问题，让学生进行研究性学习，在适当条件下安排翻转课堂。课堂讲授结束后，在慕课平台推送课程相关拓展内容，结合课程微信群、QQ群、公众号和优质网络资源，向学生提供多方位、多层次、多载体的课程拓展资源，让学生深化知识理解，继续完成课堂延伸。通过在线研讨、小组讨论、翻转课堂等环节，完成混合式教学的闭环流程。

材料力学课程于2019年被评为河南省线下一流课程，《材料力学（Ⅰ）》《材料力学（Ⅱ）》于2020年获批河南省"十四五"普通高等教育规划教材立项。

三、面向各专业学生，积极进行力学类通识课程建设

近年来，郑州大学紧紧围绕着"培养什么人""如何培养人"和"为谁培养人"这一重大命题，积极加快加强建设通识课程群。郑州大学的通识课程主要分为三大类：文化素质类、学习潜能类、科技前沿类。2021年5月，郑州大学又提出了通识教育核心课程的9个模块——人文素养与文化传承（人文精神培育），科学素养与思辨精神（科学精神弘扬），艺术鉴赏与审美体验（美育教育浸润），身心健康与和谐发展（全面健康教育），劳动养成与价值引领（劳动科学教育），创新思维与创业实践（创新创业教育），社会发展与公民责任（使命担当教育），文明对话与国际视野（世界格局教育），郑州大学特色课程（中原文化课程、学校历史与文化课程、名师公开课等）。这种高度站位与提前布局充分说明了郑州大学作为"双一流"高校，对通识教育优化、强化、提质、增量的核心需求。

郑州大学工程力学专业教学团队，积极响应学校加强课程思政与通识教育的号召，向内找优势、向外求发展，将课程思政、通识教育与力学类课程教学紧密结合，积极进行相关研究与实践。2019年以来，力学系教学团队新开设通识课程8门（如表1所示）。

表1　力学系2019年以来新开设通识课程一览表

课程名称	所属类别	学时	课程负责人	授课教师
力学中的诗与美	文化素质类	32	王利霞	王利霞、李晓玉、刘雯雯、姚姗姗
材料发展及力学性能漫谈	文化素质类	16	刘艳萍	刘艳萍、李倩、李晓玉、李小盟、赵娜
趣味力学	文化素质类	16	刘雯雯	刘雯雯、李静、李晓玉
科学/工程云计算与仿真导引	学习潜能类	32	刘彤	刘彤、杨峰
MD&CAX技术基础及应用	学习潜能类	32	刘彤	刘彤、杨峰
力学科技前沿	科技前沿类	16	卫荣汉	卫荣汉、邱京江、张玉东
人工智能与工程实践	科技前沿类	32	王利霞	马竞、卫洪涛、刘大全
3D打印技术基础	科技前沿类	16	卫荣汉	卫荣汉、邱京江

现以力学中的诗与美课程为例，对力学类通识课程的探索与实践加以说明。

在中国古典诗词中，描述力学现象、反映力学原理的词句俯仰皆是、不胜枚举。杨振宁先生所言的"自然现象之美、理论描述之美、理论结构之美"，也可以在力学中找到大量鲜活生动的实例。力学中的诗与美这门课程正是从"诗"入手，以"美"导航，向"力"出发，一步步引领学生了解力学、学习力学、喜爱力学，探寻力学之美、科学之魅。

课程共分为四个部分。第一部分简要介绍力学家、力学史，静止与运动、时间与空间之间的关系。"卧看满天云不动，不知云与我俱东"，以古典诗词引领学生了解力学知识与现象，初步了解力学。"指点檐牙高处"讲脊兽的力学意义，"如鸟斯革，如翚斯飞"讲中国古建筑的曲面式屋顶与最速降线，"大匠操规矩，不执斧凿器"讲大匠李诫所著《营造法式》的力学价值。课程的第二部分主要讲述中国古代土木工程、桥梁工程、水利工程。第三部分侧重于中国古代机械工程、车辆工程、材料科学等方面的成就。第四部分集中于热力学、断裂力学、流体力学、生物力学等专业课程的简介，向学生展示力学世界之广阔。

来自理、工、文、医、农不同专业的学生，有的对力学有基本了解，有的对中国传统文化有浓厚兴趣，有的对诗与美有着敏锐感觉，这些同学都可以在课程中找到乐趣所在，并从兴趣出发，主动了解之前不熟悉不擅长的知识领域。

通识教育，不仅要扭转"重理工轻人文"的弊病，向理工科学生介绍人文知识；更重要的是帮助学生建立一套完整的知识体系和框架，帮助学生形成自己的价值观、世界观，获得科学的思维方法与解决问题的能力。

力学类通识课程，可以将理工与人文、理论与实践、古代与未来、思想与方法有机融合起来，共冶一炉，同时提升学生的科学素养与人文素养。

四、以课程思政为引领，着力建设优秀力学教学团队

郑州大学工程力学专业团队扎根于基础力学课程的讲授与实践，立足于力学与各工程领域的密切关系，得益于真善美之间的天然联系，致力于在将课程思政融入力学课程讲授与实践指导的全过程，潜移默化、润物无声。

目前，课程思政工作在材料力学等4门基础力学课程中全面铺开。团队对每门基础力学课程的教学大纲中做了认真梳理，根据课程思政建设、线下课程与混合式教学建设与探索的新要求进行了细致调整。确定每门基础力学课程的课程思政教学总目标，并将总的育人目标落实到课程每一章节的分目标中，将课程思政内容与课程内容有机结合起来。依据课程思政和专业知识、专业技能教育相长原则，从每章挑选易于与思政内容相结合的知识点，确定这些知识点对应的思政主题，梳理各思政主题之间的关系，并加以汇总，制定详细的教学方案。一方面对加入思政内容后的知识模块的基本信息，包含授课内容、教学周次、授课学时等，进行合理调整，确保在有限的学时内顺利完成教学进度；另一方面，对思政目标与知识技能目标进行设计、融合，进而对思政素材进行精炼，提取核心内容。不生搬硬套、不强行联系、不任意拔高，不"贴标签""掺沙子"，切实保证课程内容与传统文化、力学故事等课程思政内容之间关联紧密、转换自然、相辅相成、水乳交融。

课程思政的建设过程中，团队始终秉持"全程、全员、全方位"的育人理念，全面落实"立德树人"的根本任务；作为课程思政工作的主力军，团队教师以身作则、率先垂范，以模范的言谈举止为学生树立榜样，树牢课程思政育人理念，提升育人能力；为实现课程思政资源共建共享，新老教师之间、不同科目教师之间比之前多了许多深入沟通。教学研讨会议既务实又务虚，在解决日常教学工作实际问题之余，常常进行教学与科研、科学与人

文、继承与创新、教书与育人等方面的交流。"功夫在诗外",这些观念的交流、观点的碰撞为团队提供了强劲的凝聚力与内在动力。

郑州大学工程力学专业于2019年获批为河南省高等学校优秀基层教学组织。

五、立足中原文化,提升学生综合能力

团队立足中华传统文化,依托中原文化中与力学有关的海量资源,整合理论讲述、实习实践、课外拓展等多个教学环节,全面提升学生的各项能力。

中原文化源远流长、博大精深,是中华传统文化的杰出代表和重要组成部分。向学生讲述身边的力学故事,可以提高学生兴趣,促进学生自主学习。

在理论力学的运动学部分,讲述张衡(汉代,南阳人)发明的地动仪、指南车等,鼓励学生研究这些古代机械的运动原理与机制;带领学生欣赏张衡所作"一唱而三叹,慷慨有余哀"的《四愁诗》,鼓励学生研究七言诗发展的历史与过程;展示王振铎复原的张衡"候风地动仪"模型,鼓励学生研究直立杆模型的作用机理和不足之处,并设计自己的模型。

在材料力学的弯曲应力与变形部分,讲述李诫(宋代,郑州人)的伟大著作《营造法式》,讲述他关于圆形内接矩形高宽比的正确论断;讲述古典建筑模数制——材分制的优越之处;还可以讲述梁思成在战乱频仍中进行古代建筑勘查测绘,矢志找寻《营造法式》工程实例,并将斗拱、李诫、中国古代建筑介绍给世界的重要成就。

在结构力学的拱结构受力分析部分,讲述宋、明、清三代三个版本《清明上河图》中汴河虹桥的结构类型有何不同,讲述桥梁的梁柱式、拱式、悬吊式三大基本体系的受力机理,鼓励学生用木棍、竹签、棉线等简易材料搭建不同结构的桥梁模型。

在振动力学的振型分析部分,讲述朱载堉(明代、沁阳人)的"十二平均律"对世界音乐的贡献;讲述贾湖骨笛、石峁口簧、曾侯乙编钟的发声机理,鼓励学生根据板振动、弦振动、膜振动、空气柱振动的不同特性制作简单乐器。

从身边的历史任务、历史事件入手,将书本知识与实际案例相结合,从理论学习到动手实践,学生不仅学习了专业知识,提升了任务素养,也获得

了实践能力。

六、结语

综上所述,在力学课程中引入通识教育与课程思政是培养高素质复合型人才的有效手段和必要途径。力学课程不仅能使学生习得专业知识,获得专业技能,提高专业素养,还能使学生树立正确的人生观、价值观,塑造健全人格,了解国情民意,勇于担当奉献。本文探讨了通识教育与课程思政在力学课程建设中的可能性与必要性,介绍了郑州大学工程力学专业将通识教育与课程思政引入力学课程的探索与实践。今后,团队将继续努力,更新教学理念,丰富教学内容,继续建设和利用在线开放课程,提升教学质量,实现全面育人。

参考文献

[1] 高德毅,宗爱东. 从思政课程到课程思政:从战略高度构建高校思想政治教育课程体系[J]. 中国高等教育,2017(1):43-46.

[2] 郭楠,李国东,左宏亮. 基于思政建设的专业课改革探讨[J]. 教育教学论坛,2019(26):42-43.

[3] 莫亮金,刘少雪. 从通识课程改革看人文教育与科学教育融合[J]. 中国高等教育,2010(2):48-53.

[4] 韦玮,俞建伟,陆开宏. 我国高校通识教育的实践类型与课程设置探讨[J]. 高教探索,2009(2):93-96.

[5] 沈扬,吴佳伟,芮笑曦. 基于"金课"建设的河海大学土力学在线开放课程建设实践与思考[J]. 高等建筑教育,2020,29(1):24-30.

艺术写作教学与通识教育革新[①]

田 源[②]

一、前言

"艺术沟通与写作"是由四川美术学院通识学院于2018年开设的一门针对全校学生的通识课程，它根植本土艺术文化生态圈，以真实、生动、经典的艺术案例为切入点，训练学生的人际交往、信息整合、语言表达以及文字书写等应用技能。艺术院校学生在创作与阐释之间缺乏对等性，他们往往沉浸于创作氛围，却忽视对作品的延伸介绍，本课程的教学目标即解开这一普遍存在的症结，综合训练艺术生在各类艺术场景里的基本素养。

本课程两大关键词——"沟通""写作"，并非彼此独立的两个模块，它们之间协同互补，相互促进，沟通需要写作的支撑，写作保障沟通的效率。艺术写作教学通过发掘沟通意愿、对象、方式，选择恰当的话语样态，采用对应的文本表达沟通意识，达成创作者与接收者双向交互效应，实现艺术家从艺术创作到艺术写作的成果转化。

艺术家不是封闭的创作者，更需要将图像转变为让人们理解的文字，介绍与分享创作理念，在集体认同的坎坷历程中建立自身的艺术价值，满足自我存在的社会属性。艺术写作教学应凸显读者在传播领域的中心地位。艺术作品的意义在于读者的阐释，成千上万的读者在观看视角、审美品位、价值立场等方面的考量也大相径庭，优秀的艺术写作评判标准，就在于"新的读者总是带着极富个性内涵的新的需要去与作者进行新的交流，从而赋予作品新的理解"。阅读经验的传递与交流应渗透教学的各个环节。

---

① 基金项目：本文系重庆市高等教育教学改革研究项目"艺术院校'文学经典选读'课程思政的教育探索与教学改革"（213232）研究成果；重庆市一流本科课程"艺术沟通与写作"（2022-2-167）研究成果；重庆市教育委员会2022年巴渝学者计划青年学者(YS2022063)资助成果之一。

② 作者简介：田源，文学博士，四川美术学院通识学院副教授，四川美术学院艺术教育学院硕士研究生导师，西南大学中国新诗研究所特约研究员。

艺术写作借助文字形成同读者磋商的媒介，从私人空间到公共空间的敞开，揭示了意义阐释的多样化特征。教学从写作动机层面就应当树立读者观念，文字表述力量即是把艺术家"深思熟虑的感触告诉读者，引起他们的兴趣"。读者喜怒哀惧的面部表情和喜恶犹疑的褒贬评判，实际上在写作之前就应被纳入考虑范畴。基于日常、职场和学术的三大教学板块，艺术写作的沟通意识与交互效应在教学场域呈现出各自不同的风貌特征。

二、艺术写作的人文精神

日常单元的艺术写作教学蕴含广博的沟通意识，关乎学生的逻辑思维、人际交往、叙事想象等多重能力的塑造。人文精神既是统筹培养目标的核心理论，指导教学活动的各个环节，也是写作主体的精神范式，驱动向上向善的灵魂能量。人文精神借助规整文字树立行为准则，播撒人性的火种，普照伦理的曙光，形成多元和谐的联动效应。

人文精神（Humanism）以人文主义、人本主义及人道主义渗透西方历史文化的变迁历程。无论是文艺复兴的历史思潮，还是现象学、存在主义等现代哲学与心理学的建构框架，抑或是由法国大革命衍生出的社会体制，无不立足人的精神，坚守人的尊严，塑造人的价值，体恤人的命运，成为人类精神文明的指针。

人文精神奠定西方现代社会雏形，其思想特征表现在三个方面：第一，自我主体的人性关怀；第二，剥离神性的理性意识；第三，灵肉和谐的现世理念。基督教的上帝或许是人文精神的信仰本源，但人性与理性构筑的人文张力，为现世的自我超越打下坚实地基，也提供雄厚保障，二者合力走向人文精神的自由意志。

艺术写作教学更应张扬人文精神，遵循以人文为本的核心原则。美国成人教育专家卡耐基曾说："试着使你自己真诚地站在别人的立场来思考问题。"艺术写作即是换位思考的沟通模式，其严谨批判的撰写态度决定了自我表达与人际交往过程中优雅从容的风范。

日常教学单元的一个典型案例是我校张杰教授的油画个展，展览的具体时间紧衔教学周期，契合艺术写作的热点话题。张杰个展的标题叫作"自·在·观"，Nature·Existence·Reflection是对应的英文信息，中文标题和英文标题分属展览海报左右两侧，三幅油画作品截图从上、中、下三层构图匹配三大主题，图像依次为白雪皑皑的群山、城市森林的脚手架和川流不息的人群。张杰教授在个展宣传前写下一段导语："我的创作万变不离其宗的是对个人心灵更纯洁的体会、个人审美更单纯的体验、个人语言更纯粹的体现以及个人表达更强烈的过渡。"画家对自我的极致追求正是人文精神的艺术观照，更纯更强的净化、审视与锤炼代表着永无止境的艺术探索。

笔者在课堂上给学生重点分析张杰教授的"自然"创作主题，两组使用古典诗句作为标题的风景画为自然注入人文关怀。《念天地之悠悠》俯视雪山簇拥的白云，沧海一粟的孤独感油然而生，伟岸迷离的自然场景在《只是当时已惘然》里再度浮现，云雾缭绕的峻山峭岭与阡陌交错的农田屋舍形成视觉冲击，在驻足观赏的同时回味逝去的流年。张杰的风景画吸收中国山水的意境，传递古典文化的气息，在阴与阳、刚与柔、虚与实的逍遥世界彰显"人化的自然和自然的人化"，情景交融的自然"象征着人格的独立和精神的自由"。

围绕这个案例，笔者为所有学生布置了一项写作作业：结合课堂讲授的张杰"自·在·观"个展案例，谈谈艺术沟通与写作中的人文精神，不低于300字。针对开放式命题，不同艺术专业学生从自己的视角给予了不同的答案。

2017级油画系的田梦晓首先分析了三大主题间的关系："第一部分聚焦于自然，第二部分聚焦于客观存在，第三部分则回归于人本身。而每一层的描绘又绝非只是停留在表面，它们层层递进，在矛盾中隐藏着引人回味的内核。"该学生逻辑条理十分清晰，以宏观理性的思维把握创造脉络。在此基础上，她重点分析了第三部分：

张杰的创作选取改革开放之后的西部城市生活状态，一类是老龄化严重的大背景之下的老年人，一类则是奋斗于城市的农民工。这两个颇具代表性的群体显然能够引起观众的共鸣。城市化背景下的种种，正是每个人都在经历着的。

作业里的"观众""共鸣""每个人""经历"等关键词，凸显作者从接受的角度对张杰绘画的客观评判，抓住"城市化"的社会属性与发展趋势，揭示了大众普遍存在的生活境遇，该学生运用艺术写作，激发了绘画者与欣赏者之间的沟通意愿，建立起的价值认同发挥了艺术感染的互动效应。

同样是对第三部分的解读,2017级影视动画专业的余欣祝用散文般的唯美文字编写"城市化"的动态剧本:

瘦癯的老人与沉寂的乡镇,拥挤的少壮与窄窄的马路;人的面孔都随波逐流汇成一条无岸无涯的大河。河怎么流,人就怎么流,愉快、愤怒等七情六欲也怎么流,从古流到今,从西流到东,从所有的街路流向所有的门户。无休无止,无声无息。

该生的文字驾驭能力较强,诗意的文笔契合所学专业的三维成像特质,感性的文采浇灌读者的情感体验,人物描绘与场景延伸极富画面感,奔腾的河流成为人流、欲望、时空的隐喻,永无消停的潮水在画家与观众的脑海里,卷起难以遏制的波涛。从写作学的角度来讲,它所营造的"深邃意境,能让读者阅读时通过联想和想象犹如亲临其境,在思想感情上受到陶冶和感染"。

学生作业以张杰个展为切入点,从画家作品的生存土壤与历史语境发表人文精神的艺术观点,写作思路符合艺术演变的逻辑判断,正如丹纳所言:"要了解一件艺术品,一个艺术家,一群艺术家,必须正确地设想他们所属的时代的精神和风俗概况。这是艺术品最后的解释,也是决定一切的基本原因。"艺术写作的功能恰恰指向"时代""风俗"等"设想",印证了人文精神的社会属性。

三、艺术故事的编写分享

写作是情思分享和展现的有效途径,书面文字好似口头语言的潜意识,根据不同的物质环境生成特有的形体姿态和行为方式。若把写作与艺术活动相结合,它包括艺术感知、构思、创作、接受、批评和传播等诸多领域,内在的沟通意识让人文精神成为艺术写作的出发点和归宿。

日常单元另一项重要的教学内容是写出自己的艺术故事,它把人文精神落实到个人经验的范畴。讲故事是古老的互动娱乐方式,在表达的过程中唤起听众的兴趣与思绪,故事以含蓄隽永、寓意深沉、趣味充沛等特点,成为人际沟通交流的必要手段。因此,艺术写作的故事教学目标是用故事推广自己、影响他人。

故事通常由七种元素——目标、阻碍、努力、结果、意外、转弯、结局依次组装而成。从主人公的意图假定起，作者就预设了读者的阅读兴致，从克服险阻的阶段性结果到反转结果的真正结尾，通过人物、场景、对话、性格等小说要素的叙述，制造一波三折的故事桥段，打破读者既有的认知和想象，调动读者的类比思维与好奇心理，从而实现自我观念的传播与建构。

写作教学的叙事技巧主要有三个方面。首先，开场需具备引人入胜的代入感，它能瞬间转移读者视线，虚构的想象力支配遨游的神思，进入特定语境；其次，结构需具备"矛盾"与"两难"的张力，二者作为叙事核心策略，在故事冲突中编织戏剧效果，在急促节奏里糅进小说悬念；最后，情节需具备谜团云集的留白特性，好比绘画中留出的一片空白以供观看者想象。精彩的故事情节不只依靠跌宕起伏的线索，更考验讲述者制造谜团的功力，读者掀开层层迷障的过程，亦即故事展开的过程。叙述技巧紧密围绕读者的审美情趣使用，如若在叙事过程中把真相和盘托出，阅读变成枯燥乏味的限制，索然无味的内容令读者兴致戛然而止。讲述者如果让"故事决定不再折磨它的读者时，就完完全全失去了魔力"。

艺术写作故事教学的作业是以"我的艺术道路"为话题，写出带有自己艺术经历的故事。学生大多回顾了自身的艺术历程，分别叙述小学、中学、大学各阶段艺术活动是普遍的写作思路，困惑—排斥—犹疑—钟爱是泛化的情感态度，鲜有让读者眼前一亮或意犹未尽的艺术点滴的展露和剖析。

优秀的作业从两个方面实践人文精神——家庭伦理的温情脉脉和自我认知的深度反思。2017级环境设计专业的张雨蒙在开篇写道："我的艺术道路与我的母亲息息相关……我相信她是将希望寄予我的。"这是中国大多数家庭的教育理念，她在结尾部分却出现了意外转折：

母亲劝我不要学这个专业了，太累了，熬坏了身体，她还一次次在电话中问我，自己做错了吗，她总是眼含泪水，我会说："妈妈你没有错，我的选择我永远要自己负责。"

故事的结局和开场截然对立，道出曲折坎坷的艺术经历，面对母亲的关心和自责，作者用安慰和坚强宣告了大多数艺术生成长的心声，用担当与无畏发出了独立自强的呐喊，唤起读者的价值认同。

亲人的足迹也烙印在2017级新媒体艺术系学生周璐的艺术道路上。她在

结尾处带有某种顺从,却依然源自独立的思考:

> 然而随着时间的过去,我逐渐发现我的专业也并非那么难以接受。父亲说每个男人都有摄影的梦,如果说画画是妈妈儿时的遗憾,那我的专业就是在弥补爸爸的遗憾。

周璐在"通宵剪片"的艺术道路上找到存在的意义,倾注了女儿对父母的深情,她的作业实际上是和父母沟通的一个潜在文本,也许在某个场合,当她不自觉地向父母说出这番话,父母定会深受感动,读者的内心也会泛起阵阵涟漪。

自我认知或许比家庭伦理更加珍贵,因为那是作者和另一个"我"的交谈,从而引发读者的思考。2017级美术教育专业的宋舒玥在《我的"一波三折"求画路》一文开篇设置悬念:"说起学画的经历,也许我比一些同学学习得都要长,但说起功力扎实程度,我可能会比许多同学逊色不少。可能你会好奇,为何我学的时间比其他人多,却仍旧画得不如他人?"作者在和同辈的比较中向读者发出的这个问题,会让我们思索其中的缘由,是自谦还是另有隐情?故事从开篇便和读者建立起互动的潜在机制。作者在结尾部分写道:

> 虽然我在这条路上曾经放弃,并为之迟到了五年,但是最终,我不算辜负自己最初的那颗喜爱绘画的热忱之心。……梦想,应该永远不会被辜负。或许我在路上披荆斩棘,但我一定不会迟到缺席。

不忘初心的艺术梦在作者憧憬未来的道路上闪闪发光,保持低调和谦逊的姿态,即便落后也要迎头赶上,这股奋发向上的冲劲儿能够鼓舞那些在苦恼中苦苦挣扎的人,通过对自我过往的梳理,激发人们内心的决心和毅力。

类似的自我审视还出现在2017级油画系的谢佳航身上,他在进入四川美术学院后,自由的学习环境让他感觉自己"像一匹脱了缰的野马",从各位大师那里"疯狂地摄取知识,锤炼技艺",他由此感慨道:

> 我不得不说在认识到自己的微不足道后我十分的沮丧,但是这并不能阻拦我继续探索自己的艺术之路,因为当初的决定已化为我前进路上坚定不移的动力。

正是卑微平凡的自我，才可能迎来不平凡的蜕变，作者以艺术大师为榜样，不断完善自己的短板，让个人技法变得日趋成熟，这也是大多数人在成才路上的必经阶段。作者运用娴熟的语言传递出即便渺小也绝不屈服的斗志，唤起了每位读者恒久不变的信念。

故事充盈人文精神的力量，它的魅力非情节和结构所能赋予，读者的阐释令故事意义层层叠加，视线、经验、感悟的差异丝毫不会影响优秀故事的感染力，正如南辕北辙的艺术道路，那一个又一个关于艺术的独特的"故事就像读者的梦境，而他们读书时一定要能做梦"。

四、艺术作品的续写推介

如果说人文精神是对艺术写作的整体观照，艺术故事就好似人文精神的微型小说，散播于日常生活的各个角落。艺术作品又恰似艺术故事的结晶，将碎片化的艺术信息汇聚整合为创作理念，从构思酝酿到打磨成型再到市场推广，历经个人方案与广告文案，以写实与虚构的写作风格，建立一对一和一对多的沟通模式，实现单向与网状的互动效应。

个人方案是艺术家撰写的一份呈给专业艺术人士的书面材料，它详细介绍创作理念、主题、材料、过程、经费等要素，囊括了四个方面："预算的草图或模型""项目描述或建议的陈述""预算""进度表"。其中的"项目描述"是最为核心的写作板块，艺术家亲自撰写，旨在陈述自我的创作，文章精髓在于用文字弥补图像模型不能表达的要点。开篇是两三句话的简要概述，阐明作品的基本主题，接下来的段落从不同的维度展示主题的呈现方式，例如创作意图、观众反应、横向比较、艺术风格、展览关联、意象原型等。艺术家需要在写作过程中呈现清晰严谨的逻辑架构。

个人方案的沟通与交互大多是点对点的信息流动，阅读者主要是画廊老板、评论家、策展人、专业教师，关于作品的陈述部分是彼此沟通的媒介，可能成为理解和评判的唯一材料，艺术家或许没有给专业人士口头阐释的机会，甚至没有丝毫辩解的权力和空间。因此，这篇陈述文章的观点表述和论证就显得尤为重要。如果站在受众角度思考个人方案的写作策略和话语形式，沟通意识的正向传递与基本认同将会得以释放，产生的交互效应即双方合作意向的初步达成，比如一次展出的机会、一笔赞助的资金、一个访学的承诺等。关于艺术作品的写作是打开艺术职场的钥匙。

学生的个人方案写作呈现出设计和造型专业的不同艺术风格，前者追求实用效果，而后者理念深邃。2017级产品设计专业的楼梦媛从"产品介绍""产品的科学性与先进性""使用说明""设计尺寸""成本预算"五个方面推广自己的设计，她在开篇的介绍部分写道：

这是一款模拟针灸理疗器，它的原理是利用石墨烯远红外发热技术将物理医学与传统针灸理念相结合，解决传统针灸使用场合的局限性问题，打造更加个性化的全新针灸体验低频波电子医疗类产品。

作者的写作起点紧密围绕产品属性和用户体验展开，从产品功能到解决问题的写作思路符合艺术设计专业的思维逻辑，以用户为中心的设计理念贯穿文章的各个方面。

2017级油画系郑春萍的个人方案写作更倾向个人创作理念的表达，褪去工业化、产业化的程式，她从"材料""过程""作品概念""花费预算"四个方面推介在八卦空间舞动的行为艺术，主题阐释颇具后现代的哲理：

人类面对用线条组成的八卦框架瑟瑟发抖，既被规定的命运和纹理困阻，还拒绝联想。人类真的需要通过演变来预知宇宙的天数吗？人类应追求感性本质，或许是唯心主义。舞者便是人类感性的存在，它赤裸、真诚，有生机与气息。

浸润儒道传统文化，思索天人合一的运行轨迹，作者利用舞动精灵消解二元结构。由心而发的艺术本性不尽然是存在主义的虚无表现，也不全是西方话语的符号表征，原型情绪的炽烈燃烧中蕴藏分寸边界的理性思索，正如作者文章标题所写：《无极——虚化理性边界》。

个人方案的作品陈述从写作学的角度看，主要描述的是修辞技法。设计专业的个人方案实则是偏重叙述的产品报告，平实质朴的说明文字更贴近用户的试用心理；造型专业的个人方案也有关于作品制作的记叙，但还有更多形象化演绎的色彩，类似中国画的白描手法，寥寥几笔营造出的艺术世界"使读者通过联想和想象，产生如见其人、如闻其声、如历其境的感觉"。

基于个人方案的自我陈述，广告文案通过适度包装将艺术作品推向市场，让大众了解、熟悉、认同、喜爱，进而产生购买行为。广告文案的写作策略以营销为准则，用充满新意的标题和脑洞大开的软文吸引读者眼球，利用新媒体写作的形式践行创意写作的宗旨。

2017级建筑艺术系王琦的广告文案标题是《栖息你的山水酒家》，作者希望用这个题目唤起大众探索桃源的欲望，回归具有土家风情的中益乡，品味古朴的酿酒工艺和厚重的饮酒文化。软文部分写道：

忙碌了一周，放下手机，关掉电脑，到中益乡来，到酒家来，和友人一起，对青山绿水，小酌一杯，白天在栈道临水喝酒，夜晚在户外烧烤畅饮，人间还有如此幸事吗？从前的时间慢，车、马都慢，一把钥匙只开一个门，此刻来山水间，饮土家酒。

作者文案的目标群体显然是城市的上班一族，这些年轻人很需要宣泄和过滤工作压力，消除种种焦虑的负能量，亲近自然的品酒模式是一种新路径，唯美的画面勾勒出内心的渴望场景，邀请的口吻和惬意的畅想拉近彼此距离，文案反复出现的"体验"一词把多重人际沟通的可能性诠释得淋漓尽致。

广告文案写作还有一类小清新的浪漫风格。2017级美术教育专业的陈艺烜的广告文案标题为《蓝色狂想——赴一场与渡渡鸟的蓝色之约》，迅速带着读者进入梦幻的艺术空间，作者在软文中用诗歌语言衬托这件精细堂皇的泥塑摆件：

无意间闯入
来自渡渡鸟的蓝色梦境，
那里有纷扬的羽毛，
有可爱的涟漪，
与和煦的阳光一起，
映照在你明净的心底。

极具文艺色彩的诗句呼唤着大众萌动的好奇心，广告文案里弥漫的审美创意借助诗意的文字"让受众从中得到美的享受，在愉悦中形成对相关商品、品牌、公司、理念的认知，生成用户黏性"。广告文案的创意写作融合作品推介和产品营销，成为快速消费时代人际沟通的重要方式。

综合个人方案与广告文案的精华，形成作品推介的沟通文本。四川美术学院通识学院在教学结束前夕举行"艺语惊人"说作品大赛，它是"艺术沟通与写作"的课程延伸，更是写作—沟通双向转化的实训平台，日常、职场和学术的不同场景有机融入作品推介的比赛现场，参赛选手需要从思路、立意、材料、创作、成品等方面进行全方位的介绍和推广。实战环节的口头表述离不开文字积累的演说文本写作，主体部分是艺术创作的过程。

2017级服装设计专业的普金平荣获大赛二等奖，她的说作品的题目是《古法工艺改造——蓝染新生》，她将在云南大理完成设计实验的十五行程切割细说，凸显繁复的工艺流程和前卫的色彩搭配，开篇创作思路写道：

> 像扎染、唐卡一类民族风格太突出的工艺品，势必要迎来改造甚至更新迭代，想要将其转化成为实用产品，得将作品融入现代设计中去，色彩太过于花哨和浓重的话会过于突兀。消费者很难接受，因为不能与日常风格搭配。

当代艺术的技术话语日趋主流，甚至成为本体论层面的艺术符号，技术至上的观点也被许多人接受，诚如黄宗贤教授所言："我们承认艺术与美并不存在天然的姻缘关系，但是我们不能否认艺术是用技术重新构造的世界。"宣讲艺术工艺能让大众清晰了解制作流程和作品价值，成为支撑作品内涵的写作主题。

技术固然重要，但是艺术写作的文学渲染更具策略。2017级建筑艺术系的范梓萱夺得大赛一等奖，她的作品推介从个人文案到广告方案都围绕深夜食堂的模拟设计展开，其写作文本并未拘泥于建筑设计的技术，而是将文学性语言融入作品制作流程，为冰冷的建筑物注入人间的温情。作品推介引言："路途遥远，愿你的每个深夜不再孤单。"精心描摹深夜奋战的学子疲惫的精神状态。作者又以一段诗歌发掘目标群体的核心诉求：

> 白天的人们匆匆赶路，
> 食物是用来果腹的。
> 但到了晚上，
> 就全然是另外一回事了，
> 食物是用来唤醒热气腾腾的灵魂的。

舌尖上的美味唤起乡土记忆的同时，抚慰疲乏倦态，滋润干涸灵魂，神奇的魔力在寂静的夜晚随着深夜食堂的出现不断蔓延。范梓萱在作品技术层面的完整讲述之后的结语再次回归文学的诗意画面：

我们是金庸笔下一千年前赶路的旅人，
在风雪中的风陵渡口，
那家茅草小店，
寻一壶酒，切二两肉，
等着雪停，
明天各自上路。

置身混沌的江湖，漂泊的心灵旅程令人略感苍凉，深夜食堂仿佛是温暖驿站，缓解沉重身心，憧憬光明未来，味蕾绽放的适时快感正是作品最具温情的人文价值和设计理念。

综上所述，作品推介集个人方案与广告文案于一体，它是创作的延续性写作，技艺的摹写是一种核心的写作形态，然而，文艺+技艺的模式或许更为高明，它不止于技术说明，也绝非情感泛滥，两者相互渗透，有序整合，向读者展示作品的清晰轮廓，附加的商业属性亦不会令人反感。作品推介文字浇筑的"爱是一种高尚的情怀，因为爱意味着付出、真诚、温暖、珍惜"，借助文字和话语的感染力，让彼此交流的人们"得到思想净化和情感升华"。

五、结语

艺术写作是个性化经验的再现，具有丰富的沟通意识和多样的交互效应，并指向终极的人文关怀。以自由精神为归宿的艺术写作教学"必须由每个学生自己来归纳、总结的思考，也需要他们结合个人的人生观察和体会，在尽可能广泛的知识范围内，多角度地反思"。无论是艺术事件的感悟，艺术故事的编排，还是艺术作品的赓续，都离不开由人性与理性构筑的人文精神。

基于沟通与交互的人文因素，艺术写作教学不是单纯的文学形式规范，而是对学生逻辑结构的训练。思维—效果构成教学设计的内核，批判性思维旨在培养学生独立思考的能力，以强烈的问题意识审视既定的知识谱系，挑战和破除固化观念，才可能创造新成果。学生在写故事和作品过程中的归纳推理实则是思维的飞跃，其沟通交互的合理性在于"能使有文化、有同情心，但持有怀疑态度的读者相信它"。与此匹配的写作不再是千篇一律的内容样式，应追求因人而异的精准效果。品质—用户组成教学实训的两翼，全媒体视域下的艺术写作不能片面追求语句文采，质量保障是生产消费者的用户心理。雕章琢句的技巧固然重要，审时度势的对象认知乃更高境界。

艺术写作的教学反思以学生作业为蓝本，这些文本是课程反馈评价的依据，也诠释出艺术写作对沟通交互的反哺功能。我们应该走出写作是沟通附属的教学误区，用写作促进阅读、理解等多项素质的提升，力图将文学、语言学、社会学等学科和艺术熔为一炉，让"学生获得合理的知识结构和能力结构，以及丰富高雅的情趣，尽可能克服高等教育专业化带来的片面性和局限性"，精准践行四川美术学院通识学院倡导的"浸博雅、授之渔、塑艺品、育艺才"的教育理念。

（原文发表于《写作》2020年4月，略有修订）

参考文献

[1] 於可训, 乔以钢. 写作[M]. 北京: 高等教育出版社, 2013: 14.

[2] 希文·巴内特. 艺术写作简明指南[M]. 张坚, 等译. 上海: 上海人民美术出版社, 2014: 9.

[3] 卡耐基. 卡耐基沟通的艺术[M]. 刘祐, 编译. 北京: 中国城市出版社, 2007: 115.

[4] 张杰. 创作感言[EB/OL]. (2015-07-22). https://news.artron.net/20150722/n762774.html.

[5] 张杰. 自在自观自语[J]. 艺术评论, 2019(3): 17-22.

[6] 尹均生. 写作学概论[M]. 武汉: 湖北教育出版社, 1987: 109.

[7] 丹纳. 艺术哲学[M]. 傅雷, 译. 北京: 人民文学出版社, 1963: 7.

[8] 许荣哲. 小说课（壹）折磨读者的秘密[M]. 北京: 中信出版社, 2016: 201.

[9] 詹姆斯·斯科特·贝尔. 这样写出好故事[M]. 苏雅薇, 译. 长沙: 湖南文艺出版社, 2017: 6.

[10] 玛格丽特·R.拉泽瑞. 新生代艺术家职业手册[M]. 陈玥蕾, 何惠阳, 译. 上海: 上海人民美术出版社, 2006: 119.

[11] 徐中玉. 新编大学写作[M]. 上海: 复旦大学出版社, 2004: 71.

[12] 葛红兵, 许道军. 创意写作教程[M]. 北京: 高等教育出版社, 2017: 191.

[13] 黄宗贤. 当代艺术不应缺失技术含量[N]. 美术报, 2011-02-26(010).

[14] 董小玉. 语言表达与交流艺术[M]. 北京: 高等教育出版社, 2018: 160.

[15] 徐贲. 阅读经典: 美国大学的人文教育[M]. 北京: 北京大学出版社, 2015: 24-25.

[16] 赫德森·莫里西. 如何撰写艺术类文章[M]. 潘耀昌, 等译. 上海: 上海人民美术出版社, 2004: 3.

[17] 李曼丽. 通识教育——种大学教育观[M]. 北京: 清华大学出版社, 1999: 145.

构建"一轴四驱"育人新理念
强化专业核心课程在素质教育中的作用[①]

李 铷　张仕颖　任琳玲　董玉梅　刘雅婷[②]

引言

"素质教育"理论吸收了我国传统教育思想中的优秀养分，也吸收了西方教育思想中通识教育和博雅教育中的合理成分，是在马克思主义教育观的指导下，结合中国国情产生的具有中国特色的现代教育思想和教育话语。早在1985年5月19日的全国教育工作会议上，邓小平同志就提出了素质教育之概念。2016年9月9日习近平总书记在和母校八一学校师生座谈时，提出了"素质教育是教育的核心"理念。"素质教育"思想的内容很丰富，创新了教育哲学和理论。我国公布的《中国教育现代化2035》，将素质教育放于教育的核心地位。在高等教育普及的条件下，高等教育应走出狭隘的专业教育的藩篱，尤其在"新农科"建设振兴高等农林教育的背景下，在素质教育思想的引领下，把专业教育和通识教育结合起来，提高学生的全面素质，进而推进民族素质的提高。

一、素质教育创新："一轴四驱"育人新理念

云南农业大学是以农科为优势、多学科协同发展的省属重点大学。农科大类专业基础课程群（包括生物化学、遗传学、植物学、动物学、微生物学等10余门课程）是我校农科类29个专业的必修课程，对农科人才培养起到重

---

① 基金项目：本文系教育部中西部微生物学课程群虚拟教研室建设项目成果之一。
② 通讯作者简介：刘雅婷，云南农业大学教授，烟草学院院长，云南省万人计划教学名师，国家一流专业生物技术专业负责人。

要支撑作用。云南农业大学虽然不断强调教学改革，但长期以来传统教育教学模式依旧为主体。

传统教育教学是以教师为中心的"满堂灌""唱独角戏"的教学模式，学生对于知识的获取依赖于口传面授。在课程教学过程中，往往是教师的一言堂理论，缺少同学辩证和批判性的哲学思维式的讨论和话语权；课程专注于专业知识的讲授，缺乏对自然美、社会美、艺术美、形态美等美学的教育；当代的大学生获得良莠不齐社会资讯的渠道快捷多样，极易造成其"人生观、价值观和世界观"三观混乱，而专业课程往往重视知识的积累，忽视了学生人格塑造、理想信念、家国情怀的培养；同时由于国家很长一段时间将经济发展作为重要的发展目标，忽视了对于生态环境的保护，也造成了大学中生态教育的缺失。

随着"信息技术革命、教育形态升级、学生需求倒逼"的高等教育新业态三大特征，传统的教育教学形态已不能适应中国新时期高等人才培养的需要。针对上述传统教育的痛点，以刘雅婷教授为主的团队针对高等教育大众化向普及化迈进的新时代和"95后"大学生的网络时代"原住民"学生获取知识方式变化的新特点，重新审视教学，与时俱进，由前期依靠资深教师"传帮带"经验教学转化为主动寻求先进教育思想、教育理论科学指导的教学实践发展。为践行素质教育的理念，刘雅婷教授为主的教师团队提出了"一轴四驱"的育人新理念，即：以学生发展为"一轴"，以"中国优秀传统哲学思想、美育教学、课程思政和生态教育"为四驱的新型素质教育方式（如图1所示）。

图1 "一轴四驱"育人新理念

二、"一轴四驱"在专业核心课程中的应用

(一) 以学生发展为中心

"学生发展"是人的发展理论在高等教育中的应用,它使每一个参与其中的人能掌握越来越复杂的发展任务,达到自我实现和自身的独立。《教育部关于一流本科课程建设的实施意见》(教高〔2019〕8号)中明确指出,教学要"体现以学生发展为中心,致力于开启学生内在潜力和学习动力,注重学生德智体美劳全面发展"。以"学生发展为中心"可以较好地解决传统教育中"三中心模式"(即以教材、教师、教室为中心)存在的诸多弊端,更好地适应现代教育技术的新形式。

刘雅婷教授为主的教师团队以"微生物学"课程为切入点,聚焦农科大类核心课程,坚持"以学生发展为中心",构建了以学习者为中心的"一制·三环·四进·五合"的智慧课堂教学模式(如图2所示)。"一制",即建立课外学习制度、强化学生自主学习,以任务为驱动,以问题为导向,成立学习小组,组成"教师—助教—学生"学习共同体。在此环节,教师发布学习任务,助教督促和帮助学生完成任务,学生发挥主观能动性完成任务。例如:"微生物学"课程中老师发布针对微生物和人类、自然关系的辩题,学生拟定辩题,在助教的帮助下查阅相关文献,整理归纳辩词,老师同时指导学生从不同角度进行素材的深挖、总结。学生自拟的命题"胖瘦鸳鸯,以吻以微,能治臾病否",引经据典进行辩论,充分体现"教师—助教—学生"学习共同体的教学优势。"三环",即注重课前预习、课中重点难点讲解和课后巩固拓展三环节,延伸课堂教学,打破时空限制;"四进",即通过科技前沿文献、社会热点问题、教师科学研究、专家学术讲座进课堂,将高阶性、前沿性知识体系建构与生产实际、社会热点相结合,拓宽学生视野、激发学习兴趣、培养学科自信;"五合",即哲学思想和科学精神相结合、思政元素与专业课程相结合、课内引领和课外拓展相结合、线上线下混合、虚拟与实操结合的教学,全面翻转课堂,建成优质教材、MOOC、丰富课内和课外活动"四位一体"的课堂教学模式,实现了被动学习转变为主动学习、知识为本转变为能力为本、以教师教学为中心转变为以学生发展为中心的三个转变,全方位提高课程广度、深度和难度,全面提升课程高阶性、创新性、挑战度,达成了知识、能力、素质、价值、情怀有机融合的专业培养

目标，全面提升人才培养质量。

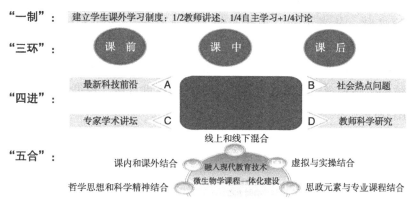

图2 "一制·三环·四进·五合"的智慧课堂教学模式

"以学生发展为中心"还体现在课程评价制度上。"微生物学"课程改革了课程考核方式和考核内容，从过于重视知识点的考核，教师对学生单一评价的传统课程评价体系，转变为更加注重学生学习过程的评价，建立了多元化考核标准和考核方式。除笔试外，灵活运用小论文、章节总结、热点/趣味话题、辩论赛、课后习题等环节，加强对学生的过程性和形成性评价，除老师评价外，还加入学生互评，使评价更科学与全面。

（二）中国优秀传统哲学思想

习近平总书记对于文化自信的重要论述："没有高度的文化自信，没有文化的繁荣兴盛，就没有中华民族伟大复兴"。文化是一个国家、一个民族的灵魂。只有对于自身文化充满自信，才能使一个民族具有更基本、更深沉、更持久的力量。2017年1月25日，中共中央办公厅、国务院联合印发《关于实施中华优秀传统文化传承发展工程的意见》，其中的"阐释中华优秀传统文化的核心思想理念"是主要内容之一。在1840年的鸦片战争之后，深重的民族危机让中华民族开始"放眼看世界"，向世界寻求古老中国走向现代、走向世界的济世良方。众多外来的哲学思想被广泛地传播，而中国优秀的传统哲学思想却被淡化和遗忘。中国古代产生了老子、孔子、庄子、孟子、孙子等闻名于世的伟大思想巨匠。中国古代传统哲学思想蕴含着朴素的唯物主义和朴素的辩证法和进步的历史观，充满着理性的批判性思维，是中国特色社会主义素质教育植根的沃土。将"一轴四驱"育人新理念中的一驱"中国优秀传统哲学思想"应用于专业核心课程中，将其贯穿于课程，以实现启智铸魂,践行文化自信的素质教育。在专业核心课"微生物学"的教学过程中,引导师生学习中国古代哲学思想,并用其解析最新的关于微生物的研究文献,从老子的"道法自然,天人合一"的朴素辩证观点到孙子兵法的"兵者,诡道也"的兵家战略来阐释微生物的智慧。在此过程中培养了师生的哲学思辨能力和对中华优秀传统文化的自信;同时也培养了师生整体的生态观念,为其在工作生活中奠定尊重自然、遵循规律的良好基础(如图3所示)。

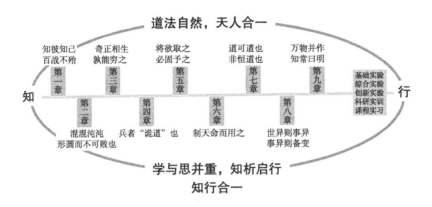

图3 中华优秀传统哲学思想贯穿课程启智铸魂,践行文化自信的素质教育

哲学家黑格尔认为一个有文化的民族,若无哲学,就好比是一座庙,到处都装饰得富丽堂皇,却缺少至圣的点睛之处。20世纪初德国成为世界科学和教育的中心,源于其发挥了哲学的突破与指导作用。德国各高校实行哲学与教育的融合,众多的哲学家如康德、费希特、马克思、恩格斯为德国的大学点亮了"神灵"的庙堂。中国古代经典《大学》在开篇即指出:"大学之道,在明明德,在亲民,在止于至善。"我国著名的哲学家和教育家冯友兰先生认为"根据中国哲学的传统,哲学的功能不是为了增进正面的知识,而是为了提高人的心灵,超越现实世界,体验高于道德的价值"。哲学在本质上是一种反思的思维活动,将中国优秀的传统哲学思想引入专业核心课,引导学生养成哲学自觉自信,启迪、激发和引导学生的自我反思、质疑和思辨的能力,才可为国家培养创新型人才。

(三)美育教育

"美育"一词最早来源于18世纪德国启蒙文学代表人物席勒的作品《美育书简》。20世纪初,中国第一代美育教育奠基人蔡元培、梁启超、王国维等将这一理念引入我国，开启了我国近代美育教育的先河。美育是审美教育，也是情操教育和心灵教育，不仅培养人的审美能力，还影响人们对生命意义和生活质量的追求。近年来，我国在科技、教育、经济、文化、艺术等领域都取得了举世瞩目的成就，尤其是在文化自信背景下，弘扬民族文化，发挥高等教育多元化育人功能已成为提高我国文化软实力的重要使命。2018年8月，习近平总书记在给中央美术学院老教授的回信中，提出要坚持立德树人，扎根时代生活，遵循美育特点，弘扬中华美育精神。2019年3月，教育部印发《关于切实加强新时代高等学校美育工作的意见》，对新时代高校美育改革发展提出了明确要求，积极探索中国特色现代高校美育评价制度，构建德智体美劳全面培养的教育体系，已成为亟待高校教育工作者潜心钻研的重大课题。

大学美育是利用自然美、社会美、艺术美、形态美等美的元素，以美育人、以美化人，促进学生全面发展的教育。高质量的美育课程不仅可以完善学生的美育知识结构，也能发展学生的形象思维，在树立正确审美观念、提高人文素养、培养创新精神和实践能力等方面具有积极作用，最终达成促进人格完善以及全民族整体素质提高的终极目标。

"微生物（双语）"课程在教学实践中，充分扩充和丰富专业课教育内涵，通过组织培养皿艺术大赛，对学生进行潜移默化的美学教育，使其在发现美、感受美、鉴赏美和创造美的过程中，自觉树立正确的人生观与价值观，提高人文素养和综合素质，有效提升专业课育人效果。

培养皿艺术大赛以"评选我心中最美的微生物绘画作品"为活动主题，首先向学生展示历届微生物培养皿艺术大赛的优秀获奖作品，然后组织学生观看微生物绘画的视频教学资料，讲解微生物纯培养的基本原理和操作流程，之后由教师实际演示微生物作画的全过程，强调注意事项，最后由学生自由创作民族大团结、建党100周年、生物多样性等不同主题的微生物绘画作品，并采用无记名投票方式，评选出"我心中最美的微生物绘画作品"（如图4所示）。

通过组织微生物培养皿艺术大赛，使学生领略到微生物的自然之美，极大地开阔了学生视野，丰富了学生的想象力，有效提升了个人审美能力和艺术素养，同时也燃起了学生自己创作微生物绘画作品的热情，获得较好的美育教学效果，有效拓展了专业课程的教育内涵和外延，在实践中提升了专业课的美育教育功能，实现了课程育人的素质教育目标。

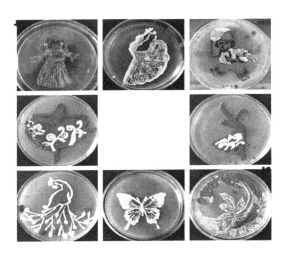

图4 培养皿艺术大赛作品

（四）课程思政

课程思政是指依托、借助于专业课、通识课而进行的思想政治教育实践活动，或是将思想政治教育寓于、融入专业课与通识课的教育实践活动。其本质是在价值传播中凝聚知识底蕴，在知识传播中强调价值引领，是高校落实立德树人根本任务的重要举措。专业核心课程是高等学校专业教育的基础与核心。为贯彻落实习近平总书记在2016年全国高校思想政治工作会议上"把思想政治工作贯穿教育教学全过程，使各类课程与思想政治理论课同向同行，形成协同效应"的思想，教学团队探索了一系列措施将思想政治与专业课程进行深度融合，将课程思政理念和方法融入专业核心课程教学中，全方位多维度提高学生的思想道德素质。

"树人先立德，育人先育己。"教师是教学过程的组织者、指导者，践行课程思政，教师必须以身作则，明道、信道，为学生作表率。为不断加强专业课教师政治理论学习，提升思想政治素质和德育水平，教学团队成立了中西部微生物学课程群虚拟教研室，进行课程思政经验交流分享，加强对党的方针政策和理论知识的学习，接受教育，努力成为先进思想文化的传播者、党执政的坚定支持者。

怎样结合专业核心课程特点，挖掘课程思政元素，在课程教学中润物细无声地达到立德树人的教学目标，是我们课程组近几年来一直在思考、改进并逐步完善的一项工作。课程组成员在习近平总书记讲话精神，以及教育部相关政策文件指导下，引入儒家、道家、兵家等中国优秀哲学思想，结合课程内容，构建了集自然科学知识和人文道德素养为一体的思政案例库，做到一章一案例、一课一反思，不断挖掘课程思政元素。案例库内容涵盖以下方面内容：①将专业课的研究历史融入课程教学内容，培养学生的科学精神和创新能力。②将特定的知识点和当前我国成就相结合，通过讲好中国科学家的故事激发爱国热情。例如，邀请"农民"院士朱有勇走进课堂，为学生讲解生物多样性控制植物病原微生物中的道家哲学真谛。激励学生奋发向上，有理想、有担当，学农爱农、兴农报国。③结合学生职业发展和课程自身特色进行职业教育和道德规范教育。④将学科前沿和教师科研成果融入课堂激发学习兴趣，培养科学探究思维。⑤传承传统文化，彰显文化自信。⑥关注社会热点问题，育家国情怀、促政治认同。⑦专业教育与思政教育相结合，增强学生的自豪感、责任感和使命感。⑧提升生命意识和生态保护意识。

针对高等教育新时代和边疆地区农业高校生源新特点，课程组构建了以学习者为中心的智慧课堂教学模式，科学设计课程思政教学体系。以"微生物学"第四章病毒为例，在讲授病毒专业知识的时候选取新冠肺炎热点问题导课，以社会热点问题引导思考，认识病毒与生活紧密相关，激发学生学习微生物学的兴趣。课前安排学生完成课程论文"比较分析SARS、H1N1和新冠病毒（SARS-CoV-2）的发生、流行和疾病防控策略异同"，比较人类控制病毒技术进步和我国疾控管理制度优势，学会从现象中发现问题、分析问题和解决问题，比较分析不同制度抗疫差异，培养民族自信、制度自信和家国情怀；课中引入中国科学家李兰娟等在 *Cell* 上发表的论文（*Molecular Architecture of the SARS-CoV-2 Virus*），使学生了解学科前沿，增强民族自信；课后安排学生观看《极度恐慌》《传染病》等电影，讨论课以舞台剧的形式分享电影观后感，通过比较中外在疫情期间所采取的措施，展示了中国人民抗击新冠肺炎疫情的成绩，彰显了中国政治制度的优越性；课后邀请中国医学科学院医学生物学研究所所长李琦涵研究员做新冠病毒疫苗研究进展的专题报告，了解新冠疫苗研发现状，培养质疑思辨能力和勇于探索的科研素养。

通过"课前探究学习+课堂教师教学+课后小组讨论归纳总结+成果展示"递进式步骤，充分发挥学生在教学过程中的主体作用和教师的引导作用，坚持立德树人，践行课程思政，引导学生传承科学精神、学术文化、职业素养，帮助学生树立正确的世界观、人生观、价值观，做到"教书"和"育人"的有机统一，思政教育和专业讲授有机融合。试点课程"微生物学"

（双语）获2021年云南省省级课程思政示范课。

（五）生态教育

生态教育的发展是伴随着人类对生态环境保护的认识而发展起来的。1962年，美国著名生态文学作家雷切尔·卡森发表了对生态教育有着巨大推动作用的作品《寂静的春天》：卡森在《寂静的春天》描写中通过揭露滥用杀虫剂对生态环境的严重破坏来警醒世人保护生态环境的重要性和迫切性；寂静的春天唤醒了人们牢固树立保护生态环境就是保护生产力的意识，时刻尊重自然、顺应自然、保护自然，实现经济社会发展和生态环境保护协调统一。1972年，联合国在斯德哥尔摩召开了人类环境会议，通过了《人类环境会议宣言》，会议还决定把每年的6月5日定为世界环境日，并在这一天围绕一个主题开展生态环境保护的宣传和教育活动。这次会议标志着生态教育的开端。

生态教育是在人类面临严重生态危机的背景下产生的，是人类为了实现经济和社会的可持续发展而把生态学的思想、原理和研究方法等应用到现代教育中的一种教育理念。生态教育对象涉及了社会的各个阶层，包括在校学生；教育的目标：使全人类形成一种新的生态伦理观、生态价值观和生态文明观，从而实现社会的和谐发展。

由此，在教学设计中，教师们采用灵活易懂的方法，将生态教育元素如"以菌治虫""以菌治菌""以菌防病"等生物综合防治以及滥用抗生素的研究进展和典型事例植入课前预习。课后环节，组织了正反方题为"人类主导世界/微生物主导世界"的辩论赛。正方提出：人本质上区别于其他生物包括微生物，它是社会的主人，是操纵者，具有主观能动性，所以，人类主导自然，并且可以战胜自然，接着列举很多人类战胜自然的丰功伟绩。反方陈述：著名生态学家奥德姆（E. P. Odum）提出，"人类为了满足自己的直接需要，比任何其他生物更多地企图改变物理环境，但在改变环境的过程中人类对自己生存所必需的生物成员的破坏性，甚至是毁灭性影响也越来越多，因为人类是异养性和噬食性的……"细菌已经在没有我们的情况下生活了几十亿年，要是没有它们，我们一天也活不下去。它们处理我们的废料、净化水源、合成肠胃里的维生素、向溜进我们肠胃系统的外来细菌开战。细菌采集空气里的氮，将氮转化为对我们有用的核苷酸和氨基酸，否则大的生物包括人类就活不下去。尤其重要的是，细菌不断为人类提供呼吸所需要的空气并使大气保持稳定……人类大量的疾病不是因为微生物对人的作用而引起，而是因为人的身体想要对微生物产生作用而引起的。为了使人的身体摆脱病原菌，人的免疫系统有时候摧毁了细胞，或破坏了重要的组织；有时候，一场病毒性传染病如SARS或新冠就可以摧毁一群人……由此可见，是微生物在主导世界，而人类只是众多生物中的一个种（智人种）而已。

通过课程生态教育环节的设计，力图破除"一切以人为出发点，以人为中心"的思维定式，让学生学会尊重自然，遵循自然规律，实现人与自然和谐相处，即"道法自然，天人合一"。

课程群教师团队课前、课中、课后三个环节都注重生态教育，学生与教师积极展开互动，在加深印象、实践运用的同时，为学生将来在生活中尊重自然、传播生态伦理和理论等执行生态教育功能奠定了坚实的基础。

三、"一轴四驱"育人新理念的育人成效及社会影响

为了全面检验"一轴四驱"育人新理念的应用成效，项目组参照了"国家一流课程线上线下教学建设标准"，设计调查问卷，调查该成果在"学习、思想、能力、素养"等方面的学生获得性能力和满意度评价。参与问卷的学生包括2017级至2019级本科生，涵盖"微生物学""遗传学""植物学""植物生理学"等专业大类基础课程，采用"问卷星"网络无记名方式，共收到问卷6059份。结果显示，学生获得性能力和满意度评价均超过95%。说明该成果有效激发了学生的学习兴趣、创新动力和积极性；学生的思辨能力、质疑能力、解决复杂问题和终身学习的能力全面提升，彰显了以课程育人促进学生的全面发展。

该教学模式在学校实施推广多年成效突出；在东北农业大学等四所边疆农业院校应用推广，受到广泛好评；团队负责人在浙江大学、中国农业大学等20余所高校做课程建设分享报告，受到了广泛认可；新华网、中国新闻网、云南教育网等多家媒体相继报道，辐射与示范效应显著。

四、展望

以习近平同志为核心的党中央始终高度重视青年成长成才和发展素质教育，强调"要全面贯彻党的教育方针，落实立德树人根本任务，发展素质教育，培养德智体美劳全面发展的社会主义建设者和接班人"。云南农业大学

以刘雅婷教授为首的教师团队，认真学习领会党中央一系列关于教育改革的文件精神，构建的"一轴四驱"联动的教学新模式，是对于"全人教育和素质教育发展"的有力探索和践行，必将对于"新农科"人才培养和专业建设起到重要的作用。

（原文发表于《大学素质教育》2021年第2期）

参考文献

[1] 翟振元. 再谈发展素质教育[C]//李和章, 庞海芍. 素质教育与文化自信: 2019年大学素质教育高层论坛文集. 北京: 高等教育出版社, 2019: 3-7.

[2] American College Personnel Association: The Tomorrow Higher Education [R] American College Personnel Association, 2005.

[3] 甘瑶瑶, 乔玉香. 基于学生发展视角的地方高校课程教学改革探索——以G大学为例[J]黑龙江教育, 2021(5): 12-14.

[4] 胡显章. 提高哲学自觉自信, 深化文化素质教育[C]//李和章, 庞海芍. 素质教育与文化自信: 2019年大学素质教育高层论坛文集. 北京: 高等教育出版社, 2019: 12-18.

[5] 冯友兰. 中国哲学简史[M]. 北京: 新世界出版社, 2004: 5+3.

[6] 姚宇钊. 新时代大学生美育教育现状及对策研究[J]. 教育教学论坛, 2020(27): 97-98.

[7] 高怡. 大学美育在中华传统艺术文化育人中的作用——兼论《大学美育》[J]. 染整技术, 2018, 40(11): 106-107.

[8] 刘珊珊. 基于高校安全文化建设的大学美育教学实践与探索[J]. 美术教育研究, 2020(15): 158-159.

[9] 孟凡静. 高校教师职业道德内化及其促进机制研究[D]. 西安: 西安科技大学, 2012: 17.

[10] 郑永安. 以立德树人为根本全力构建"三全育人"体系[J]. 中国大学教育, 2018(11): 11-14.

[11] 习近平. 把思想政治工作贯穿教育教学全过程, 开创我国高等教育事业发展新局面[N]. 人民日报, 2016-12-08.

[12] 朱江. 生态教育与高校学生生态意识的培养[J]. 东北师大学报(哲学社会科学版), 2013(3): 248-250.

[13] 董波,张晓琴.关于绿色发展视域下高校生态教育的思考[J].当代教育实践与教学研究,2020(3):211-212.

[14] 温远光.世界生态教育趋势与中国生态教育理念[J].高教论坛,2004(2):52-55+59.

核心素养视阈下专业综合实验教学设计与实践

王爱萍

一、引言

核心素养的培养已经引起了国内外教育界的广泛重视，也是我国深化课程改革、提高学生学业质量、培养创新型人才的关键所在。目前，国际学者对核心素养有近百种称谓，属实是一个模糊、混淆的术语；但国际上认同的核心素养框架均以"合作、沟通、创新和批判性思维"为核心。迈克尔·富兰（Michael Fullan）作为全世界知名的课程与教学改革的权威学者，提出对未来社会学习者所具备的品格、能力等愿景，因此在核心素养中增加了品格和公民素养。这两类素养期待学生关注复杂问题，对自己的学习负责、关心并为世界作出积极贡献。2016年我国正式发布了《中国学生发展核心素养》总体框架，确定核心素养即学生个体适应社会需求和职业要求，并促进自身可持续发展的关键素养，是关键能力、必备品格和价值观的综合。确定了学生发展核心素养分为文化基础、自主发展及社会参与三个方面，综合表现为人文底蕴、科学精神、学会学习、健康生活、责任担当及实践创新六大素养，并具体细化为国家认同等十八个基本要点。在新一轮产业革命和技术变革驱动下，高等工科教育目标是培养出适应和引领未来工程发展方向的人才；而在人才培养中尤其需要重视学生核心素养教育质量。刘玮等指出"新工科人才的核心素养指通过教育培养的，能综合、有效运用知识、技能、态度、价值观等，胜任新时代工程问题解决、工程创新和创业等任务的

---

① 基金项目：本文系2020年度中国海洋大学教师教学发展基金项目"基于'问题驱动'分组实施专业综合实验体系深度学习的准实验研究"（2020JXJJ08）、2022年度中国海洋大学本科教育教学研究重点项目"核心素养视阈下专业综合实验教学多维设计与实践"（2022ZD13）成果之一。

② 作者简介：王爱萍，中国海洋大学材料科学与工程学院，高级实验师。

关键素养"。

在高等工程教育体系中，实验教学是高等教学的重要组成和辅助部分，是培养学生实践专业理论体系和专业科研能力的初级平台；它不但是学生对已学专业知识的巩固和应用，更是学生综合能力培养的实训化个性平台。我院材料科学与工程专业属工科专业，遵循以成果导向、以学生为中心、持续改进为基本理念的工程教育专业认证导向，针对具备专业基础理论的高年级学生，开设具有学院发展特色的专业综合实验课程。笔者在专业综合实验课程设计与改革中，采用"基于问题式学习"教学模式，将本课程核心素养培养目标分解、细化整合为科学精神、科学探究（包含科学思维、科学探索）、高阶思维和社会责任四个维度，课程人才培养目标上与工科人才核心素养存在很多共通之处。因此，专业综合实验课程的学习活动实施，对健全具有高等工程教育的学生核心素养培养体系具有指导意义。

二、基于问题式学习及其实证分析

（一）基于问题式学习的内涵

基于问题式学习（Problem-Based Learning，PBL），其理论基础可以追溯到建构主义、实用主义、合作学习和情境学习理论。"基于问题式学习"（PBL）是最早由神经病学教授Barrows在加拿大的麦克马斯特大学首创，是一种以问题为驱动力和以培养学生问题意识、批判性的思维技巧以及问题解决的实践能力为主要目标的学习，其过程强调以学生的主动学习为主，包括问题分析、建立学习目标、信息收集、汇报与实践总结、反思五个步骤。PBL从知识观来看，强调学生在团队合作的过程中，通过对创设情境或真实情境中问题的探究，实现对知识的主动建构；从学生观来看，主张以学生为中心，发挥学生学习的主观能动性，实现学生自主分析问题、解决问题的目标；从教师模式看，倡导教师对学生的学习过程实施积极的指导与促进作用。因此，"基于问题式学习"这一学习过程不仅能够夯实学生的知识与技能，还能发展个人品格及其适应社会需求和职业的关键能力和必备品格，很好地契合了学生核心素养的培育理念。

（二）专业综合实验"基于问题式学习"的目标指向

通过文献分析及调查可知，"基于问题式学习"作为教育哲学与学习理念相结合的产物，是一种具有哲学意义的教学理念与教学价值观，是"知行合一"理念在实践中的具体应用。专业综合实验课程中采用"基于问题式学习"教学，激发学生实践相关专业知识理论与原理的兴趣，同时指向创设问题或真实问题解决，在不断探索与解决问题的过程中发展学生的自主学习能力，培育学生的专业精神品质。笔者将本门课程目标解构为科学精神、科学探究（包含科学思维、科学探索）、高阶思维能力、社会责任四个方面，既指向学生个性的发展，又指向学生社会性的生成。

第一是专业理论知识实践。知识不仅局限于单相专业科学现象和常识，还包括相关知识体系概念和原理，没有专业知识基础的问题是"空中楼阁"。反过来讲，在问题分析和解决过程中，学生深入学习、了解和应用专业理论，加强知识体系构建，加深理解与掌握学科知识。第二是综合能力。学生在设计和解决创设和真实情境问题实验过程中，必然要经历分析问题、知识建构、分析讨论、确定实验方案以及实施解决问题等一系列过程，需要不断地探索和实践。学生在思中辨，在做中学，发展设计能力、执行能力及反思能力。高阶思维能力是贯穿问题解决的核心能力，包括专业知识建构能力、元认知能力、团队协作能力、沟通能力、批判性思维以及创造性思维能力等综合能力得到锻炼。第三是精神品质。在教学过程中，基于解决复杂的、具有挑战性的问题或完成一项源自真实世界需要深度思考的任务，培养学生对学科发展的使命感和专业情怀，同时培养学生个体维度的问题意识、研究意识和创新意识等，以及社会性维度的合作交往及责任担当等精神品质。

三、核心素养视阈下"基于问题式学习"课程设计

核心素养即学生应具备的能够适应个人终身发展与社会发展需要的必备品格与关键能力。笔者在专业综合实验课程中，开展"基于问题式学习"教学模式，教学内容设计上体现知识、技能、态度的综合体；教学过程包括课前预习、分组讨论探索并优化设计实验方案、实验操作、结论与分析、交流与反思、过程评价等方面，将宏观理论核心素养细化落实到具体的课程设计与改革中，具体为可实施的教学；细化核心素养培育的各个方面，将学生核心素培育落到实处。在专业科学领域中核心素养培育方面，将课程体系结构整合为科学精神、科学探究（包含科学思维、科学探索）、高阶思维能力及社会责任四个维度，在课程教与学过程中，四者相互渗透、螺旋上升，其与

工程教育专业认证体系核心素养融合图如图1所示。

图1　"基于问题式学习"课程设计与工程教育专业认证体系核心素养融合图

1. 科学精神

科学精神是实事求是、求真务实、开拓创新的理性精神；强调理性与实证性，坚持以科学的态度看待问题、评价问题；有坚持力、不怕困难、不辞辛劳、勇于创新的精神。

2. 科学探究

科学探究包括科学思维和科学探索两方面。科学思维是以科学知识为基础的科学化、最优化的思维，是科学家适应现代实践活动方式和现代科技革命而创立的方法体系，对世界整体性、复杂性和多样性的整体把握，包括分析与综合、演绎与推理论证、模型认知与建模、批判性思维等科学思维方法，及在掌握科学思维模式的基础上形成科学思维习惯，进而提出创造性见解。科学探索是在团队合作过程中，讨论并设计实验或是利用仪器和设备，为了认识客观事物的本质和规律、探索科学本质而进行的调查、实验及研究等一系列的科学探究。

3. 高阶思维能力

高阶思维能力是当代社会人才需求的一个重要导向，也是学生为适应新时代所必需的技能。高阶思维主要解决的是劣构问题，包含"分析、综合、评价"的思维能力，体现在学生的问题求解能力、决策能力、批判性思维和创造性思维能力。对于问题的认识进行思辨和讨论，而这一过程恰恰能激发学生的高阶逻辑思维，产生思维的碰撞，更能激发学生的批判性思维和创新思维。研究表明，问题解决能力显著正向影响元认知能力、团队协作能力、沟通能力、创造性高阶思维能力。

4. 社会责任

社会责任指个人、群体或组织对社会的责任担当，包括保护环境、可持续发展理念、国家认同等，以及劳动意识、问题解决和技术运动等实践创新能力。在专业综合实验课程中深刻理解科学、技术、社会和环境之间的相互关系，关注与学科有关的技术和社会热点问题，形成对科学和技术应有的正确态度以及社会责任感，即科学观、科学态度、科学伦理以及科学责任，而这些最终均指向科学价值观与社会责任感。

从三个圆的视角来分析，可以清楚地看出，"基于问题式学习"专业综合实验课程的三个目标分别为掌握专业知识、发展综合能力及培育精神品质，继而促使达成工程教育认证体系的核心素养，促进培养学生全面发展的核心素养。从三个扇形的视角来分析，学生核心素养与学生发展核心素养虽不是严格一一对应关系，但最终目标指向是一致的。

四、基于课程核心素养达成的"基于问题式学习"实践

专业综合实验课程教学中，采用"基于问题式学习"的教学过程中，核心问题设计尤为重要。以"具有压电性能纳米钛酸钡粉体制备"专业综合实验为例，在专业实验开课前，明确学生学科基础、学生在专业领域中"最近发展区"，即对纳米钛酸钡这种功能性材料的结构与性能关系掌握程度。在每一个问题情境设计上，做到"妙、活、合、实"的高质量核心问题设计，如将材料微观结构与宏观性能有机结合、将材料过程分析与性能表征有效分析、功能性纳米钛酸钡在不同领域的应用与设计等以问题的形式呈现；精妙的问题能激发学生的兴趣、触发学生的思维活动；灵活的问题能构建学生的思维空间、实现学生思维的创生；高度整合的问题能叩问专业科学的灵魂、促进学生高阶思维的形成；现实的问题，培养学生专业使命感、荣誉感和社会责任心。

教学过程开展"基于问题式学习"教学模式；以团队合作讨论为主要形式，学生自主学习为主，教师引导和指导为辅，各种原生态的专业问题

（大多是开放性问题）会接踵而来，激发学生的学习兴趣，使得学习向纵深发展，提升学生运用综合知识的能力。采用过程评价方式，规范实验结果分析和实验报告书写，加强学生专业学术素养要求；引导学生积极开展实验结果讨论与反思，激发学生主动将现实问题转化成多学科知识，进一步自主学习、刻苦钻研、集体讨论、合作解决问题，从而提升其学习能力、沟通能力及团队协作能力。对学生在实验中提出的问题分组讨论，让学生"知其所以然"，形成对专业学习的敬畏之心；教师在实验教学中注重细节创新，教学中将知识传授和实验操作的每一个细节都落到实处，认真完成每一个细节，培养学生的专业情怀。对真实科研问题剖析及实验过程中，通过知识运用与问题解决，学生的学习结果广泛地体现为问题解决、合作、创造性、批判性等素养的培养。这一学习结果，并非单纯是知识本身，而是充分体现了知识的育人价值，核心素养便生成在运用知识、解决问题的实践过程。

为达到以上教学目标，进行专业理论知识构建、提炼和精选课程内容；在综合实验加深宏观认识和微观辨析与联系；提高学生的学科兴趣，增强专业自豪感和社会责任感。在专业综合实验课程内容上，设计的问题应涉及大量有机化学、物理化学和晶体化学等基础学科以及材料科学基础、材料测试分析等多学科交叉知识与原理。在问题解决和实验实践中，学生以小组合作讨论方式，应用专业理论知识与实践相关技能，不断探索、发现；加强知识体系构建、归纳总结和反思；锻炼学生综合能力、培育精神品质，从而通过科学精神、科学探究、高阶思维能力及社会责任四维度来达成工程认证体系核心素养，进而学生在知识领域、自主发展及社会参与三方面全面发展。具体如表1和表2所示。

表1 专业综合实验"基于问题式学习"课程目标

项目	课程内容
专业知识	以"纳米材料概论"理论课程为指导，以有机化学、物理化学、晶体化学、材料合成与制备工艺学、材料科学基础、材料工程基础、新型功能材料、材料测试与分析等相关课程为基础，以热力学、材料制备与表征、材料性能与工程应用等相关知识为基础，加深纳米功能材料工程应用和微观辨析联系，明确纳米功能材料的制备、结构和性能以及它们之间的关系；加强专业知识体系构建、提炼，加强学科知识交叉、整合和综合应用。

续表

项目		课程内容	
综合能力	问题分析	从功能材料纳米钛酸钡材料压电性能出发，开展设计和改进制备方法和条件、物理性能表征、性能测定分析等一系列的思维活动；在问题解决过程中，开展如界定问题、分析问题、搜集资料、讨论提出实验方案以及实验结果分析等活动，培养学生科学精神。	在学科系统性与解决实际问题所获得知识的随机性之间要保持一定的张力与平衡。系统地思考问题，正确处理好宏观功能与微观结构、整体与局部、共性与个性之间的关系；能够在解决复杂工程问题过程中展现领导智慧，发挥协调作用；具备系统思维能力、正确的决策判断能力、高超的领导协作能力和持续高效的终身学习能力；通过真实问题，锻炼学生知识迁移能力，具有工程意识和创新能力。
	高阶思维	"问题"是激发高阶思维产生的最大动力来源，学生在组内讨论和分析问题时，批判性地看待讨论中呈现的信息和获取信息的来源，不同思维碰撞，培养学生批判性思维能力和创新思维能力，最终在团队沟通和协作下，设计问题解决方案并开展实验实施，促进学生高阶思维能力的提升。	
	反思能力	从问题解决过程中提取学科知识、建构知识体系以及总结最佳学习方式等。根据情境的权变性变换思维模式，对信息进行加工重整，反思和改进实验方案，提升知识迁移能力，解决实际问题。	
精神品质		通过专业知识应用和现实问题解决，增强学生的专业使命感和专业自豪感；培养学生个体维度的问题意识、研究意识、创新意识，以及社会性维度的合作交往、责任担当等精神品质。	

学生是PBL的中心，是问题解决的参与者、设计者、操控者、组织者、自我反馈评价者。专业综合实验课程上良好的问题情境设计，向学生呈现处于"新旧知识结合点"和"原生态专业开放性"的问题，激发学生强烈的认知冲突与问题求解欲，引导学生进行有目的的探索。在团队合作中，学生通过积极地界定问题域、分析问题由来、拟定可行策略、实施解决方案、总结获得结论、反思与评价等一系列过程，在新旧知识经验以及理论知识和应用间建立联系，并通过动脑、动手等活动亲历知识的生成、应用与经验内化为能力的过程。在学生参与状态（情感、态度与价值等）和剖析问题及实验过程中，培养学生的专业使命感和社会责任感。

表2 专业综合实验课程核心素养的培育

维度	内容分析
科学思想	建立纳米功能材料组成、合成工艺、组织结构与性能之间相关性、物质与能量观、变化与平衡观、相互作用观；培养学生坚持以科学的态度看待问题、评价问题，勇于探索、质疑、批判、求真务实，开拓创新的理性精神。
科学探究	基于问题式学习，学生分组讨论、设计合理的实验方案并实施，探究纳米功能材料制备与性能测试等过程，锻炼学生的宏微结合、分析与综合、演绎与推理、批判性思维等科学思维。 整个课程从问题入手，选择、规划与实施及不同小组比较制备功能材料性能、交流优缺点、探究研讨改进产物性能的过程，符合甚至超越了"问题分析—根据实验目的设计、优化实验方案—进行实验操作—得到实验结论—交流实验成果—反思并改进实验"的科学探索一般过程，锻炼学生的科学探究能力。
高阶思维	以小组讨论模式，在问题解决情境中，注重团队协作，学生在元认知基础上，通过问题分析与解决，锻炼学生宏微结合、分析与综合、演绎与推理、决策能力、批判性思维、创造性思维以及自我反思等思维综合实力活动，解决问题的技能，自主学习的能力以及思维创新意识等高阶思维。
社会责任	在整个过程中，学生认识科学本质，深刻理解专业科学与生活的紧密联系；关注与学科有关的实际问题，增强学科发展使命感和专业荣誉感；养成崇尚真理、大胆探究、终身学习的科学态度与解决真实情境问题的社会责任感，培养公民素养。

专业综合实验课程评价体系中，注重学生反思反馈，加强学生过程性评价。学生课程总成绩由预习报告（占15%）、课堂表现（占20%）、实验操作（占25%）、实验报告（占40%）各分项成绩的加和组成，增加过程考核的比重，在教学过程对实验过程中问题处理适宜和优秀实验报告展示并点评，课上开展各组之间就问题讲解的要点进行互评；同时加强实验报告规范性书写要求，对专业知识的书写规范、实验数据分析和分析问题等方面提出明确要求。学生在对实验过程及结果的反思和总结过程中，明确基于知识运用、问题解决所获得的知识，才具有个体的使用价值；在多元化评价体系中发展学生科学思想和高阶思维等相关核心素养。

五、结束语

基于学生核心素养培育的专业综合实验课程，设计采用"基于问题式学习"的教学模式，以设计问题和真实问题为学习切入点，学生以自主、开放、合作、探究的团队合作学习方式，在知识应用同时，学会解决问题能力，提升高阶思维和深度学习能力；学生在专业实验课保持想学、学到、实践到、坚持学的可持续发展的学习状态，真正做到学、思、知、行。"基于问题式学习"让工科教育成为有灵魂的教育，增强学生专业荣誉感和社会责任心，促进学生全面发展，满足社会发展的需要，达到新工科核心素养的培养目标。

参考文献

[1] 林崇德. 构建中国化的学生发展核心素养[J]. 北京师范大学学报（社会科学版），2017(1)：66-73.

[2] 吴晗清，穆铭. 科学领域核心素养达成的利剑：融合理化生的项目式学习[J]. 教育科学研究，2019(1)：50-54+60.

[3] 王世斌，顾雨竹，郄海霞. 面向2035的新工科人才核心素养结构研究[J]. 高等工程教育研究，2020(4)：54-60.

[4] MICHAEL F, JOANNE Q, JOANNE M. Deep learning: Engage the world, Change the world[M]. Thousand Oaks, CA: Corwin, 2018.

[5] 张良，杨艳辉. 核心素养的发展需要怎样的学习方式——迈克尔·富兰的深度学习理论与启示[J]. 比较教育研究，2019，375(10)：29-36.

[6] 权跃，于程程，于宁宁，等. 大学生核心素养培育的有效路径探析[J]. 大学教育，2021(5)：16-18.

[7] 刘玮，熊永华，王广君. 新工科背景下工科课程高阶学习教学模式探讨与实践[J]. 高等工程教育研究，2021(3)：54-60.

[8] 刘杰. 工程教育认证背景下复合材料与工程专业实验教学探索与实践[J]. 教育现代化，2019，6(105)：193-195.

[9] 郝云峰. 基于问题式学习(PBL)的教学价值解读[J]. 民族高等教育研究，2020，8(3)：89-9.

[10] 吴刚. 基于问题式学习模式(PBL)的述评[J]. 陕西高教，2012(4)：3-7.

[11] 康雪荣. 问题式学习模式对我国高等教育改革的启示[J]. 山西高等学校社会科学学报，2015，27(1)：48-49.

[12] 刘智，吴伟，姜倩. 问题式学习对大学生批判性思维的影响研究——基于国内外31项研究的元分析[J]. 高教探索，2020(3)：43-49.

[13] 赵君英. 基于问题式学习模式：内涵、特征、优势[J]. 黑龙江教育·理论与实践, 2015(5): 91-92.

[14] 康亚妮, 赵小东. 基于问题式学习对提高学生实践能力的研究[J]. 教育, 2015, 38(9): 122-123.

[15] 王靖, 崔鑫. 深度学习动机、策略与高阶思维能力关系模型构建研究[J]. 远程教育杂志, 2018, 249(6): 41-51.

[16] 孟祥红, 齐恬雨, 张丹. 从课程支撑到能力整合：工程教育专业认证"毕业要求"指标研究[J]. 高等工程教育研究, 2021(8): 58-64.

[17] 赵永生, 刘鑫, 赵春梅. 高阶思维能力与项目式教学[J]. 高等工程教育研究, 2019(6): 145-148+179.

高职院校生命教育积极范式实施的背景、路径及意义[①]

孔令玉[②]　孔博鉴　马建富

生命教育是指与生命知识、生命活动、生命体验相关的教育，即通过学校、家庭和社会的指引、实践、浸润，使学生对生命有深刻的认知，发现生命之美，从而热爱生命、尊重生命，实现生命的价值。

2010年，中共中央、国务院公布的《国家中长期教育改革和发展规划纲要》明确提出要重视生命教育；2017年，政协十二届全国委员会第五次会议提出"关于加强生命教育师资队伍"的提案；2020年，面对新冠肺炎疫情的影响，教育部明确提出"推动各地各高校将生死教育纳入高校思想政治理论课、心理健康教育教学计划"。由此可见，生命教育已引起国家层面的高度重视，已化为教育理论和实践领域的重要概念，同样属于素质教育的重要方面。

近年来发生了一系列大学生漠视生命、戕害生命的事件，引起社会的广泛关注，而作为高等教育重要组成部分的高职生教育，却鲜有人关注。2022年5月1日，新《职业教育法》正式开始实施，明确了职业教育与普通教育具有同等重要的地位，作为职业教育主体的高职生，其生命教育现状当然不容忽视，但现实情况却是，高职生的生命教育现状很不乐观。据研究者2020年对九所高职院校学生的调查，有6.7%的高职生经常有自杀的念头，7.8%的高职生遇到冒犯时，会有杀人的念头，30.5%的高职生表示人生方向不明确。面对上述现状，高职院校生命教育的关注点往往停留在如何保护生命，矫正高职生面临的生命难题等类似问题上，而对培养高职生的积极品格，挖掘生命潜能，实现生命的幸福和意义等生命教育的积极范式却关注不够。

积极心理学是一门从积极视域研究传统心理学内容的新兴科学，它的出

[①] 基金项目：本文系2021年度江苏省高校哲学社会科学专项课题"高职大学生生命教育质量提升策略研究"（2021SJB1057）成果之一。

[②] 作者简介：孔令玉，江苏盐城幼儿师范高等专科学校副教授，西北大学访问学者。

现被认为是人类社会发展史上的重要里程碑,是心理学领域的一次革命。积极心理学采用科学的方法研究幸福和快乐等人的积极品质,倡导心理学的积极取向,以研究人的积极心理品质、人的健康生活、人的和谐发展为目标。我国高等职业教育的目标是培养学生德智体美劳的全面发展,使高职生树立积极的人生取向,引导他们活出生命的真义,在这一"桥梁"的连接下,积极心理学和高职生生命教育就具有了极高的契合度,从而构建出针对高职生的生命教育积极范式,这种范式可以使高职生以积极的心理面对生命难题,克服生命困境,从而主动走出人生低谷,挑战无限可能。因此,挖掘生命教育积极范式实施的背景、路径及意义,对我国的高职教育发展有着重要的参考和借鉴价值。

一、高职院校生命教育积极范式实施的背景及迫切性

自本世纪初生命教育在我国兴起以来,其在引导学生认识生命、热爱生命等方面发挥了巨大的作用,我国近年来也出台了一系列高规格文件,将生命教育推向了制度层面。但是,从积极心理学的视角来看,当前我国高职院校生命教育的现状依然不容乐观,在目标、内容、方法方面都存在着不同程度的消极倾向,这种局面亟须改观。

(一)在目标方面,过于重视高职生生命问题的矫正

现阶段我国高职生的生命教育活动,常常以问题作为出发点,将高职生生命过程中出现的身心问题,作为生命教育发展和指导的对象,就像北京师范大学高伟教授所言:"迄今为止,所有以生命教育为标识的理论和实践都是某种'问题意识'的产物,即自然生命问题和精神生命问题的产物。"生命教育本身具有正向的矫正功能,对高职生产生的负面情绪和生命困惑可以起到矫治作用,有利于高职生树立健康的生命观。若把注意力过度集中在生命问题上,就会陷入一个误区,即认为没有生命问题的高职生就是健康发展的学生,把解决问题当作生命教育的目标所在。若以全面发展的眼光来审视,解决了生命问题的高职生只不过是一个普通的、正常的学生而已,他并没有变得更快乐和更幸福。要是长期受到这种目标取向的影响,高职院校的生命教育就会太关注学生的缺陷,忽视了完整的生命体验,只发现问题、矫正问题,忽视了对高职生积极生命力的培养。

（二）在内容方面，过度强调高职生生命安全的保护

高职生的生命安全是各地教育主管部门一直强调的重要问题，于是一些高职院校领导便把这当作"最高指令"，一味以生命安全为借口，实行高职生生命安全问题一票否决制，忽视了高职生的生命价值提升，导致高职生军训质量缩水，体育课稍微剧烈的活动即被取消，户外活动和户外实践也受到限制。从教育的根本内容上来看，高等职业教育是抓住了"安全"却未突出"生命"，没有让高职生真正认识到生命的本质和价值，这种教育仅能算作一种"器"层面的教育，而非"道"层面的教育，看似高职生保住了自己脆弱的安全，却不会积极主动地关照生命和珍爱生命。这种过度的生命安全保护是毫无意义的，它割裂了生命的完整性，无法触及学生生命快乐和幸福获得的积极层面，无法满足学生对生命教育的积极诉求。

（三）在方法方面，过多强调高职生生命教育的外在效果

生命教育的真实效果如何？我们应通过一段时间的生命教育活动，看受益高职生的生命幸福感是否得到了提升，高职生的生命价值是否得到了实现，高职生的生命积极性是否得到了激发，而不是只关注生命教育外在效果的眼花缭乱。一些高职院校将安全教育、心理健康教育、劳动教育、德育、体育等统统贴上生命教育的标签，给人一种学校天天都在讲生命教育的假象，其实是生命教育已被泛化为无形。还有一些高职院校将生命知识教育等同于生命教育，照本宣科按书上所写的生命教育知识在课堂上自我陶醉，而学生早已昏昏欲睡，这种方式将高职生的生命教育知识化，窄化了生命教育的形式。还有一些高职院校动辄创办生命教育实验基地，申报各类生命教育课题和项目，不停地搞花样翻新，实际上是为了参加各种评比并获奖，是一种功利化教育的体现。这些外在的东西掩盖了生命教育的本质，凸显出当下高职生生命教育的浅薄性。

二、高职院校生命教育积极范式的实施路径

面对高职院校生命教育存在的消极倾向，必须对高职生实施生命教育的积极范式，学校需要联合家庭、社会，通过实践性的教育方式，帮助高职生形成积极的生命价值感，为他们建立积极的生命教育体验。其具体实施路径如下：

（一）构建积极的高职院校生命教育环境

高职生大部分时间在校园度过，学校是高职生生命教育的主阵地，必须抓实抓牢抓好。

1. 转变传统教育的思维方式

传统的生命教育倾向于通过"补足"模式对学生进行引导，在这个过程中，教师更多的是关注学生的弱项，并且试图帮助学生弥补"不足"。这种模式来源于木桶理论，木桶能够容纳水的容量取决于最短板子的长度，但事实上"补足"的本质仍然是对学生负向特点的关注，在这种教育模式的引导下，学生也会时时关注自己的弱项和缺点。假如一位高职生每天面对自己不擅长的科目，如何能够获得积极的生命体验？如何能够获得幸福感并探寻生命价值？

因此，应运用"培优"的教育思维方式，让高职生认识到自己的头脑是可以成长并且获得改变的，每个人的智慧不是先天决定的，后天的锻炼和塑造更加重要。当高职生能够拥有这样的思维方式时，就意味着个体更加相信自己的能量，相信生命是可以被改变的，因此在这个过程中，个体将表现得更加积极乐观，在面对生命的挫折时，也会更加冷静地找到解决问题的答案。所以，高职院校生命教育积极范式的实施，是帮助高职生主动对知识进行探寻，使高职生积累丰富的主观体验，帮助他们了解生命的意义。比如可以通过社团活动，突破班级组织的限制，结交到更多朋友，根据自己的兴趣爱好探寻新的研究方向，这就破除了规则的限制，以"培优"为主导，而非处处关注"补足"。

2. 运用生态化的教学方法

生态化教学指的是由课堂中教师和学生共同营造的教育教学环境，在相对安全和宽松的氛围中，学生自然融入教学环境。从教育的生态来看，应该将学生作为生态教学的主体，通过对学生个性差异的了解，帮助学生明确自己的诉求，围绕学习的内容和方式，在互动的环境中共同成长，学会并体验幸福和生成性的持续发展。如果把教育生态看作学生成长的大环境，那么学校生态化教学，就是学生成长的小环境。高职院校生态化的教学方法可以既关注学生个体的成长，又关注个体的差异，看见个体的需求；在课堂教学中，每个学生都能被看见、被欣赏，最终获得自我超越，这样的课堂是高职生获得生命价值和意义的重要方式。在生态教学的过程中，个体能够回归到自然生态中，关注生命质量的提升，重视个性的养成，教师在这种教学模式中为学生创设了持续发展的环境，有利于高职院校积极生命教育环境的实施。

3. 提高教师的共情心

共情心是站在对方立场设身处地进行思考的一种方式，在人际交往中，能够体会他人的情绪和想法、理解他人的立场和感受，并站在他人的角度思考和处理问题。高职生正处于生命的敏感期，平时教育教学过程中，教师应对他们的反应做出及时呼应，这里的呼应并不是简单的强化和表扬，而是要求教师能够站在学生的角度思考问题，充分体会他们的感受，并给予适时的反馈。简单的鼓励和强化只会使高职生获得更多的外在动机，而真正的呼应需要教师根据高职生的特点，帮助他们强化内在动机，获得自我发展，而这一切的实现都要求教师有共情心作为前提。高职院校需要对教师的共情心进行适当的训练和培养，首先是对共情心的理论进行普及，帮助教师理解共情心在积极心理学中的重要作用；其次是组织教师对相关案例进行研讨；再次是组织教师进行实操演练，在与学生相互沟通和交流的过程中，学会把共情心应用到教育教学中去。

（二）营造积极的家庭生命教育环境

在高职生的成长过程中，家庭环境对其影响巨大，父母亲人的言谈举止、道德品格都会潜移默化地影响高职生，浸润到他们的细胞和血液中去，形成一种类似于自己家庭对待生命的方式。因此，营造积极的家庭教育环境对高职生来说是非常必要的。

1. 进行积极的思想品德教育

思想品德教育是高职生家庭教育的重要内容，它包括塑造高职生正确的世界观、人生观、价值观、政治观、道德观等内容。世界观代表着学生观察世界、认识世界、了解世界的观点和态度，高职生应当以辩证唯物主义和历史唯物主义为先导来塑造自己的世界观。积极的人生观有利于高职生保持正确的人生方向，正确认识自身所处的客观世界，抵制庸俗思想、腐化思想、躺平思想、享乐思想的侵袭，从而获得生命的幸福，成就辉煌的人生。积极的政治观会使高职生增强爱党、爱国、爱人民的信念，在大是大非面前坚守底线思维，特别是近年来西方加大了对我国的思想渗透，妄图用"糖衣炮弹"瓦解青年人的思想阵地，积极正确的政治观更显得尤为重要。积极的道德观有利于高职生树立乐于助人、奉献社会、见义勇为、扶困助贫、敬老爱幼思想，对社会道德、家庭道德具有良好的促进作用。家庭的父母或长辈经常对读高职的孩子进行诸如此类积极的思想品德教育，可以促使他们从宏观上把握正确的人生方向，品格坚定，立志高远。

2.进行积极的审美情趣教育

审美教育是学生家庭教育的重要内容，随着物质文明的丰富和发展，高职生对精神的需求显得尤为重要，他们将来不但要成为大国工匠，还要成为具有良好审美情趣的人。良好的审美情趣能够帮助学生培养积极向上的审美意识，提高其辨别假恶美丑的能力，抵制庸俗思想、享乐思想、躺平思想的侵袭，发现美、欣赏美、创造美，实现语言美、行为美、心灵美的全面发展。事实也证明很多大科学家从小就受到了良好的家庭艺术氛围熏陶，良好的审美修养对科学的探寻、人生幸福指数的提升，会起到不可估量的作用。

3.进行积极的人格品质教育

家庭作为高职生重要的成长环境，对其人格品质、身心健康会产生多方面的影响。如果高职生在家庭教育中获得了积极的人格品质，在面对生活的挫折时，将表现出更好的适应行为和较少的问题行为，在未来也会取得更好的发展。反之，如果高职生在家庭环境中没能获得积极的人格品质，在面对困难和挫折时，就更容易失败或放弃。因此，从积极心理学视角下的生命教育必须争取积极家庭环境的支持，世界上许多发达经济体，其家庭、学校、社会已经形成了一套完整的合作机制，共同推进人的生命教育的良性发展，在这一环节中，家庭处于头等地位。

（三）形成积极的社会生命教育环境

马克思把人的本质定位为社会生活关系的总和，可见，社会在个人生命中的重要地位。高职生是社会大家庭中的一员，全社会形成一种积极的生命教育环境，有利于拓展高职生生命教育的广度。

1.建设积极向上的媒体和网络环境

随着媒体和互联网的迅速发展，媒体和网络的传播对高职生的影响日益加大，直接冲击着高职生的"三观"。当前，一些电视台为了提高收视率，经常播放一些过度娱乐、低俗、哗众取宠甚至准色情的节目，使高职生的生命观受到了极其不良的影响。一些网站和短视频平台也大力宣扬享乐主义、拜金主义、个人主义，宣扬一夜暴富、不劳而获的思想，甚至频频出现为吸引流量，故意抹黑或败坏模范、英雄的事件，这些现象既不利于高职生的健康成长，也不利于国家健康社会环境的塑造。因此，必须净化媒体和网络环境，电视和网络平台应以积极正能量的宣传为主，多播放中华优秀传统文化和先进文化节目，多弘扬革命先烈为国奋斗、舍身忘我的精神，多报道奥运健儿、航天楷模、抗疫天使、支教教师等的先进事迹，让媒体和网络充满着正面的社会风气，使高职生从中领悟到积极的生命观，在实现中国梦的征程中同时实现自己的生命价值。

2. 促使高职生走出校园接受历练

高职生不能一直在象牙塔中成长，要利用周末、寒暑假、实习实践等机会主动走向社会，接受历练，在社会的熔炉中逐步成才。走向社会能够帮助高职生获得更多的知识，扩宽视野，能够让高职生站在更宽广的视角理解生命。例如可以让他们通过参加志愿者活动，理解公民的社会责任感，理解服务社会的意义，理解合作精神的重要性；也可以让他们走进敬老院、孤儿院、特殊教育机构，学会包容生命的衰老和不完美，胸怀尊老、爱幼、助残的精神；还可以让高职生在假期进行勤工俭学，懂得生活的不易，懂得勤俭节约，懂得劳动的崇高、伟大、光荣、美丽。

3. 发动社会力量关注高职生生命教育

发动社会力量，为高职院校生命教育提供资源滋养，对社会的进步、国家的发展，具有重要意义。首先应当发动有条件的社会组织机构，为高职生生命教育提供动力支持，比如相关企业、社区、协会等，通过校企合作、社区服务、协会指导，帮助高职生接受企业文化、社区帮扶、协会捐助等方面的熏陶，使他们明白生活的意义和生命的价值。其次应当对接相关的医院、红十字会、防疫站等医疗卫生机构，把这些机构作为高职生生命教育的实践基地，使他们了解慢性疾病和重大疾病对生命的危害，了解人道主义救助的必要性，了解病毒和细菌的传播等知识，懂得生命的可贵与脆弱，养成珍爱自己生命和他人生命的习惯，锤炼生命的意志。

因此，高职生生命教育的积极范式是一个开放的系统，它需要在积极心理学视域下联合学校、家庭和社会的共同努力，唯有三者共同配合，紧密联系，高职生生命教育的路径才能够得以顺利实施。

三、高职院校生命教育积极范式实施的意义

（一）促使高职生获得积极的生命情绪

人类的情绪有积极情绪和消极情绪之分，消极情绪包括焦虑、痛苦、悲伤、憎恨等，是不利于人继续完成工作和正常思考的情感。而积极情绪则能够使人获得幸福感、满足感、成就感，激发人的创造力和意志品质，它让人

在顺境中更加游刃有余地实现生命价值，在逆境中获取克服困难的勇气和力量。积极心理学家弗雷德里克森认为"积极情绪能拓展并构建个体当下的思想或行为资源，并在此基础上帮助个体建立起长期的个人发展资源"，从而使个体语言表达更加流畅，思维更加开阔，在学习交往、身心健康等方面受益良多，更容易获得成功的人生体验。

另外，积极情绪是非直线性和非持续性的，高职生可以借助积极心理学理论，学会把平时零散的积极情绪进行收集和积累，改变"等某某好了，我就可以享受生活了"的思维，变成"我要随时保持积极情绪，这样我会变得更幸福更成功"的思维，更多地利用积极情绪去塑造自己的生命。

（二）激发高职生获得积极的生命潜能

积极心理学认为，每个人都是一座待开发的潜能金矿，蕴藏着无穷的"资源"，只要对人的潜能"资源"进行激发，就能释放出无尽的可能。现代脑科学研究也表明，人类的大量潜能处于潜伏状态，95%的潜能都未被开发和利用，只要人抱着积极的心态去开发自身的潜能，就会有用不完的能量，人的能力也会越来越强，正如美国潜能开发师安东尼·罗宾所言："任何成功者都不是天生的，成功的根本原因是开发了自己无穷无尽的潜能。"生命的潜能是无穷的，对潜能的强烈信念是世界上最强的力量之一，失聪的贝多芬创作出《命运》交响曲，失明的海伦·凯勒写出《假如给我三天光明》，都是对自身潜能的激发。

高职生正处于生命的旺盛期，若能以积极的心理面对学习和生活，就能激发自身潜能，有所建树。这要求高职生首先保持乐观的心态，虽生活不如意之事时有发生，但作为青年要有阳光和笑容，不惧挫折。其次要有坚定的信念，做事要持之以恒，万不可三心二意，动辄放弃。高职院校在生命教育的实施过程中应充分发挥积极心理学的正向作用，激发高职生的生命潜能，为我国培养出更多品格坚忍、德才兼备的优秀人才。

（三）培养高职生具备积极的生命品质

积极的生命品质使人具有幸福感，幸福也是生命教育的价值追求，因此，积极的生命品质可以使高职生达到一种统一，即幸福感的获得和生命教育的追求。积极心理学家归纳出了人类获得幸福感的二十四个积极生命品质，包括勇敢、仁慈、正直、谦虚、幽默、好奇心、创造力、公民精神等，高职院校应当对照二十四个积极生命品质，努力培养高职生具备这些积极品质，方能获得持久的幸福，实现生命价值。反之，随着社会的快速发展，面对激烈的社会竞争，假如高职生不能拥有积极的生命品质，在学习和生活过程中必将面临巨大的压力。

因此，高职院校应当构建生命教育的积极范式，重视高职生积极生命品质的培养，帮助学生在潜移默化中树立积极的心态和乐观的精神，教师在教育教学中应注重融入积极心理学知识，引导学生积极思考，积极面对人生，使学生明白，积极的生命品质并不是生而具有的，而是后天主动寻求和塑造的，伴随着高职生生命品质的提升，也必然会迎来自身素质的全面提高。

（原文发表于《海南开放大学学报》2022年第4期）

参考文献

[1] 王虹. 高职院校大学生命教育现状与成因分析[J]. 牡丹江大学学报，2020（12）：102-105.

[2] 郝永贞. 生命教育的反思与建构——基于积极心理学的诠释[J]. 中国德育，2019（11）：29-32.

[3] 李霞. 积极心理学视角下的生命教育研究[M]. 芜湖：安徽师范大学出版社，2021:1-2.

[4] 高伟. 从生命理解到生命教育——一种走向生活的生命教育[J]. 北京师范大学学报，2014（5）：36.

[5] 罗祖兵，周俊良. 中小学生命安全教育的泛化及其矫正[J]. 教育科学研究，2021（12）：62-67.

[6] 席居哲，叶扬，左志宏，等. 积极心理学在我国学校教育中的实践[J]. 华东师范大学学报：教育科学版，2019（6）：149-150.

[7] 管婷. 教育生态视域下高职英语生态教学探索[J]. 大学，2022（5）：177-180.

[8] 陈四光. 儒家"万物一体"思想探析——来自共情心理研究的启示[J]. 南京师范大学学报，2017（5）：98.

[9] FREDRICKOS N. Positive Emotions Broaden the Scope of Attention and Thought-Action Repertories[J]. Cognition and Emotion, 2015(19): 314.

[10] 周加仙. 国际脑科学与教育研究方兴未艾[J]. 上海教育，2018（10）：40-41.

[11] 崔小英. 改造自己，点燃生命——读《激发无限的潜力》[J]. 河北教育：教学版，2013（1）：47.

一流大学建设背景下艺术类学科竞赛的特色实践研究①

霍 楷② 吕 莹

一、一流大学建设背景下学科竞赛现状及问题

（一）一流大学建设背景下学科竞赛现状

一流大学的主要任务是为社会发展培养出具有高水平、高素质并且兼备高技术，对时代进步和国家发展具有贡献的高素质人才。习近平总书记曾经说过："办好我国高校，办出世界'一流大学'，必须牢牢抓住全面提高人才培养能力这一核心点。"随着我国社会建设需求的不断发展和进一步变化，高校面临着从以往着重培养学术性人才向着重培养应用型人才的转型。在这一特殊的转型发展之下，便体现出学科竞赛、以赛促学的重要性。自1989年我国开始涉猎大学生竞赛开始，发展至今，学科竞赛的范围和规模一直都在不断扩大，包含的层次和类型都在进一步深化。时至今日，学科竞赛内容的覆盖面基本上囊括理、工、医、艺术等多个常见的知识领域，如全国大学生广告艺术大赛、"未来设计师"全国高校数字艺术大赛以及各省市级主办的种种大学生创新设计大赛等。以全国大学生广告艺术大赛为例，每两年举办一次，具有很高的知名度，竞赛内容为广告创意设计，将企业营销主题与高校内实践操作课题紧密结合在一起，可以说几乎全国范围内所有高校的艺术类学生都曾经参加过全国大学生广告艺术大赛（如表1所示）。另外还有许多协会主办的艺术设计类的竞赛，如由中国美术家协会举办的"设计之星"全国大学生平面设计竞赛、"为中国而设计"全国环境艺术设计大赛等，都属于国家级优秀赛事。

---

① 基金项目：本文系中国高等教育学会"大学素质教育研究"专项课题"东北大学竞赛育人与素质教育深度融合的教学实践与特色研究"（2019SZEYB24）成果之一。

② 作者简介：霍楷，东北大学艺术学院特聘研究员、硕士生导师。

表1 2014—2018年全国普通高校竞赛前200名排行结果（本科）

（以东北三省高校为参考）

排名	学校	省份	排名	学校	省份
02	哈尔滨工业大学	黑龙江省	09	东北大学	辽宁省
18	吉林大学	吉林省	29	大连理工大学	辽宁省
42	哈尔滨工程大学	黑龙江省	57	东北林业大学	黑龙江省
58	大连海事大学	辽宁省	60	长春理工大学	吉林省
102	哈尔滨理工大学	黑龙江省	112	辽宁工业大学	辽宁省
135	长春工业大学	吉林省	149	北华大学	吉林省
156	辽宁工程技术大学	辽宁省	158	东北农业大学	黑龙江省
161	东北电力大学	吉林省	177	东北师范大学	吉林省
188	沈阳建筑大学	辽宁省			

（二）一流大学建设背景下学科竞赛存在的问题

虽然在我国许多一流高校学科竞赛都受到相当的重视，但各方面的支持和管理体系都还不够完善，系列竞赛的推进开展也面临以下诸多问题。第一，竞赛管理体系不完善，高校与上级部门、相关部门之间，学院之间沟通协调，得不到其他各方的统筹与支持，许多高校内还没有建立起完善的竞赛制度体系，各部门、各学院在参加学科竞赛是还处在一个各自为政的状态，没有形成系统、全面的管理制度体系。第二，指导教师建设不能够与学生的参赛热情相配套，导师对竞赛的关注度和认可度普遍偏低，学科竞赛指导教师多是校内导师，拥有非常繁重的教学任务和学术科研任务，不愿再拿出时间过多指导学科竞赛。另外一些教师虽然愿意指导学科竞赛，但是由于自身缺乏相关的经验，自身的综合素质不过硬，导致指导的效果不好，尤其现在一些新兴的创新赛事，对指导教师自身也有较大的难度。第三，高校学生在校学习期间，科研和学业的压力大，无法投入更多的精力关注和参加学科竞赛，而且在参赛获奖后，对指导教师以及参赛的学生都缺乏相应的奖励机制，很难调动学生的参赛积极性。目前学校对于获得名次的参赛学生的奖励方式多为颁发证书和奖金，对指导教师的奖励方式也多为工作量奖励，方式较为单一，同时也影响着学生和教师对于学科竞赛的积极性。

二、一流大学建设背景下学科竞赛的定位分析

（一）学科竞赛的一流人才培养定位

随着社会经济的稳步提升，艺术类学科竞赛极大地改变了对一流人才的培养定位。首先注重转变学生的固有思维，提升其创造意识。激励高校学生全身心投入学科竞赛中，不仅提高了学生对专业知识的学习兴趣，还提高了创新意识，改变固有思维定式。系统地培养学生的创新思维，在艺术类学科竞赛中设置相关问题，激发参赛学生对问题的全方位深入思考，在实际的思考过程中，充分激发自身的创新思维潜能。促进所学知识的有机转化，实现理论知识和实际操作的结合，在妥善解决艺术类学科竞赛中设置的相关问题的同时，提高对专业知识的理解，强化专业技能的训练，实现将所学知识灵活运用到学科竞赛中去，完成两者的相辅相成、相互促进，一方面既可以巩固所学的理论知识，另一方面可为步入社会做好理论联系实际的准备。学科竞赛为培养社会需要的一流人才提供了新的途径与方法，不仅可以鼓励学生参加竞赛并且在竞赛过程中使自己的综合素质得到锻炼和提升，还可以与教学内容做到有机融合，并且在一些企业竞赛中，增加了学生与企业、社会接触的机会，增强了人才的社会竞争力。通过学科竞赛，学生实现由被动接收到主动探索的转变，在主动思考中积累丰富的经验。

（二）学科竞赛的一流教师队伍建设定位

实现一流师资队伍的建设是为艺术类学科竞赛保驾护航的重要条件，对教师队伍建设的定位是一流大学建设背景下艺术类学科竞赛的必备条件。优秀的师资队伍打造强有力的学科竞赛团队，优秀的师资队伍拥有过硬的自身综合素质，才能在学科竞赛中达到指导学生的效果。坚持打造优良的师资结构，不断提升教师的科研学术水平和实践竞赛能力，以达到适应现如今学科竞赛的创新型发展势头。摒弃老一辈的传统教师队伍标准，以适应在创新社会条件下一流建设背景下艺术类学科竞赛的高水平需求，为学生提供及时的、精准的、有建设性的学科竞赛指导为目标。鼓励教师积极参加教学实践改革，紧跟时代创新发展要求，成为"双能型"教师，一方面可以很好完成校内的科研教学工作，另一方面提高对学科竞赛的指导能力和把控能力。同时加大对青年教师的培养力度，增加青年教师在学科竞赛指导教师团队中的占比，以在学科竞赛中表现优异的老教师为标杆，前辈帮扶青年教师，迅速

提升各方面综合素质，并且聘请组织企业内相关人才作为指导教师，做到学科竞赛与社会实践相结合，保证在学科竞赛的过程中能够准确把握社会、企业的发展趋势，使学生能够将学科竞赛中所得的实践知识真正落地，为培养一流大学的一流学科竞赛人才保驾护航。

（三）学科竞赛的一流育人机制建设定位

学习和实践是密不可分的，在高校条件允许的情况下，可以在日常教学活动中引进艺术类学科竞赛相关课程，引进符合现代学科竞赛创新发展潮流的课程，引进能够与社会发展步调相一致的课程，引入学术热点一次提升高校学生的自主创新能力。按照"一流大学"建设标准，完善艺术类学科竞赛组织流程，构建完善竞赛等级体系，强调将学生作为学科竞赛实施主体，教师作为答疑解惑辅助作用出现。建立健全艺术类学科竞赛选拔和奖励机制，在选拔环节中，应鼓励全体学生参加，选拔其中能力突出的学生作为竞赛小组的成员，选拔中遵循双向选择，使每个成员都能充分发挥自己的优势，在奖励环节中，艺术类学科竞赛应做到奖项满足大多数学生的期望，以引导人才积极主动参赛。合理的选拔制度以及吸引人的奖励政策，能够使学生在竞赛过程中充分投入自己的热情，充分地在竞赛中锻炼自己、完善自己。完善学科竞赛基础设施和配套设施，需要学校和学院等多方面的支持，如创建工作室、竞赛基地、实习基地等，为学生创造良好的艺术类学科竞赛氛围。争取校内校外多方面的支持，采用校企合作的方式，在获得更多资源的基础上，获得更实用、更贴近社会、更符合社会需求的课题，保证学生得到更优质竞赛资源，完善竞赛基础设施和配套设施，为学生提供良好的学习、竞赛氛围。

（四）学科竞赛的一流育人环境建设定位

依托目前蓬勃发展的学科竞赛，一流大学建设背景下的一流育人环境建设定位也受到明显的关注，高校人才在学科竞赛这一培养途径下的学风建设，是艺术类学科竞赛永恒不变的话题。建设一流学风是培育一流人才的基础，学风建设并不是一个独立的概念，包括学生自身的认识、家庭和社会的影响、校园氛围的影响等。艺术类学科竞赛作为与艺术类学生零距离交流的教学平台、作为专业课程的综合与拓展，要做到既满足学生自主学习，增强对自己专业的认同感与归属感，又提升校园文化活动品位的双重目的。学科竞赛可以营造良好的学习、学术氛围，激发学生的学习动力和学习热情，形成良性循环，从而带动整体学风的改善和发展。学生在导师的指导下独立思考，将学科竞赛的竞赛目标有机转化为自主学习的动力，增强对专业知识、技能的运用水平，以参赛奖励为依托有效培养学习兴趣，激发学习热情。以竞赛氛围带动整体学风的改善，结合学科竞赛的需要，设置课程内容、教学方法以及改革等方面的内容，针对学科竞赛的教学育人环境，要注重系统性与融合性，注重学科之间、课程之间的联系，建设问题导向、注重情趣性、系统性、综合性、鼓励质疑、自主学习的一流育人环境。

学科竞赛定位分析如表2所示。

表2 学科竞赛定位分析

人才培养	教资队伍	育人机制	育人环境
改变固有思维定式	过硬的综合素质	相关课程引进	一流学风建设
培养创新思维	建设"双能型"导师	健全选拔奖励制度	良好的学习氛围
理论与实际有机结合	加大青年教师培养	完善基础设施和配套设施	

三、一流大学建设背景下学科竞赛的育人策略

（一）一流学科竞赛顶层设计

要想真正实现一流大学建设背景下艺术类学科竞赛的繁荣发展，需要对各层次、各方面做好明确的统筹规划，实现顶层设计最优化，实现优质资源的高效整合。构建多层次的多元能力评价体系，改变学生过去的学习只为考试的传统学习方式，向学习、思考、研究与创新有机结合的新型学习方式转变。为实现学科竞赛活动开展的积极性与高质量，在各高校内组织建立大学生学科竞赛教育基地，全方位地培养学生组织、创造创新能力，以大学生自主学习形式为主体，基地的运行和管理以学生为主体，充分发挥学生自主学习、自主创新、自主竞赛的品质。拓展竞赛文化的内涵，艺术类学科竞赛在高校中起到的作用不仅仅是提升艺术类学生的综合能力和素质，更是提高校园文化的有效载体，促进养成学生团结协作的优良品质，形成弘扬科学的校园文化。如以学校为主体，开设学科竞赛与日常课程一体化的新型课程，实现学科竞赛走进课堂；在课程教学内容中，以实际内容为依托，将多种学科的知识进行综合，突破传统过于关注知识点以及课程体系的教学方法；完善学校对于参与学科竞赛学生以及指导教师的评价体系和鼓励机制，同时在学科竞赛活动的设计、程序、组织、导向等方面给予相应的保障。

（二）一流学科竞赛制度建设

制度建设作为建设一流学科竞赛的理论保障，对高校一流学科竞赛的建设与发展同样起到相当重要的作用。首先是学科竞赛的立项资助制度。学校建立学科竞赛项目申报制度，将学科竞赛项目进行申报，组织专家对所申报项目进行评审，并且对通过评审成功立项的学科竞赛项目进行经费资助，这一制度是学科竞赛制度建设的基础，是保障后续工作顺利进行的重要关卡。其次是学科竞赛的分类、级制度。目前多数高校从各方面角度综合评定，将学科竞赛分为联合国教科文组织以及其他国际团体组织的世界级学科竞赛；国家政府部门直属机构、国家级学会、委员会组织的全国性学科竞赛；省级政府组织的省内学科竞赛；以学校名义组织的全校范围内的学科竞赛。再次是学科竞赛评价制度。学科竞赛种类繁多，成功立项后的学科竞赛，在后续的进展过程中有必要建立一套合理系统的跟踪评价制度，一个完善的、公平合理的评价制度可以考核学生多方面的能力，更有利于保障学科竞赛的质量和水平。最后是学科竞赛的激励制度。学科竞赛的奖励机制，应做到奖项丰富、种类齐全，除奖金、证书等，应该增设一些学分、免试免修、深造机会等奖励种类，激发学生的参赛热情，对于学科竞赛指导教师，也应增加如职称晋升、出国游学等奖励机制，充分唤醒指导教师对学科竞赛活动的积极性。

（三）一流学科竞赛队伍搭建

构建一支一流的学科竞赛队伍，能够达到进一步落实一流大学学科竞赛对学生的积极影响，保障一系列学科竞赛工作顺利进行。一流学科竞赛队伍搭建中的教师团队应该采用比较固定的形式，首先对团队中的教师来说是一种荣誉的象征，其次在鼓励机制实行的过程中较为容易认定，团队中教师的来源应该广泛并且丰富，并能保证日常对学生进行经常的辅导，在日常对学生进行学科竞赛辅导时，可以与辅导教师的科研项目有机结合在一起。学校队伍应当具有明确的层次，学生队伍的选拔做到遍布全校全年级所有同学。还应要注意学生队伍中的深度层次，考虑到其他有兴趣的同学，使其可以接受教师的定期指导，有机会参加选拔入选更上一层的队伍。学科竞赛队伍的训练程度不应只局限于竞赛的内容，应与日常教学活动相配合，实现培养人才的最优化。学科竞赛队伍的训练可分为日常训练和赛前训练两个方面，日常训练中可以对学生进行各个方面的针对性训练，为进一步的赛前训练以及走向研究性的岗位打下一定基础。学科竞赛队伍的训练过程，也是进行导师队伍与学生队伍之间磨合发展的尝试过程,在这一过程中导师可以带领讲师对学生进行指导,而团队中的学生可以作为讲师的助手,为更多的学生进行引导和帮助。

(四)一流学科竞赛教学研究

学科竞赛是与教学紧密联系的活动,深化一流高校的教学活动改革是推进一流学科竞赛质量的重要举措。目前学科竞赛已经成为高校人才培养方案中的重要环节,但相对应的学科竞赛课程体系较为薄弱。以学科竞赛为背景的课程体系建设应改变传统课堂中的每个知识点的孤立讲解,整合知识体系结构,强化课程章节与专业知识点之间的衔接和融合,课程内容之间相互融合、相互贯通,将专业课程学习有机地融合到一流学科竞赛建设中去,搭建综合性的、递进式的课程体系,实现知识点之间的多元交叉衔接。有效地实现课程内容、理论知识与实践操作、学科竞赛之间的衔接,循序渐进地构建递进式的教学内容,引导学生关注市场、社会的真实需要。构建项目化板块学习内容,将竞赛项目的主题与专业知识点融会贯通,开发合适的竞赛教学项目,并且与实际的操作课题相结合。在教学过程中配备项目化平台,利用现今发展迅猛的互联网技术,实现教师与学生可以随时针对竞赛项目过程进行探讨,一改过往传统的教师单一的指导模式,与学生在学科竞赛的教学建设过程中形成良性互动。在教学过程中搭建校企之间的合作与联系,学生可以根据企业需求进行课题创作,更加具有针对性地将教学成果转化为实际生产力,形成良性循环,增加学生的职业就业能力。

四、一流大学建设背景下学科竞赛的特色实践

(一)挖掘特色:区域文化特色与竞赛深度融合

对国内一流大学的学科竞赛进行综合调查,发现多数高校学科竞赛都是以实践能力与培养创新思维为核心,但竞赛题目、竞赛内容重复出现的现象屡见不鲜,这导致学生的动手实践能力不能够很好地发挥。将竞赛深度与区域文化特色挂钩,合理设计竞赛的题目和内容,将成为题目设定的亮点。近期各地政府也相继出台相关的高校学科竞赛与地方区域文化相结合的有关建议,高校以地方政策为借鉴,需要构建一定的以地方为依托的特色教学活动和学科竞赛活动。坚持学校整体学科竞赛活动与地方特色保持良性的发展,将地方特色产业项目嫁接到高校学科竞赛活动中去。地方政府与企业资源为

高校艺术类学科竞赛提供相关的平台与支持，相对地，高校艺术类学科竞赛活动可以提高社会对于地方特色区域文化产业的关注度，促进地方特色区域文化经济的发展，构建互利共赢的学科竞赛建设方式。

打造高校与地方互利共赢的特色平台，依照地方区域文化特色的发展脉络，对学科竞赛主题与内容进行增减与修改，在互利共赢的背景下实现学科竞赛相关硬件条件的进一步提升。除了官方的具有区域文化特色的竞赛课题，同时支持学生自选课题、自组队伍，在实现学科竞赛与区域文化特色相结合的前提下，更是对学生自身自主创新、自主学习、自主探究能力的培养，并且可以为高校学生毕业后留在高校所在区域工作起到一定的铺垫作用。如沈阳城市文明竞赛以及榜样的力量——雷锋精神国际公益海报设计大展等大型赛事，前者是以沈阳文明为主题进行设计的学科竞赛活动，后者是以雷锋精神为主题设计的学科竞赛活动，两者都是区域特色文化与学科竞赛活动深度融合很好的范例。同时，学科竞赛与区域文化特色的深度融合，对于区域文化宣传有一定的促进作用，是一种互利共赢的学科竞赛特色实践。整个竞赛体系构想基于地方发展特色，以区域文化为载体，以学生自主创新为主体，有利于学生创新思维和实践能力的提升，从另一个角度，对于区域文化的普及传播也起到一定的促进作用。

（二）资源整合：多学科资源整合集中优势参赛

科学有效的资源整合能够最大限度地利用现有的条件，提高一流学科竞赛的组织和实施水平。所有的资源整合工作都建立在良好的整体规划和宏观管理的基础上，成立学科竞赛工作委员会，落实每一个人的具体分工，明确各方责任，建立起完整的监督协调机制，避免出现组织形同虚设，无人带头负责任的情况。各委员会应做好竞赛组织的总体规划，避免出现低水平赛事重复举办、发现问题无人解决等现象，确保竞赛活动的顺利推进。学科竞赛组织涉及的人员纷繁复杂，不同工作队伍的工作内容、方式、风格、习惯都各不相同，应该做好团队协作培训工作，明确分工，加强日常的沟通，保证工作有序地进行下去，实现学科竞赛过程中人力资源的整合。学科竞赛活动离不开比赛场地、设备等硬件资源的辅助，加上高校各级竞赛活动在时间上多有交叉，时常会出现场地和设施在使用上的冲突问题，这就要求各高校要合理安排，对各类硬件资源进行整合统筹兼顾、统一调配，提高硬件资源的使用效率。

在经费的使用上，各部门"自己花自己的钱"，很容易就会造成经费的重复投入和过度投入，应号召高校每年对全校这一年的学科竞赛活动进行有效的规划和统筹，根据不同比赛类别，拨款到相关部门，从而实现高校学科竞赛经费方面的有机整合。教育行政部门对于高校内不同部门都设立了不同的学科竞赛的规章制度，从而出现了数量多、质量杂、不成体系等情况，并且各规章制度内容之间也存在相互冲突的情况，高校应统筹兼顾，对不同部门单位发布的不同规章进行梳理、修订、合并，建设一套切实可行、相互接洽的规章制度体系。

高校拥有相当丰富的校外资源，如实践基地、产学研基地、外聘教师队伍等，这些资源同样可以运用到高校学科竞赛的建设过程中，在竞赛的内容、评委、场地等方面，都应该系统整合校内外资源，获得学科竞赛硬件条件的支持，并且实现比赛内容与生产一线的有机接轨。

(三) 价值导向：立德树人与学科竞赛深度融合

"立德树人"这一理念是在思想文化发展过程中延伸出来的优秀教育理念，既要"立德"也要"树人"，只有这样才能实现教育工作的不断向前发展，才能培养出真正对社会发展具有积极促进作用的人才。实现立德树人与学科竞赛的深度结合，首先要保持正确的学科竞赛发展方向。在高校开展学科竞赛的过程中，指导教师要积极学习立德树人思想，帮助学生树立正确的意识形态。在当今国际发展的大环境中，各个方面的竞争越来越激烈，学生在进行学科竞赛时，由于缺乏社会经验，明辨是非的能力还很有限，很容易受到其他不良思想文化的影响，所以学校必须积极开展思想文化领域的教育，让学生能够更好地理解、认识立德树人的重要性。高校在进行学科竞赛教育时也应该坚持立德树人的教学方针，为学生陷入困扰时提供正确的解决方案和理论依据。

高校在日常的学科竞赛教育活动中，应构建以立德树人为核心的教育体系，而要实现"德育"这一基本任务，需要教育工作者投入更多的精力，因此高校更应该加强对教师的德育培训。如开展学科竞赛指导教师立德树人教育专题培训，结合其他多种形式的培训，提高学科竞赛教师队伍的专业素养，真正把立德树人落实下去。优化整体学科竞赛大环境，好的环境对人的发展具有积极正向的引导作用，在学科竞赛过程中，无论是教师还是学生都应该尽量营造积极向上的校园环境，陶冶学生的情操。除了教师的立德树人培训，也要把立德树人、社会主义核心价值观等内容融入竞赛，不仅在高校层面实现立德树人与学科竞赛的融合，更要在整个社会层面积极营造价值导向的优良品德与学科竞赛活动深度结合的社会现状。

（四）创新求变：新技术新媒介新手段推陈出新

搭建系统的、实用的、良好的多媒体技术平台，广泛开展有利于推进学生专业知识进步的学科竞赛活动，实现高校学科竞赛活动的改革进步发展，对于学生创造力的提升以及激发学生对学科竞赛活动的积极性具有非凡的意义。为解放高校学生受到限制的抽象思维，在高校范围内搭建专用的多媒体平台，并配备专业的硬件设施，保障学生动手操作实践，使理论和实践的联系更为紧密。针对不同的学科竞赛特点，在利用多媒体平台时可以采取不同的学科竞赛指导方法，如示范型、独立型和合作型，指导教师要将每一个复杂的知识点进行深入、透彻的讲解。利用多媒体平台，构建良好的学科竞赛环境，在软件和硬件两个方面为学生提供便利，这些都离不开多媒体技术的运用和构建。

学科竞赛教学与其他传统的课堂教学体系不同，虽然面对的学生人数更少，但要求指导教师与学生的综合素质水平却较高，因此必须要充分利用所有的客观资源，将所有优势资源进行整合，挖掘学生潜力，将涉及的学科竞赛活动的特点、难点以及需要的相关课程内容进行深入的提炼和分析。针对各类学科竞赛的特殊规律和特殊特点，要在短时间内对学生进行大量的理论知识与实践知识的指导，因此，高效的课程安排、知识衔接、知识点的分布和难易排布就显得尤为重要。在这一背景下，指导教师可以运用多媒体平台对将学科竞赛课程中的重点、难点、要点全部提炼出来，进行进一步的加工处理，利用多媒体平台，采用图像、音频、视频等新技术、新手段促使学生将理论知识掌握得更加牢固，并且实践出较强的动手能力和创新能力。加强多媒体教学平台的进一步建设，提供优质高效的学科竞赛教学环境，建设多媒体信息平台，提供丰富的学科竞赛课程网络资源，便于师生之间的指导交流以及学生的自主学习。多媒体技术在学科竞赛活动中的运用，为学生综合素质的发展起到了极强的推动作用，为学生理论知识和实践能力的发展同样起到了推动作用。

学科竞赛的特色实践如表3所示。

表3　学科竞赛的特色实践

挖掘特色，区域文化特色与竞赛融合	资源整合，多学科资源整合集中优势参赛	价值导向，立德树人与竞赛深度融合	创新求变，新媒介新手段推陈出新
以地方特色为依托	建立监督协调机制	正确学科竞赛方向	搭建多媒体技术平台
打造互利共赢平台	硬件资源统筹兼顾	思想文化领域教育	新手段加强学生知识掌握
促进区域文化宣传	校外资源与资金统筹	"立德树人"教育专题培训	学科竞赛网络资源

五、结论

综上所述，大力推进学科竞赛，积极引导学生参加学科竞赛活动，切实提高自主创新能力和动手能力，是一流大学建设背景下艺术类学科竞赛活动提升教学质量的有效途径之一。学科竞赛活动在人才、师资、育人机制和环境上对于整体教学活动以及学生自主学习、自主创造起到了积极的促进作用。顶层设计、制度建设、队伍搭建、教学研究等方面，一流大学学科竞赛活动都以自己独特的方式起到影响学生、教师、学校、企业以及社会的重要作用。挖掘区域文化特色与学科竞赛活动深度融合，既能实现高校学生校园与社会的有效过渡，又能实现学科竞赛与区域文化的互利共赢；将多学科资源进行整合集中优势参赛，实现高校内多种学科竞赛资源的有机整合，从各个角度实现学科竞赛的集中资源优势；做到"立德树人"价值取向与学科竞赛活动的深度融合，实现学科竞赛活动的"智育"与"德育"相结合，培养学生以及指导教师的道德素养；创新求变，借助新手段新媒介新技术实现学科竞赛活动的推陈出新，搭建新型多媒体平台，极大促进学生综合素质的提高。

[原文发表于《艺术与设计》（理论）2022年第6期]

参考文献

[1] 霍楷, 冯靖. 高等学校设计竞赛育人模式的特色及实效研究[J]. 湖南包装, 2018, 33(4): 113-115.

[2] 黄丹琳, 梁微, 潘利文. 我国高校大学生学科竞赛现状分析[J]. 教育教学论坛, 2020(2): 305-306.

[3] 张惠玲, 余杨. 地方高校推进研究生创新实践竞赛的探索与研究[J]. 科技视界, 2020(35): 123-125.

[4] 李惠杰, 侯婧. 高校学科竞赛管理制度体系建设研究[J]. 教育教学论坛, 2020(14): 19-20.

[5] 黄娟. 以学科竞赛驱动计算机类专业创新人才培养[J]. 电脑知识与技术, 2020, 16(36): 158-159+165.

[6] 霍楷, 丛琳. "一流大学"竞赛育人的特色与成效研究[J]. 戏剧之家, 2020(5): 166.

[7] 李茜, 郑琰, 刘兴元. 赛教融合创新高校应用型人才培养模式探究——以普洱学院食品质量与安全专业为例[J]. 教育教学论坛, 2020(53): 354-356.

[8] 周净. 依托学科竞赛平台 培养国贸应用型人才——以合肥学院为例[J]. 合肥学院学报(综合版), 2020, 37(6): 104-110.

[9] 刘秋菊, 罗清海, 邹祝英, 等. 学科竞赛对大学生创新能力促进作用分析[J]. 高教学刊, 2020(19): 34-37.

[10] 陈兴文, 刘燕, 张丹. 大学生学科竞赛综合体系建设研究与实践[J]. 大连民族学院学报, 2014, 16(5): 561-564+570.

[11] 华培. 基于"双创竞赛"的教学模式研究与实践——以字体设计课程为例[J]. 大众文艺, 2021(1): 186-187.

[12] 蔡志奇. 应用型本科院校学科竞赛的资源整合[J]. 实验科学与技术, 2012, 10(4): 171-173.

[13] 张瑞东, 赵学余. 加强学科竞赛队伍建设 提高综合教学水平[J]. 实验室研究与探索, 2010, 29(10): 169-172.

[14] 蔡弥柏. 浅析运动训练竞赛"立德树人"的教育价值实现途径[J]. 现代职业教育, 2020(35): 186-187.

[15] 曾德藩, 李目海. 构建多媒体技术平台 促进学科竞赛发展[J]. 计算机教育, 2009(6): 5-6.

后 记

发展素质教育　培养时代新人
——大学素质教育研究分会2022年会暨
第十届大学素质教育高层论坛综述

庞海芍　曾　妮　隋　艺

2022年11月4日至6日，由中国高等教育学会大学素质教育研究分会与武昌理工学院联合主办、中国高等教育学会地方大学教育研究分会协办的"中国高等教育学会大学素质教育研究分会2022年会暨第十届大学素质教育高层论坛"在湖北武汉隆重召开。论坛主题为"发展素质教育，培育时代新人"。此次论坛采取线上线下相结合的方式，开幕式及大会报告吸引了1.4万人次在中国高等教育培训中心直播平台上收看，点赞5.73万人次；腾讯会议及线下参会约280人。

武昌理工学院副校长崔海容主持了开幕式。中国高等教育学会副会长、秘书长姜恩来，中国高等教育学会名誉会长周远清，中国高等教育学会原会长、中国农业大学原党委书记瞿振元，中国高等教育学会大学素质教育研究分会第一届理事长、北京理工大学原党委书记郭大成，世界工程组织联合会（WFEO）主席、南开大学原校长龚克，中国高等教育学会大学素质教育研究分会理事长、深圳北理莫斯科大学校长李和章，国家教育咨询委员会秘书长、教育部原教育发展研究中心主任张力，中国高等教育学会地方大学教育研究分会理事长、郑州大学副校长屈凌波，中国高等教育学会大学素质教育研究分会副理事长、武昌理工学院校长赵作斌，武昌理工学院党委书记汪继平，大学素质教育研究分会副理事长、温州医科大学党委书记吕一军，电子科技大学党委副书记申小蓉，洛阳理工学院副校长丁梧秀，大学素质教育研究分会副理事长兼秘书长庞海芍，以及大学素质教育研究分会顾问——北京大学原常务副校长王义遒、清华大学原党委副书记胡显章、西安交通大学原副校长于德弘、东南大学高等教育研究所原所长陈怡，研究分会多位副理事长、常务理事等众多嘉宾出席大会。美国学院与大学协会（AAC&U）主席林恩·帕斯奎拉，韩国教养教育学会前会长尹宇燮特别表示祝贺。

全国人大常委会委员、教科文卫委员会副主任委员、中国高等教育学会会长杜玉波等多位嘉宾通过题词或视频方式向大学素质教育研究分会成立十周年表示热烈祝贺。杜玉波讲到：十年来，大学素质教育研究分会凝心聚力、守正创新，重点打造品牌活动，在理论研究和实践创新等方面成效显著。希望大学素质教育研究分会，认真贯彻落实党的二十大精神，继续推动并引领素质教育不断发展，在世界舞台传播素质教育思想，为创办高等教育强国、办好人民满意的教育贡献力量。

姜恩来在致辞中充分肯定了本届论坛的及时性与必要性，党的二十大报告中再次强调了"发展素质教育"，可见发展素质教育是"坚持以人民为中心发展教育，加快建设高质量教育体系"的关键任务。此次论坛的主题"发展素质教育，培养时代新人"具有重大意义。素质教育的根本目标是培养时代新人。中国进入了向第二个百年奋斗目标进军的新征程，比历史上任何时期都更加渴求人才。我们需要的人才是符合时代发展、引领时代潮流的人才，这就对人才的素质提出了更高的要求。牢牢抓住人才培养的时代特征，是新时代素质教育的发展方向。

随后，汪继平、屈凌波、林恩·帕斯奎拉、尹宇燮分别致辞。

李和章作《凝心聚力，勇毅前行，推动并引领素质教育不断发展》的报告，对大学素质教育研究分会十年来的工作进行了回顾与展望。随后播放了中国高等教育学会大学素质教育研究分会成立十周年纪念视频以及嘉宾祝词视频。与会代表纷纷表示感动。

本届论坛特别邀请了国家教育咨询委员会秘书长、教育部原教育发展研究中心主任张力作了题为《加快教育现代化，建设教育强国——党的二十大报告学习解读》报告。报告从"两个一百年"奋斗目标宏伟蓝图的重大意义谈起，进而解读了党的二十大报告有关发展素质教育、高等教育现代化等的具体内涵，受到与会代表高度评价。

在书记校长论坛中，龚克作了题为《素质教育：老问题与新挑战》的报告。赵作斌作了题为《素质教育理论体系构建与实践探索》的报告。申小蓉作了题为《激发创新潜能：工科高校美育工作的思考与探索》的报告。丁梧秀作了题为《"德智体美劳"五育并举的应用型人才培养体系构建与实践》的报告。

专家学者论坛由研究分会副理事长、河南科技大学副校长宋书中和研究分会常务理事、武昌理工学院校长助理兼素质教育研究院院长颜海主持。王义遒作《实事求是地理解和发展素质教育》的报告。研究分会学术委员、厦门大学教育研究院院长别敦荣作《高等教育普及化阶段的大学素质教育》的报告。研究分会学术委员、日本广岛大学教授黄福涛作《博雅（通识）教育的全球趋势及其面临的挑战》的报告。

在教务处长论坛上，北京理工大学教务部部长薛正辉作《北京理工大学领军领导人才培养探索与实践》的报告。中国海洋大学教务处处长方奇志作《以学生发展为中心的本科教学运行机制的探索实践》的报告。研究分会常务理事、南开大学教务处处长李川勇作《师生共同体理念下的智慧书院建设》的报告。研究分会常务理事、温州医科大学党委委员、宣传部部长李军红作《生命教育"大思政课"的实践探索》的报告。

在李和章的主持下，温州医科大学与武昌理工学院完成了大学素质教育研究分会年会锦旗传递。吕一军热烈欢迎各位同仁明年相聚温州。

5日晚上，武昌理工学院特别策划了中国高等教育学会大学素质教育研究分会成立十周年庆典晚会，师生们献上了精彩纷呈的艺术节目。晚会在武昌理工学院直播平台上转播，观看3910人次，点赞9025人次。

在三场专题论坛环节中，研究者和实践者围绕"学习贯彻二十大精神，发展素质教育""智能时代的素质教育""高等教育普及化时代的素质教育""素质教育与大学生全面发展""素质教育与书院制改革""通识课程教学创新与质量提升"七大主题展开研讨交流。来自北京理工大学、南开大学、电子科技大学、中国农业大学、对外经济贸易大学、中国海洋大学、西南交通大学、中南大学、云南大学、首都师范大学、广西师范大学、海南师范大学、天津工业大学、河北大学、哈尔滨工业大学、云南农业大学、三江学院、安阳学院、四川美术学院、湖北经济学院、河北建筑工程学院、安徽艺术学院、重庆公共运输职业学院等高校的三十余位代表作了专题发言。

本届论坛充分展现了"高站位""强学术""重交流"的特点。"高站位"是指论坛主题和大会报告的思想引领性。"发展素质教育，培养时代新人"的主题与党的二十大精神高度一致。从党的十六大报告的"全面推进素质教育"、十七大、十八大报告的"实施素质教育""全面实施素质教育",到十九大、二十大报告的"发展素质教育",素质教育已经成为中国教育改革发展的主旋律。"高站位"的举措有助于坚定大学素质教育的政治方向。

"强学术"是指论坛"通过科研引领实践"的重要特色。论坛期间,分会召开了中国高等教育学会2022年度高等教育科学研究规划课题"大学素质教育研究"专项课题开题评议会,并向代表们开放。周海涛等六位教育学者对大学素质教育研究专项课题高度评价,认为选题各有特色,方法设计得当。评审专家与课题负责人进行了精彩对话,点评精辟到位,引人深思。现场观众纷纷表示受益匪浅。"强学术"的办会理念有助于进一步提高大学素质教育的质量。

"重交流"是指论坛贯穿始终的开放性。本次会议不仅提供了充分开放的机会和网络平台,吸引国内不同类型的高校围绕同一专题展开深入交流;而且加强了同国内外学术组织的交流与合作,如美国AAC&U、韩国教养教育学会、中国的地方大学教育研究分会等,也为国际化交流打下良好基础。

本届论坛亦是对大学素质教育研究分会成立十周年的盛大庆祝。大学素质教育研究分会自成立以来,一直致力于繁荣学术思想、提供高端服务,取得了令人瞩目的成绩:一是引领了大学素质教育理论研究与实践创新。通过课题研究、学术论坛、出版文集等工作,推动了通专融合培养模式、德智体美劳五育并举的素质教育体系构建、博雅工程教育、创新创业教育、书院制育人模式等一系列重要课题的有益探索。二是培育了一批素质教育优秀理论及实践成果。通过开展素质教育、通识教育系列活动及实践成果展示,孵化孕育了一系列素质教育成果,一些成果获得了国家级、省部级教育教学成果奖。三是汇聚了一批国内外大学素质教育顶尖专家学者。分会吸引了大批热爱、关心、从事素质教育的同仁,形成了覆盖全国的大学素质教育人才网络。四是提供了会员高校交流展示的高规格平台。分会的会员高校队伍不断扩大,参与活动热情高涨,对分会搭建的交流展示平台认可度不断提升。五是发出了中国素质教育的国际之音。分会不仅"请进来",而且"走出去",不断加强与美国、英国、日本、韩国等国家的同类学会及专家学者的交流,向世界传播中国的素质教育思想。

本届论坛收到会议论文共计125篇。本书根据论坛的发言及投稿论文精选汇编而成,凝聚着众多教育界同仁的心血。在武昌理工学院的高度重视和鼎力支持下成功举办的本届论坛，为本书的成功出版打下了良好基础。北京理工大学人文与社会学科学学院庞海芍、隋艺、辛晓洁、陈敌刚等师生承担了繁重的汇编整理工作。北京理工大学出版社对本书的设计、编辑和出版给予了大力支持，保证了本书及时与大家见面。借此机会，一并对大家的辛勤工作表示诚挚感谢。

本届论坛具有划时代的非凡意义。对于素质教育事业而言，党的二十大再次强调了"发展素质教育"，这既是对素质教育思想和理念的高度肯定，也是对素质教育研究和实践的深刻要求。对于大学素质教育研究分会而言，一方面要继承十年来的重要经验，另一方面要在党和国家发展的新的历史阶段，抓住大学素质教育的新机遇，争创大学素质教育的新局面，为培养德智体美劳全面发展的时代新人作出新的更大贡献！